U0611314

中国“封建”社会再认识

叶文宪　聂长顺／主编

中国社会科学出版社

图书在版编目（CIP）数据

中国“封建”社会再认识/叶文宪、聂长顺主编．—北京：中国社会科学出版社，2009.10
ISBN 978-7-5004-8069-3

Ⅰ.①中… Ⅱ.①叶… ②聂… Ⅲ.①封建社会—中国—文集
Ⅳ.①K230.7-53

中国版本图书馆 CIP 数据核字（2009）第 185040 号

责任编辑　雁　声
特邀编辑　纪　宏
责任校对　石春梅
封面设计　大鹏工作室
技术编辑　戴　宽

出版发行　中国社会科学出版社
社　址　北京鼓楼西大街甲 158 号　　邮　编　100720
电　话　010—84029450（邮购）
网　址　http：//www.csspw.cn
经　销　新华书店
印　刷　君升印刷厂　　装　订　广增装订厂
版　次　2009 年 10 月第 1 版　　印　次　2009 年 10 月第 1 次印刷
开　本　710×1000　1/16
印　张　24.75　　插　页　2
字　数　418 千字
定　价　42.00 元

序

在中国，“封建”这个词早已有之，它是“封邦建国”的简称，几千年来谁也没有用错过。然而一百年前当严复把西文的 feudalism 翻译为“封建”以后，因为中国的“封建”与欧洲中世纪的 feudalism 形式相似而内涵不同，时间更不对应，（严复指出，中国的封建制在三代，讫于周末；西欧的封建制始于八九世纪，相当于中国的唐宋之际），所以麻烦就接踵而至。再过几十年，当五种社会形态单线递进的理论以马克思主义的名义被引进中国以后麻烦就更大了：中国固有的“封建”被叫做“分封”，明明是“废封建立郡县”的集权专制王朝被叫做“封建王朝”，明明是租赁经营的土地关系被叫做“封建经济”，明明是按宗法血缘构建起来的社会被叫做“封建社会”。从此以后，“封建”就成了一个十恶不赦的贬义词，一切坏的东西都被冠以“封建”二字，“封建”的概念被混淆到了无以复加的地步，以至于有前辈学者愤愤然道：“语乱天下”（侯外庐语）、“削足适履”（钱穆语），然而在舆论一律的年代，他们的呼声被淹没在一片“泛封建”的言说中而未能被人闻达。

30 年前中国走上了改革开放的道路，思想界、学术界也思潮涌动。尽管阻力重重，但是学者们的思想和良知是压抑不住的。1991 年日知（林志纯）先生发表了《“封建主义”问题（论 feudalism 百年来的误译）》一文，提出把 feudalism 与中国古代的“封建”对应起来是一个误译。此后，学术界关于“封建”问题的讨论一浪高过一浪，近年来已经成为史学界一个新的热点。2006 年 2 月冯天瑜先生的《“封建”考论》问世，他以一本将近 40 万字的专著考证了“封建”一个词的来龙去脉，提出了许多独到的见解，从而把关于封建与封建社会问题的研究推向一个新的高潮。

最近三年围绕着冯天瑜先生的《“封建”考论》连续开了三次全国性的学术研讨会：2006 年 10 月的武汉会议、2007 年 10 月的北京会议和 2008 年 12 月的苏州会议。这本论文集就是递交苏州会议的部分论文的汇编。武汉会议后冯天瑜先生对他的《"封建"考论》进行了修改补充，字数增加到52万字，第二版仍由武汉大学出版社出版。苏州会议前后，他再次进行修订，新的修订版即将由中国社会科学出版社出版。

一个天天挂在大家嘴边、人人耳熟能详的名词受到学者们如此认真慎重的讨论，这是从来没有过的，可见关于"封建"的问题是多么的重要。

首先，厘清"封建"这个概念的内涵是一个关系历史学能否成为科学的问题。中国古已有之的"封建"一词的内涵是很明确的，严复之所以把它与feudalism对译，是因为看到了两者在形式上有相似之处。如果仅仅如此，我们倒是可以把商周称为封建时代的。然而五种社会形态单线递进说给"封建"一词注入了新的内涵，又说中国固有的"封建"不是封建而是分封，再说中国的"封建"与欧洲的feudalism不同，结果把中国的"封建"倒译成feudalism后外国人就看不懂了，因为这样一来，中国的"feudalism"和欧洲的feudalism就大相径庭了。如果中国从秦到清的社会形态不是封邦建国，那么为什么非要用"封建"这个词呢？如果一定要在这个名词里面注入新的内涵，那么必须注明是"封建1"、"封建2"还是"封建3"，否则岂不犯了混淆概念的低级错误吗？历史学号称自己也是一门科学，如果连最基本的概念都含混不清，那么它还怎么能够成为科学呢？

其次，厘清"封建"概念的内涵并不仅仅是一个循名责实的问题，而是要从"封建"的名实问题入手，进一步搞清楚所谓的"封建社会"究竟是什么。"封建"本来是指"封邦建国"的政治制度，这种政治制度是商周王朝的特色，从汉到清的历朝历代都分封藩王，但主流是官僚政治、地主经济，而非贵族政治、领主经济，故不能把从秦到清称为封建社会。

究竟什么叫做"社会形态"？至今也没有一个确切的定义，我们究竟应该按照社会的结构来命名呢？还是按照政治制度来命名呢？抑或按照经济制度来命名呢？还是按照文化特征来命名呢？五种社会形态学说所用的五个名称是荒谬的，因为它们是既非同一层次又非同一类型的概念，把这样五个社会形态排在一起，本身就违反了形式逻辑的同一律。即使人类社会可以分为这样五种形态，它们也是兼容并存的，并不一定要相互排斥先后替代。比如我们把侏罗纪称为恐龙时代，并不是说那个时候地球上只有恐龙，只不过是因为恐龙特别惹眼而拿来作为时代的标志而已。恐龙灭绝以后爬行类动物依然存在，当今世界从最低等的单细胞动物到最高等的灵长类动物都并存在同一个地球上，虽然人类主宰着这个星球，但是全世界老鼠的数量比人还要多，全世界蚂蚁的总重量比人还要重，我们又该如何来命名这个世界呢？传统史学是鉴戒史学，是为帝王统治服务的，所以它以改朝换代为主线，以王朝的典章制度、政治经济军事为研究对象，而新史学是社会史学，是为社会大众服务的，所以它要研究社会的方方面面，包括政治、经济、社会结构、文化形态，等等。社会是一个由多个子系统构成的极其复杂的系统，很难用一个词概括出它的全部特征，试图用一个词来说明一个社会是徒劳的，重要的问题是要搞清楚各个时期社会的各个子系统的内涵。

最后，通过研究“封建”与“封建社会”，我们要重新建立对社会发展规律的认识。自古以来人们提出过各种各样的社会发展规律：摩尔根根据文明程度把人类社会分为“蒙昧时代—野蛮时代—文明时代”三个时代，柴尔德根据制造工具的材料把人类社会分为“石器时代—青铜时代—铁器时代”三个时代，这些都是历史进化论的代表学说；古希腊诗人赫西奥德象征性地把人类社会分为“黄金时代—白银时代—青铜时代—黑铁时代”，孔子认为人类社会是从公天下的“大同”变为家天下的“小康”，这些都是历史退化论的代表学说；邹衍神秘兮兮的“五德终始说”，董仲舒同样神秘的黑、白、赤“三统说”，《三国演义》卷首说的“天下大势，分久必合，合久必分”，这些都是历史循环论的代表学说。司马迁精通天文历法，“究天人之际，通古今之变，成一家之言”，他在《史记·天官书》中说：“夫天运，三十岁一小变，百年中变，五百载大变；三大变一纪，三纪而大备；此其大数也。为国者必贵三五。上下各千岁，然后天人之际续备。”虽然没有说出社会是越变越好还是越变越坏，但是他肯定社会是周期性变化的。不管这些看法正确与否，说明人们一直在努力寻找着社会发展的规律。人们寻求社会发展规律的目的不只是为了解释过去，更是为了预测未来和企图控制社会的趋势。人们总是相信世界的演变是有规律的，也相信人类社会的发展是有规律可循的，其实“自然规律”也好，“社会规律”也好，都是人们对自然和社会的一种认识。因为“自然规律”只是人们对自然法则的一种认识，所以人们提出来的“自然规律”就不断地被改写，“理论是灰色的，生命之树常青”。然而人类社会与自然界不同的地方在于社会是由人组成的，人在社会上所做的一切并不是因为在冥冥中受到“规律”的制约与支配，人并不是在社会的棋盘上被用来实现历史发展规律的棋子，恰恰相反，历史是人类自己创造出来的。马克思、恩格斯在《神圣家族》里说："创造这一切、拥有这一切并为这一切而斗争的，不是'历史'，而正是人，现实的、活生生的人。'历史'并不是把人当做达到自己目的的工具来利用的某种特殊的人格。历史不过是追求着自己目的的人的活动而已。"[①] 恩格斯在《路德维希·费尔巴哈和德国古典哲学的终结》中也指出："自从阶级对立产生以来，正是人的恶劣的情欲——贪欲和权势欲成了历史发展的杠杆。"[②] 他们的这些论述都是对崇拜简单模式的史观的最好批判。如果社会的发展是必然模式的推演，那么我们就不必奋斗而只要服从和等待就可以了。

有人把对"封建"与"封建社会"的研究视为一个政治问题，"对'封建'名实以及秦以后是否封建社会的讨论，从来就不仅仅是书斋中的问题和单纯的概念之争，而是涉及肯定还是否定中国新民主主义革命的历史，肯定还是否定中国马克思主义史学的问题"。"当前有关封建的讨论，其指向实际上是政治而非学术的。""现在不少学者讨论封建名实问题，不管其主观愿望如何，其实质是借着'封建'名实问题的讨论来去除封建社会形态，即否定封建社会形态在中国历史上的存在。"[③] 校正对中国新民主主义革命的历史使命的概括，怎么就成了"否定中国新民主主义革命的历史"？这种批评逻辑真是匪夷所思！须知，孙中山等民主革命的先驱，从来就不赞成以"反封建"概括中国的民主革命；马克思、恩格斯从来反对把中国、印度等东方国家的前近代社会称为"封建"（因而在马、恩那里，"反封建"一说是不成立的）。难道孙中山、马克思、恩格斯也在"否定中国新民主主义革命的历史"？改革开放已经30年了，至今还有人把学术问题政治化，而且对政治标准的科学性肆意歪曲，实在令人感到学界惰性之严重。

韩非子曰："孔墨之后，儒分为八，墨离为三，取舍相反不同，而皆自谓真墨。"（《显学》）当今中国史学界的情况也是如此。尽管观点见解存在着严重分歧，但是大家都自称是马克思主义史学派，最多是顾左右而言"后现代"，却没有一个人敢说自己不属于马克思主义学派。有些人明明已经把马克思的思想曲解了，还要坚称自己是"正宗"，并且编造出一套传承马克思主义的道统体系来

① 见《马克思恩格斯全集》第二卷，人民出版社1957年版，第118页。

② 见《马克思恩格斯全集》第四卷，人民出版社1995年第二版，第237页。

③ 朱昌荣：《"'封建'社会名实问题与马列主义封建观"研讨会综述》，《史学理论研究》2008年第2期。

证明自己是“马克思主义”的嫡系真传，却把复原马克思本义的论说称为旁门左道。

荀子曰：“凡言不合先王，不顺礼义，谓之奸言，虽辩，君子不听。”（《非相》）“言道德之求，不二后王。”“百家之说，不及后王，则不听也。”俗儒“呼先王以欺愚者而求衣食。”（《儒效》）“王者之制，道不过三代，法不贰后王。道过三代，谓之荡。法贰后王，谓之不雅。”（《王制》）先王与后王都是我们效法的榜样，但是先王所处的时代与后王所处的时代不同，因此他们的做法也各不相同，有时甚至还互相对立，那么我们应该法先王还是法后王呢？有人用“新民主主义革命的胜利”来论证由五种社会形态单线递进说推演出的近代中国“半封建”说的正确[①]，这是十分牵强的。五种社会形态单线递进说是不科学的，泛化的封建观名实不符，而且，按照五种社会形态依次更替的理论，中国怎么可以在已经进入社会主义之后再退回到“初级阶段”去呢？按照五种社会形态单线递进说，改革开放不是资本主义复辟又是什么呢？如果社会的发展不是多元的而是只有五种形态依次更替这样一种模式，那么所谓的“社会主义”究竟是以解体前的苏联为模板呢还是以改革开放后的中国为模板呢？如果社会主义只有一种模式，那么我们怎么能够建设具有“中国特色”的社会主义呢？

关于“封建”与“封建社会”的研究不会因为出了一本书、开了三次会就得到解决的，关于这个问题还会在一个相当长的时期里受到学者们的关注，一本书、三次会只不过是拉开了一个序幕而已。俗话说“真理越辩越明”，我们相信通过广大学者的共同努力，总有拨开迷雾、水落石出的一天。到了那一天，一部中国历史将按照一种全新的框架重新书写，全社会的话语体系也将会随之发生相应的改变。我们期待着这一天的到来，并将为之而奋斗。

叶文宪

2009 年 3 月于苏州石湖

---

① 见李根蟠《“封建”名实析义》，《史学理论研究》2007 年第 2 期。

目　录

请为“封建社会理论研究”松绑！

刘志琴

“封建社会理论研究”不是我专业研究的内容，可作为史学工作者又不能不关注，因为这是有关学术与政治关系的问题，而这种关系长期以来曾经是横置在学者头上的一把利剑，多少人为此遭受批判，打入另册，甚或令人钳口结舌，放弃学术追求，至今仍然使人叹息。正因为震慑于过去的悲剧，感动于今人对学业的追求，不得不写下我的认识和感受。

一

封建社会理论研究，是改革开放以来史学理论中最具有全局性的问题。在当代中国史学研究中有五大理论热点，即中国古代史分期、土地制度、农民战争、资本主义萌芽和汉民族的形成问题，号称为史学界的五朵金花。每个问题都有学术见解的不同，又无一例外地将不同意见归结为唯物和唯心两家，几乎都笼罩着马克思主义与反马克思主义两条路线斗争的阴影，很难展开自由讨论。自改革开放以来，对此类问题的既定结论就不断引起反思。早在 20 世纪 70 年代末拨乱反正初期，农民战争研讨会首先在上海华东师范大学召开，对农民战争是推动历史唯一动力的结论已有松动；80 年代初在广州中山大学召开“中国封建社会经济结构”讨论会，对资本主义萌芽问题有新的思考；天津南开大学的学术讨论会提出对亚细亚生产方式的质疑；有关土地制度等问题，在史学界也多有新的论证。1986 年《读书》杂志第 11 期发表何新《中国古代社会史的重新认识》一文直接叫板“封建”基本概念问题，认为以分封诸侯建立王国为特征的封建制度早在秦汉时代就已废除，从实行郡县制后，继续沿用“封建”概念认识秦汉以降的社会性质，积非成是，是荒唐现象。90年代又有日知和李慎之等学者再次提出用欧洲中世纪的封建经济制度套用于中国古代，并不合乎中国历史上“封建”的本义。五朵金花面临新的检验，这是思想解放运动深入学术界的重要成果之一。

这些问题的提出或重新思考，对读者是耳目一新，甚或有振聋发聩的作用，但由于缺少重量级的著作，并不足以发生全局性的影响，因为要改变一个习已成规的思维定势，不可能一蹴而就，需要深入的研究和翔实的论证，这就需要时间来积累成果，难得的是2006年冯天瑜先生出版40万字的《“封建”考论》，对中外古今“封建”概念的由来和发展进行了系统的考察，认为汉语的“封土建国”与西方的“封土封臣”虽有通约性，但将秦汉以后的两千年，称之为封建时代，违背了汉词的本义。由于史学研究关键语的失准，使数千年中国历史的宏大叙事失却构制的纽结，有必要正本清源，建立新的范式，主张以“宗法地主专制社会”代替“封建社会”一说。2007年又扩充到52万字再版。这一重头著作一问世，立即引起强烈的反响，2006年10月武汉大学召开“封建社会再认识”的讨论会；2007年10月北京史学界召开“封建名实问题与马列主义封建观”论坛；2008年12月苏州科技学院人文学院召开“封建与封建社会问题”讨论，人们对这个问题的关注和兴趣真是方兴未艾。

一本著作连续三年分别在中国的南部、北部和中部地区的文化中心地带引起连锁讨论，在史学界是少有的现象，这事实本身就说明其影响力非同一般。这可能还是开端，由此可能引发一系列的反思，所以封建社会理论问题的重新讨论，其影响力甚于各路金花，必将推动金花的灿烂开放。

二

对“封建”概念的发难，不可避免地要触动长期以来困扰中国学者的问题，即学术与政治的关系问题，因为这一理论本身就有浓厚的政治色彩。早在百年前20世纪初叶的中国文化论战，就已摆开两军对垒的阵势，西学的传入，在思想界引起轩然大波。新学与旧学，中学与西学之争，层峰叠起，仅“五四”前后《新青年》和《东方杂志》两种期刊发表的文章近千篇，作者多达数百人。

从"五四"到抗日战争前夕的20多年间，有关文化论战的主题不断变换，如中西文化之争、社会主义与资本主义之争、古史辩论争、科学与人生观论争、唯物辩证法的论辩、社会史论战、文艺自由的辩论、现代化问题的讨论、全盘西化与中国本位的论争、国防文学与民族革命大众文学的争论，等等，内容广及社会性质、人生观、东西文化关系、文化遗产，以及历史、文学、经济、道德风尚等一系列问题，像这样的论战20多年达10次以上，而且周期愈来愈短，以1932年为例，唯物辩证法的论辩兴犹未尽，社会史论战趋向高潮，文艺自由的论争又相应而起，这是中国学术界从未有过的纷繁错综的现象。

社会史论战从1927年启动至1937年抗日战争爆发，持续10年之久，在各种思想交峰中，这是历时最长、调子最高、影响最大的一次论战，当今关于"封建社会理论问题"的复出，是这一论战在沉默80年以后的异军突起，令人倾耳注目。

80年前老一代史学家从苏联引进马克思列宁主义社会发展观，认为人类社会按照原始社会、奴隶社会、封建社会、资本主义社会、共产主义社会（社会主义为初级阶段）的五种社会形态发展，从而建立五种社会形态的历史观。马列主义的信奉者认为中国毋庸置疑地遵循这一普遍规律，按五个阶段循序推进；而论战的另一方则强调中国社会发展的特殊性，认为中国不存在奴隶社会的独立阶段，封建社会也早已瓦解，中国的商业资本主义已有几千年的历史，五种社会形态不适合中国国情。这本是对中国古代社会性质的见解，但论题一出立即上升到对现代中国革命的认识问题，根据有两点：其一，如果不承认古代中国是封建社会，那就否定了近代中国半封建半殖民地的社会性质，因为近代中国本是古代中国的发展，有封建社会才有半封建半殖民地一说，这是新民主主义革命学说的前提，否定古代封建，就是否定新民主主义革命的必然性；其二，如果中国不存在五种社会发展形态，那就否认人类社会发展的普遍规律，无异于否认马列主义对中国革命的指导作用。按照这三段论式，这就成为中国革命的出路与中国命运的大问题，因此，学术争论一变而为政治态度问题。

在这场论战中，新思潮派、新生命派、读书杂志派、食货志派等各种学派纷纷登场，国共两党的文化精英、学术界的名流全部上阵，论战多集中在中国古代社会是什么性质问题，有主张春秋战国封建论；有认为古代中国属前期资本社会；有说是自然经济、商品经济和金融资本杂然并存；等等。尽管讨论的双方或持以普遍规律论或强调特殊论，都宣称以唯物辩证法作指导，都以运用历史唯物论的成果参与论战，然而相互指责，势同水火，差异又在哪里？托派代表人物李季自认为是纯正的马克思主义者，信仰马克思主义的胡秋原自述，他的马克思主义来自普列汉诺夫而不是列宁，他主张的是“自由主义的马克思主义”。在共产国际主导下的中共，以苏为师，宗法列宁主义，视马克思列宁主义为正统，自与托派的纯正马克思主义、普列汉诺夫的自由马克思主义有区别。按理说，即使有这区别，也是国际共产主义运动内部的不同派别，何至于势不两立？所以决定问题性质的不是问题本身，而是政治态度，是在1927年国共分裂后，这部分人转向国民党，引起共产党人的极大反感，是国际背景和个人立场决定了问题的性质而非学术本身。

大革命失败后，国民党成为唯一的执政党。共产党处于劣势，亟须在理论上重振信心，火药味愈来愈浓。1931年中共领导张闻天化名刘梦云发表《中国经济之性质问题的研究：评任曙君的“中国经济研究”》，指责对方“充当了帝国主义的辩护士”。正当帝国主义对中国虎视眈眈之时，这一上纲使问题的性质一变而为大是大非问题，然而对此定性的并不是学者而是政治家、共产党的领袖。沿着这一思路凡有不同意见者，几乎都成为反马克思主义的敌我问题。论战的双方原本具有浓厚的政治意识，讨论的一方如郭沫若、吕振羽既是学问家，又是共产党的革命家，其政治情结，自不待言，即使梁漱溟这样著名的党外人士在《中国文化要义》中也自述：“感受中国问题之刺激，切志中国问题之解放，从而追根到其历史，其文化。”怀抱救国救民的愿望从历史中找寻借鉴，是一代知识分子的政治理想，同为救国救民，道不同不相为谋，甚至相互为敌，是这一论战的重要特征。

作为马列主义的一方，郭沫若的《中国古代社会研究》一书有举足轻重的影响，但他们都是革命的活动家或领导者，繁忙的工作使他们来不及对其中的一系列问题作出周详的学术考察，留下许多有待讨论的问题。更重要的是革命形势的迅速发展，共产党取得全国全面的胜利，以无可置辩的现实宣告了马克思列宁主义的胜利。新中国成立后，马列主义学者都擢升为主管文化学术部门的各级领导，持续进行路线斗争，特殊论者从此一蹶不振，再无还手之力，普遍规律论者终于以压倒性的优势平息了这一论战。更有甚者，如被批判的哲学家冯友兰表示：“中国革命成功，我认识到我过去著作都是没有价值的。”① 有意

① 《晚年冯友兰，懦弱的哲学大师》，《文摘周报》2009年2月13日。

思的是，社会史论战中的领军人物郭沫若在“文化大革命”初期也有过相似的表态，要一把火烧掉他过去的著作。这哪是学术问题？是政治绑架了学术！是政治表态而不是在学术结论。

三

随着改革开放的到来，文化研究的深入，有的在当初激辩的主题如国防文学和民族革命大众文学之争已成为历史的陈迹；有的如科学人生观、现代化等课题在当今的复出，业已消散了当初的火药味，成为相互切磋的学术讨论。但是，有关中国古代社会性质问题，却一如既往，从 20 世纪 20 年代末到 21 世纪初叶，历经 80 年，岁月的激流没有冲淡它的锋芒，如今又重现 30 年代论战中的那种情绪和冲动，甚至认为这是否定马克思主义、否定中国革命的一种表现。80 年的风雨苍黄，依然不改初衷，不得不令人思索社会史论战中贻祸后人的流弊。

80 年前被认为反马克思主义一方的共同点，是强调中国古代社会不同于欧洲模式的特殊国情，如中国封建社会早已瓦解，商业资本已有几千年的历史、中国文化早熟，社会发展停滞，社会结构具有弹性机制，以及家族伦理，等等。应该说，这些方面都为认识中国国情作了有益的探索，但某些见解也有失妥当，其中也不乏某些错误或荒唐的论调，如认为中国人“阶级意识不强，种族意识不强，国家意识不强”，“中国不是一国家，而实为一大文化社会”等。这些虽然经不起史实的检验，在论战中已败下阵来，或已得到修正，但对这类问题的否定，并不等于否认中国社会有别于欧洲的特殊性。马列主义史学家恰恰在这一点上由于过分强调普遍性而无视中国历史发展的特殊性，留下许多矛盾和薄弱环节。郭沫若在 1930 年出版《中国古代社会研究》一书的自序中说：“外国学者已经替我们把路径开辟了，我们接手过来，正好是事半功倍。本书的性质可以说就是恩格斯的《家庭、私有制和国家的起源》的续编。研究的方法便是以他为向导，而于他所知道了的美洲的印第安人、欧洲的古代希腊、罗马之外，提供出来了他未曾提及一字的中国古代。”这本书以会通文献典籍、甲骨文、金文和考古资料见长，在学术上作出了重要贡献。然而这最具有中国特征的研究却是为了证实恩格斯的某一结论，而恩格斯对中国古代却一字未提。假如恩格斯在世，是不是会承认这一成果还是问题！既然恩格斯对中国只字未提，说明他并没有把中国作为研究对象，更没有对中国轻易下断语，这是严谨而科学的态度，也为后人留下研究的余地，而郭沫若标榜自己的著作为恩格斯的续编，在学术上表现的轻狂和浮躁，溢于言表。更重要的是，以笼统的、不分国别的通则，认识历史悠久、传统深厚的中国古代社会，难道不会发生误导？

应该承认的是，强调中国社会特殊性的学者，对中国文化传统的研究确实下了工夫，对国情的认识也抓到一些实质性的问题，虽然作者长期处于被批判的地位，但是并不等于他们揭示的某些特点就不存在。马列主义学者因为强调普遍性反对特殊性，以致对他们提出的某些特质性问题视而不见，学术与政治不分的倾向，几乎使某些问题成为人们不敢涉足的禁地。

改革开放以来，局面有所改观。当初在社会史论战中，被认为是反马克思主义的论点，在当代史学著作中已有广泛的吸收和发展，如梁漱溟论证的以伦理为本位的中国文化特质，如今几乎成为文化史研究的共识；有关封建社会具有弹性机制问题，在如今已少有异议，而最早提出“弹性”概念的是食货志派的傅以凌；当下对中国古代商业资本的估计虽与陶希圣有所区别，但却吸收了他们的观点。傅筑夫在1982年出版的《中国封建社会经济史》中认为，中国的资本主义不仅在宋明时代萌芽，从秦汉以来就已屡屡发生而不能成长，你不能说主张资本主义萌芽在明末是马克思主义，而主张秦汉隋唐萌芽说就是反马克思主义！问题是为什么有萌芽而不能成长？自奉马克思主义的也没有解决这难题。其他如中国文化的早熟性、理性早启、社会构成、宗族性、协调机制，等等，当初被反方提出的问题，很多都被当代学者认同，功在后世这本身就说明价值的存在，当今日之研究者广泛吸收他们往日成果之时，又挥舞出往日置他们于死地的大棒，这是最大的不公，而导致这一不公的依然是政治而不是学术。

“封建”在不同的国情和语境中含义不同，中国史学对“封建”概念存在误读，是毋庸置疑的，在明知误读以后，刻意不改，并不足取。按西方“封建”的使用实际上将中国历史纳入西方模式，按欧洲逻辑进行演绎，这对历史悠久、文化积累深厚的中国实际上是浅薄的。既然在当代中国的话语中，此“封建”并非彼“封建”，概念含混，是科学研究的大忌，因而不断有人提出有必要对“封建”概念进行正本清源，这是合理的要求，也是科学发展的趋势。

反对者有两种情况，一是认为这是社会史论战中反马克思主义观念的复辟，殊不知改革开放以来建设现代化，强调的就是中国特色的社会主义以与传统社会主义相区别，其要旨在中国特色，为什么在现实中强调中国的特色和国情，而在古代史研究中却讳言中国特色，再次以普遍性打压特殊性，沿用80年前的思路，看待当今之讨论，岂不是老调重弹，重蹈学术与政治不分的窠臼？二是认为，该封建概念在运用中已发生变化，沿用已久，约定俗成。确实，要改变业已习惯的用语，不是易事，这是不得已而为之的意见，具有合理性。但学术研究不同于群众用语，首先要有概念的科学性，这是准确判断问题性质的前提，既然西方的"封建"不同于先秦的"封建"，又何必继续沿用这似中似西、非中非西的概念来解释秦汉以来的古代社会。对古代社会性质重新加以概括，提出新概念，本是科学研究应有之义，这对深入研究中国的国情有莫大的好处，改变沿用已久的误读，可能要经过几代人的努力，不从我们这一代起步，将错就错、贻误后人，岂不是我辈之失职？关键是要以科学通俗的新概念，来取代人们耳熟能详的旧概念，不能操之过急，这需要学术界共同携手，通力合作，分层分别进行，对不同意见的宽容和理解是最起码的要求。

学术研究本应是集思广益的探索活动，论战的双方只要平等相待，结果必然是你中有我，我中有你，互有补益和纠误，是双赢而不该是双输。一度奉行的阶级斗争为纲，使正常的学术讨论异化为打击对手的政治活动。打棍子、戴帽子给学术研究带来累累伤痕。记忆尚未远去，不应该再造新创。学术研究必须跨越政治，突破已经凝固的框架，才能获得长足的发展。

请为"封建社会理论研究"松绑！

实事求是是唯物史观的基本原则

——以"五种社会形态理论"究竟能否成立为中心的探讨

王　和

自拙文《再论历史规律》发表以后[①]，先后收到许多朋友和业内专家的来电来信，除对笔者的观点表示赞同外，还就一些具体问题提出商榷和探讨，这使笔者深为感动而又兴奋。这既表明了这些朋友和同仁对笔者的鼓励，也说明关于唯物史观的发展问题已经开始引起关注。而正是这种关注，才是唯物史观有可能重新焕发活力的前提。——因为倘若根本无人关注，则唯物史观的生命力也就无从谈起了。一段时间以来，虽然一些"坚持唯物史观"的议论看似颇为热闹，其实却多为一些空洞的指责，这些指责所导致的后果不但对提升唯物史观的实际地位并无实效，反而在事实上进一步损害了唯物史观的声誉。而对于学术问题开展健康的正常的商榷和探讨，才是学术发展和繁荣的必由之路。从这个意义来说，健康的正常的学术争鸣乃至学术批评越深入甚至越激烈，便对学术的发展越有利。所以，笔者真诚地希望能够看到对本人所持有的观点进行有力反驳的文章，惟其如此，对于相关问题的探讨才能逐步深入。

① 《清华大学学报》2008 年第 1 期，《新华文摘》2008 年第 6 期做了长篇转载。

一

笔者在《再论历史规律》的最后一节“发展唯物史观是中国国家与民族利益的现实需要”中，曾着重指出：

> 唯物史观的具体内容虽然有很多，但涉及方法论的基本原则只有两条：一是实事求是，一是具体问题具体分析。关于具体问题具体分析，列宁曾经有过极精辟的论述，他说：“马克思主义的最本质的东西，马克思主义的活的灵魂，就在于具体地分析具体情况。”至于实事求是更毋庸赘言，它不但是唯物史观的基本原则，也是历史学科乃至一切科学的基本要求。

之所以把“实事求是”和“具体问题具体分析”推崇到如此高度，不过是想着重强调：倘若没有这两条方法论的基本原则，特别是缺少了“实事求是”的原则，唯物史观就无从谈起。所谓“科学”，按照罗素的定义，是指“确切的知识”。而历史学究竟是否是科学，虽然长期争论不休至今未有定论，但对于历史学的学科要求是实事求是地探求历史真相这一点，则无论持何种看法者均毫无异议——即便是后现代的代表人物海登·怀特也并不否认这一点[①]。所以笔者才敢于断言：实事求是不但是唯物史观方法论的基本原则，也是历史学科乃至一切科学的基本要求。

至于为什么要着重强调这一点？笔者在文中其实已经讲的十分清楚，即笔者认为在目前关于唯物史观的讨论中，人们经常忽视甚至完全无视这一点；尤其是一些将“坚持唯物史观”的高调喊得最响的人，实际上往往距离“实事求是”与“具体问题具体分析”这两条最基本的唯物史观方法论原则最远。而一

---

① 波兰学者埃娃·多曼斯卡在采访海登·怀特的时候，对被采访者说过这样一段话：“我认为，倘若我们可以说历史学有两张面孔的话，那我们也可以说，在一个历史学家从事他的研究的时候，那是科学的面孔。我的意思是：他得运用科学的方法来分析史料并审查档案。然而，当他写作历史并以此种方式来表达研究结果时，要做这件事情只有一个办法——叙事，而这是一张艺术的面孔。我们无法将这两面区分开来，它们总是彼此相连。”而海登·怀特的回答则是：“是的，我同意你的看法。”见埃娃·多曼斯卡编：《邂逅：后现代主义之后的历史哲学》，北京大学出版社 2007 年版，第 26 页。

旦背离了这两条唯物史观方法论的基本原则，唯物史观也就不成其为唯物史观了。

谓予不信，便让我们用事实说话。

最具典型性的例子莫过于如何对待五种社会形态问题。五种社会形态问题看起来是个理论问题，实际上说到底是个事实问题，或至少首先是个事实问题，即我们首先必须判定人类发展史上究竟是否普遍存在过从原始社会到奴隶社会到封建社会到资本主义社会再到社会主义社会这一依次演进发展的事实，才能够进而判定五种社会形态的理论是否正确。倘若人类发展史上的确普遍存在这样一种事实而我们硬说没有，这当然是违反唯物史观的。但是，如果并不存在这一事实却闭着眼睛硬说存在，难道就符合唯物史观吗?!

我在《再论历史规律》中曾经论证：过去那种把生产资料所有制关系归纳为原始公社所有制、奴隶制、封建制、资本主义和社会主义—共产主义这样“五种基本生产关系”，进而把社会历史发展归纳为“五种生产方式依次更迭”模式的“历史规律”，实际上在人类历史上是不存在的。在此我想重申这一结论，并在前文已经论述过的基础上着重强调如下几点。

第一，我们既往在以“五种社会形态理论”论述社会形态变化演进过程时，有一个作为论证基础的理论前提，即：人类社会之所以表现为从原始社会向奴隶社会、封建社会、资本主义社会、社会主义—共产主义社会演进变化，根本原因是由于生产力的不断发展。按照唯物史观的基本观点，生产力决定生产关系，而生产关系必须与生产力相适应才能使生产力不断发展。随着生产力的不断发展，原有的生产关系由与生产力相适应，逐渐演变到越来越不相适应，最终导致成为生产力进一步发展的阻碍，这时便会有一种新的生产关系出现并取而代之，从而使生产力得以继续向前发展。

这一理论前提的实际内涵和必然导致的结论就是：对于任何一个民族、地域或国家的人类社会来说，当它处于五种社会形态序列之中的任一社会形态时，仅就其自身的纵向比较而言①，其生产力水平都应高于其前一阶段的社会形态，而低于其后一阶段的社会形态。因此，倘若某一民族、地域或国家的人类社会真的经历了原始社会—奴隶社会—封建社会—资本主义社会—共产主义社会这样一个不断向更高阶段发展的过程，那么当其处于奴隶社会初期的时候，其生

① 不同民族、地域和国家之间发展水平的横向比较问题，牵涉的因素比较复杂，姑且不论。

产力一定要高于其自身的原始社会末期；当其处于封建社会初期的时候，其生产力一定要高于其自身的奴隶社会末期；当其处于资本主义社会初期的时候，其生产力一定要高于其自身的封建社会末期。——这一点应当是毫无疑义的，否则新的生产关系出现所具有的解放生产力的作用便无从谈起了。

但人类历史所揭示的事实却清晰地告诉我们：实际情况并非如此。例如欧洲的情况就是这样：当其处于奴隶制社会阶段的时候，无论生产力、经济基础还是上层建筑，都远远高于其后取代了它的封建制社会的初期乃至中期。西方封建社会早中期的社会发展程度无论是经济基础还是上层建筑均远逊于之前的古希腊罗马时期，这是举世公认的事实。

这也就是笔者在《再论历史规律》中所说的：人类历史的发展告诉我们：奴隶社会的生产力不但未必低于封建社会，而且很多情况下可能恰恰相反！古希腊、古罗马的奴隶制和美国近代的奴隶制，都是人类历史上最典型的奴隶制，而它们的生产力水平都不低于封建社会。

马克思在他系统阐释唯物史观基本原理的《〈政治经济学批判〉序言》中曾明确指出："无论哪一种社会形态，在它所能容纳的全部生产力发挥出来以前，是决不会灭亡的；而新的更高的生产关系，在它的物质存在条件在旧社会的胞胎里成熟以前，是决不会出现的。"[①] 揆诸事实，奴隶制与封建制这两种社会形态的承续关系符合马克思的这一判断吗？答案显然是否定的。

所以，那种认为五种社会形态依次演进、只有当容纳奴隶制度存在的生产力发展到尽头之后才会导致封建制度出现的观点，与历史事实完全不符，是不能成立的。

第二，支持我们过去所说那种依次演进的五种社会形态学说的另一理论逻辑前提是：生产力的不同导致生产关系的不同，而生产关系的不同则标志着社会形态的不同——所谓奴隶社会与封建社会的先后承续关系就是以此理论逻辑前提为基础的。但是，在既往所有论述奴隶制与封建制关系的文章里，都没有人能够令人信服地论证奴隶社会与封建社会在生产力上的区别标准，即奴隶社会与封建社会的生产力究竟有何不同？以及根据什么断定奴隶社会的生产力要比封建社会的生产力落后？而另一方面，"生产力决定生产关系"又恰恰是唯物史观最基本的观点。既然生产力并无截然不同，那么生产关系又怎么会截然不

① 见《马克思恩格斯选集》第二卷，人民出版社1995年第二版，第33页。

同？同样，既然生产力并无高低上下的截然不同，所谓奴隶社会与封建社会的承先启后关系何以能够成立？所以，这就在实际上形成了一个自相矛盾的悖论。

由此来看，哈贝马斯的如下论述：

> 最好是在生产方式和社会形态之间加以区别。任何历史上的社会，都以一定的生产方式为其特征。然而，这种生产方式又必须用进化的观点，从对一种社会形态来说起决定作用的组织原则的抽象调节的意义上加以分析。例如，亚细亚生产方式、古典的和封建的生产方式，均属于同一高度文化的社会形态。①

值得我们认真思考。而一旦我们实事求是地认真思考这一问题，便会自然而然地得出如下结论：(1) 生产关系不同并不一定是由于生产力发展水平不同，同一生产力水平条件下，可以表现为各以不同的生产关系为主的不同社会形态。(2) 反过来，同一生产关系的框架内，生产力水平也可以表现出极大的高下差异，例如古罗马奴隶制和凉山彝族奴隶制即是如此，其差异之大已经远远超越了不同社会形态之间的生产力水平差异。(3) 事实证明：在古代甚至近代，某一地域、民族或国家的人类社会是采用奴隶制还是采用封建制，与生产力发展的水平无关，而往往取决于种族、民族或部族关系，以及商品经济是否发达等其他因素。所以，仅仅依据生产力水平去判定社会形态的性质的办法，是不能成立的。

第三，整个人类的发展史所展示的一个不容置疑的事实便是：在工业革命之前，并非所有地域、民族和国家的人类社会都必然能够不断向更高阶段发展。不同民族、地域或国家的人类社会的发展道路是多种多样、大不相同的。例如，在许多自然条件并不恶劣甚至相当优越的地方，人类的发展进步却表现得十分艰难——至少在南北美洲、非洲和大洋洲这些极其广阔的地域内，我们可以看到非常普遍地存在着一种作为极其稳定的社会组织结构而长期延续的前国家形态，说明这些地域的人类社会在数千年乃至更为漫长的时间内始终停留在原始的状态。而有些人类文明在发展到相当高度之后又表现为大幅度的倒退——例如玛雅文化就是如此。这种倒退的事实在整个人类发展史上不断出现，屡屡发

① 哈贝马斯：《重建历史唯物主义》，郭官义译，社会科学文献出版社 2000 年版，第 135 页。

生，绝非个别的例外的现象。

从这一点来说，欧洲由奴隶社会进入到封建社会实际上也是一种倒退。其原因即如年鉴学派的奠基人布洛赫在其代表巨著《封建社会》中所指出的：如果没有蛮族的入侵，欧洲的封建制将不可能出现，“日耳曼人的入侵将两个处于不同发展阶段的社会强行结合在一起，打断了它们的原有进程，使许多极为原始的思想模式和社会习惯显现出来。封建制在最后的蛮族入侵的氛围中最终发展起来。”①。所以事实证明：那种把由原始社会—奴隶社会—封建社会—资本主义社会—共产主义社会的发展序列视作依次演进、普遍适用且概莫能外、所有人类社会都要经历的一般历史规律的认识，是不符合人类历史发展实际的。

这也清晰地告诉我们：过去我们总是把欧洲一部分地区（主要是西欧）的历史进程当做五种社会形态能够适用的典型，并由此将它推广为一种普遍规律，这实在是一个极大的谬误。因为欧洲由奴隶社会进入封建社会并不是由于生产力的进一步发展，而恰恰是由于生产力的大幅度倒退！在欧洲的封建社会之初，连城市都消失了！所以，正如我们不能把已经倒退回母系氏族的17世纪北美印第安人视为玛雅文明的进一步发展一样，我们同样不能把欧洲的封建社会视作对其前古罗马社会的进步。而“五种社会形态依次更替”理论恰恰是以生产力不断发展进步为前提的。

既然如此，既然连被我们视作五种社会形态依次演进最典型范例的欧洲，其社会形态的演变其实都并不是生产力不断发展的结果，我们又怎么能够将之推广为普遍适用的历史规律呢?!将一个因倒退以及其他因素的综合作用而出现的生产关系和社会形态变化，纳入一个以进化论为基础的发展史观的序列中去，并将之作为地球人类一律适用的普遍规律，岂不十分荒唐?!

其实这个问题并不难理解：只要具有实事求是的态度就行。例如，当我们按照实事求是的原则去观察人类的历史，便很容易证明本文前面所说的情况：对于任一民族、地域或国家的人类社会来说，当其处于奴隶社会或封建社会初期的时候，其生产力必定高于其自身的原始社会时期；当其处于资本主义社会初期的时候，其生产力必定高于其自身的封建社会时期。但唯独当其处于封建社会初期的时候，其生产力却未必高于其自身的奴隶社会时期。这说明了什么呢？只能说明奴隶社会不能作为递进式的社会形态理论中的一环。

---

① 马克·布洛赫：《封建社会》下卷，张绪山等译，商务印书馆2004年版，第700页。

同样，只要我们按照实事求是的原则去认识人类的历史，那我们就不得不承认：人类社会的发展道路是多种多样、大不相同的，并不存在着一种普遍适用的、每一具体人类社会都能够自然而然地不断向更高阶段发展的历史规律。

由此意义来说，不但奴隶社会不能作为递进式的社会形态理论中的一环，而且这种普遍适用的社会形态更替规律根本在人类历史上就不曾存在！因为在这种普遍适用的社会形态更替规律之中，没有那些主要表现为倒退和停滞的历史进程的容身之地，而这样的历史进程却是我们人类所居住的地球上二分之一以上地域的人类社会在实际上所经历的历史道路。

实际上，只要不是闭眼不看事实的人，都不得不承认：地球上的人类社会在今天所展示的发展状态与结果，是多个形态不同的人类文明，在漫长的特定历史环境与条件的作用下，互相传播影响、因缘际会、共同创造的结果，而不是由每一个地域、民族和国家的人类社会自然而然地各自独立发展的结果。说穿了，是由于包括中国和欧洲在内的几个核心文明的发展和相互作用，影响和带动了其他广大地域人类社会的向前发展。甚至连许多地域和民族的人类社会由前国家状态进入国家阶段，都不是由于自身的自然发展，而是被影响和传播的结果。中国历史上早在两千多年前华夏民族以及其后的汉民族对周边民族的影响就是如此，近代以来整个人类被西欧带动进入工业社会的巨大进步更是如此。

所以，除非我们可以证明大多数（且不说全部）地域和民族的人类社会都能够独立地进行工业革命，并由此而导致资本主义的不断发展（人所共知倘无工业革命则资本主义最多只能处于萌芽状态），我们才能够将五种社会形态视作普遍规律——而这是根本不可能被证明的。例如，在北美洲地域的人类活动虽然曾经达到过一定的文明高度，但后来又大幅度倒退回原始状态。倘若不是由于与来自其他地域的人类活动发生了接触，那么北美洲地域直至今天无疑仍将处于母系氏族时代——除非我们闭眼不看铁一般的历史事实。

倘若再具体一点讲，那么地球上人类的历史发展概况大致就是这样的：

大约二分之一以上地域的人类社会（包括南北美洲、非洲和澳洲的绝大部分地域，以及亚洲的部分地域），直至近代以前始终处于以部族结构为基本特征的原始社会，到工业革命以后才因受其他文明的影响而逐步地直接跨入近代，先后具有资本主义因素或发展为资本主义；其间有的地域在资本主义开始具有初步发展之后，还经历了典型的奴隶制时代。

亚洲大部分地域与欧洲部分地域（主要是东北欧）的人类社会，一般都不曾存在过奴隶制阶段，而是经历了由原始社会到封建社会[①]，然后分别以不同方式进入资本主义社会的历程；其中少数国家进入到社会主义初级阶段，但其生产力水平并不高于资本主义。

西欧部分地域的人类社会，大致经历了由原始社会到奴隶社会到封建社会再到资本主义社会的历程，但其由奴隶社会末期到封建社会中期的漫长一段，是因蛮族入侵而导致生产力从大幅倒退到逐渐恢复的过程，而绝非在原有生产力水平基础上向更高阶段继续发展的过程。

大体上看，整个人类的基本历程即是如此。

所以实际上，符合过去人们所理解的五种社会形态理论本来所规定的意义和内涵，即因生产力不断发展而导致五种社会形态依次演进更替的例子，在整个人类历史上几乎一个也不存在！

既然如此，一味强调由原始社会经奴隶社会、封建社会直到资本主义社会、共产主义社会的人类社会普遍发展规律，这究竟有何事实依据?！它到底是客观事实呢，还是人的主观想象?！

上述结论，都是笔者在认真思考五种社会形态理论之后得出的结论。得出这些结论本不复杂，只要运用实事求是的原则对历史稍做考察便一目了然。但这样一个本不复杂的问题居然在史学界纠缠不休达如此之久，原因何在？根本原因就在于缺乏实事求是的态度。事实说明：倘若一切声称信奉和坚持唯物史观的人都真正遵循实事求是的原则，那么关于“五种社会形态是否普遍适用的历史规律”的分歧和争论，就绝不会延续到现在。

二

笔者之所以撰写此文，主要原因自然是个人感觉涉及五种社会形态理论的

① 对于“封建社会”的定义是否恰当，数十年来一直有不少学者提出质疑，并尝试以种种新的命名来取代。对此，笔者个人认为意义不大。因为不管怎样命名，我们对于人类所经历的那一阶段历史的内涵是十分清楚和明确的，故名称不过是一个符号而已，所指向的是同一的东西。所以，我们不妨从约定俗成的意义上使用它。

许多问题尚未完全讲清楚，需要再讲一讲，甚至还需要再经过深入的讨论。但最直接的原因，则是由于近年来屡屡受到一些声称“坚持与捍卫唯物史观”、实则根本违反唯物史观基本原则的文章的刺激，有感而发，骨鲠在喉不吐不快。

例如曾经看过一篇被多个报刊转载、据说影响很大的文章，题目是《从历史研究现状看加强马克思主义指导的必要性和紧迫性》[①]，文章的核心观点是：

> 必须指出：对马克思的五种社会形态说持何种态度，绝不是纯学术的问题，而是关系到历史研究的理论方向的根本问题。否定唯物史观的人总是从证伪马克思的五种社会形态说入手，进而否定马克思的五种社会形态学说，最终达到彻底否定唯物史观的目的。我们务必深察明辨，切不可掉以轻心。

整个文章，通篇都是此类语言。

还看过一篇题为《历史研究中的非社会形态化思潮评析》[②] 的文章，其基本观点如下：

> 坚持用马克思的社会形态学说研究历史，是历史研究中坚持与发展唯物史观的首要前提。
>
> 原始公社制社会、奴隶制社会、封建制社会、资本主义社会和共产主义社会，就是人类社会历史进程必经的五个发展阶段、五种社会形态。
>
> 历史研究中的非社会形态化思潮，是一种不把社会形态作为历史研究对象、旨在挑战唯物史观、对抗马克思的社会形态学说的史学思潮。
>
> 第二次大讨论以来（指20世纪80年代后期以来）所出现的非社会形态化，使中国历史研究面临着“远离”马克思、“告别”马克思的严峻局面。这不是杞人忧天，也不是耸人听闻，而是中国马克思主义历史学在当今的处境，应该引起我们的深思。

再如近期看到的一篇题为《唯物史观提供的仅仅是方法吗?》的文章，

① 作者卢钟锋，刊于《光明日报》2005年7月26日。

② 作者卢钟锋，刊于《中国社会科学内刊》2007年第4期。

指责：

> 最近看到有这样一种观点，认为现在唯物史观提供的仅仅是方法，至于它的基本理论由于是马克思面对19世纪的现实提出的，所以已经不能解释新时代的形势了。这种观点是极其危险的，是打着发展马克思主义“方法”的旗号，实际上有可能导致抛弃背离唯物史观基本原理。①

还有其他一些文章，基本观点都是类似的。

上述文章有几个共同的特点：

第一，从文风来讲，都是“文化大革命”式的大批判文章。诸如“挑战”、“对抗”、“极其危险”、“打着某种旗号”、“达到某种目的”、“绝不可掉以轻心”一类语言，都使人不由得联想起戚本禹之流的文章。如同西方某些人至今抱着“冷战思维”不放一样，这些人也是始终抱着“阶级斗争思维”不放。

第二，从论述方法来看，都是不摆事实，不讲道理，不允许讨论，开宗明义便明确指出“否定即反动”，定性为意识形态问题甚至政治问题，然后运用权势将对方一棍子打死。

第三，从内容来说，都是自命为诠释马克思思想的当然权威，拥有判定别人学术观点生死的权力，却不针对对方的观点做具体探讨。例如：既然有人要“证伪”马克思的五种社会形态（所谓“证伪”马克思的五种社会形态理论，即试图证明马克思并未明确提出过如后来所理解的那种五种社会形态理论），那么这些证伪究竟有没有道理？在事实上能否成立？诸如此类一概不谈，只是强调凡试图证伪都是反动的和其心可诛的。

以上种种论述，涉及的一个根本问题就是：究竟怎样做才是真正在坚持唯物史观？

前引文章断言：坚持五种社会形态学说，是历史研究中坚持与发展唯物史观的首要前提。照此论断，只要不认同五种社会形态学说，就不可能坚持与发展唯物史观——按照作者的意思实际上就是反唯物史观。而笔者则以为，要坚持唯物史观，首先必须坚持实事求是的方法论原则。这是判定究竟是唯物主义

---

① 此文发表于《北京日报》2008年6月23日，作者吴英，估计是针对笔者4月28日发表于同家报纸的《关于发展唯物史观的几点思考》，笔者在文中所论述的恰恰是作为唯物史观方法论基础的实事求是原则。

还是唯心主义的根本标志，是二者判然有别的分水岭。

从方法论上讲，马克思主义唯物史观的性质，最本质的一条就是：它是一种实事求是地解释人类发展过程的历史观。用这种历史观解释的历史，应当是符合客观历史实际的[①]，而绝不能是相反。唯物史观的真理性说到底便体现于此。

所以，凡是不遵循实事求是方法论原则乃至有意违反这一原则的历史观，毫无疑问一定是唯心史观，而绝非唯物史观。

实际上，唯物史观与唯心史观在所有重大问题上的根本分歧，说到底，从方法论来讲都在于是否遵循实事求是的基本原则。唯物史观不以任何先验的东西为前提，唯心史观则相反。

例如唯物史观主张，从最本源的关系讲，是物质决定精神而非精神决定物质，并由此而否认“绝对精神”的存在；根本原因即在于：有无数的事实可以证明物质决定精神，而没有确凿事实可以证明世界上有脱离物质存在的“绝对精神”。

再如，唯物史观主张无神论，不相信神灵和超自然力的存在，根本原因同样在于：有无数的事实可以证明世界上不存在神灵和超自然力；而至少到目前为止，还没有确凿的事实能够证明存在神灵和超自然力。

社会形态问题也是如此。人类历史由茹毛饮血发展到今日之声光电化，无疑是经历过一些不同的社会形态的，但这些社会形态之间究竟是一种怎样的关系？不同地域、民族和国家的人类社会是如何发展到今天的？其过程之中究竟反映出一些什么样的轨迹和规律？这些问题都值得史学工作者认真探讨。这种探讨只能建立在摆事实、讲道理和以理服人的基础之上，而绝不能先验地认定某种理论一定是正确的，然后依靠以势压人的“大批判”方法去压倒其他理论。本文第一节表达了笔者的观点，即人类历史并不曾在事实上存在过普遍适用且依次演进的五种社会形态模式，因此它不是人类历史的发展规律。希望不同意这一观点的人，能够依据事实进行反驳，而不要再搞那种虚声恫吓式的批判，虚声恫吓式的批判是吓不住人的。

其他一切唯物史观的基本理论莫不如此。

从这个意义来说，马克思主义自身的一切理论，也都必须在实事求是的原

① 认识论意义上的“符合客观历史实际”姑且不谈。

则面前受到检验。《国际歌》不是高唱“从来就没有什么救世主，也不靠神仙皇帝”吗?！因此，除了上帝——而上帝并不存在——再伟大的革命导师所创建的理论都不是“神谕”，不具有天经地义的、不可改变的神圣性。所以，即便是真的“认为现在唯物史观提供的仅仅是方法，至于它的基本理论由于是马克思面对 19 世纪的现实提出的，所以已经不能解释新时代的形势了”，也不是什么大逆不道的罪过；更谈不上是“打着发展马克思主义方法的旗号”，“抛弃背离唯物史观基本原理”。因为马克思主义的一切理论，包括唯物史观的基本原理在今天是否依然有效、要不要随着时代的发展而发展，也必须依据实事求是的原则在实践中去检验，绝不应存在“不允许探讨”的禁忌。这就是毛泽东同志在《实践论》里曾说过的：“判定认识或理论之是否真理，不是依主观上觉得如何而定，而是依靠客观上社会实践的结果如何而定。真理的标准只能是社会的实践。”①

关于这一点，邓小平同志有更加明确和深刻的论述。改革开放以来，邓小平曾多次反复强调：实事求是是马克思主义的精髓、根本点和基本点。这就是说，马克思主义至少包括两个层次：精髓与非精髓，根本点、基本点与非根本点、非基本点。我们要注重把握马克思主义的精髓、根本点和基本点——即实事求是原则，而不要过分拘泥于那些具体结论和论断。他多次讲过：“马克思主义的辩证唯物主义和历史唯物主义，用毛泽东主席的话来讲就是实事求是。”②

邓小平同志讲这些话，距今已有近 30 年了。而史学界今天在探讨唯物史观问题时，竟然仍需要明确乃至强调实事求是原则的重要性和必要性，这本身是否十分荒唐?！这究竟是历史倒退了呢，还是我们的认识倒退了?！

所以，倘若运用“即以其人之道还治其人之身”的办法，笔者想对那些在社会形态问题上闭着眼睛不看事实或不敢面对事实、只能依靠“拉大旗做虎皮”搞大批判的人，讲一句一针见血的大实话：凡是不肯或不敢实事求是地认识社会形态问题的人，一定是已经从根本上背离了唯物史观，而离唯心史观不远了。这是非常危险的！

---

① 《毛泽东选集》第一卷，人民出版社 1991 年第二版，第 284 页。

② 转引自中央党校哲学部教授董德刚：《马克思主义的真精神》，《北京日报》2008 年 7 月 21 日。

三

在今天的中国史学界，包括广大青年学生中间，较长的一段时间以来，唯物史观的影响力正在不断减弱，这已是一个不争的事实，无论对唯物史观持何种态度的人对此都并不讳言。不管我们情愿或承认与否，严峻而真实的客观事实是：唯物史观已经面临着严重的挑战。

那么一切真正信仰唯物史观、而并不是仅仅将之作为牟利工具的人，究竟应当怎样维护唯物史观，使之重振雄风呢？

唯物史观在中国之所以地位下降和影响力减弱，最根本的原因并不在于如一些人所说的，是由于唯心史观的影响等外部因素的作用；而是因为中国信仰唯物史观的学者们，并没有认真地在如何发展唯物史观、使唯物史观做到与时俱进上，真正下过踏踏实实的工夫。

把外因作为导致唯物史观影响力衰减的主因，本身就是定错了位。外因只是条件，而内因才是决定性的因素——这是辩证唯物主义的基本常识。

尽人皆知，真正的真理是不可战胜的。倘若一个先进和正确的理论，仅仅因为受到错误理论的影响便丧失了生命力，那它岂不是太脆弱了？还能算是一个先进和正确的理论吗？所以，唯物史观之所以有力量，依靠的是自身所具有的真理魅力、实事求是的原则和与时俱进的精神，以此为基础，从全人类的优秀新成果中汲取营养，不断获得向前发展的活力①。

笔者在《再论历史规律》中曾经指出：空洞地高喊坚持唯物史观其实是最轻松不过的事情，但这样的所谓“坚持”对于实际改变唯物史观的地位和状况不但毫无用处，而且往往适得其反，恰恰败坏了唯物史观的名声，并在实际上扼杀了唯物史观的生命力。

既往的事实已经无可辩驳地证明：唯物史观是绝不可能主要依靠“批判唯

---

① 笔者多次看到过这样的见解，即将现代化史观、文明史观、后现代史观、全球史观，等等，都作为与唯物史观相对立和竞争的史观，这种看法是不能成立的。首先，与唯物史观处于同一层次的对立面只有唯心史观；其次，在诸如现代化史观、文明史观、后现代史观、全球史观等学派观点之中，都有值得唯物史观吸取的合理成分，而并非全属“反动”。唯物史观绝不应把自己摆在诸多新史学理论的对立面上，而应批判地吸收其中的合理成分。

心史观的影响”来实现振兴的。把“批判唯心史观”作为提升唯物史观地位的猛药良方，从主观意愿讲仅为一厢情愿，从客观效果看实属南辕北辙。事实是，唯物史观之所以在今天的中国史学界和广大青年学生中间地位日降，一个非常重要的原因恰恰在于如本文前面所举的那类“坚持与捍卫”文章的负面不良影响。这类文章除了打棍子扣帽子之外，在观点见解上一般皆毫无建树和新意，故发表得越多，唯物史观的名声便越差——这已经是有目共睹的事实。笔者在学界和大学中多次听到学者和学生们的尖锐议论，对前引的那类文章极为反感。

历史已经无数次证明：在学术问题上不是以理服人，而是试图倚仗压服的办法战胜对手，是从来不会真正成功的。即使看似一时奏效，终究会以失败告终。这就是钟南山院士于非典肆虐期间最为困难的日子里说过的：“在学术界，压服是不行的，只能靠事实去说服。”① 随着中国社会不断地向前发展进步，在学术上以势压人即便是一时取胜恐怕也将越来越困难，最终必将完全失败。不知到了那时，这些人将情何以堪？

那么，在近年来关于唯物史观的讨论之中，为什么还是有人总是置唯物史观实事求是的基本原则于不顾，而喜欢倚仗权势，用大批判的方法去压服与自己学术见解不同的人呢？据笔者所了解的情况，有的人其实并非真的不明白这种大批判并无实际用处，但却就是要这么做！这就不得不令人怀疑他们并非是在捍卫真理，而是个中另有玄机。

1978年当揭开真理标准讨论序幕的《实践是检验真理的惟一标准》发表以后不久，《解放军报》特约评论员又发表《马克思主义的一个基本原则》一文，并在当天被《人民日报》、《光明日报》转载。文章曾一针见血地指出：一些人之所以总是抱着旧口号不放，其根本原因，是“因为有一部分人的利益或多或少地同这些旧口号联系在一起的缘故”②。

近二三年来，通过关于唯物史观的讨论，笔者耳闻目睹了若干“卫士”们的有关言行，使我再次深感此言不谬！

由此而想起当初顾颉刚先生一针见血地揭露那些功媚取容、靠“解经”为生的汉代经师“大儒”们的话：“他们哪里是在做学问？他们是在求取功名利禄！”

---

① 见《勇敢战士钟南山传奇》，经济日报社出版社2003年版。

② 见1978年6月24日《解放军报》。

所以，不管学术见解有何不同，只要是真诚地以实事求是的态度摆事实讲道理，我都从心里由衷地钦佩和尊重——哪怕相互之间的见解激烈冲突尖锐对立也不要紧，因为真理只会越辩越明。

反之，对于那些写不出任何有分量的文章，不敢摆事实讲道理，而只能依靠权势和扣帽子打棍子来占据上风，并借机谋取私利甚至公报私仇的人，笔者不但毫无敬重之心，而且是从心里鄙视的。正如鲁迅所说：“辱骂和恐吓决不是战斗。”凡是在学术问题上动辄指责别人“反动”、“危险”的人，其实是既不尊重别人，也不尊重自己。

坚持与发展唯物史观是一项严肃而艰苦的事业，需要的是实事求是的态度和扎扎实实的研究探索，而不是哗众取宠。

附记：本文所论，仅为涉及唯物史观方法论基本原则之一的一些想法。至于唯物史观理论本身，尚有很多问题有待深入研究讨论。自知此文必会因戳到某些人的痛处而招致反感，但在自己而言，则实在无法容忍唯物史观的基本原则长期被如此糟践的现象再继续下去。今年（2008 年）10 月笔者退休，成为自由之身，从此得以就学术问题直抒己见，而不必再顾虑因笔者之个人行为导致《历史研究》招致攻击之类的其他因素，实为快事！拟以三五年时间，对诸如阶级斗争、历史动力、历史创造者、影响历史发展的若干因素等问题做认真探索，期望能与同好共同讨论。同时，还将对笔者亲身经历的、涉及唯物史观的若干学术史问题进行回顾梳理（例如关于“蒋大椿事件”的始末真相），相信会引起有关人士的兴趣。

（本文已发表于《史学月刊》2008 年 11 期）

跳出樊笼求真我，皇帝原本未穿衣

——中国社会史分期的另类视角

高　钟

中国历史的分期问题自1929年社会史大论战以来，至今已经90年了，争论依然不息。争论的双方都引经据典地引用马、恩、列、斯的相关理论，但结果是谁也无法完全说服谁，因为这些外来的理论有一个致命的局限，即有着显明的“西方中心主义”的印痕，从而与中国历史发展的实际有着显明的、无法弥缝的差异。其实，无论是西周封建论、战国封建论、还是秦汉封建论、唐宋封建论等，都是在西方中心主义的樊笼中争斗，都是奉斯大林创制的“五段史论”为圭臬，而不敢越雷池一步，不敢实事求是地根据中国历史发生的事实、根据中国的史料、用中国语言符号、诠释中国历史，从而得出符合中国历史实际的中国社会史分期。

20世纪60年代之后，西方中心论在世界史学界遭到质疑，美国汉学家柯文提出了“在中国发现历史”的主张。这一主张在改革开放后传入中国史学界，在近代史研究中以西方为中心的“冲击反应论”很快遭到了质疑，近代史研究出现了向中国历史实际回归的潮流。但在中国社会史分期问题上，“原始社会、奴隶社会、封建社会、资本主义社会、社会主义社会”的五段史论，虽然在“封建社会”的定义、具体分期及亚细亚生产方式是否符合中国国情等问题上有不少争论，但都没有对这一仅仅从经济结构分析入手，以偏概全的进行社会史分期的理论与方法作根本的扬弃。很多争论只是在争论“皇帝的新衣”是否合体，而没有直白皇帝根本就没有穿衣，即以经济结构之单一子系统特性来替代社会整体互动的方法从起始就存在着局限与错误。

一　社会史分期必须以社会史总体运动为依据

“过去七十年来，社会科学本身也经历了几个重大的转化过程。上一个世纪（19世纪——引者注）的数位学术界宗师，例如韦伯、马克思与涂尔干，其立论基础，大致都是结构主义，标出社会与经济结构，作为解析研究的对象，于是而有国家、民族、社会、阶级……诸项有一定边界（boundary）的主义。四五十年前功能论崛起，成为思考问题研究的主流，于是而有变数、互动等项表否动态的理念。今日，后现代的解构，又渐引人注意，于是主观、主体、体会、阐释……诸项要求证悟的观念，处处可见。这一三阶段的演变，牵动了社会科学各门的研究方法，也牵动了科际合作的主题选择与整合方式。”① 马克思作为经济学一代宗师首次用经济分析的方法对社会阶级与阶级斗争作了精到的分析，并以此作为判定社会性质与结构的根据，对西方社会历史作了整体的构建。在他所处的时代这是一个伟大的创举。列宁、斯大林将马克思关于西欧封建社会的定义泛化为普适性，对中国前工业社会作出了封建社会的定义，20世纪二三十年代郭沫若等前贤将之引入中国，凿破混濛，对中国历史进行了大胆的分期，其突破陈规、大胆创新的精神也是值得肯定的。但是如同许倬云先生所言，马克思与韦伯、涂尔干都是从社会结构的某一个子系统入手对整个社会结构进行大胆的建构，其说虽有真理的光耀之处，但毕竟是以偏概全，并不能反映出社会史发展的全貌，所以很快为功能学派所取代。功能学派重视社会各子系统的互动与影响，认为社会是在各子系统的互动中取得平衡与发展的。功能学派的这一论点抓住了社会发展的根本，很快成为社会学的主流学派。但遗憾的是，这一学派的理论虽然在费孝通先生的《中国绅士》等文章中得到充分的展示，但其根本的方法，即以社会各子系统的有机组成、积极互动为着眼点观察社会与分析历史的方法，却未能在中国社会史的分期大讨论中得到重视。极“左”路线将社会学视为“伪科学”而将之封禁达30年之久，不仅给中国社会学带来了巨大的损失，也使中国社会史分期大讨论失去了从社会学的发展中

① 《许倬云自选集》，上海教育出版社2002年版，第367页。

吸取其理论与方法的最佳时机，而泛化的“封建社会”却成为中国社会史分期的权威话语一统天下，最终如侯外庐先生在《论中国封建的形式及其法典化》一文中所说，造成了“语乱天下”的后果。

“无论是什么性质的社会，一切事物都是互相制约、互相联系的，政治、经济的结构与信仰及思想最基本、最微妙的反映都概莫能外。”① 社会史的分期，实际上就是按其社会性质的变化作出理论的界定，那么在社会性质的变化中除了经济结构会起到重大作用之外，文化结构同样有着不可忽视的影响。韦伯的《新教伦理与资本主义精神》对此就作了精辟的论述。同时，政治结构、政治制度虽然受制于经济与文化，但它对经济与文化有着巨大的反作用也是一个不争的事实。这三者“互相制约、互相联系”的互动，方是一个社会性质变化的全景，着眼于他们的互动，方能说明社会历史变迁与分期的历程。“任何一个文明所发射的影响都包括三种成分——经济的、政治的和文化的，只要一个社会还处于生长时期，这三种成分都发射着同等的威力，如果用一个带点人情味的说法，就是说都发射着同等的吸引力。——文化成分是一个文明的精髓，而经济和政治成分乃是比较不太重要的成分，那么经济和政治上的最辉煌的影响，本身就是危险而不完备的。”② 舍弃文化、政治以及其他社会系统与经济的互动，而仅以经济结构来判定社会的性质与社会史的分期，同样是“危险而不完备”的。不幸的是，因为极“左”路线的影响我们在这条“危险而不完备”的路上走得太久、太远，以致迷途而忘返。

二 用中国的语言符号分析中国社会史分期

“‘封建的’和‘封建制度’最早是法律用语，布兰维里耶把这个十八世纪法庭里的行话写进自己的著作，后来孟德斯鸠也用了这个词，结果就勉强成为一种社会结构的代名词，而且这种社会结构本身也没有很好的定义。‘资本’原是高利贷者和会计师的用语，早期的经济专家扩充了这个词的涵义。‘资本家’

① ［法］马克·布鲁诺：《历史学家的技艺》，上海社会科学院出版社 1995 年版，第 137 页。

② ［英］汤因比：《历史研究》（中），上海人民出版社 1986 年版，第 206 页。

一词是由最初的股票交易所里的投机商人留下的，而‘资本主义’（kapitalismus）却是一个新造的词，它的结尾正好揭示其起源，今天它已成为经典著作的常用语。”① 可见即使在西方社会，“封建的”与“封建制度”也只是“勉强成为一种社会结构的代名词”，而将“这种社会结构本身也没有很好的定义”的外来词汇转介到中国，用它来说明与西方社会迥异的中国社会性质与社会史分期，自然就水土不服而凿枘难入了。“总而言之，文献的语言本身也是一种极有价值的史料，但和其它史料一样，它也不是完美无缺的，还必须经过考证。每一个重要的术语，每一次独具特色的文风的转变，都有助于加深人们对历史真相的认识，但要做到这一点，就必须将语言现象与一定的时代，社会或作者的习惯用法联系起来进行考察。”② 文献的语言是重要的史料，分析历史不能离开这个基本的史料，分析中国历史可以运用西方的史学理论与方法，但必须使用中国的史料——语言符号。论从史出，抛弃中国的语言符号，用西方的语言符号来论断中国历史，水土不服将在意料之中。而据以判定中国社会分期的标杆性的“重要的术语”——“封建社会”，竟是一个外来的、“勉强成为一种社会代名词”的语言符号，“语乱天下”就难以避免了。

中国作为一个五千年的文明古国，作为一个重视历史经验、有着厚重“史官文化”传统的国家，中国有着数不胜数的历史文献语言符号，有着很多在历史文献中反复出现的、体现了中国历史发展特色与社会性质蜕变的“重要的术语”，如说明文化、政治、经济与社会组织传承、变化的“道统”、“王统”与“族统”。这些语言符号所涵盖的社会三大系统之间的“互相制约、互相联系”的互动关系，足以说明中国社会发展的轨迹与真相，而且，因为它们本身就是中国历史发展中产生的“重要术语”，是中国社会发展历史的重要史料，从这个本土的重要史料中寻求中国社会性质的发展与演变是水到渠成的自然与真实，为什么要舍近求远地搬来一个西方的“封建主义”硬往中国历史中套呢？众所周知的是中国的历史语言符号中原有一个“封建制”的术语存在，此“封建”非彼“封建”，词源、词意的不同，给中国社会史分期带来了很多不必要的混乱。而且即使是在西方，“甚至历史学家也往往会将‘封建制’和‘领主制’这两个术语搞混，造成了不少麻烦。这就是说，将两种性质截然不同的依附关系

① ［法］马克·布鲁诺：《历史学家的技艺》，上海社会科学院出版社 1995 年版，第 123 页。

② 同上书，第 122 页。

混为一谈了。一种指军事贵族的依附关系，另一种指农民与领主之间的依附关系，后者产生较早，持续的时间也更长，而且遍布世界各地”。[①] 可见“封建社会”是一个“才出昆仑便不清”的术语，西方本土的史学家都常为之搞混，经过翻译后再转介到国情差别甚大的中国用以诠释中国社会，发生混乱与争论就在不言中了。

三 中国社会的“三维共构”与“四期发展”

中国社会发展与演变有其独特的发展轨迹。作为一个早熟的民族，中国的国家是在氏族社会的基础上发展起来的。周公制礼，创建宗法制与封建制，是在血缘社会的基础上建构国家，政治构架的“国”与社会构架的“家”之间通过血缘宗法之脐带紧密地联结在一起。春秋之际礼崩乐坏，国家与社会开始了二元的张裂。一系列的变法都是国家力图整合更多的社会资源、将社会控驭于己下的努力，而从官学中脱胎的私学——诸子百家尽管在具体理论上有着众多的争论，但元儒的仁者爱民、民为邦本、隆礼重法、大一统则是引领时代的文化主流。同时，私学使文化教育走出贵族的殿堂，文化道统亦从王统与族统中独立出来。中国社会开始了文化之道统、国家之王统、社会之族统三维独立的萌发期。

秦汉大一统，解决了中国社会迫切需要的统一问题，创建了中央集权的国家体制，但这一体制需要一个合法性的论证。法家的“以法为教，以吏为师”虽然能有效地保证国家的集权，但在经千年血缘社会形成的氏族社会中，人际、君臣之间冷漠的市易关系却使之无法得到社会的归心，一有变动，则众叛亲离，“一夫作难而七庙堕”。汉以秦为鉴，在国家的合法性论证上煞费苦心。法家、道家的思想先后进行试错，最后汉武帝确立了“罢黜百家，独尊儒术”的文化国策，确立了儒学在中国的“宪法”地位。但此时的儒学不是孔子之元儒，而是以荀学为基础，融合了法、道、阴阳、五行、墨等诸子百家，以“霸王道杂之”为特色的汉儒。汉儒为适应中央集权大一统国家的需要创立了三纲五常之

① ［法］马克·布鲁诺：《历史学家的技艺》，上海社会科学院出版社 1995 年版，第 122 页。

说，从而为王统青眼相加；另一方面为制约王权，汉儒亦创建出“天人合一”，天意本于人心的理论，对王权进行制约，力图在强大的国家王权之上树立一个道统之“天”，并以“天意”来为社会之“民间”保有一份独立的空间。道统与王统处于一个互动的磨合之中。

中央集权的国家需要大批官僚组成的官僚机构来维护自身的统治。春秋之际，频繁的战争，使各国都先后用“军功爵制”取代了西周封建制体系中的世卿世禄制。军功爵制产生的一大批军功贵族亦成为继血缘贵族之后中国社会的领导层与国家官僚体制的组成者。这个制度沿袭到汉武帝之后，因为国内外和平的出现，以及“独尊儒术”国策的推行，已不符合社会与国家的需要，汉武帝明敏地推出“察举制”，以儒学之“孝廉方正”为标准，由地方社会定期举荐官员，从制度上将文化道统与王统政治联结起来。中国步入了“选举社会”。

中央大一统国家通过与文化道统的联姻加强了社会的整合力，而对威胁国家中央集权、代表社会力量的豪杰、强宗、大族、侠客进行了血腥的摧抑与打压。军功贵族代表的社会力量受到了强力的消解，其残余在失去军功爵制的奖诱之后，也放弃了对武力与暴力追求，社会精英在“独尊儒术”的奖诱下，转向从“孝廉方正”中找出路，孝文化之聚族的功能与血缘氏族的社会心理相结合，一批儒学文化世族很快取代了军功贵族成为汉晋南北朝的社会主导力量，围绕他们而形成的世族庄园经济是中国这一阶段的主要的经济形态。

从秦始皇创建中央集权大一统国家到汉武帝创建“独尊儒术”与“察举制度”，中国社会道统、王统、族统三维共构的雏形基本形成，但一个新的社会结构的确立需要经过长时段的磨合，这个磨合一直到隋唐才告完成。此时期实为中国社会三维共构的磨合期。

唐宋之际中国社会发生了根本的变化，“唐宋转型论”即此而言，但唐宋之际中国社会性质的变化只是为秦汉以来中国社会三维共构的趋势作了最后的完善。正因为其起点是自秦汉而来，所以人们很容易会产生中国社会两千余年未变的超稳定印象。实际上，中国社会两千余年一直在道统、王统、族统三大子系统的互动中发生着长时段的演变。这一演变在唐宋之际以一个基本完善的面目呈现在世人面前。

唐宋开启直至清末，是中国三维共构社会的完善期，就是在三个子系统中建立了制度性联结，实现了稳定、互动的平衡。

历经汉唐数百年的磨合之后，中国中央集权之王统不但通过削相权、强君权，以三省六部等制度完善了中央官僚体制的职能化、制衡化，又通过转运使、文人知州等制度完成了中央对地方的绝对控驭，更重要的是通过创建与完善科举制，完善了将王统与道统联结在一起，实现良性互动的制度性保障。科举制不仅为王统提供了人员的保障，更重要的是它实现了中国社会上下层之间频繁流动，营造出一个开放的社会，从而实现了国家王统与社会族统的积极互动，不断地将来自民间的精英输送到王统之中，使王统在得到新鲜血液补充的同时，及时了解社会动态，调整政策，求得王权统治与社会的稳定。

中国文化之道统亦在数百年与王统之国家、族统之社会的磨合中吸收社会以至外来文化之精华（“道统”一词即韩愈受佛学“法统”之启发而造），最终创造出宋学（或称“宋明理学”）这一不同于元儒、汉儒的宋儒“道学”体系。

面对着日益强大的国家，宋儒虽然往往是其中的基本成员，但萌生于血缘社会的儒学传统使他们无法摆脱“为天地立心，为生民立命，为往圣继绝学，为万世开太平”之终极关怀。这种终极关怀使他们将立足点放在社会民本之上，是故，他们扬弃了秦汉以来以“隆礼重法”为国家体系服务的荀学，而代之以民本思想强烈的孟学。“唐以前称周孔，宋以后称孔孟”①。如朱熹所言，“孟子发明四端，乃孔子所未发。人只道孟子有辟杨墨之功，殊不知他就人心上发明大功。”② 朱熹起孟子于千年之下，就是要用孟子之心性之学，以正君心，要求君王存天理，灭人欲，“每出一言，则必反而思之曰：此于修身无有害乎？每行一事，则必反而思之曰：些于修身无有害乎？小而嚬笑念虑之间，大而号令黜陟之际，无一不反而思之，必无害也，然后从之，有害则不敢也。”③ 有害于道则君王不敢。宋儒之道学，显然有以道统遏王统，以文化制约与引导王权政治之深意。其“三军可夺帅，匹夫不可夺志”的心性之学，也为提高士人之自尊，在强大的王权面前保持人格的独立，提供了思想资源。

宋儒心性之学为儒生提供了裁制王权的思想资源。同时，印刷术的发明，书院的普及，教育进一步平民化，使士人群体完成了量的集结。士人以道统为支柱，以群体为集结，成为王统之外一个重要的社会制衡力量。

王统、道统在唐宋之际均发生了前有未有的巨大变化，与此二者互动的族

① 钱穆：《朱子新学案》（中），巴蜀书社 1997 年版，第 1138 页。

② 同上书，第 1146 页。

③ 《朱文公文集》卷十五，《经筵讲义》。

统亦不例外，在唐宋之际发生了显然的变化。

唐宋之际社会族统发生的最大变化就是因“两税法”的实施，开始了自西周、秦汉以来有利于领主（地主）依附的各类劳役制度的削减与终结之历程。

“两税法”不仅是一个收税方法与时间的改变，更重要的是“户无主客，以见居为薄；人无丁中，以贫富为差”[①] 的收税标准开启了中国税收制度由以丁口为主的劳役税转向了以资产为主的田地税，这就为彻底终结领主依附建立了制度性的保障。“自两税之兴，因地之广狭瘠腴而制赋，因赋之多少而制役，其初益甚均也。责之厚赋，因财足以供署之重役，则力足以堪。何者？其轻重厚薄，一出于地而不可易也。户无常赋，视地以为赋；人无常役，视赋以为役，是故，贫者鬻田则赋轻，而富者加地则役重。此所以度民力之所胜，亦所以破兼并而塞侥幸之源也。”[②] 两税法从制度上解决了土地兼并的问题，国家与社会的也关系发生了一个质的变化。此后宋代的“免役法”、明代的“一条鞭法”、清代的“摊丁入亩”，都是秉持此变化而前行的。在这一系列经济制度的约束之下，中国的领主依附制寿终正寝，土地兼并得到有效遏制，自耕小农成为中国经济结构的主体存在。

与自耕小农经济结构相适应的是中国的社会组织结构也发生了变化，即由原来的领主依附型之世家大族庄园制，演变成了房分宗族的自治制。小农宗族自立宗祠、自撰家谱、自建公共财产、自施公共事业与救助的自治体制成为中国社会组织的基本形态。而国家不仅通过文化之道统与这类自治的社会组织取得共识，更通过绅士具体领导这类社会组织，使社会组织之族统、国家之王统、社会之道统实现了共构的运行，三者之间通过绅士代有因革的变易而实现动态的平衡。绅士亦因其一身而三任的重要地位，而成为中国社会的中心与重心所在。中国社会之三维共构体系最终得以完善。

由唐宋变型而到清末的中国社会之完善期被鸦片战争的炮声打破。中国社会开始了“三千年未有之大变局”，开始了全面的由农业社会向工业社会的大转型。这个转型至今尚在继续之中。

---

① 陈登原：《中国田赋史》，商务印书馆 1998 年版，第 101 页。

② 《苏东坡全集（下册）·应诏集》卷三《策列（十五）》，中国书店 1986 年版，第 7451 页。

四 一个无法回避的悖论

由于西方中心论的“封建制度”与中国社会实际有很大的差别，所以，尽管在中国社会史分期中很多人为了自圆其说，除了提出“亚细亚模式”之外，又强史入论，“把历史分为军功地主时期、门阀地主时期、庶族地主时期”；“根据地租形态把封建社会史划分为劳动地租时期、产品地租时期及货币地租时期，或根据生产关系同生产力适合与矛盾的情况分为上升时期和下降时期，都不免流于忽略阶级斗争。”[①] 可见，这种削足适履的方法在同一阵营内也遭到了否定。这种无法自圆其说的悖论之根本原因，就在于无论是“封建社会”还是“阶级斗争”都是马克思以经济结构单一子系统特性，来对整个社会史进行的概括，而忽视了社会各个子系统之间的互动作用。同时，马克思本身只是对西方社会经济发展的历史作了充分的研究，对于中国社会与经济的发展，他限于条件而未能有效地研究。所以这一“重要术语”运用到中国社会分期的研究中，不仅是以偏概全，而且也水土不服。因之而生的争论，只是在皇帝的新衣之长短、样式上耗尽工夫，而未能跳出樊笼，看到皇帝原本未穿衣的实质。

因“封建社会”这一术语脱离中国历史实际，所以，在其运用中就出现了一个无法回避的悖论，即认为封建社会是以地主的大土地占有，造成大量佃农对其依附，从而取得超经济剥削，而封建国家的皇帝就是最大的地主，他是地主阶级的总代表，以维护地主阶级的利益为根本。但稍稍检视一下中国历史的发展过程，就觉得这个理论根本不适合中国历史的实际。

中国在西周时代就开始有了“天下一家”的大一统国家思想，儒、法诸家对此作了进一步的放大与传播，秦皇、汉武将之变为现实。大一统的中央集权成为中国历史的最突出的特色，而大一统的国家最担心的是“尾大不掉”，国家所要面对的最大威胁并不是小农，而是有着众多依附农民的各类“封建的”“领主”。所以，中国的皇帝不但不支持大地主的大土地所有，反而旗帜鲜明的站在小农一边，“义愤填膺”地申讨“强者规田以千数，弱者曾无立锥之居。又置奴

---

① 胡如雷：《中国封建社会形态研究》，三联书店1979年版，第385页。

婢之市，与牛马同栏，制于民臣，颛断其命。奸虐之人因缘为利，至略卖人妻子，逆天心，悖人伦，缪于‘天地之性人为贵’之义。”[①] 皇权并用各种政治手段遏制土地兼并，甚至不惜重用酷吏打击拥有大量土地与依附部曲的“强宗”、“豪族”、“大侠”，这一趋向自汉武帝始，直至隋唐从未间断。这种打击与限制是双向的，一方面国家在有土地时实行屯田、均田、租庸调制，将土地基本平均地按人口分配，国家直接控制这些耕种国有土地的自耕农之劳役与实物地租。另一方面对于大土地所有者在对他们的土地兼并进行限制的同时，对他们的依附人口也予以限制，“北魏的三长制，南朝的土断，隋代的输籍定样，唐代的括户，都是统治者为争夺劳动人手而实行的制度与措施。”[②] 隋唐之后，人口的增多，国家失去了以国有土地平衡土地兼并的条件。唐“中叶以后，法制堕弛，田亩之在人者，不能禁其卖易，官授田之法尽废，则向之所谓输庸调者多无田之人矣。乃欲按籍而征之，令其与豪富兼并者一例出赋，可乎？——必欲复租庸调之法，必先复口分、世业之法，均天下之田，使贫富等而后可；若不能均田，则两税乃不可易之法矣。”[③] “两税法”是国家不能以国有土地遏制兼并之后，而从制度上裁止“豪族多挟户口以为私附”[④] 的杀手锏。这个杀手锏不负国家之重望，最终解决了地方势力以土地兼并与依附人口来与国家分庭抗礼的可能。

在浩如烟海的中国文献史料中，这类国家限制土地兼并，打压“领主”（地主）依附的史实举不胜举，而所谓国家维护大地主利益，帮助大地主兼并小农土地的事例却难觅踪迹。这样的悖论，恰是西方舶来之“封建社会”不合中国历史发展之实际的典型写照。

结　语

社会史是社会整体发展的历史。社会整体发展是社会各子系统互动的结果。以社会某一个子系统结构特征来概括整个社会系统的性质演变是以偏概全、一

① 《汉书·王莽传》。

② 胡如雷：《中国封建社会形态研究》，生活·读书·新知三联书店 1979 年版，第 400 页。

③ 马端临：《通考》卷一《田赋考》。

④ 《晋书·山遐传》。

叶障目。局限在这个以偏概全的樊笼之中，进行社会史分期的争论是无法得出符合史实的定论的。

文献语言符号是历史史料。中国有着无比丰富的文献语言符号史料。完全可以借助于这些史料、术语对中国社会史进行有效的历史分期。用不着舍近求远，用西方社会史学家都觉得“勉强”的“封建制度”来判分中国的历史。

问题的关键是：“跳出樊笼求真我，皇帝本来未穿衣”。解放思想，就能一语破的。

马克思所理解的封建制

——读马克思关于马·柯瓦列夫斯基的《公社土地占有制，其解体的原因、进程和结果》一书摘要

张奎良

马克思晚年丧妻殁女，贫病交加，景况凄凉。但他不坠青云之志，不改勤奋积习，在他生命的最后几年，还坚持不懈地研读人类学和历史学方面的著述，写出了三万多页质量很高的读书笔记。现载于人民出版社 1985 年版《马克思恩格斯全集》第 45 卷上的马·柯瓦列夫斯基《公社土地占有制》一书摘要（以下简称摘要）即是其中之一。

马·柯瓦列夫斯基是 19 世纪俄国进步思想家，他不仅对广泛存在于东方社会的土地公有制有精深的研究，而且关心广大公社农民的命运，反对西方殖民者对公社土地的侵占和掠夺，坚持进步和正义的立场，受到马克思的敬重和称赞。但是柯瓦列夫斯基又是一个欧洲中心论者，倾心于用欧洲的历史来裁剪东方世界的现实。他特别关注东方的封建制问题，认为全世界所有地区的公社都在不同程度上经历了与西欧相同的封建化过程。他把印度和北非曾经试行过的军功田、包税制和军事移民区等统统称为封建化或封建制。他在该书的序言中自谓，证明封建制具有超越西欧的普遍世界性，就是他的著作的使命之一。

马克思高度评价柯瓦列夫斯基《公社土地占有制》一书的积极意义，但不赞成他关于封建制的论点。在该书的摘要中，马克思在尖锐地批评柯瓦列夫斯基的错误观点的同时，正面地论述了封建制的若干本质规定。这些论述在其他

著作中很少见，是继《德意志意识形态》和《资本论》手稿以后，迄今为止我们所见到的马克思关于封建制的最全面的说明。由于该书写于马克思的晚年，体现了他一生的思想积淀，因而马克思在这里提出的关于封建制的论点也就更具有成熟性和权威性。

在我国，对封建制的认识早已定型，并以无可怀疑的态势渗透到全民族的文化和意识中。本文并不希冀用马克思的看法来匡正我国的传统习见，只是想开阔视野，增进对马克思思想的了解。特别是通过马克思对封建制的界定而传递出他的多样化的历史发展道路和人学历史尺度等信息，这在我国还鲜为人知，现在发掘出来，对于我们全面把握马克思的唯物史观，无疑具有重要意义。

一 先从马克思对中国的非封建称谓谈起

中国自古以来就有“封土建国”和“裂土封邦”之说，但这主要是指一个既成的事实，即古代政权结构比较松散，还无力实行自上而下的直接的中央集权制，因而不得不经常求助于分封和封赏等中间环节。这就像一个土地所有者不愿或无力经营土地而把它出租给别人自己收租一样。这种状况既与各民族的社会历史发展程度相关，更与治国理论和管理学说的落后直接关联。中国古代根本就没有科学的社会管理思想，一切都是经验主义的模仿和复制：周代实行分封，以后各朝代也都对皇亲国戚和功臣元勋封侯封地；秦朝开始书同文，车同轨，国家直接管理经济，以后各朝代也都纷纷效仿。中国自周秦以来就一直实行这种既有分封色彩又是中央集权的体制，试问，这是否就叫封建制呢？

现在已无从考察什么时候什么人最先把中国古代社会称为封建制，但有一点可以确定，是近代西方的欧洲中心论者首先把他们老祖宗生活过的中世纪的封建制移到中国来，用以证明，西方所走过的历史道路对古老的中国同样具有普遍的规范意义。而近代的中国思想界出于历史共同性的信念，也无可怀疑地接受了这种看法，并把它视为一种新观念，用来裁定中国所走过的历史道路，由此才把自己老祖宗的生活时空称为封建制，而把屡遭列强入侵处于风雨飘摇之中的近代中国称为半殖民地半封建社会。所以，归根到底，不是别人，主要是中国人自己把封建制的这块招牌揽到自己的名下，并使它成为近现代政治、思想、文化和伦理斗争的一个集中的靶子。

在中国，对于封建制的理解相当模糊与泛化，人们不仅把相当于西欧中世纪的古代中国的政治、经济、文化、教育制度称为封建制，而且把与中国特有的亚细亚生产方式相关联的血缘亲属关系及其思想文化上的表现也归结为封建制的范畴。所以，近代的中国革命不仅要反对经济政治等实体性的封建或半封建制度，而且还要批判思想和伦理上的忠孝仁义礼悌，一句话，把中国传统文化中极有价值的重群体、讲和谐的思想传统也当作封建遗毒来反对了。在日常的称谓中，“封建”头衔比比皆是，从中国反帝反封建的民族民主革命到日常生活中的男女授受不亲，从等级制度、特权思想、裙带关系、家长制作风到宗法习俗、独断专行、一言堂，等等，不管是否贴切吻合，一律统统定性曰“封建”。诸如封建国家、封建社会、封建统治、封建专制、封建割据、封建迷信、封建思想、封建文化、封建意识、封建宗法、封建等级、封建奴役、封建剥削、封建地主、封建把头、封建会道门，等等，数不胜数。

与中国泛化的封建称谓形成鲜明对照的是，马克思在他全部关于中国的著述中从来不用“封建”字样来指谓中国。不用查询全部《马克思恩格斯全集》，仅以1995年版《马克思恩格斯选集》第1卷中有关中国的文章为例，就足以说明问题。这卷选集共收入10篇马克思关于中国革命和中英关系等方面的论文，直接提到中国的不下百处。其中大部都直接呼之为中国，同时还采用了另外一些形容或定性的提法，如“天朝帝国”、“满族王朝”、“古老的帝国”、“帝国当局”、“北京朝廷”、“天朝皇帝”、“新的王朝”、“帝国”、“天朝”、“北京中央政府”，等等。这里一切可能的提法几乎都已用尽，唯独不用我们所用滥了的封建帝国、封建王朝或封建政府来称呼中国。在封建帽子满天飞的中国学界，这个事实构成了一道罕见的风景，不禁使人啧啧称奇。难道这是偶然的吗？

我们还发现，马克思不仅对中国，就是对与中国相近的印度也绝对不轻易使用“封建”冠名。1853年，马克思发表了著名的《不列颠在印度的统治及其后果》，在文中马克思把印度称之为“帝国”、“古老的世界”、“这个巨大而诱人的国家”，并且提到“这些小小的公社带着种姓的划分和奴隶制度的污迹"[1]，它们"始终是东方专制制度的牢固基础"[2]。按着一般的逻辑，既然印度存在着专制制度，又有奴隶制度的污迹，肯定其封建专制的性质是毫无意义的。可是马克思只说到专制为止，专制不等于封建，其奴隶制度也只是污迹而不是制度本身。看得出，马克思毫无把印度与封建制挂起钩来的意思。

奥秘在哪里？为什么马克思对中国和印度等东方国家执意回避其与封建制的关联呢？马克思的《摘要》一书提供了真实的答案。原来马克思根本否认东方国家存在过封建制，并在《摘要》中对柯瓦列夫斯基的相关论点进行了逐一的批判。为了论证自己的封建制普适化的论点，柯瓦列夫斯基挖空心思，把东方国家历史上存在过的许多看似带有分封意味的举措都说成是封建化或封建制。印度曾经试行过军功田，对作战有功的人员以土地进行分封赏，柯瓦列夫斯基认为这就是封建化。"他们的占有也由对自主地的占有变为封建的占有"[3]，马克思批判说军功田并不是真正的分封，它只有占有权而没有所有权，是国家随时可以收回的。历史上军功田的占有者为了把军功田变成世袭所有，曾经同王朝进行了长期的斗争。至于说军功田改变了纳税关系，土地耕作"不是向国库，而是向由国库授予权力的人缴纳实物税或货币税"[4]，这一点如马克思所说："纳地亩税并没有把他们的财产变为封建财产，正如法国的地亩税不曾把法国的地产变为封建的地产一样，柯瓦列夫斯基整个这一段都写得非常笨拙。"[5]

柯瓦列夫斯基还抓住印度历史上曾经实行过的公职承包制和荫庇制，认为这也是封建化的表现。马克思不同意他的观点，认为公职承包制并不是封建制独有的特点，早在西欧奴隶制时期就曾实行过这种制度。荫庇制表面上类似西欧封建主对农民的保护，但它在印度"所起的作用是很少的"[6]，不足以说明问题。

马克思在《摘要》中还批评了柯瓦列夫斯基对土耳其人在阿尔及利亚建立军事移民区的看法，认为他"把这种军事移民区命名为'封建的'，理由不

---

① 《马克思恩格斯选集》第 1 卷，人民出版社 1995 年版，第 766 页。

② 同上书，第 765 页。

③ 《马克思恩格斯全集》第 45 卷，人民出版社 1985 年版，第 269 页。

④ 同上书，第 269 页。

⑤ 同上。

⑥ 同上书，第 284 页。

足：他认为在某情况下会从那里出某种类似印度扎吉的东西。”[①] 马克思的这段话表明，他既不同意阿尔及利亚的军事移民区是封建性质的，也反对柯瓦列夫斯基把扎吉（印度的军功田）看成是封建的，因为这些田产最后还是属于国家所有和由国家支配的。如果说马克思在这里对柯瓦列夫斯基的批评还比较温和的话，那么对另一位人类学家菲尔关于印度农村柴明达尔（包税人）的观点的批评就毫不客气了，他气愤地斥责“菲尔这个蠢驴把农村的结构叫做封建的结构”[②]。

上述可见，马克思不用封建制来称谓中国，这不过是浮上水面的冰山一角，他对整个东方世界都持有与欧洲中心论不同的看法，认为不可将西欧中世纪经历的封建化过程简单的移植到东方来。无论是中国、印度或北非，在广大的非欧世界，封建制都是不可复制和承载的舶来品。欧洲中心论实质上是资本主义中心论，马克思一生都在与之进行不懈的斗争，埋葬资本主义和确证共产主义是批判欧洲中心论的主战场，否定东方世界其中包括中国的封建制存在是他批判欧洲中心论的重要一翼。过去中国学术界很少接触到马克思的这份思想遗产，不了解马克思对自己民族历史的判定，在封建制的问题上出现了许多错位和失衡，现在似乎应该认真地反思了。

二　马克思论封建制的本质规定

柯瓦列夫斯基作为一个进步学者，在封建制问题上栽跟头，主要原因在于他观察问题表面化，不了解封建制的本质规定，一看到东方某些现象与分封沾点边就断言是封建化。其实，分封只是表明领主私有土地的来源和途径，并不能完全表现封建制的实质。封建制按其本来意义来说，是西欧千年历史的积淀，是集经济、政治、文化于一体的复杂的演进过程。按照恩格斯的说法，封建制绝不应“被看成是千年普遍野蛮状态造成的历史的简单中断”[③]，它包含着巨大的进步，孕育了“欧洲文化领域的扩大，在那里一个挨着一个形成的富有生命力的大民族，以及 14 和 15 世纪的巨大的技术进步”。所以，不是任何随便一个

① 《马克思恩格斯全集》第 45 卷，人民出版社 1985 年版，第 312 页。

② 劳·克拉德：《卡尔·马克思的民族学笔记》，1972 年阿森版，第 256 页。

③ 《马克思恩格斯选集》第 4 卷，人民出版社 1995 年版，第 229 页。

民族都能够达到封建制水平的，恩格斯在与马克思的通信中就曾提出问题："东方民族为什么没有达到土地私有制，甚至没有达到封建的土地所有制呢?"[1] 马克思的史学造诣极深，堪称古往今来的史学大家，他晚年摘记的以西欧中世纪历史为主要内容的《历史学笔记》深刻表明，他最了解封建制，洞悉中世纪以来的欧洲历史，他对封建制的规范和界定最具权威性。他之所以批评柯瓦列夫斯基，拒绝认同东方的封建制，是因为在他心目中封建制是西欧历史上的特定概念，他从欧洲漫长的历史实践中总结出封建制的一整套基本规范，形成自己对封建制的超越常人的深刻理解。正是这些基本规范东方国家都不具备或者没有形成，因此柯瓦列夫斯基给东方世界披上的封建制花环，既是他表面化的主观移植，又是他不理解封建制本质规定的结果。在《摘要》中马克思第一次有机会全面地论述了封建制的基本特征。

封建制顾名思义，首先是指基本生产资料即土地的分封，由此形成领主和贵族的封建土地私有制，在这个问题上，马克思与柯瓦列夫斯基并无歧见，都认为土地分封是封建制土地所有制形成的根本原因。他们的分歧主要集中在东方存不存在土地私有制，如果土地不是私有，而是归公共所有，那么，任何人都无权对土地进行分封，因而也就不可能存在封建的土地所有制。正是在这一点上暴露了柯瓦列夫斯基不了解亚细亚生产方式的土地公有、农村公社和专制国家三位一体的事实，对东方土地制度的真实情况不甚了了。这里由于地理气候条件，土地需要灌溉，这项任务由国家承担下来，如马克思所说："在亚细亚各民族中起过非常重要作用的灌溉渠道以及交通等等，就表现为更高的统一体，即高居于各小公社之上的专制政府的事业。"[2] 政府为了排除障碍，更有效地兴修水利和进行灌溉，就把土地掌握在自己手中，这就从根本上排除了土地私有的可能。在亚洲，土地自古以来名义上"莫非王土"，实际归公社所有，由社员个人耕种，这就与西欧的土地层层分封区别开来。所以，柯瓦列夫斯基在他的《公社土地占有制》一书中除了把军功田、公职承包制、荫庇制和军事移民区误认为是土地分封外，他拿不出任何土地分封的事实。马克思详尽地批判了柯瓦列夫斯基在这些问题上的走眼，指出这里牵涉的地产并没有真正私有化，国家最终拥有对土地的支配权。马克思

① 《马克思恩格斯选集》第28卷，人民出版社1973年版，第260页。

② 《马克思恩格斯全集》第46卷（上），人民出版社1979年版，第474页。

认为，指出这一点也就足够了，无须在分封问题上更多地与柯瓦列夫斯基纠缠。除了封建土地所有制以外，西欧封建制的另一重要特点是等级森严，王权弱小，领主们封建割据，相互倾轧，战乱不断，国家权力不统一，这也是在土地分封基础上形成的政治画面。而东方则恰恰相反，不仅土地公有，而且还普遍存在以管理水利、税收和作为战争机器的强大的中央专制集权，国家的统一和消灭地方割据势力一直是历代统治者的至高无上的理念。文化上，整个西欧中世纪一直是宗教神学占统治地位，封闭落后的宗教文化，愚昧烦琐，扼杀科学，对上帝的信仰和崇拜成为日常生活的中心内容。而东方文化虽然也封闭落后，像马克思对印度所描述的那样：“它们使人的头脑局限在其小的范围内，成为迷信的驯服工具，成为传统规则的奴隶，表现不出任何伟大的作为和历史首创精神。我们不应该忘记那些不开化的人的利己主义……”① 但是东方文化的落后是与亚细亚生产方式特有的血缘亲属关系相关联，远不具西欧浓重的宗教神学色彩，何况中国还是一个宗教观念十分淡薄的国家，对实利、经验、亲情和日常生活的重视，远远胜过对神的崇拜。东西方在经济、政治和文化上的这些区别构成了封建化和非封建化的基本根据。

但是在马克思看来，封建制作为一个具体概念，光有这些制度性的区别还不够，最根本的问题是这些区别能不能在人的身上集中的反映出来。人是社会生产和生活的主体，经济、政治和文化是人在社会不同领域中地位、价值和权力的体现。只谈经济、政治和文化而不谈人，经济、政治和文化本身就是抽象的，不可思议的；只有从人入手，在经济、政治和文化的视阈内凸显人的差别和不同人的具体状况，才能显现出制度的具体性和整体性。过去在哲学和史学的视野中，普遍存在着祛人化的倾向，单纯在制度内谈制度，使制度成为空而无人的躯壳。柯瓦列夫斯基就不理解人的状况对于制度的形成和确认的重要性，抛开人，只就军功田等土地使用权的变化，就妄言封建制或封建化。针对柯瓦列夫斯基的局限性，也为了纠正以往学术界普遍存在的弊病，马克思在《摘要》中破天荒第一次从人的生存视角论述了封建制的三个不可或缺的基本规定。

首先，农奴制是封建制的必要条件，农奴的存在表明了社会基本生产者已经由奴隶社会的奴隶变为半奴隶的农奴。农奴耕种领主的土地，向领主交纳劳

① 《马克思恩格斯选集》第1卷，人民出版社1995年版，第765页。

役、实物或货币地租。他们已经争得生存权，不得随意杀戮，但也不能离开领主的土地，与领主之间存在着事实上的人身依附关系，这既是社会的进步，也是社会大多数生产者的基本现实。马克思认为，农奴制的存在凸显了封建社会人的状态，领主与农奴在人的依赖性基础上形成的人身依附关系集合了封建社会的土地分封制和等级制的一切特点。土地连带着人，没有人去耕作的土地只能是荒地，分封也没有意义，必须把土地上的生产者连同土地一起分封，才能体现出分封的价值。所以，分封不仅限于土地，首要的是分封人，使领主能够直接支配生产者，在这个意义上，不把生产者变为农奴就等于不存在土地分封制，离开农奴制的封建制是不可思议的。柯瓦列夫斯基不懂得农奴制对封建制的关键意义，他在认定印度历史上存在封建制时，只是孤立地考察军功田、公职承包制和荫庇制等引起的土地占有制状况的变化，完全把农奴和领主的人身依附关系抛在一边，做出了没有农奴制也可以有封建制的错误的判断。马克思在《摘要》中批评他说："由于在印度有'采邑制'、'公职承包制'（后者根本不是封建主义的，罗马就是证明）和荫庇制，所以柯瓦列夫斯基就认为这是西欧意义上的封建主义。别的不说，科瓦列夫斯基忘记了农奴制，这种制度并不存在于印度，而且它是一个基本因素。"[①] 马克思在这里指出，别的不说，单讲农奴制，其意就是指封建制必备的经济、政治和文化条件暂且不论，仅就农奴制这一条，印度就不存在，因而也就不应称之为封建制。这就足以看出农奴和农奴制的存在对于封建制该是何等重要，马克思把它看成是封建制得以确立的"基本因素"。由此就可以得此一个确定的结论：没有农奴制也就不会有封建制。

印度没有土地分封，也没有农奴制，因而不存在封建制，这好理解；而中国历朝历代一直实行程度不同的分封制，这又怎能和马克思指谓的东方非封建的历程相协调呢？应该看到，中国自古以来的土地分封或买卖实际上只牵涉到土地的占有权，而不是土地所有权，土地永远归国家所有，一旦封侯获罪或战争失败，国家随时都可以把土地收回。另外更重要的是，中国虽然存在土地分封，但不存在农奴制，被分封土地上的生产者其地位是农民而不是农奴，他们拥有比西欧农奴更高的社会地位和自由权：他们可以离开土地，可以参加科举考试，寻求功名和进取的机会，也可以购买田产，这种松散的人身依附关系是

---

① 《马克思恩格斯全集》第45卷，人民出版社1985年版，第284页。

西欧农奴所无法比拟的。只是到了近代，西欧得益于资本主义的发展，农奴有机会离开土地，进入工厂，在商品经济的等价交换原则下，成为有权力支配自己人身的工人。由农奴的“奴”到工人的“人”，这不仅是人的身份和名义的改变，而且标志着等级制的废除和人的独立性的确立，这正是社会进步在人身上的集中体现。相比之下近代中国则是另一番情景：中国的农民绝大多数仍然没有机会离开土地去另谋生计，照旧还是被“官”所治理下的“子民”、“草民”和“小民”。他们享受不到西方工人所能享受得经济、政治和文化上的一系列法定的平等权利，与官处于极不平等的被统治地位，在这种情况下，他们就不可能像西欧那样成为以平等和独立为内涵的作为类的“人”，而只能是与官相对立的民，这正是近代中国落伍的根本原因。

其次，土地为贵族领主所垄断，不得自由买卖，这是封建制的又一重要特征。土地是人类生存之母，在封建时代的自然经济条件下，土地尤显得格外重要，几乎是人类一切生产和生活的资料来源。马克思在形容土地的重要性时说：“土地是一个大实验场，即提供劳动资料，又提供劳动材料，还提供共同体居住的地方，即共同体的基础。”① 鉴于其重要性，贵族和领主早在封建制的发源地日耳曼公社的末期就以共同体代表的名义，“来利用公有地（后来便逐渐地占为己有）”② 并进而发展到对土地的垄断，封建主在政治上的等级和特权也首先在田产的绝对拥有上表现出来。在西欧，土地就像封建主本人的高贵身份一样，土地本身也十分高贵，只能为身份高贵的贵族领主所有，绝对不许转让给平民，更不能让农奴染指。这是西欧中世纪的传统，也是封建制得以存在和延续的保障，有了这个规定，封建主就可以对自己的统治和特权永葆无虞了，因此土地不得自由买卖这个政治和法律上的具体规定才能成为封建制的一面旗帜。但是这项举措在东方行不通，马克思说：“在亚细亚形式中，不存在个人所有，只有个人占有；公社是真正的实际所有者；所以，财产只是作为公共的土地财产而存在。”③ 在一定的条件下，出于耕作的方便，社员之间可以转让的土地的占有权和使用权，但不改变所有权的性质。所以马克思在《摘要》中说：“罗马—日耳曼封建主所固有的对土地的崇高颂歌……在印度正如在罗马一样少见。土地

① 《马克思恩格斯全集》第 46 卷（上），人民出版社 1979 年版，第 472 页。
② 同上书，第 479 页。
③ 同上书，第 481 页。

在印度的任何地方，都不是贵族性质的，就是说，土地并非不得转让给平民。”[1]于是，土地能不能转让就成为封建和非封建的一条分界线，在西欧，土地为领主和贵族所垄断，不得自由转让，体现了封建制的典型形态，而在印度和东方，土地不具有贵族的高贵性质，可以自由转让，这就折射了东方的非封建化的现实。

再次，贵族领主拥有司法审判权是封建制的重要特点，也是农奴对领主的人身依附关系和领主权力过大的集中体现。人身依附有关系是封建制的政治基础，它是由奴隶制的完全人身依附关系转化而来。在封建制度下，领主虽然不再拥有对农奴的生杀予夺大权，但农奴不得拥有土地，不可离开领主的土地，这种对农奴的人身支配权仍然是很大的，大到什么地步呢？大到农奴一旦逃脱或犯有罪过领主就可以对农奴实施司法审判，这是农奴对领主的人身依附关系的具体体现。封建制下的司法本来就形同虚设，现在再由领主来履行审判权利，就更加带有随意性，加剧了领主的恣意专横。从另一方面来看，司法审判权又折射出领主权力过大和皇权弱小的事实，把本应国家独具的司法专权泛化为领主普遍享有的权利了。所以，司法审判权看似局部有限，实则牵涉根本，是封建社会的分封制、农奴制、等级制和分权制等一系列重要体制的聚焦点，没有这项制度就体现不出封建制的严酷和骄横，反映不出农奴作为生产者主体的实际生存状况。因此马克思在《摘要》中把领主的司法审判权作为封建制的一条重要标准，并批评柯瓦列夫斯基忽略印度不存在这一权力的事实，随意乱用封建化。马克思说：“不过柯瓦列夫斯基自己也看到一个基本差别：在大莫卧尔帝国特别是在民法方面没有世袭的司法权。”[2]在印度，司法审判权仍然属于国家，不许权贵私设公堂。而西欧恰恰存在这种世袭的司法审判权，这就使封建的西欧与印度形成“一个基本差别”。至于印度为什么没有形成封建式的司法特权，这与印度专制制度本身的特点相关。马克思说：“根据印度的法律，统治者的权力不得在诸子中分配；这样一来，欧洲封建主义的主要来源之一便被堵塞了。”[3] 由于在东方，特别是印度，中央集权的专制国家根本不允许地方司法特权的存在，这就从政治上层建筑上抑制了封建国家的形成。所以马克思在《摘要》中也像对中国的称谓一样，

---

① 《马克思恩格斯全集》第45卷，人民出版社1985年版，第284页。

② 同上。

③ 同上。

从不把印度等东方国家称为封建国家、封建王朝或封建帝国，而只称它们为“非资本主义生产方式的国家”[①] 或“实行非资本主义生产并以农业为主的国家”[②]。如果我们沿用过去的习惯称谓，把印度、中国等东方国家依旧称之为封建制也未尝不可，但这种封建制不是马克思所说的“西欧意义上的封建制”，而是一种与西欧不同的另类封建制，也可以叫做“亚洲或中国意义上的封建制”，还可以设想叫做什么“有中国特色的封建制”云云。

马克思对封建制的界定不仅囿于上述三点，还表现在他对西欧封建制与东方亚细亚生产方式国家的不同态度上。对于历史上的西欧封建制，马克思历来持批判立场，《共产党宣言》对取代封建制的资本主义的充分肯定同时也就是对封建制的深刻批判。但是对东方国家，如果像柯瓦列夫斯基那样认为也是封建制，马克思理所当然地也应持批判立场，然而在《摘要》中马克思不但没有对东方国家进行批判，反而持保护态度，倒是对西方列强对公社的破坏予以强烈的谴责。当时一些资产阶级历史学家，出于对亚细亚生产方式的封建主义的定性，一贯鼓吹用私有制取代村社土地公有制，认为这是反封建的历史进步。马克思批判道：“至于譬如说东印度，那么，大概除了亨·梅恩爵士及其同流人士之外，谁都知道，那里的土地公有制是由于英国的野蛮行为才消灭的，这种行为不是使当地人民前进，而是使他们后退。”[③] 柯瓦列夫斯基在他的著中曾提到，法国政府在阿尔及利亚推行土地私有制并认为这是“政治和社会领域内任何进步的必要条件。”马克思特意在旁边插上一句话说这是“在法国资产者看来”[④]，表明这是资产阶级的观点，是不能接受的。马克思在《摘要》中充满了对外国殖民主义者破坏公社野蛮行径的愤懑和深恶痛绝，在马克思看来破坏公社不但不是什么进步，反而是对历史的犯罪，不是别人，正是殖民者自己成了犯罪主体。马克思说：“英属印度的官员们以及以他们为依据的国际法学家亨·梅恩之流，都把旁遮普公社所有制的衰落仅仅说成是经济进步的结果（尽管英国人钟爱古老形式），实际上英国人自己却是造成这种衰落的主要的（主动的）罪人。”[⑤] 实际上，柯瓦列夫斯基自己陷入了不可摆脱的矛盾中，一方面，他谴责

---

① 《马克思恩格斯全集》第45卷，人民出版社1985年版，第323页。

② 同上书，第300页。

③ 《马克思恩格斯全集》第19卷，人民出版社1965年版，第448页。

④ 《马克思恩格斯全集》第45卷，人民出版社1985年版，第315页。

⑤ 同上书，第300页。

“英国‘笨蛋们’任意歪曲公社所有制的性质，造成了有害的后果”[①]；另一方面，却又把公社和整个东方制度说成是封建的，如其所言，资本主义对封建公社的破坏和掠夺就是进步的了，这正中殖民主义者的下怀，是他们所求之不得的。马克思坚决否定东方社会的封建主义性质，这就剥夺了西方入侵者破坏公社的一切借口。马克思对东方公社所持的保护态度也从旁证明，东方国家根本不存在殖民主义者所声称要反对的那种封建制，要找这种古董还是回欧洲的老家，到自己老祖宗那里去找吧！

三 两点启示

封建制作为早已逝去了的时空，尘封许久，已成为历史的陈迹，现在人们对它的兴趣主要集中在史学理论方面，除此之外，已经很少有什么热点能吸引人们的眼球了。现在我们旧话重提不是为了什么拨乱反正，改变人们的习惯看法，老实说，本文也根本无力做到这一点。既然人们心目中的封建制已经定型，而且日月经年，渐成习惯，实在说也无甚大碍，那就任由人们自认其是罢了。今天我们又回首封建制问题完全是着眼于马克思，希望通过对他的封建制的独到见解的分析，引申出一些有益的启示，以彰显马克思学说的诱人魅力。

首先，马克思关于东方非封建化进程的论断，彻底否定了社会发展的单线论，开辟了多样化的历史进程。近代以来，一些西方学者出于高傲和偏见，不遗余力地兜售欧洲中心论，以为西欧历史上经历的一切都将在东方和全世界重演。他们尤其热衷于资本主义中心论，断言全世界都将在资本主义基础上实现历史归终。马克思在晚年以前，一度曾从世界历史思想出发，认为资本主义大工业是包括东方在内的一切国家进入世界历史的唯一之路。所以他在1859年的《政治经济学批判》序言中说：“资产阶级的生产关系是社会生产过程的最后一个对抗形式……人类社会的史前时期就以这种形态而告终。”[②] 对于印度等东方亚细亚生产方式的国家，马克思也认为英国侵略的客观后果之一是“在亚洲为

---

① 《马克思恩格斯全集》第45卷，人民出版社1985年版，第298页。

② 《马克思恩格斯选集》第2卷，人民出版社1995年版，第33页。

西方式的社会奠定物质基础”[①]。但是到了19世纪70年代后期，马克思关于全世界都必须经过资本主义发展阶段的看法有所改变。在致《祖国纪事》编辑部和查苏利奇的通信中，他首先将资本主义产生的历史必然性“明确地限于西欧各国”[②]，然后又以俄国这一东方国家为典型，详尽地探讨了在存在土地公有制的条件下，不经历资本主义发展阶段的可能性。马克思最后得出结论认为，俄国等东方类似的国家，在国内外革命发生的条件下，“可以不通过资本主义制度的卡夫丁峡谷，而把资本主义制度的一切肯定成就用到公社中来。”[③] 这就在未来社会发展道路上首先冲破了资本主义的单一性格局，设想了非资本主义的跨越卡夫丁峡谷的可能性。此刻就只剩下了前资本主义时代的历史单一性，认为全世界各民族都毫无例外地经历了西欧的奴隶制和封建制，特别是东方国家普遍经历了封建制的观念还束缚着人们的头脑，阻碍着多样化历史发展道路的畅通和认同。

现在马克思提出的中国、印度等东方国家的非封建的历史进程就把社会发展道路的多样性由未来向历史探伸，在前资本主义的历史不仅有西欧的奴隶制和封建制的文明形态，而且还有东方自原始公社解体以来就一直存在的亚细亚生产方式。这种生产方式在时空上与西欧的奴隶制和封建制并行，但在实质上又是与之完全不同，这是一种以土地公有、农村公社和专制国家三位一体特征的另类发展道路。这样，以资本主义为中轴，面向历史，西欧经历的是自然历史过程，由奴隶制过渡到封建制，而东方则一直是亚细亚生产方式。面向未来，西欧经过革命变革，由资本主义发展到共产主义；而俄国等东方国家则设想跨越卡夫丁峡谷，使俄国的土地公有制“成为共产主义发展的起点”[④]。于是，一条多样性的历史演进道路就这样被彻底打通了。历史发展道路的不同反映出东西方的历史和走向的不同，由此形成两个完全不同的世界：一个是以私有制为基础的西方世界，依据其私有制的层次不同和内在矛盾的运动，相继经历了奴隶、封建和资本主义制度。一个是以土地公有为基础的东方世界，自原始公社解体以来，它一直保持着以土地公有为主同时伴以少量宅旁园地的公私二重性

① 《马克思恩格斯选集》第1卷，人民出版社1995年版，第768页。

② 《马克思恩格斯全集》第19卷，人民出版社1965年版，第268页。

③ 同上书，第436页。

④ 《马克思恩格斯选集》第1卷，人民出版社1995年版，第251页。

并存的局面。马克思说："在亚细亚的形势下，它所能改变得最少"[1]，是一个顽强保持自己特性的超稳定社会。

东西方世界不同，历史发展道路也不同，应该说这是世界和历史的常态。马克思早在《1857—1858年经济学手稿》中就指出，从人类社会原生形态的农业公社开始，就孕育了后来次生形态的分化过程。原始农业公社根据其内部公私财产的对比关系和组织形式，可以分为三种不同的类型：一是公有程度较高的亚细亚公社，它类似于后来的亚细亚生产方式，19世纪的俄国与印度的村社和中国周秦以前的公社就是由这种亚细亚所有制转化而来的。二是公私财产已经明确分开，单个人已经有了独立财产的古代公社，这种公社一般都是按军事方式组织起来，后来罗马和希腊奴隶制城邦国家就是由这种公私所有制并存的古代公社转化而来的。三是私有制成分较高、处在公有制和私有制交汇点的日耳曼公社，后来欧洲占统治地位的中世纪农奴制就是由此发展起来的。这种原生阶段的三种公社所有制形式就演化成后来的亚细亚生产方式、奴隶制和封建制三种社会形态，同样，亚细亚所有制形式在后来的演化中由于各自所处的不同地理环境和历史条件，也衍生出印度、俄国和中国三种不同的亚细亚生产方式的类型。它们都没有经历过典型的奴隶制与封建制，但彼此之间也有各自的鲜明特点。印度村社组织最封闭最顽强，在很大程度上带有奴隶制的色彩；俄国土地公有制保存得比较完整，接近欧洲的农奴制；中国发展了亚细亚生产方式的集中专制国家的特点，自秦汉以来一直保持强大的中央集权制国家。所以，从历史上看，多极化的世界趋势并非始自近晚时期，它源远流长，具有深厚的历史根底，这对那些妄图树立自己霸权、追求单极世界的人应该是一服极好的清醒剂。

其次，马克思关于封建制的本质规定凸显了人在社会形态中的决定地位。长期以来在哲学和史学界，一谈起社会形态，总是强调经济政治等物质性特征，很少从人的生存视角来界定社会制度。对于封建制，主要强调经济上的土地分封制和政治上的等级制、权力分散制和领主特权制，对于资本主义社会则主要强调生产的社会化和生产资料的私人占有，并视之为资本主义社会的基本矛盾等等。这些规定确实反映了不同社会形态的特点，但是它们都不是离开人而存在的，实际上是人的状况在经济和政治上的反映，其真实的内

① 《马克思恩格斯全集》第46卷（上），人民出版社1979年版，第492页。

容是在说明人，表达人的价值和人的关系。社会是人的集合体，人的地位、价值和人与人之间的关系是全部制度建构的根本和实质，因此，只有那些最能反映人的生存状况的制度才是社会形态的本质规定。对于封建制来说，农奴制集中地体现了农奴和领主之间的人身依附关系，反映了领主和农奴在社会体系中的不同价值和身份定位，因而成为封建制的立足根据。同理，奴隶制反映了奴隶对奴隶主的完全的人身依附关系，是古代社会的存在基础；雇佣劳动制反映了工人和资本家在劳动力自由等买卖基础上的剩余价值榨取机制，构成了资本主义社会的基本特征；人的自由个性和全面发展反映了人从自然和社会压迫下的彻底解放，是共产主义作为真正人类社会的根本特点。正是在这些制度的存在和演化的链条中，人才一步步地摆脱动物式的生存状态，结束史前史，进入真正人的历史。马克思强调农奴制对封建制的特殊意义目的在于突出人，推出农奴和领主各自不同的实际地位和多方面的真实关系，他同时提出的土地不得自由买卖和领主的如司法审判权，也是为了进一步说明领主的特权和农奴与平民地位的低下和所遭遇的无奈。马克思对封建制的这三条界定是一个创举，填补了人学历史尺度的空白，更进一步地揭示了人在历史的区分和演进中的关键意义。

其实，马克思早在《1857—1858年经济学手稿》中就从人的自身发展的视角，提出了历史演进的三形态理论，他说：“人的依赖关系（起初完全是自然发生的），是最初的社会形态，在这种形态下，人的生产能力只是在狭窄范围内和孤立的地点上发展着。以物的依赖性为基础的人的独立性，是第二大形态，在这种形态下，才形成普遍的社会物质变换，全面的关系、多方面的需求以及全面的能力体系。建立在个人全面发展和他们共同的社会生产能力成为他们的社会财富这一基础上的自由个性，是第三阶段。第二阶段为第三阶段创造条件。”[①] 马克思的这个三形态理论完全是从人的自身状况出发，把人的依赖性、独立性和自由个性既视为人自身发展的三阶段，同时又用这三阶段涵盖社会形态的演进，把社会的发展完全纳入人自身的完善中。人的依赖性阶段泛指前资本主义的自然经济类型，包括原始、奴隶和封建三个社会形态；以物的依赖性为基础的人的独立性阶段则指商品经济类型，包括资本主义和社会主义形态；第三阶段是产品经济类型，专指共产主义社会和人的全面发展。这样，人就成为历史

① 《马克思恩格斯全集》第46卷（上），人民出版社1979年版，第104页。

演进的唯一内容，人的不同状态区分了社会的不同形态。在依赖性关系下，最早出现的是以人的自然需求为主而结合起来的共同体，这就是人类社会的原生生形态，即原始社会。随后出现的是在生产力的一定发展基础上而产生的完全的人身依附关系的社会，这就是奴隶动物般的绝对屈从奴隶主的古代形态。继之产生的是农奴制下的农奴对领主的半奴隶式的人身依附关系，至此，在自然经济条件下的人的依赖性状态已经演绎完毕，与此相适应，人类社会相继走过了原始、古代和封建社会形态。商品经济的出现和发展带来了人际关系的新转折，人与物一样，都被推向市场，在等价交换中消灭了一切特权，实现了在法律和真理面前的人人平等。市场经济、民主政治和人道意识三者相互依存、完整配套，构成近代以平等为基石的人的三大基本生存维度。只有实现了经济、政治和思想文化上的自由和平等权，人才能作为完整的人占有整个世界，并在对象世界中体现自己的类本质。从资本主义时代起形成的人正是这种具有普遍意义的、作为类的人，如马克思说，这种人已不像从前那样，“使人的对象性的本质作为某种仅仅是外在的、物质的东西同人分离……人的内容是人的真正现实”[①]，“人就是人的世界，就是国家，社会”[②]，在物的基础上展示的人的独立性铸就了资本主义的社会形态。产品经济是对商品经济及其负面影响的超越，在这种经济类型中，人摆脱了物质需求和强制性分工的困扰，真正成为全面发展的一代新人，以这种姿态展示人自由个性的社会就是共产主义社会。马克思用人的自身发展的水平来标志和串联人类社会的历史演进充分说明，只有人才是社会的主体和历史的核心，从人的地位、价值和关系来标识不同的社会形态是马克思开辟的正确之路。

与近代西方社会的人相比，近代中国社会还处在前资本主义形态，人的经济、政治和文化素质还很落后，基于物的独立性和平等性远还没有形成，人还局限在血缘亲属关系的桎梏中。由此导致近代中国的社会对立还不像西方那样发育得十分充分和明显，中国社会主要还是一个血缘关系占主导的亲情社会。这种社会先天就排斥民主，拒绝法制，听命于行政权力的指挥棒，如同马克思所说：“归根到底，小农的政治影响表现为行政权支配社会。”[③] 中国共产党就是在这样一个人的平等和个性都发育不足的社会中取得革命胜利的。现实的国情

① 《马克思恩格斯全集》第1卷，人民出版社2002年版，第304页。

② 同上书，第1页。

③ 同上书，第678页。

要求经济、政治和文化的快速发展，以此为基础来大力修复落后的社会基因，提高人的整体水平。20多年来改革开放的成功使中国人的素质有了跨越式的提高，越来越与中国特色的社会主义制度相匹配，虽然今后这方面的任务还很艰巨，但在以人为本的科学发展观的指引下，中国人与社会的状况一定会相互协调，互相促进，发育得更好。

走出单线直进史观误区

——以中国“封建社会”定位为例

冯天瑜

将秦至清的社会形态认定为与西欧中世纪相类同的“封建社会”，是大半个世纪以来中国大陆流行的“封建”说，这与古来的“三代封建”说、“西周封建”说大相径庭。

此种流行说的重要创发者郭沫若先生1929年将强调国情不同的说法斥之为“民族的偏见”，认定“中国人所组成的社会不应该有甚么不同”[①]。也即中国历史脉络与从西欧历史总结出来的公式（原始社会—奴隶社会—封建社会—资本主义社会）不应有所区别。于是，郭氏名作《中国古代社会研究》便有“殷代氏族社会—周代奴隶社会—秦并六国确立封建社会”的论说，从而构筑了以后流传广远的泛化封建观的基本框架。郭氏十分清楚，将中国封建制由三代移到秦至清，完全违背了中国史学的传统说法，他1945年在《十批判书》中指出：“旧时说夏、殷、周三代为封建制，以别于秦后的郡县制，这是被视为天经地义的历史事实，从来不曾有人怀疑过，也是不容许人怀疑的。但近年来因封建制被赋与了新的意义，因而三代是封建制之说便发生了动摇。”[②] 郭氏所谓“近年来因封建制被赋与了新的意义”，是指1929年开始的中国社史论战中的“新思潮”派将主要实行君主集权、地主经济的秦至清两千余年称作“封建社会”。据

① 郭沫若：《中国古代社会研究》，《中国现代学术经典·郭沫若卷》，河北教育出版社1996年版，第5页。

② 郭沫若：《十批判书》，《中国现代学术经典·郭沫若卷》，河北教育出版社1996年版，第529页。

说，这种新论是以唯物史观作指导的新史学成果，多年来，我们对此信从无疑、用而不辨。然而，当我们复归唯物史观创始人马克思、恩格斯的原论，复归中国历史真实的发展脉络，就会发现，以上流行说大有可疑之处，其疑点不仅在于“封建”概念的紊乱上，更在于——此说把世界诸民族、诸国度的历史发展描述为单线直进的，而马克思、恩格斯却严厉批评这种单线直进史观，将纷繁多致的人类历史描述为网状进路。这使我们不能不对泛化封建观提出质疑。

一　滥用“封建”概念，导致“削足适履”、“语乱天下”

“封建”本为表述中国古代政制的汉字旧名，意谓“封土建国”、“封爵建藩”，引申为分权的贵族政治和土地不得买卖的领主经济，近代以前在汉字文化圈诸国（中、越、朝、日）未生异议。而泛化封建观则把君主集权的官僚政治和土地可以买卖的地主经济等“非封建”乃至“反封建”的含义强加入“封建”之中。而概念史的通则告诉我：概念的演变是一个既因且革的过程，全然抛弃、彻底背离概念原旨的“新概念”，不宜在原有名目下继续沿用，否则便导致名实错置，概念紊乱。

以“封建”为例，在从古典义向近代义转化过程，凡合理处理因革关系，便是较为成功的进路。19世纪中叶西学东渐以降，最早“开眼看世界”的林则徐（1785—1850）在《四洲志》（1840）、魏源（1794—1857）在《海国图志》（1842）中沿用“封建”本义，借“封建”指称欧美的分权政制，开“封建”与feudalism相通约之先河，此一用法被中、日等东亚国家所沿袭；日本学者西周（1829—1897）、福泽谕吉（1835—1901）等在19世纪70年代用“封建”对译feudal；中国翻译家严复（1854—1921）1904年在译著《社会通诠》中以“封建”对译西洋史学术语feudalism。上述对译，使“封建”从指称分封制的旧词衍为一个表述普世性历史阶段和社会形态的新名，但“封建”仍是在“封土建国”、“封爵建藩”基本义上得以引申的。

中日两国近代启蒙学者先后以“封建”译feudalism，大体准确，因为“封建”的汉语古义（封土建国）与feudalism的西义（封土封臣、采邑领主）具有通约性。当然，中西封建制又有差异，简言之，前者是“宗法封建制”（西周有完整形态)，后者是“契约封建制”(西欧中世纪中期有完整形态)，而二者的差异并不能否定以“封建”对译 feudalism 的基本合理。

时至 20 世纪 20 年代以降，随着苏俄和共产国际建立在单线直进历史观基础上的“五种社会形态说”传入中国，将具有“君主专制”和“地主经济”等“非封建”属性的秦至清称之“封建社会”，又经由 1929—1933 年中国社会史论战，使这种泛化封建观逐渐普被中国，成为从学界到大众“日用而不辨”的术语。

将秦至清两千余年称为“封建时代”，使“封建”概念被泛化和扭曲——

甲、泛化“封建”把“土地可以买卖的地主经济、中央集权的专制君主政治”等“非封建”乃至“反封建”的意义塞进“封建”的内涵，不仅与“封建”本义(土地由封赐而来、不得转让买卖，政权分散、诸侯林立)脱钩，而且同本义指示的方向恰相悖反。

乙、泛化“封建”又与相对译的英语词 feudalism 涵义(封土封臣、采邑领主、人身依附、超经济剥夺、农奴制)大异其趣，有悖于“中外义通约”的译名规则。

丙、汉字词“封建”的上述泛义超出词形提供的意义空间，全然是在词形之外强行注入的。因而泛化的“封建”违背了汉字文化“制名以指实”的造词规则。

用这样的“概念”与“所指”错位的新名“封建”作词干，形成的一系列新词组：

“封建制度”、“封建社会”、“封建主义”、“封建时代”等等，也随之偏离正轨。于是，因为关键术语失准，一部中国历史的宏大叙事，失却构制网络的坚实纽结。由此出发，史学界长期探讨的“中国历史分期”、“中国封建社会内部分期”、“封建土地所有制形式”、“中国资本主义萌芽”、“中国封建社会为何长期延续”诸问题，都缺乏议论得以健康展开所必需的严密的概念坐标系。

对于“封建”概念的误植，中国学人曾提出尖锐批评：

胡适(1891—1962)在 1935 年称之“今日思想界的一个大弊病”①，抨击滥用“封建”，坚决拒绝把他在五四新文化运动中的业绩概括为“与封建主义争斗”；

① 胡适：《今日思想界的一个大弊病》，1935 年 5 月 27 日《独立评论》第 153 号。

钱穆（1895—1990）在《国史大纲》（1948）中称之“削足适履”[①]；

侯外庐（1903—1987）在《中国思想通史》第2卷（1950）更将“封建”的误译严厉斥责为“语乱天下”[②]。

这些批评者不同程度地揭示了泛化封建观产生的原因：以西欧模式套用中国，陷入单线直进史观的泥淖，如钱穆便一针见血地指出，泛化封建观的误处在于，“谓人类历史演变，万逃不出西洋学者此等分类之外”[③]。

二　马克思是突破“西欧中心主义”和单线直进史观的先驱(甲)：马克思及其战友恩格斯从来不曾将前近代中国、印度等东方国度称为“封建社会”

19世纪开始盛行的进化论对近代历史观念发生重大影响。进化史观认为，历史是由低级形态向高级形态分级次递进的，而这种递进往往呈一种单线的、直进的方式。此一发展模式，曾经被认作普世的历史运行法则。将周秦之际至清中叶的两千余年中国历史框定在“封建社会”之内，便是由单线直进史观引出的一个结论，它是西欧中心主义的产物，其依据的参照系，是西欧历史模式（原始社会—奴隶社会—封建社会—资本主义社会），既然西欧中世纪是封建社会，中国的中古至近古当然也是封建社会。据说这是历史发展的普遍规律所决定的。

上述运思逻辑之所以在现代中国得以流行，一个重要原因是，此说是在唯物史观语境中展开的，而泛化封建观被推尊为“唯物史观指导下的史学成果”。故清理泛化封建观的成败得失，一个前提是：复归唯物史观创始人马克思、恩格斯的封建原论。

当我们进行这项至关紧要并且饶有兴味的工作时，首先发现的一个真相是——马克思、恩格斯绝不赞同“西欧中心主义”和单线直进史观，他们严格

---

① 钱穆：《国史大纲》，商务印书馆1948年版，第18页。

② 侯外庐：《中国思想通史》第2卷上册，生活·读书·新知三联书店1950年版，第374页。又见《论中国封建的形式及其法典化》，《侯外庐史学论文选集（上）》，人民出版社1987年版，第202—203页。

③ 钱穆：《国史大纲》，商务印书馆1948年版，第18页。

区分西欧与非西欧地区前近代社会的差异，从来不曾将中国、印度等绝大多数东方国度的前近代称为“封建社会”。

马克思是突破“西方中心主义”的先驱，马克思这方面的努力，在他19世纪50年代提出“亚细亚生产方式”中已经显示出来。马克思的这一重要提法虽然比较模糊，导致后之论者聚讼不决，然而其昭示的路向则是颇有价值的：以“农村公社、土地国有、专制主义”三位一体的东方诸国的历史进程不同于西欧。

马克思指出，以贵族政治、领主经济为基本属性的封建制度，存在于西欧中世纪，而对西欧之外地区前近代社会的“封建性”问题，马克思持十分审慎的态度，从马克思的论著中，只看到肯认前近代日本的社会形态也是“封建”的一例。1867年，马克思在《资本论》第1卷论及西欧中世纪封建土地制度时作注，指出日本德川时代封建性的土地制度：

> 日本有纯粹封建性的土地占有组织和发达的小农经济，同我们的大部分充满资产阶级偏见的一切历史著作相比，它为欧洲的中世纪提供了一幅更真实得多的图画。①

唯物史观创始人认为，封建制并非世界各地前近代社会的普遍性制度，日本之外的绝大多数东方国家的前近代社会并不是“封建”的。这在马克思、恩格斯的论著可以得到充分的佐证。仅以《马克思恩格斯选集》第1卷（人民出版社1995年版）为例，便足以说明问题。该卷集中马克思、恩格斯论中国与印度的文章12篇，对前近代中国与印度，从不以“封建”相称，而冠以下列名目：

> “天朝帝国”②，
> “亚洲式专制”、“东方专制制度”③，

---

① 《马克思恩格斯全集》第44卷，人民出版社1995年版，第824页注释。

② 马克思：《中国革命和欧洲革命》（1853），《马克思恩格斯选集》第1卷，人民出版社1995年版。

③ 同上。

“中华帝国”[①]，
“半文明制度”、“世界上最古老的帝国”[②]，
“官僚体系”、“宗法制度”[③]，
“不稳定的亚洲帝国”[④]，
“那种小农业与家庭工业的结合”的“天朝帝国”[⑤]。

这些名目中的不少例项，如“亚洲式专制”、“东方专制制度”、“官僚体系”、“那种小农业与家庭工业的结合”的“天朝帝国”，都是与以“领主经济、贵族政治”为基本特征的封建制相区别的制度。马克思、恩格斯以上述“非封建”的名目界定中国、印度的前近代社会，绝非偶然之举，而是他们坚守学术规范的结果，是运用唯物史观及其社会形态学说的范例。

一个有趣的现象是，近代中国一批学人，将中国的封建社会定位在三代（特别在西周），而将秦至清的历史另作概括——

梁启超称之为“君主专制全盛之时代”[⑥]；

严复称之为“霸朝”[⑦]；

周谷城称之为“专制一尊”，“统治于一尊的郡县制度”[⑧]；

瞿同祖称之为“中央集权的国家”时期[⑨]。

这些学人并非马克思主义者，他们大都并未阅读过马克思、恩格斯论中国、印度等东方国家的文章，然而他们从中国历史的实际出发，对前近代中国的社会属性的判断与马、恩十分相似，并且与后来的泛化封建论大相径庭。此一现象值得我们深长思之。

---

① 马克思：《俄国的对华贸易》（1857），《马克思恩格斯选集》第1卷，人民出版社1995年版。

② 恩格斯：《波斯和中国》（1857），《马克思恩格斯选集》第1卷，人民出版社1995年版。

③ 马克思：《鸦片贸易史》（1858），《马克思恩格斯选集》第1卷，人民出版社1995年版。

④ 恩格斯：《俄国在远东的成功》（1858），《马克思恩格斯选集》第1卷，人民出版社1995年版。

⑤ 马克思：《对华贸易》（1859），《马克思恩格斯选集》第1卷，人民出版社1995年版。

⑥ 《中国史叙论》，《梁启超全集》第1册，北京出版社1999年版。

⑦ 《译社会通诠自序》，《严复集》第1册，中华书局1986年版。

⑧ 周谷城：《中国社会之结构》，新生命书局1930年版。

⑨ 瞿同祖：《中国封建社会》，商务印书馆1937年版。

三 马克思是突破“西欧中心主义”和单线直进史观的先驱(乙):马克思以网状进路描述世界历史,他认为中国、印度等绝大多数东方国家没有走西欧由封建主义通向资本主义的路径

马克思、恩格斯从未以“封建主义”界定中国、印度等绝大多数非欧国家的前近代社会，不仅表现出一种严守概念准确性的学术态度，更重要的是，昭显了科学的历史发展观——坚持历史演进统一性与多样性相结合的学术理路。如果说，前期马克思用心于阐述历史发展的普遍规律，那么，后期马克思更强调各地区、各民族历史发展的多样性，从而在更高层级概括历史发展的普遍规律。

斯大林主持的《联共（布）历史简明教程》把“五种生产方式”单线直进说宣布为人类历史进化的不二法则，具有普世性。在一个相当长的时期，我们曾将这种斯大林规定的范式认作唯物史观的结论，以为是放之四海而皆准的范式。其实，当我们认真研读马克思及其战友恩格斯的论著，可以得见，唯物史观创始人从未将西欧史的发展轨迹（原始社会—奴隶社会—封建社会—资本主义社会）泛化为普世性规则，并对这样做的论者抱持严厉的批评态度。马克思所讲到的“亚细亚的、古代的、封建的和现代资产阶级的生产方式”，是指的原始社会解体后人类社会出现的几种所有制形式，所列四种“生产方式”按发展水平高低排列，而并非指各民族普遍存在一种前后递进的不变次序。

马克思的多篇论著力斥那种“不变次序”论，阐发最为明晰的，是马克思1877年11月《给〈祖国纪事〉编辑部的信》。在这封著名的书札中，马克思针对俄国民粹主义者米海洛夫斯基（1842—1904）对《资本论》的曲解，尤其是米海洛夫斯基把西欧社会由封建社会演进到资本主义的发展道路套用于俄罗斯及整个东方社会的做法，讲了这样一段话：

> 他一定要把我关于西欧资本主义起源的历史概述彻底变成一般发展道路的历史哲学理论，一切民族，不管它们所处的历史环境如何，都注定要走这条道路——以便最后都达到在保证社会劳动力极高发展的同时又保证

每个生产者个人最全面的发展的这样一种经济形态。但是我要请他原谅。(他这样做，会给我过多的荣誉，同时也会给我过多的侮辱。)[①]

马克思在这里明白昭示自己与历史发展单线直进论者的原则区别，明确地指出：西欧资本主义的起源（即从欧洲中世纪的封建制度演化出资本主义），并非是人类各民族必然经历的道路。

1881 年 3 月马克思给俄国革命者查苏利奇的回信中强调，他关于从封建社会向资本主义社会过渡的历史必然性的理论，"明确地限于西欧各国"，东方国家社会发展的规律只能根据各国的历史特点作出判断。这就为探索世界各地区的多元发展路径保留了广阔空间。在讨论包括中国在内的东方民族的历史进程时，我们尤须重视马克思批评俄国民粹派时发表的郑重申明，重视马克思研究历史问题所表现的注意特殊性的谨严态度。而持泛化封建观的论者恰恰忽视了马克思的这一重要提示，陷入了与米海洛夫斯基同样的单线直进史观的误区。

近代流行的"欧洲中心主义"，将欧洲价值观、历史观作为普世性理念，以之衡量全人类事物。黑格尔（1770—1831）的《历史哲学》将这种"欧洲中心主义"的历史观发挥到极致，孔德（1798—1857）、兰克（1795—1886）有类似的历史观，费正清（1907—1991）的"冲击—反应"模式也是由"西方中心主义"推衍出的历史解释。直到今天，在西方和中国，"西方中心主义"的历史观还或显或隐地左右着人们的思想。当然，也有西方哲人不赞成此种意识。时至 20 世纪，随着西方文明弊端展露和东方崛起，超越"西方中心主义"的全球历史观勃兴。20 世纪初叶，德国思想家斯宾格勒（1880—1936）的《西方的没落》(1918）一书，突破以西欧为中心的世界史框架，探讨多种文化的兴衰。斯宾格勒提出并存的"8 种文化"：埃及、巴比伦、印度、中国、古典、马雅、伊斯兰、西欧。每一种文化都经历"起源—生长—衰落—解体"的过程。20 世纪中叶，英国史学家汤因比（1889—1975）的《历史研究》(1934—1961）提出"多个文明单元论"（初称 21 个，后称 37 个），其中希腊—罗马模式、中国模式、犹太模式最为重要。20 世纪末叶，美国史学家斯塔夫里阿诺斯（1913—2004）的《全球通史》(第 1 版 1966—1970 年，第 7

---

① 《马克思恩格斯全集》第 25 卷，人民出版社 1995 年版，第 145 页。

版 1999 年）进而阐发“文化多元论”，都在超越以“西方中心主义”为基点的单线直进史观。美国汉学家柯文（1934—　）的《在中国发现历史》更直接从中国史研究推及突破“西方中心主义”的结论。

四　马克思持守“封建社会”概念的准确性认为，土地可以自由买卖的地主经济、君主集权的官僚政治与封建主义不相兼容

马克思、恩格斯从来反对将前近代中国、印度称之“封建社会”，昭显了他们维系学术概念准确性的态度。

（一）持守“封建主义”概念的规定性，反对概念滥用

作为严肃的社会科学家，马克思一向注重概念、范畴内涵及外延的精准，拒绝滥用“封建”。马克思立足于对西欧中世纪特定的社会、经济、政治状况（如封君封臣，农奴制，庄园采邑制，领主垄断土地，土地不能自由买卖，与人身依附并存的领主与附庸间的契约关系等）来论说欧洲封建社会（feudalism）。他指出：在欧洲一切国家中，封建生产的特点是把土地分给尽可能多的臣属。同一切君主的权力一样，封建主的权力不是由他的地租的多少，而是由他的臣民的人数决定的。[①]

这里将封土封臣视作封建生产关系的前提，强调封建主控制臣民及土地是封建制度的基础。马克思又把人身依附作为封建主义的特色，他论及欧洲中世纪时说：

> 在那里，我们看不见独立的人，却看见每个人都是互相依赖的——农奴与领主，家臣与封建诸侯，俗人与僧侣。物质生产的社会关系及建立在其上的各个生活领域，都是以人身的依赖性为特征。[②]

---

① 《马克思恩格斯选集》第 2 卷，人民出版社 1965 年版，第 223 页。

② 《资本论》第 1 卷，人民出版社 1956 年版，第 60 页。

恩格斯（1820—1895）的见解与马克思类似，他在论述封建所有制时，把采邑制度和领主制度视作“基础”，而这类制度都沿袭着人身依附性的“隶属形式”。恩格斯还指出，封建制度是由“采邑和保护关系（依附形式）”得以发展的。[①]

马克思研究中古社会，十分注重作经济层面的分析，尤其注重于土地制度的分析，认为农业是中古经济的主体，而农业的基础是土地，故考察土地制度是研究封建社会的入手处。

马克思指出，封建社会的土地制度不同于古典的和近代的，他就资本主义社会与封建主义社会的土地所有权作比较说：前者是“运动的所有权”（beweglieche Eigentum），后者是“非运动的所有权”（unbeweglieche Eigentum）[②]。所谓“非运动的所有权”，指封建领主的土地由王者或上级领主封赐而来，不得买卖与转让。这种对土地的特权占有，具有“不动产的性质”，马克思称为“已经硬化了的私有财产”[③]。是否保持土地的“非运动性”（或译作“稳定性”），是区分封建制与非封建制的重要标准。

马克思在研究日本社会史材料后，发现日本的中古时代存在深重的人身依附，土地是受封领主的政治特权，不得转让与买卖，形成与西欧中世纪类似的庄园经济，这种领主庄园是自给自足和闭关自守的整体，土地具有“非运动性”，领主对农奴化的庄民实行超经济剥夺，因而马克思对日本一再以 feudalism 相称。形成对照的是，马克思认为印度的情形别具一格。

（二）非贵族性土地所有制与封建主义不相兼容

马、恩晚年都把视野从欧洲扩及亚洲、非洲、美洲，通过研讨广大地域的人类学材料和经济、社会史材料，描绘出人类历史进展的丰富图景。

作为马克思探索人类历史发展规律的努力的一个重要组成部分，马克思晚年（1879—1882）对摩尔根（1818—1881）、柯瓦列夫斯基（1851—1916）、梅恩、拉伯克、菲尔等人类学家、民族学家论著做了大量笔记，这些文稿曾

① 见《马克思恩格斯选集》第 4 卷，人民出版社 1972 年版，第 147—153 页。

② 见《马克思恩格斯全集》第 1 卷，人民出版社 1972 年版，第 384 页；又见马克思《1844 年经济学—哲学手稿》，人民出版社 1972 年版，第 71 页。

③ 见《马克思恩格斯全集》第 1 卷，人民出版社 1972 年版，第 369 页。

“藏之深山无人识”，它们公之于世是晚近的事：20世纪40—70年代陆续由联共（布）及苏共发表，但并未展开研讨。美国人类学家劳伦斯·克拉德对马克思几种笔记加以整理，于1972年以《卡尔·马克思的民族学笔记》之名出版，引起学界重视。至于在中国，这些笔记的中文译本，则迟至1985年12月出版的《马克思恩格斯全集》第45卷方基本刊出（关于菲尔的笔记还在此后发表），距马克思笔记书写时间已逾百年。时值20世纪20—30年代的中国社会史论战各派诸公，当然不可能读到马克思这些以研讨历史多途演进为重心的笔记，他们片面强调社会发展共性论（或曰历史单线进步论），把从西欧史提炼出的“原始社会—奴隶社会—封建社会—资本主义社会”递进阶梯视作普世性的不二路径，并将此种模式当成马克思主义的历史观加以信从，也就不足为怪了。然而，今天我们有条件完整地把握马克思关于资本主义社会以前社会诸形态的论说，即可发现，这位视野开阔的哲人十分重视各地区、各民族历史演进的特殊性。

马克思的年轻朋友、俄国学者马·柯瓦列夫斯基（1851—1916）的《公社土地占有制，其解体的原因、进程和结果》一书论及13—17世纪印度被穆斯林征服后的封建化问题，认为在英国殖民主义侵入以前，印度因扩大了采邑制和等级制，已发展成一种“印度封建主义”。马克思重视柯瓦列夫斯基的学术贡献，对其论著作详细摘录，但不赞成柯瓦列夫斯基将印度及伊斯兰的社会—经济制度与欧洲封建社会混为一谈，他在摘录《公社土地占有制，其解体的原因、进程和结果》一书时批写的评述指出，农奴制和土地不得买卖等特点均不存在于印度，故被穆斯林征服后的印度不是封建社会。马克思在按语中说：

> 由于在印度有“采邑制”、“公职承包制”（后者根本不是封建主义的，罗马就是证明）和荫庇制，所以柯瓦列夫斯基就认为这是西欧意义上的封建主义。别的不说，柯瓦列夫斯基忘记了农奴制，这种制度并不存在于印度，而且它是一个基本因素。①

① 《马·柯瓦列夫斯基〈公社土地占有制，其解体的原因、进程和结果〉一书摘要》，《马克思古代社会史笔记》，人民出版社1996年版，第78页。

马克思还专门就土地占有的“贵族性”问题加以辨析，因为这是一个社会是否为封建制的分水岭。马克思说：

> 至于说封建主（执行监察官任务的封建主）不仅对非自由民而且对自由农民的个人保护作用（参看柏尔格雷夫著作），那么，这一点在印度，除了在教田方面，所起的作用是很小的；罗马—日耳曼封建主义所固有的对土地的崇高颂歌（见毛勒的著作），在印度正如在罗马一样少见。土地在印度的任何地方都不是贵族性的，就是说，土地并非不得出让给平民。不过柯瓦列夫斯基自己也看到这个基本差别：在大莫卧儿帝国特别是在民法方面没有世袭司法权。①

马克思的结论是，印度不同于罗马—日耳曼因素混合成的西欧式封建主义，因为印度的土地占有形式并非是贵族性的，亦即并不是“非运动的所有权”(unbeweglieche Eigentum)，西欧封建主义派生出的对土地的崇高颂歌，在印度也就罕见。如此种种，印度社会不能纳入封建主义行列。马克思还不赞成柯瓦列夫斯基把土耳其的军事移民区命名为“封建的”，认为“理由不足”。足见马克思在使用“封建”概念时对泛化倾向的严格防止。

(三) 中央集权君主专制与封建主义不相兼容

马克思反对滥用“封建”，还鲜明地表现在，他把政权分裂视作封建主义的要素，因而明确主张：中央集权的君主专制制度与封建制度是相背离的。

马克思晚年的民族学笔记集中显示了专制主义与封建主义不相兼容的观点，如他在柯瓦列夫斯基《公社土地占有制，其解体的原因、进程和结果》一书的笔记批语中指出，印度存在集权君主制，阻碍了印度社会向西欧式的封建制度演化。马克思引用柯瓦列夫斯基的书中文字说明此点：“到蒙古人的帝国末年，所谓封建化只发生在某些区，在其他大多数区，公社的和私人的财产仍然留在

① 《马·柯瓦列夫斯基〈公社土地占有制，其解体的原因、进程和结果〉一书摘要》，《马克思古代社会史笔记》，人民出版社 1996 年版，第 78 页。

土著占有者的手中，而国家公务则由中央政府所任命的官吏办理。"[①] 马克思还说：

> 根据印度的法律，统治权不得在诸子中分配，这样一来，欧洲封建主义的主要源泉之一便被堵塞了。[②]

统治权不得在诸子中分配，确保了中央集权的传延，这正是印度政制不同于西欧主权分割的封建制之所在。

此外，马克思指出，印度"没有农奴制"[③]。又引述柯瓦列夫斯基的论断说，印度"在民法方面没有世袭司法权。"而"农奴制"与"司法世袭权"正是封建制度的显在标志。无此标志的印度当然不应归入"封建社会"。

马克思更尖锐地抨击英国人约翰·菲尔对孟加拉和锡兰社会的性质的错误判断，他在《约翰·菲尔爵士〈印度和锡兰的雅利安人村社〉一书摘要》中说："菲尔这个蠢驴把村社的结构叫做封建的结构。"[④] 可见，在马克思看来，"封建"(feudalism)是不得滥用的，他对封建社会有明确界定，反对以西欧中世纪的feudalism套用东方国家，并严厉批评机械类比者。

(四) 君主专制发生在封建等级制衰亡的过渡期，并非封建主义的固有之义

有学者在论证泛化封建观时，常举西欧中世纪晚期专制君主制之例，以此说明中央集权的专制君主制是封建主义的题中之意，进而佐证中国秦汉以下两千年的专制王权是封建主义。其实，这种论证在逻辑上是有疏误的。

从概念的内涵规定性而言，政权由上而下层层封赐，造成政权分裂，这是"封建"的本义，中国、西欧、日本的某一历史时段实行此种政制，故称"封建"。这本是顺理成章、名实吻合的历史学表述。至于在"封建社会"的晚期出现君主专制，分权走向集权，贵族政治走向官僚政治，这正是"封建"的

---

① 《马·柯瓦列夫斯基〈公社土地占有制，其解体的原因、进程和结果〉一书摘要》，《马克思古代社会史笔记》，人民出版社1996年版，第78—79页。

② 同上书，第68页。

③ 同上书，第70页。

④ 《马克思古代社会史笔记》，人民出版社1996年版，第385页。

变性以至衰亡，是“非封建”乃至“反封建”的历史走势，如中国春秋战国的郡县制及专制君主制，西欧中世纪末期的专制王权及统一民族国家，日本江户时期通过参觐交代实行中央掌控藩国，这都是与封建主义相背离的趋向，是一种过渡形态，而并非封建主义的本有内容。马克思就此发表过题旨鲜明的意见：

> 现代历史编纂学表明，君主专制发生在一个过渡时期，那时旧封建等级趋于衰亡，中世纪市民等级正在形成现代资产阶级，斗争的任何一方尚未压倒另一方。因此构成君主专制的因素决不能是它的产物……
>
> ……君主专制产生于封建等级垮台以后，它积极参加过破坏封建等级的活动……①

马克思用明白无误的语言指出，君主专制与封建等级制是相悖反的两回事，就西欧而言，君主专制是封建等级制向近代资本主义转化的过渡阶段。因此，把君主专制纳入封建主义的基本内涵，是直接违背马克思本意的。

五 周秦以下中国社会形态绝非“封建社会”

如何估量马克思以上关于封建主义的论述？中共中央马克思 恩格斯 列宁 斯大林著作编译局为马克思的《古代社会史笔记》写的《说明》，有一段精要的概括：

> 马克思反对柯瓦列夫斯基把亚、非、美洲各古老民族的社会历史的演变同西欧作机械类比的作法。……马克思不同意柯瓦列夫斯基把印度在上述时期中发生的土地关系上的变化看作“封建化”，并对柯瓦列夫斯基的论点表示了自己的看法。马克思指出：“别的不说，柯瓦列夫斯基忘记了农奴制，这种制度并不存在于印度，而且它是一个基本因素”；土地并不象西欧

① 《马克思恩格斯全集》第4卷，人民出版社1972年版，第341—342页。

> 中世纪那样具有贵族性质亦即不得转让给平民，也不存在地主的世袭司法权，等等（本书第78页）。马克思还指出，印度集权君主制的存在阻碍了印度社会向西欧那样的封建制度演变（本书第68页）……[①]

这一《说明》指出，马克思的上述评述，不仅其具体结论值得重视，而且其方法论的指导意义尤其应予记取：

> 马克思的这些论点，表明了他如何运用历史唯物主义原理从实际出发研究各国资本主义以前的社会经济形态及其发展的规律性，在历史研究方面无疑具有十分重要的方法论意义。[②]

马克思虽然没有就秦至清中国的社会形态发表具体意见，但依照马克思对柯瓦列夫斯基和菲尔著作的评论逻辑（土地可以自由买卖的地主经济与封建主义不相兼容，君主集权的官僚政治与封建主义不相兼容）来分析，中国秦汉至明清社会形态虽多有起伏跌宕，但发展主流是封建性渐趋退隐——

秦汉至明清，农业生产者的人身依附时强时弱，但大体在走向消减，不存在长期占优势地位的农奴制；

自战国以降，土地可以买卖、转让，地主制渐成主流，封建贵族世袭土地制（即领主制）不占主导；

中国又有着比印度更加完备、更加强势的中央集权君主制度，官僚政治取代贵族政治，阻止向西欧国家权力分散的领主封建制那样的社会形态发展。

综上诸点，将秦汉至明清称为“封建社会”，显然与马克思、恩格斯的封建社会原论相悖。

将主流已是“非封建”的秦至清套上“封建”名目，归根结底，是单线直进史观的产物，根据这种史观，中国古史必然经历“原始社会—奴隶社会—封建社会”这一普世性程序，于是，并无大规模生产奴隶的商周一定要归入“奴隶社会”，实行官僚政治、地主经济的秦至清必须归入“封建社会”，以至“封建”等关键词概念偷换、名实错置，一部中国历史的宏大叙事发生紊乱，既与

---

① 《马克思古代社会史笔记》，人民出版社1996年版，第3页。

② 同上。

自《左传》、《史记》以下的古典述史相悖，也与欧美日本等外域的述史大异其趣。

诚然，"封建"泛化并滥用已经"约定俗成"，但考虑到其弊害不浅，故无论有多大困难，我们应当逐步将被错置的"封建"端正过来，而前提便是走出单线直进史观设置的误区。好在当我们亡羊歧路之际，有一鲜明的指南，这就是唯物史观及其社会形态学说创始人马克思、恩格斯概念精准的封建观，以及他们运用此种科学的史观对中国、印度历史作的相关评述。

以上所论，当然绝非主张对马克思取"凡是"态度，马克思的观点可以讨论、需要完善，但马克思的原论又是必须尊重的，不能把违背马克思原论的说法强称为"马克思主义历史观"并继续沿用下去。更重要的是，我们应当努力运用马克思主义的方法论，秉持普遍性与多样性相统一的原则，走出单线直进历史观的误区，从纷繁生动的历史实际出发，而不是从某种先验的模式出发，探讨历史发展的规律，在此一基础上为"中国封建社会"定位。

“封建”：旧话重提，意义何在？

——对“封建”名实之争的理论探讨

黄敏兰

近年来，关于中国秦以后是否为封建社会的问题再度引起学界的热烈争论，封建坚持论和否定论两种观点针锋相对。本文拟从分析坚持论的各种论点谈起，进一步阐明在新时期讨论此问题的重要意义。

一　封建坚持论的诸多论点剖析

近年越来越多的学者质疑中国秦以后是封建社会，面对这股不断升温的热潮，封建坚持论者中只有少数学者表示欢迎和理解，表现出宽容的高姿态。马克垚说，似乎有一些学者不愿意把中国的古代社会称之为封建社会，“这种思潮的出现我认为是很自然的，也有它的合理性。改革开放以来，我国的学者深知过去学术过分受政治束缚，现在获得独立研究、发展的机会，当然应该提出自己的独立看法。过去历史发展的五种生产方式说，当然也被认为是一种带有政治性的束缚，所以应该摆脱。另外，现有不少国外学说被介绍进来，主要是欧美的、西方的。”“总的来说，这种学术界百家争鸣的态势，我以为是很好的。使我们的头脑不至于僵化，使社会科学得到发展。真理愈辩愈明，不怕得不到共识。”[①] 绝大多数封建坚持论者对非封建论反应强烈。他们提出两种观点，一

① 马克垚：《中国有没有封建社会?》，《史学理论研究》2004年4期。

是封建论不容否定；二是旧话不必重提，也就是没有必要重新审视"封建"问题。

1. 所谓封建论已成定论

李根蟠认为中国秦以后是封建社会，早已是定论，不容否定也无须再谈。他说："战国秦汉以后是否封建社会的问题，我们的先辈在七八十年前就已认真讨论过了。在讨论中，否认战国秦汉以后是封建社会的各种论调露出了许多破绽，经不起时间的检验，已经相继为人们所抛弃。肯定战国秦汉以后是封建社会的观点，虽然不是每个人都同意，但已被越来越多的人所接受。现在有人又把这个问题重新提出来了。我不知道这些学者是否认真研究和总结过20世纪的这次大讨论。"① 似乎重新提出这个问题是不必要的，是无知的表现。

刘丹忱在2007年10月召开的"封建"名实问题研讨会议上发言说，中国的封建社会历史阶段不容否定②。潘顺利也断然宣称："中国中古社会形态就是封建社会。"③ 如此肯定的论断，可惜缺乏充分的论证，令人费解。

李文以为秦以后封建论是社会史论战时取得的一致性意见，实际上当时及其后都并未形成各派均接受的定论。钱穆、张荫麟、劳干、周谷城、瞿同祖、吕思勉、许倬云、胡适、雷海宗、林同济、齐思和、费孝通等诸多著名学者只承认中国西周有过封建制，遑论众多一般的历史学者。瞿同祖的《中国封建社会》、许倬云的《西周史》、吕思勉的《先秦史》中的"封建"以及其他一些学者所说的"封建时代"仅指西周时期。这是中国的"封建"，并不是五方式论的封建概念。张荫麟反对将"封建"用于秦以后。他说："'封建'一词常被滥用。""在中国史里只有周代的社会可以说是封建的社会。"④ 钱穆说："近人率好言中国为'封建社会'，不知其意何居？"他从各个方面论证中国秦以后不足以称之为"封建社会"，并且批评封建论者："何以必削足适履，谓人类历史演变，

① 李根蟠：《中国"封建"概念的演变和"封建地主制"理论的形成》，《历史研究》2004年第3期。

② 朱昌荣：《"封建"社会名实问题与马列主义封建观研讨会综述》，《史学理论研究》2008年第2期。

③ 潘顺利：《中国中古社会形态就是封建社会》，《学术界》2007年第5期。

④ 张荫麟：《中国史纲》，上海古籍出版社1999年版，第24、25页。

万逃不出西洋学者此等分类（即奴隶社会、封建社会、资本主义社会）之外。”[①] 许倬云说：“唯物史观的学者必须要在中国历史上确定一个封建时代，甚至削足适履也在所必行。”[②] 吕思勉说，将“封建”视为封土建国，“可谓名称其实，否即难免名实不符之诮矣。”[③] 瞿同祖的《汉代社会结构》严格区分秦汉的郡县制与西周封建制，并将汉初分封诸侯王说成是“局部封建制”。他说“汉朝初年实行的是局部封建制，建立了许多的王国和侯国。”[④] 徐复观也说：“一般史家说汉初是实行半封建，半郡县的制度。所谓半封建，乃指的是被封为王的‘诸侯王’而言。”他把郭沫若一派史学命名为“模仿史学”，即“模仿马克思、恩格斯所说的西方历史发展的阶段，把中国历史生硬地套上去，以符合马恩心目中的历史发展的法则。……但是，马、恩不是历史学家，对东方的历史，更是一无所知。”[⑤] 李文无视这些论点，显然是将马克思主义学派的观点当做学界全体的观点，有以偏概全之嫌。

就马克思主义学派本身来说，问题也一直未得到真正的解决，古史分期的大讨论便足以说明这一点。争论的时间如此之长（半个多世纪），“封建社会”起始的时间差距如此之大（从西周直至唐，长达一千余年），充分表明封建论者对于什么是“封建”，什么是“封建社会”并没有一个明确而又一致的认识。完全是从理论出发，还没有说清什么是封建制，就已经确定中国有封建社会，然后才去确认中国“封建社会”起于何时。正是因为不清楚什么是封建社会，才众说纷纭，难有定论。尽管关于分期的争论早已偃旗息鼓，但恰恰是因为问题无法解决，讨论不下去，才不得不停止。

况且，前人讨论过的问题就意味着画出完满的句号了吗？李文说，在20世纪20—30年代，“没有一个中国学者否认中国历史上存在过封建社会”。那么，这就可以成为以后不能质疑中国存在封建社会的理由吗？这样的逻辑是不能成立的。科学无定论，史学也无定论。许多问题被人们不断重提，重新研究。新时期大部分的专题被人们重新讨论，现在又兴起了新一轮的重新审视旧专题热潮。目前，中国历史学正处于学术转型的关键时刻，对旧课题的

① 钱穆：《国史大纲》（修订本），商务印书馆1996年版，第21、22页。

② 许倬云：《西周史》（修订本），生活·读书·新知三联书店1994年版，第144页。

③ 吕思勉：《先秦史》，上海古籍出版社1982年版，第374页。

④ 瞿同祖：《汉代社会结构》，上海人民出版社2007年版，第83页。

⑤ 徐复观：《两汉思想史》第一卷，华东师范大学出版社2001年版，第96、249—250页。

回顾和改造恰恰是转型和创新的重要一步。学术无禁区，探索无止境；不断超越前人，不断推翻以往的成见正是学术生命力的表现。所以，重提封建问题是必须的和不可避免的。

实际上，关于西欧封建主义是否具有普遍性，以及中国有无封建社会问题，中外学界长期以来一直争论不休。中国内地对封建问题的再探讨，始于20世纪80年代以来对五种生产方式理论的大讨论，起初并不如奴隶社会问题的争论那样热烈。对“封建”问题的专门讨论在最近的几年内渐成热潮。法国学者马克·布洛赫研究封建主义的经典性著作《封建社会》中译本于2004年由商务印书馆出版，推动了学界对西欧封建主义有无普遍性的更深入研究。在《史学理论研究》2004年第4期组织的“马克·布洛赫《封建社会》中译本出版笔谈”中，一些著名学者（主要是西欧史学者）发表了两种不同的看法。有人认为西欧封建主义具有普遍性，因而世界各国，包括中国都曾有过封建社会，另一些人则对此持保留态度。2006年，冯天瑜梳理“封建”概念的学术史著作《“封建”考论》由武汉大学出版社出版，引起较大反响，从而将对封建问题的讨论推向高潮。由中国社会科学院历史研究所主办、中国社会科学院经济研究所和《历史研究》编辑部协办的“‘封建’社会名实问题与马列主义封建观”学术研讨会于2007年10月在京举行，会议上的争论十分热烈、甚至非常激烈。

近几十年来，西方历史学界对西欧feudalism也做了大量反思性研究。一些学者认为这一术语缺乏严格规定性，难以概括西欧的中古社会，因而主张抛弃它。不过从20世纪80年代起，“大部分中世纪学者采取了一种比较慎重的态度，尽可能在他们的著作中避免使用这一词汇。另一些学者则是在他们的著作中一边批判这一概念，一边使用它。现在西方史学界似乎有一种比较普遍的态度，那就是尽管我们可能不必要完全抛弃这一概念，但是如果它一定要被使用的话，那只有在有Fief即领地的情况下才可以使用。也就是说，要按照其词源对Feudalism进行严格的界定。”①

旅美中国学者、美国哥伦比亚大学李峰教授根据这种情况总结说：“如果说西方学术界长期以来所讲的Feudalism是一个错误，即使是可以比较正确地称为‘领地—封臣制度’的这种制度在欧洲中世纪的将近一半时间内也并不存在，即使后来存在也不能涵盖欧洲社会的一切关系，那么由它发展出一种

① 李峰：《欧洲Feudalism的反思及其对中国古史分期的意义》，《中国学术》2004年第24期。

概括社会形态的模式，再把这一模式套用在其他社会特别是非西方的社会之上，这不能不说是一个错误的连锁性反应。这不仅是西方非马克思主义史学的一个问题，对同样源于欧洲18—19世纪学术传统的马克思主义史学，这恐怕也不能不是一个严重问题。我们不禁要问，把这样的模式（不管是马克思主义的还是非马克思主义的）用在万里之外的古代中国之上，这到底有什么意义和必要?”①

事实表明，无论是西方还是中国的学界，“封建”问题都是一个尚未解决、并且正在探究的问题。而且从总的趋向来看，越来越多的学者（包括海外和内地）认为中国只有在西周时期才有封建制，从秦到晚清的社会不应被称为“封建社会”。在这一阶段，社会状况与西欧中世纪的封建社会并不相同，也与斯大林所概括的以经济为特征的封建社会有较大的距离。他们批评滥用“封建”的现象，并力图用新的概念来代替“封建社会”，用新的理论体系描述从秦到晚清的历史。如果能够关注中外学界普遍的学术动态，就可看出“中国秦以后封建论”以及五方式论的封建社会论，并非学界普遍公认的定论。

值得注意的是，中外学界的探讨是在彼此隔绝的情况下分别进行的。尽管各有其原因，但这种不约而同的共同关注已经充分表明，“封建”问题是一个很值得重新思考的问题。李峰认为虽然中西方的探讨是相互隔绝的，但是其中也有着必然的联系，即方法上的共同性。近年来有些中国学者试图从中国和西方的比较中来解决这一问题。他说：“如果解决这一问题的途径在于比较研究的话，那么中国史学界的这一大问题与西方史学界特别是中世纪学界近年来对于feudalism这一‘经典’的批判和反思就不是没有关系。进而，这一问题与西方汉学界所谓‘中国封建论’特别是‘西周封建论’的研究也不是没有关系。”②

中外学界的研究让人感到，在feudalism的发源地西方，学者们对它的态度反而比较谨慎，而在不曾有过封建制（指原初意义的封建制）的中国，人们使用“封建”却往往十分随意，甚至任意。正是因为没有具体的指代，“封建”这个词在中国才会被滥用到漫无边际，毫无限制的地步。在这方面，德国史学家格茨教授的看法值得我们深思。在一次采访中，当记者问到如何评价欧洲的封

① 李峰:《欧洲Feudalism的反思及其对中国古史分期的意义》,《中国学术》2004年第24期。

② 同上。

建制时，他回答："我从来不用封建制这个词，我们无法给它下一个明确的定义。不同的史家对封建制有不同的理解，各个时段、各个地区对封建制的指代也不同。因此在提及封建制时，一定要有明确的指代，否则会造成误解。在德国我们很少使用这一术语。在意大利和法国，使用'封建制'这一术语，但仍然有不同的意思。如果你所指的封建制主要是指政治方面的，那它重点强调的往往是依附关系，但即使这样也很难说。在拉丁语中，'农奴'与'奴隶'是同一个词。"[①]

2. 关于马克思的原论以及如何以马克思主义为指导

有学者批评秦以后封建论是泛化封建论，背离了马克思的原论。封建坚持论者则认为，他们遵守了马克思的"原论"，因而"中国秦以后封建论"不容置疑，不容否定。他们反过来批评非封建论是对马克思主义的严重挑战。

首先必须明确讨论的基本原则应该是平等对话、自由探讨，不能自命为"正统"马克思主义，动辄给不同观点者扣上反马克思主义的帽子。陶希圣所总结的中国社会史论战中的现象似乎反映了某些人的通病。他说："从前的争论者，常严守他的逻辑：'你说的错了，因为是你说的；我说的才对，因为是我说的。'这种逻辑，到如今还有人一样遵守不替。根据这种逻辑的人，不独是唯我论者，并且是正统论者。他争得满头大汗的是'只有我这种说法是真正的马克思学说。'在我们看来，这种习惯，只能说是文人的积习。中国的文人，最会自命正统，自立门户。"[②] 遗憾的是，这种文人的积习，现今依然存在。

关键在于什么是马克思的原论？

这个问题近来人们说得很多，却还没见有人明确地加以界定。依笔者看来，马克思的封建社会原论，应该是马克思明确表达的、准确无误的对于封建社会的具体看法，不是含糊不清的或一般性的论述，更不是后人随意解释的。后人的解释难免掺杂着解释者的主观意图，很难说就能代表马克思的原意。就"中国有没有封建社会"这个问题来说，目前为止，我们还没有看到马克思、恩格斯对此有具体的和明确的描述。否则的话，也不会引起后人如此激烈的争论了。李峰就说："马克思对中国的看法，本来就是含混其辞的，其基本轮廓都不一定

① 《汉斯—维尔纳·格茨教授在津讲学》，《史学理论研究》2005 年第 1 期。

② 瞿同祖：《中国封建社会》，陶序。上海人民出版社 2003 年版，第 1 页。

准确，这当然也是受到一百年前西方汉学初创阶段学术研究水平的限制。"[①] 从这个角度看，说泛化封建观不符合马克思的原论，笔者以为是可以成立的。如果非要说中国秦以后是封建社会的观点是出自马克思的原论，那么只能说，这个原论是无中生有。

马克思不仅没有对中国封建社会的问题有所表述，即便对西欧封建社会乃至全人类的封建社会也缺乏明确的说明。德里克说："马克思是在讨论资本主义的发展时对封建制度问题作出评论的，这些评论只是零零散散地分散在他几乎所有的著作中。正因为如此，他并没有意在定义作为一个普世的社会形态的封建制度，而只是描述欧洲封建制度是如何演变为欧洲资本主义制度的。这些看法，至多是表达了马克思所认为的在欧洲背景下的封建制度与资本主义制度的相异之处；它们并不足以将封建制度和其他前资本主义的社会形态区别开来。"德里克还说，马克思在《资本论》和《德意志意识形态》等著作中对封建生产方式的论述十分"含糊"，"即使是在《论前资本主义经济方式》一书中马克思同样也很少对封建制度作出解释。"[②]

封建坚持论者只是从马克思的一般理论中推论出他们的结论，由此自认为是符合了"马克思的原论"。然而各人所援引的"原论"是那样的不同，以致五花八门，毫无逻辑，也毫无规范，让人难以把握其大概的意图。例如李根蟠认为："中国马克思主义史学工作者对战国秦汉以后社会封建性质的论定，是在马列主义社会经济形态学说的指导下进行的。……马克思主义的社会经济形态学说并非只适用于西欧，关键是承不承认人类历史发展有规律性，承不承认各地区各民族的历史发展有共通的东西。"[③] 按照他的推论，人类历史的普遍性和共通性就决定了中国和西方一样，都有奴隶社会和封建社会。而瞿林东从马克思政治经济学理论中得出结论："所有制形式、劳动的方式以及剥削的方式是判断一个社会性质最基本的标志。"他认为这也是马克思恩格斯概括的封建社会的基本特征，这些"是可以用来说明中国封建社会的基本面貌的。"[④] 在"封建"名实问题研讨会上，栾成显从马克思的地租理论解释其"原意"。刘秋根搜寻的范

---

① 李峰：《欧洲 Feudalism 的反思及其对中国古史分期的意义》，《中国学术》2004 年第 24 期。

② ［美］阿里夫·德里克：《革命与历史——中国马克思主义历史学的起源》，江苏人民出版社 2005 年版，第 97、111 页。

③ 李根蟠：《略谈马列主义的封建观和社会形态观》，《史学月刊》2008 年第 3 期。

④ 瞿林东：《〈"封建"考论〉一书的论点和方法献疑》，《史学月刊》2008 年第 3 期。

围更为广泛，他从马克思、恩格斯的十几部著作中总结出 18 项所谓马克思主义关于封建主义的"特征"，认为这些特征是中西方所共有的[①]。且不说这几大特征根本经不起历史的检验，例如封建主特权和地方特权、僧侣和贵族统治、直接生产者是农奴等，都是中国所没有的。何况这样庞杂、烦琐、缺乏逻辑关联的论点堆积，也很难让人领略到马克思的原意。

我们所认可的马克思的原论应是具体的历史理论。封建坚持论者所援引的"原论"是抽象的一般性理论，不是历史理论，而是历史哲学，乃至政治经济学理论。从这种抽象理论中，如何能够得出"中国秦以后封建论"这一具体的历史学的结论呢？看来，争论的双方并没有站在同一个出发点上，不能形成真正的对话，就像有学者形容的那样，颇有"关公战秦琼"的味道。还有些学者从列宁、斯大林的著作中寻找马克思的原意，他们认为列宁、斯大林合理地发展了马克思主义，那就离目标更远了。

除了理论推论外，封建坚持论者还普遍采用其他方法来寻找马克思封建论的"原论"。一是凭空想象。不少人说，马克思恩格斯的确在不少场合是从西欧的历史实际出发来论述封建社会的，但他们并没有把封建社会局限于西欧一隅，因为马恩的目标是解放全人类，观察历史的眼光也是在全人类社会。另一种常见的做法是根据马克思恩格斯对亚洲、非洲以及东欧等地少数国家的论述来证明封建主义的普遍性，由此说明，中国也不例外，也一定有着封建社会。这种解释未免牵强附会。至于有学者说，五种社会形态论不是斯大林发明的。应该说，它是符合马克思本人的原意。这种结论也只是推论，不是什么马克思的"原意"。

马克思本人并没有给人类社会的各个阶段规定一种严格的、前后一致的名称。人们多次引用的马克思在《〈政治经济学批判〉序言》中的那段名言这样说："大体说来，亚细亚的、古代的、封建的和现代资产阶级的生产方式可以看做是社会经济形态演进的几个时代。"[②] 原文中没有提出"原始社会"和"奴隶社会"这样明确的概念，给人类社会以五形态作明确命名的是苏联人。对于五种形态说不是马克思的、是斯大林的这一点，有些封建坚持论者例如李根蟠也是承认的。

---

① 见《"封建"名实问题研讨会发言汇编》，载于"中国经济评论网"。

② 《马克思恩格斯选集》第 2 卷，人民出版社 1972 年版，第 83 页。

此外,马克思的"资产阶级社会"还有另一种说法。马克思主义研究专家俞可平说:"马克思著作中译本中的'市民社会'和'资产阶级社会'在其德语原著中是同一个词:burgerliche Gesellschaft,这是马克思著作中出现频率最高、最重要的术语之一。""马克思所说的'市民社会'既是指人类社会的一个特定发展时期,又是指与'政治社会'相对应的私人活动领域。"[①] 那么,市民社会对于我们理解人类社会有何意义?马克思为什么如此重视它?它与资产阶级社会以及在它之前的封建社会究竟是什么关系?市民社会的概念显然与以经济为出发点的资本主义社会有所区别,因而更值得研究。市民社会理论应该是马克思社会形态理论的重要原论之一,但是五方式论者对此并未给予应有的关注。

争论的焦点还在于,马克思的学说究竟是普遍论还是特殊论。封建坚持论者认为马克思主张普遍论,一些非封建论者认为马克思强调特殊论。其实,一个人在不同时期,或同一时期有不同的看法,这是很正常的。上述的这些不同论点,在马克思著作中都可以找到其各自的原论。马克思的思想是全面和丰富的,应当全面理解马克思的原论。不必也不能各执一词、各取所需。更重要的是,无论马克思是主张普遍论还是特殊论,对于解决"中国有无封建社会"这个问题都只有参考价值,而不具有决定性意义。因为它们只是一般性的理论,并不是有关此问题的原论。

吴承明老先生的一段话无疑是对"正统"马克思主义的绝好描述。他说:"有学者说,我用的'封建'及'封建社会'概念一定是标准的马克思主义,这也不必,这很难。""马克思主义的封建学说,前后也是不一样的,早期和晚期也有不同。到了列宁、斯大林手里也有不同,究竟是哪一个也很难说。我想,今天所讲的,秦汉以后到了明清都是封建社会,这指的是有中国特色的封建社会。不必去同西方封建社会相比,也没有办法同马克思真正的原义相比。马克思的原义,我们可以从《马克思恩格斯全集》中找到一些,但是后来相关论述又有所变化。大概任何学说,我觉得原教旨主义都不可靠。"他还说中国"封建主义"的特色一是宗法;二是专制,"马克思的封建主义好像就没有强调这个。"[②] 这段话也表明,"中国封建论"未必就符合马克思的原论。

① 俞可平:《马克思的市民社会理论及其历史地位》,《中国社会科学》1993 年第 4 期。

② 吴承明:《秦以后的中国是有中国特色的封建社会》,《史学月刊》2008 年第 3 期。

的确，马克思、恩格斯的原论往往并不确定，让人很难把握。因为他们常常会对同一个问题有多种说法，前后并不一致。例如关于封建社会的基础，他们有“大地产”[①] 或“大土地占有制”[②]、“占有自己的生产资料的小生产”（相当于“小地产”）[③]、和“地产”[④] 三种说法，地产虽然包括了大小地产两种，但是仍与两者有所不同。况且大地产与小地产又是一对相互对立的概念。对于这三种原论，我们究竟应该采用哪一个呢？全都采用显然不可能。封建坚持论者马克垚一直使用的是“大土地所有制”的概念，这是否符合历史事实呢？

人们常说，以马克思主义为指导，应该是运用马克思主义的基本方法和研究态度。马克思主义的基本方法和研究态度恐怕就是“实事求是”四个字。凭空想象和牵强附会是不能认识马克思的原意的。

还应看到，马克思的某些历史理论也有一定的局限性——时代的局限和地区的局限。已有不少学者指出马克思的社会发展观受欧洲经验的制约。李峰说：“只要我们承认马克思是一位学者而不是一位神，那么我们就应该承认他对欧洲社会历史的认识也是受了他当时学术水平的限制的。如果我们认为一百年前的马克思比之当代西方专门研究欧洲中世纪的学者还更了解欧洲中世纪，那么我们似乎要全盘否定西方这一百年来的学术进步了，这恐怕大有问题了。而至于马克思对中国的看法，本来就是含糊其辞的，其基本轮廓都不一定准确，这当然也是受到一百年前西方汉学初创阶段学术研究水平的限制。我们今天如果还用马克思的眼光来看欧洲中世纪并以之来衡量中国历史的发展，那问题可能就更大了。”[⑤] 美国学者阿里夫·德里克也说：“那些把源于欧洲经验的马克思主义模式直接运用于中国历史的人，要么使得马克思主义的社会经济概念简化为一些不能与中国历史实质产生有机关联的有名无实的范畴，要么虽强调普遍性，

---

① “大地产是中世纪封建社会的真正基础”，《马克思恩格斯全集》第 6 卷，第 290 页。

② “大土地占有制是封建贵族借以获得代役租农民和徭役租农民的先决条件”，《马克思恩格斯选集》第 3 卷，第 225 页。

③ “在资本主义时代之前，存在过以劳动者私人占有自己的生产资料为基础的小生产”，《马克思恩格斯选集》第 3 卷，第 172 页。

④ “封建时代的所有制的主要形式，一方面是地产和束缚于地产上的农奴劳动”，《马克思恩格斯选集》第 1 卷，第 29 页。

⑤ 李峰：《欧洲 Feudalism 的反思及其对中国古史分期的意义》，《中国学术》2004 年第 24 期。

却掩盖了中国社会发展中最显著的一些细节。”[①]

回答“中国有没有封建社会”的问题，不能依赖于对马克思文本的解释，而是需要对历史作实证的研究。王学典说：“至于一个地区的人类社会的历史上有没有那样几个时代，比如说，有无奴隶制时代，这是个历史学上的问题，这是个历史事实问题。因此，是只能通过实证研究、经验材料来解决的问题，不是历史观和方法论上的问题，更不是一个信念问题。这就是说，某一个地区的人类社会有无某个时代，和历史唯物主义的基本原理适用不适用这个地区的历史，是两个彼此本来毫无关系的问题。”[②]

王笛的话对于我们总结这一问题无疑具有启发性。他说：“当我们听到一些史家义正词严地指责他人‘违背’了什么原则时，我们应该认真问一问，历史研究除了诚实公正、言之有据，独立思考外，真的有什么不可违背的清规戒律吗？当我们不断重复地宣称，马克思主义是一个开放的理论体系时，但另一方面我们又把马克思主义看成神圣不可侵犯、自我封闭的系统，我们应该反思，自己是否已经陷入了一种悖论？”

“史家应该有一个宽容的胸怀，要允许不同历史观和方法论的历史学家书写与现存的主流历史不同的历史，问不同的问题，作不同的解答。如果历史研究已经有了现成的标准答案，那么还需要我们研究历史吗？或者我们所研究的历史还有任何生命力么？当我们只允许对一些重大历史事件做出一种既定的标准解释时，我们就应该问问，我们历史学家是否还有存在的必要？当我们用学术之外的权力来捍卫一种学术观点，我们就应该问问，如果一种学术需要一种权力来捍卫，那么这种学术是否还有存在的价值？”[③]

3. 关于维护中国革命纲领

不少人提出，为了维护中国革命的纲领，中国秦以后封建论不容否定。李根蟠说：“中华人民共和国建立前的中国是半殖民地半封建社会，新民主主义革命的任务是反帝反封建，这是写进了中国共产党纲领的。鸦片战争前的中国是

① ［美］阿里夫·德里克：《革命与历史——中国马克思主义历史学的起源》，江苏人民出版社 2005 年版，第 185 页。

② 王学典：《从强调“一般”到注重特殊》，《20 世纪中国史学评论》，山东人民出版社 2002 年版，第 105 页。

③ 王笛主编《时间、空间、书写》，序言，浙江人民出版社 2006 年版。

封建社会，既是这个纲领的逻辑前提，也是中国共产党人和马克思主义史学家运用唯物史观考察中国的现实和历史所得出的结论。”“秦以后是否封建社会，从来就不仅仅是书斋中的问题，因为它牵涉到肯定还是否定中国新民主主义革命的历史，肯定还是否定中国马克思主义史学。”[①] 在 2007 年 10 月由中国社会科学院历史研究所召开的“封建”名实问题研讨会上，李根蟠明确指出：“否定鸦片战争以前中国的封建社会，势必导致否定马克思主义社会经济形态学说和中国共产党的新民主主义革命纲领，中国马克思主义史学工作者应该作出回应。”[②]

潘顺利也说：“对秦汉以来社会封建性质的认识与新民主主义革命的总路线及其纲领的关系是如此之密切，绝不只是不同的看法而已，而是必须十分严肃、慎重对待的问题。”进而提出，如果否定中国中古为封建社会，近代“新民主主义革命的对象（指半封建）是不是搞错了?”[③]

新民主主义革命的胜利是党领导人民群众进行革命实践的结果，并不是“封建论”的功劳。况且反帝、反封建只是一个大目标，后来还有更具体的目标、任务。抗战时期“打倒日本帝国主义!”解放战争时期“打倒蒋介石，解放全中国!”这类口号就起着更直接的作用。

封建坚持论者一再强调新民主主义革命的胜利证明了封建论的正确性。郭世佑则指出：“能否用新民主主义革命的胜利来反证新民主主义革命理论与历史观的科学性，在我看来也值得斟酌。……如果用新民主主义革命的胜利来论证毛泽东的近代史论与新民主主义理论的绝对科学性，将不适当地夸大意识形态的作用，最终偏离马克思主义。”他还说：“革命胜利的原因是多方面的。”中国革命之所以最终取得胜利，当离不开包括辛亥志士在内的无数爱国先烈英勇奋斗所构成的量的积累，甚至还离不开日军侵华后中国社会主要矛盾与政治阵营所出现的有利于革命者的显著变化，离不开世界人民反法西斯斗争的伟大胜利这一整体格局对中国时局的重大影响。[④]

夸大反帝反封建口号的作用不符合历史事实。关键在于这个结论是否运用科学的方法得出来的，是不是符合历史的真实。李根蟠认定鸦片战争前是封建

① 李根蟠：《“封建”名实析义》，《史学理论研究》2007 年第 2 期。

② 见《“封建”名实问题研讨会发言汇编》，载于“中国经济评论网”。

③ 潘顺利：《中国中古社会形态就是封建社会》，《学术界》2007 年第 5 期。

④ 郭世佑：《“封建”、“半封建”的理解与近代中国社会的实质》，《史学月刊》2008 年第 3 期。

社会、鸦片战争后是半殖民地半封建社会这一论断，是中国共产党和马克思主义学者正确研究的结果，这种说法与事实不符。

在中国马克思主义史学的早期，郭沫若没有深入研究中外历史，仅从逻辑推理就得出中外历史相同，都有奴隶社会和封建社会的结论。他说："只要是一个人体，他的发展，无论是红黄黑白，大抵相同。由人所组织成的社会也正是一样。中国人有一句口头禅，说是'我们的国情不同'。这种民族的偏见差不多各个民族都有。然而中国人不是神，也不是猴子，中国人所组成的社会不应该有甚么不同。"[①] 郭老后来深刻反省了自己过去公式化的错误。

至于中国近代社会"半殖民地"、"半封建"的定性，并不是中国共产党人和马克思主义史学家自己对中国社会历史作认真研究后得出的结论，而是列宁和共产国际对中国施加的影响。对这个问题，李洪岩在《半殖民地半封建理论的来龙去脉》中有详细的介绍："学者们一般认为，最初指明中国之半殖民地半封建性质的是列宁"，"但是，列宁对中国社会的复杂情形，毕竟不了解。当时，在共产国际内部，也没有中国问题专家。"[②] 在并不了解中国情形的情况下做出的对中国社会性质的概括，究竟有多少科学性呢？

为了维护这样一种对中国近代社会并不可靠的论断，而不惜损害中国古代的历史，岂不是有违历史学求真的原则吗？学者们已经意识到这个问题。在最近召开的有关封建名实问题的学术讨论会上，有学者认为不应将近代和古代扯到一块，近代史问题不应影响到古代史的研究。还有学者说，对中国近代社会性质也应重新认识。郭世佑说："就近代中国社会的经济形态而言，众口一词的'半殖民地半封建'究竟是什么意思？""半殖民地""半封建"各自的指向是什么，还需要进一步推敲。由于近代中国社会的复杂性和特殊性，单从社会经济形态入手来概括它的社会性质是否合适，还有待斟酌。

4. "约定俗成"论

约定俗成论是一种较为普遍的主张。不仅封建坚持论者大力提倡，而且有些非封建论者或封建怀疑论者也有条件地认可，其中就包括笔者本人。可以说有两种约定俗成论，一种是有条件的，只承认其名，而不认同其实，强调要注

① 郭沫若：《中国古代社会研究》，人民出版社 1954 年版，第 8 页。

② 《中国社会科学院近代史研究所青年学术论坛（2003）》，社会科学文献出版社 2005 年版，第 2 页。

重同一名称下的不同内容。持此论者主张多元化的解释，不坚持某种单一的命名方式。较早批评将欧洲 feudalism 误译为"封建"概念的日知说："因为我们误用此译语已有百年，传统的语言思想只好用此当初误会的译名来表达，不使实际工作受影响损失，方便处加'中世'标识，作'中世封建'也可以，不加也可以，不加也无妨，约定俗成可也。不过中国中世纪的起源和西欧中世纪并不完全一样……所以研究西方中世和中国中世，各从历史实际出发可也。"[①] 吴承明说："因为我们写历史就是要根据本国的情况，详细地写中国社会的特点，有中国特色的东西。你叫它'封建主义'也可以，你叫它别的也可以。我倒是同意陈支平提出的，'约定俗成'罢了，大家认为从秦汉到明清是封建社会，那你就叫它封建社会，这个无所谓的。不过，我们的封建社会，是指中国的封建社会，中国特色的封建社会。"他认为，中国特色的封建社会与作为社会形态的封建社会是不一样的。[②] 笔者曾撰文指出："把秦以后的中国社会叫'封建社会'也好，不叫'封建社会'也好，都只是不同的看法，不必强求一致。重要的不是定性和命名，而是如何去实际地研究社会，研究中国社会的特殊构造，它与西方的区别在哪里，是什么原因导致了千年文明古国落后于西方，等等。无论是否将中国中古社会称为'封建社会'，有一个基本点需要注意：不能强不同以为同，不能无视甚至抹煞中西社会的巨大差异。你尽管可以仍叫她为'封建社会'，但是，作家林达在《带一本书去巴黎》中的话应当提醒我们注意：'欧洲封建'和'中国封建'肯定不是一个'封建'。"[③]

封建坚持论者并不关心历史事实，只是以"约定俗成"作为他们坚守旧概念的借口。马克垚在 2004 年就提倡约定俗成论。他说，"封建"这个概念，已经"约定俗成"了，"社会上也时常拿封建来形容落后的、过时的东西，为什么要放弃它呢？如果不使用封建，那么近代以来的反帝反封建斗争，又该如何命名呢？"[④] 在"封建"名实问题研讨会上，主张此论的人也在所不少。瞿林东说："在学术史上，所谓约定俗成的例子太多了。"[⑤]

一些封建坚持论者拿老一辈马克思主义史学家侯外庐大做文章，将他从批

① 日知：《"封建主义"问题》，《世界历史》1991 年第 6 期。
② 吴承明：《秦以后的中国是有中国特色的封建社会》，《史学月刊》2008 年第 3 期。
③ 黄敏兰：《中国中古社会形态并非只能有"秦以后封建论"一说》，《探索与争鸣》2006 年第4 期。
④ 马克垚：《中国有没有封建社会?》，《史学理论研究》2004 年第 4 期。
⑤ 瞿林东：《〈"封建"考论〉一书的论点和方法献疑》，《史学月刊》2008 年第 3 期。

评封建“语乱天下”到出于“约定俗成”的考虑接受封建论为例，证明“封建论”是正确的和合理的。但是他们没有看到侯外庐与“正统”封建论者的出发点有着极大的差异。首先，侯外庐的古史分期说是西汉封建说，并不是现今封建论者提倡的“秦以后封建说”。他划分封建社会的标准不是秦以后封建论者认定的“地主制经济”(所谓经济基础)，而是作为上层建筑的法典。更重要的是，侯外庐是中国马克思主义史学家中最重视中国历史特殊性的一位。他的土地国有（皇族所有）制说以及对身份性地主和非身份性地主的区分，突破了“正统”马克思主义史学“地主剥削农民”的简单公式，对于深化历史研究具有特殊意义。封建坚持论者只看表面，未深究事实，用侯外庐来支持他们的观点恐怕只能是适得其反。

非封建论者对中国封建论（泛化封建观）有两种态度，一种是上面介绍过的有条件承认封建名称；另一种是主张循名责实，纠正概念错误，彻底放弃“中国封建社会”的称呼。

冯天瑜指出：“惯性力量固然顽强，但约定俗成又并非不可撼动。如果所‘定’所‘成’偏误严重，已经并继续干扰中国历史的基本述事，妨碍历史述事的古今传袭和中外对接，我们便应当循名责实，花力气将其纠正过来。”[①]

侯建新说：“中文‘封建’与西文‘feudal’的对应属误译。历史的真相是：中国先秦‘封诸侯，建同姓’制度是中文‘封建制’的本义；秦汉以后是‘皇权专制制度’；西欧则是‘feudalism’。它们本是三个不同的概念，谁也不能替代谁，谁也不能涵盖谁。就西欧和中国而言，它们属于前近代时期不同的社会形式，不应该贴上同一个标签。循名责实清源，势必免去中西历史的双重误读，有利于学术概念的规范，有利于基础教学和学术交流，也有利于中西历史及其发展前途的认识。”[②]

黄敏兰一定程度上有条件地承认“约定俗成”这个现实，但是也主张应该尽量纠正对“封建”的误解和滥用。在《从中西封建概念的差异看对“封建”的误解》中，通过辨析十几个“封建”概念，说明——“那些在中国被视为‘封建’的事物与西欧历史上的‘封建主义’不仅从根本上毫不相关，而且有许多是背道而驰的。”[③] 在“封建”名实问题研讨会上指出：“把中国中古社会说成

---

① 冯天瑜：《“封建”考论》，武汉大学出版社 2007 年第二版，第 537 页。

② 侯建新：《“封建主义”概念辨析》，《中国社会科学》2005 年第 6 期。

③ 黄敏兰：《从中西“封建”概念的差异看对“封建”的误解》，《探索与争鸣》2007 年第 3 期。

是‘封建社会’，抹煞了与西方的差异，无视中西方各自的特点。”①

为回应非封建论者“循名责实”的主张，封建坚持论者提出“封建概念演变合理论”。在“封建”名实问题研讨会上，李根蟠说：“‘封建’概念是历史地变化着的，不应以凝固化的老概念去‘匡正’人们鲜活的历史认识。所谓‘循名责实’实质上就是否认‘封建’概念演变的合理性。”张岂之也说：“‘封建’这一词汇，在社会发展和学术研究中已经发生了语义变化。”②

问题是，“封建”概念的演变真的合理吗？这个合理性不是靠自命和自封的，而需要从学术史的角度，客观地考察这种认识的途径是否合理，是否符合历史认识论的要求。历史认识必须是从史实出发，从研究史实而得出结论。关于封建社会的历史认识首先应从西欧的封建社会研究起，但是五方式论者的研究却是本末倒置的。它一方面是为了给中国革命寻找理论依据；另一方面则是为了证明社会形态演变论的正确性及其对中国的适用性。所以结论先于研究并决定了研究。关于古史分期的“历史研究”首先是从五方式论出发，确定了中国历史必然要经历奴隶社会、封建社会等几个阶段。中国封建社会的必然性又因革命任务的需要而加强，即李根蟠所说的：“中国共产党人指出鸦片战争以后的中国社会是半封建、半殖民地社会，其逻辑前提是认定鸦片战争以前的中国社会是封建社会，因为半封建、半殖民地社会正是由它演变而来的。”这个“逻辑前提”显然表明，逻辑推论而非历史学的论证决定了一切：因为把当时的社会定性为“半殖民地半封建社会”（如上所述，这个“半封建”、“半殖民地”的性质是苏联人加诸于中国人的），那么在这之前的社会就只能是“封建社会”，而不是别的。李根蟠进一步说明秦以后封建论的“这种认识经历了一个从现实到历史的逆向考察的过程。它得以完成，起决定作用的当然是马列主义唯物史观的传播和指导。”③

至于封建社会的特征，当然是从中国近现代社会中总结出来的，将中国当时社会中的种种腐败、落后现象统统命名为“封建”的。对于这一点，李文明确说明，中国马克思主义史学对中国“封建社会”的认识“是从对中国现实社会的封建性认识开始”的。他还说，因为当时人们强烈地感受到中国社会具有

---

① 朱昌荣：《“封建”社会名实问题与马列主义封建观研讨会综述》，《史学理论研究》2008 年第 2 期。

② 同上。

③ 李根蟠：《中国“封建”概念的演变和“封建地主制”理论的形成》，《历史研究》2004 年第3 期。

严重的封建性，所以"封建"一词便在社会中广泛地流行。对社会中丑恶现象的批判就都具有了"反封建"的性质。

从理论出发而非从史实出发，根据中国现实社会的"封建性"事物和"半封建性质"（这一定性实际是不可靠的）而将古代社会定性为"封建社会"（即所谓的"逆向考察"），并把从中国社会中生造出来的"封建性"赋予全人类的封建社会。这三者都严重地违背了历史认识的基本原则。这种本末倒置的研究方法难道是合理的吗?

中国"封建"概念的演变之所以不合理，在于这种演变没有经过学术的考察，只是出于社会政治的需要，在社会范围内实现的，具有极大的随意性，不能符合历史的真相。尽管促成这一演变过程的有许多是造诣很深的历史学家，但他们当时主要不是为学术，而是为政治这样做的。

必须承认中国"封建"一词的涵义已经"约定俗成"的事实，因为"约定俗成"本来就是语言的本质特征。既然它已经在社会上发挥了、并仍然发挥着很大的影响，我们当然要正视这个现实，这就是笔者主张有条件承认"约定俗成"的原因。但是，这个"约定俗成"只应限定在社会语言的范围内，而学术语言应该有自己明确的概念，有恰当的学科理论依据，不能将错就错，因为"约定俗成"就继续混淆不同的概念。如果说，前辈历史学家没有来得及对"封建"作历史考察的话，我们应该做这项补救工作，把历史的面貌恢复过来。

针对非封建论者提出误译造成概念混乱，妨碍历史认识的说法，一些封建坚持论者辩解说，西周封建和他们所说的封建从来没有被混淆过。瞿林东说："我们现在讲的'封建'，其内涵不是'封邦建国'，而是封建社会。这在逻辑上并不存在概念的混淆。"①

的确，人们一般不会将西周封建与五方式论的封建混淆，因为西周封建仅起命名的作用，未在实质上与中西的中古社会有所联系。但是，严重的概念混淆发生在中国和西欧以及五方式论的"封建"之间。从西欧"封建"到五方式论的"封建"随后又到中国"封建"，经历了大幅度的时空转换，其间不断地置换着概念。最终造成的中国"封建"是对"封建"的误解和滥用，它已经严重影响到对中西历史真相的认识。

西欧的封建主义具有两重性，五方式论只强调它消极的一面，即"地主剥

① 瞿林东:《〈"封建"考论〉一书的论点和方法献疑》,《史学月刊》2008年第3期。

削农民"，使得封建主义积极的方面长期受忽视。然而西欧封建主义的实质是明确规定各等级的权利和义务，不是以往简单认定的那种领主剥削农奴的阶级对立。最基本的有两点：一是权利和义务的对等，享受权利就得尽义务，同样，尽义务就应享有相应的权利。议会制就是根据此原则建立的。二是无论上下，都既有权利，也有义务，非一方独享权力和权利。以往我们因对封建的误解，以为封建主义是落后的和丑恶的，因而未能看到，西欧的封建主义有积极的一方面，例如契约的原则、互惠的原则、等级内相对平等的原则、分权制约的原则等。这些都对资本主义的发展起到了促进的作用。更重要的是，封建主义为社会留下了相当充裕的空间，使得新生力量有生存和发展的条件。而中国"大一统"的国家/社会中，新生力量难以产生和发展。中国恰恰是因为没有西欧的那种封建主义，才长期停滞、落后。

法国历史学家马克·布洛赫在《封建社会》一书中指出，西欧的封建制度是封君与封臣之间的一种双向契约。"西欧封建主义的独创性在于，它强调一种可以约束统治者的契约观念。因此，欧洲封建主义虽然压迫穷人，但它确实给我们的西欧文明留下了我们现在依然渴望拥有的某种东西。"[①]

然而，中国人根据中国"国情"制造出来的中国式"封建"，不仅根本没有这些积极的内容，反而成了落后、腐朽事物的代名词。

叶文宪在《封建和"封建社会"新论》[②] 中批评说，封建成了垃圾筒。不管什么坏东西都往里面扔。封建也成了恶谥，凡是坏人就给他贴上一张"封建"的标牌。费正清也说："在中国，'封建'成了骂人的字眼，可是它缺乏明确的意义。"[③] 法国学者谢和耐说："人们如此滥用了'封建'一词，以至于它失掉了任何意义。"[④] 钱乘旦、许洁明指出："请读者注意'封建'（feudalism）这个词，它后来显然被滥用了。在有些中文词汇中，一切坏东西都冠以'封建'两字，从包办婚姻、裹小脚、烧香拜佛、爱占小便宜，到以前存在过的政治经济制度等等无不属于'封建'。但'feudalism'在欧洲是有确定性的，它指以土地分封为基础的权利与义务关系，是一种经济和社会的制度。'封建'社会结构建立在土地封授的基础上，政治权、司法权乃至社会特权都随土地分割而被分割，相

① ［法］马克·布洛赫：《封建社会》下卷，商务印书馆2004年版，第714页。
② 叶文宪：《浙江学刊》2000年第4期。
③ ［美］费正清：《伟大的中国革命》，世界知识出版社2000年版，第264页。
④ ［法］谢和耐：《中国社会史》，江苏人民出版社1995年版，第50页。

应地分散在社会的各个层面上。因此,'feudalism'意味着分权,而不是集权,集权的制度是不好用'封建'两字来修饰的。"①

五方式论的"封建"忽视了西欧封建主义积极的一面,使历史认识简单化、片面化。而中国式"封建"丑化封建主义,歪曲封建主义的实质,严重影响了对历史真相的认识,对历史研究的危害更大。

二 重新审视"封建"问题的意义

重新审视旧专题,包括"封建社会"问题,目的不仅仅是辨析某些具体的概念和结论,而是更新观念,促进历史学的学科建设。通过讨论,可明确以下重要理论问题。

1. 历史学的目的和方法

此次论争,被命名为"封建"的名实之争。什么是名,什么是实,以及如何对待名与实,这些看法都反映了论者对历史学目的的不同认识。那就是,历史学的目的是认识历史,以求真为职志,还是只为了证明某种理论的"正确性"?

在笔者看来,"名",当然是指"封建"这个概念,或名称。"实",则是关于封建社会的历史事实,主要是封建制的内容。名实之争,关键在于求实,研究社会本身,这样才符合历史学的目的,也才能达到循名责实的目的。然而迄今为止,这项最基本的工作做得还很不够,大量的精力放在了争"名"之上。对于有些人来说,这也许只是认识不足,或精力有限——毕竟这样一项大工程不是少数人能轻易完成的,需要众多学者长时期的分工合作——但另一些人,即封建坚持论者只致力于捍卫封建论的不可动摇性,对于封建的"实",即历史事实既不去追究,也无意去追究。他们不是要循名责实,而是要以"名"去框定"实",代替实。

李根蟠指出:"社会经济形态学说是唯物史观的基石,抽掉这块基石,唯物史观就要倒塌。五种生产方式依次演进的理论是社会经济形态学说在人类历史

① 钱乘旦、许洁明:《英国通史》,上海社会科学院出版社2002年版,第56页。

研究中的具体运用，虽然两者并不完全等同，但确实是密不可分的。如果把奴隶社会、封建社会、资本主义社会逐一抹杀，社会经济形态学说和唯物史观就基本上否定掉了。如果我们还要讲马列主义的话，就应该十分严肃地对待这一问题。”[①] 在封建名实问题研讨会上，一些封建坚持论者批判“去社会形态化”倾向，提出“捍卫历史唯物主义”的口号。

目的决定了方法。求真，就会采取论从史出的方法。若只是为证明理论的“正确性”，必然会以论代史，并且为证明理论去随意解释和安排史料。

封建坚持论者的最大缺陷是主观随意性，他们对自己提出的所有论断都没有进行历史学的论证。他们的工作不外乎两点：要么是对经典作家的论述作烦琐的演绎，要么更简单地做逻辑推论，使得这些论断缺乏可靠的史实依据。不仅难以服人，也经不起历史学的考察。按照学术研究的要求，如果要说明中国秦以后是封建社会，首先应该论证西欧封建主义是否具有普遍性。然而封建坚持论者并未作这项最基本的工作，就断然宣称：封建主义具有不容置疑的普遍性。

例如马克垚多次说：“如果认为封建是一种社会形态，是大土地所有制和小生产的结合，是农民和地主对立的社会，那么它的普遍性就是没有疑问的，中国和西欧都存在过封建社会，有过封建时代。”[②] 然而，这个大前提本身就存在疑问：这种概括过于抽象，由它形成的“封建社会”只是观念形态的，在世界上找不出任何一个实际的例证，从而中国是封建社会的论断难以成立。关键在于这些学者是用政治经济学方法研究，研究的是生产方式，而不是真正的社会，把社会高度抽象化，只说大地产，看不到中小地产；仅重视生产性经济，忽视非生产性经济；只看农村、农业经济，不说城市、工商业经济；只说生产关系（地主—农民），不说非生产性社会关系（教会、贵族、市民、皇帝、官僚），等等。对中西方的城市和王权，仅说它们都是封建的，而不做历史学的分析，让人无法解理解为何两种城市和两种王权存在巨大的差异。仅仅用“如果”这两个字假设和推论，就能轻而易举地解决一个长期困扰众多中外学者的大难题，岂不是太简单了吗？

再如李根蟠指出：“当‘封建’用以指称某种社会的时候，这个概念已经具

---

① 李根蟠：《略谈马列主义的封建观和社会形态观》，《史学月刊》2008年第3期。

② 马克垚：《关于封建社会的一些新认识》，《历史研究》1997年第1期。

备了某种普遍性的品性，可以用它来研究世界各地类似的社会和类似的历史，而不光局限于西欧一地，于是有东欧的封建社会、亚洲的封建社会、非洲的封建社会等等。"[①] 也就是说，只要把"封建"看做一种社会形态，它就具有了普遍性，可以用"封建"指称任何一个社会，而不用考虑这些社会各自的具体内容。只要你认为哪个社会是"封建社会"，这个社会就自然具有了封建性。这种方法虽简便易行，却并不可靠。因为我们无法了解这个普遍性是从哪里来的，唯一的解释是社会形态论具有点石成金的作用。

有些封建坚持论者自命为是"广义封建主义"，这种广义封建主义正是他们强调封建主义普遍性的依据。在这里，需要辨清什么是广义和狭义的封建主义。西欧封建制由两种制度、两层关系组成，一种是封君—封臣制，施行于上层社会；另一种是领主—农奴制，体现贵族与下层的关系。一些西方学者（所谓"资产阶级"学者）强调封君—封臣关系，被封建论者称为"狭义封建主义"。相对而言法国史学家马克·布洛赫创立的则是"广义封建主义"。黄春高介绍说："布洛赫扩大封建主义概念的关键在于将下层社会依附关系纳入进来。布洛赫的封建主义是两个层次的：在上层为附庸，在下层则为农奴。……布洛赫将狭义论者抛弃的农民纳入到了封建主义体系之中。"

封建论者坚决反对狭义封建主义，而且赞赏布洛赫的广义封建主义。例如，马克垚在马克·布洛赫《封建社会》"中文版序言"中说布洛赫的研究"较之只研究封君—封臣关系的狭义封建主义为优。"但是他们并未采用布洛赫的方法，而是只将封建主义限定在领主与农奴制这一方面。由此形成三种封建观："狭义论者将依附农民置于封建主义之外，只强调上层依附。作为广义论者的布洛赫则自上层依附关系出发，承认下层依附与上层一样具有封建主义的特征。马克思主义者则将依附农民作为认识封建社会的基点和核心。"[②]

马克垚说："西方历史学家虽然视封建为一种政治法律体系，可是也得承认还有广义的封建主义，而这是和土地制度、农民生产、社会生活联系在一起的。"[③] 在"封建"名实问题研讨会上，马克垚说："我觉得应该区分狭义的封建主义和广义的封建主义。狭义封建主义是从西方来的，主要是从政治形态讲的，强调西方的封建君臣关系。广义的封建主义是指一个社会，包括经济基础、上

① 李根蟠：《中国"封建"概念的演变和"封建地主制"理论的形成》，《历史研究》2004 年第3 期。

② 黄春高：《略论马克·布洛赫德封建主义概念》，《史学理论研究》2004 年第 4 期。

③ 马克垚：《中国有没有封建社会?》，《史学理论研究》2004 年第 4 期。

层建筑两个方面。现在说中国没有封建的人，我看大部分是从狭义封建制度来讲的，说我们的‘封建’和西欧中世纪对不上号。各个国家有各个国家的特点，我国的封建，细细来抠，当然不会与西欧完全一样。但是作为一种社会形态，作为大土地所有制和小生产的结合的社会形态，封建社会在世界上有其普遍性，这不能否认。”①

按理说，只有像布洛赫那样，承认上下两种关系，才能称得上是广义封建主义，而封建论者舍弃了上层封建关系，只承认下层关系，实质上仍是狭义，是从一个极端走向另一个极端，可以称之为“后期狭义封建主义”。

当然，也可以说它是“广义”的。但这不是内容上的“广”，而是“推而广之”的“广”。封君—封臣制度是西方封建制的重要内容，承认它就必然否定西欧封建主义具有普遍性，而舍弃它，再把领主—农奴制简化为“大土地所有制和小生产结合”的公式，封建主义就有了普遍性。正是因为这种不合理的抽象舍弃了历史的具体内容，才赋予西欧封建主义普遍性。

以往封建论者的误解在于，将上下两种制度、两层关系的性质过于绝对化地分割和对立，将封君—封臣制仅理解为军事的或政治的和法律的，而将领主—农奴制仅看做是经济的，因为这种制度是领主通过剥削农奴，取得经济收入。马克垚说：“我已经多次指出过，西方历史学界的主流思想，仍然把封建当作一个政治、法律制度，所以他们把封建是局限于西欧的。”“为什么把（中国）这个社会叫做封建社会呢？确实，西方的封建来源于封君封臣制，中国的封建来自于封邦建国，都是政治制度，而非社会形态。可是封建在历史学那里已经越来越当作社会形态对待。”②

他们多次总结的关于封建制的认识从政治、军事、法律制度向生产方式的进步，就反映了这种误解。但事实上，上层封建关系中也有非常重要的经济成分，正如马克·布洛赫所说：“各种保护关系从一开始就涉及经济方面，附庸关系和其他关系都是如此。”③ 从形式上看，附庸制主要是军事制度，但本质上却是经济制度。这一点为封建论者所忽视，但是马克·布洛赫却有明确的认识。他阐述了贵族作为武士职业的重要意义，认为战争是武士获利的重要手段。贵族打仗，除了为上级尽义务（而为上级尽义务是为了换取土地作为酬劳，也有

① 见《“封建”名实问题研讨会发言汇编》，载于“中国经济评论网”。

② 马克垚：《中国有没有封建社会?》，《史学理论研究》2004年第4期。

③ ［法］马克·布洛赫：《封建社会》上卷，商务印书馆2004年版，第274页。

经济意义）外，"也许首先是一种利润来源，事实上，它是贵族的主要产业。"[①]

布洛赫还注意到下层关系中的非经济因素，即服从—保护关系。他给封建主义下的定义中说的是"依附农民"，而不是人们通常说的"农民"或"农奴"。强调"依附"二字，是有深义的。农奴只体现了被剥削者的地位和身份，而依附农民则体现了服从（领主）者和被（领主）保护者的身份，从而挖掘出封建制中的普遍的和深层的意义。以往的传统理论仅强调领主对农奴的剥削，强调两大阶级的对抗（所谓"阶级斗争"）。但是没有看到，在领主和农奴之间，既有对抗，也有共存甚至互惠。领主不仅剥削农奴，还要给农奴提供必要的生存和生产条件，并且要保护农奴的人身和财产安全。西欧的庄园法是一把"双刃剑"，既维护领主对农奴的剥削，也保护农奴的利益不受领主的过度侵犯。庄园法的双重作用正是这两种关系的不同体现。后期狭义封建主义仅看到领主、农奴制中的对抗关系，而没有看到服从—保护关系，所以说"大地产与小农的结合"构成了封建主义的普遍性。但是这种抽去了服从—保护关系的封建制在西欧中古社会中是不存在的。因为农奴若没有领主提供的起码的生存、生产条件，就不可能进行最基本的生产活动。可以说，领主、农奴制中的经济因素和非经济因素是相辅相成的。

服从—保护关系在上层也十分重要，布洛赫对此有详细的阐述。这也说明两层封建制的内在联系。从他的论述中，我们看到封建社会中的人是互相依赖的。大部分的贵族，既向下级贵族或他的农奴提供保护，又向上级贵族寻求保护，成为领主的"人"，由此而形成上下相接的层层的关系网。这种普遍的个人社会关系恰是西欧封建制的重要内容。

由此看来，布洛赫的论证比五方式论者翔实、细致得多。封建论者与早期狭义封建主义只是结论不同，方法却相同，其实是他们全盘接受了早期狭义封建主义的观察视角——把封君封臣制看做政治法律制度，并从经济史观的角度将其排除在封建主义之外。封建论者没有超越早期狭义封建主义，反而不自觉地继承了其传统观念，这样才形成后期狭义封建主义。

马克·布洛赫的广义封建主义，首先是全面的，既关注封君—封臣关系，也重视领主与农奴关系。其次是深入和具体的。对封君—封臣制中的经济意义有充分的理解，也对领主农奴制中的非经济因素有充分的认识。所以说，布洛

① ［法］马克·布洛赫：《封建社会》下卷，商务印书馆2004年版，第490页。

赫才真正是“广义封建主义”的代表。

封建论者以为把封建看成是一个社会形态就是广义封建主义，这种似是而非的说法一直未受到学界的质疑。现在经过笔者作历史学的考察，证明这种说法难以成立。“社会形态”似乎比封君—封臣制全面，但是缺乏实际的内容，是一个空泛的事物。没有具体封建制的社会，如何能成为封建社会呢。马克垚所说的经济基础、上层建筑这些抽象概念，既不是具体的社会制度，也不是封建社会所特有的。“大土地所有制和小生产的结合”只是一种经济现象，它既不是封建社会特有的经济现象——它在古罗马奴隶社会就大量存在——也不是一种社会制度。这个公式不仅把封建制的上层关系排除在外，又对下层关系进行不合理的抽象，使之失去了历史的内容。可以说，由这些抽象概念支撑的“广义封建主义”对于认识历史没有太多实际的意义。

封建坚持论者尽管主要是靠逻辑推理来立论的，但在论证过程中常常又忽略逻辑，为了维护结论的“正确性”而不顾论点的一致性，以致矛盾重重、捉襟见肘。例如李根蟠为了证明“秦以后封建论”是“正统”的马克思主义，就说，这一论断不是受斯大林五方式论的影响形成的：“中国共产党人和马克思主义史学家对中国社会封建性质的认识，无论现实的或是历史的，毫无疑问是在马克思主义的指导下进行的。有人把这一认识过程说成是把中国历史硬往斯大林五种生产方式的公式上套，这与事实相距太远了。”[①] 但在实际论述中，他处处都表现出以五方式论为依据和维护这一理论的强烈意图。为强调中西方的“共同性”，马克垚多次指出，中国和西方政治上发展的趋向都是越来越专制。可是当有人说西欧的王权是有限王权时，马克垚就说，中国的王权也受限制，没有不受限制的王权。无论究竟应以哪个说法为准，起码应分析中国和西方的王权如何受限制，或者如何专制的具体表现，从中总结其异同，而不是仅作“没有不受限制的王权”这样简单的推论。

封建坚持论者为维护自己的观点，有时达到了强词夺理的地步。瞿林东说：“历史是多样的，或者说是多样的统一。历史的多样性并不影响到社会形态学说的动摇。社会形态学说是要说明人类社会是从低级到高级的发展过程。”“有的学者说中国的封建社会，它有些特征和欧洲不一致，因此不能叫做封建社会，

---

① 李根蟠：《中国“封建”概念的演变和“封建地主制”理论的形成》，《历史研究》2004 年第 3 期。

这个论点显然是不能成立的。因为按照这个论点，是要求各个国家、各个地区的历史发展在某些阶段的细节上都是一样的，这是不可能的，这是违背历史常识的。”[①] 明明非封建论者是要区分中西社会的不同，主张不能将不同的社会贴上同一个标签，瞿林东却说对方是要求各国、各地区的历史发展都一样，这不是混淆概念吗？

2. 历史学的对象

封建坚持论者强调马克思主义史学要以证明人类社会的共同规律为主要目标，因而中西方社会都是一样的，都经历了从原始社会到奴隶社会、封建社会的历史阶段。否认中国秦以后是封建社会就意味着违背马克思主义。在这里，他们混淆了历史哲学与历史科学的不同性质及其对象。

李振宏说：“历史科学作为一门独立的学科，却没有自己独立的研究对象，人们总是自觉不自觉地让它去和历史唯物主义争地盘。历史唯物主义作为一门哲学学科，它要研究人类社会发展的一般规律，但谈到历史科学的对象和任务，人们也总是这样讲，使这两门不同的学科在对象和任务上混淆起来。因此，阐明历史科学研究对象的特殊性，是史学理论研究中的一个重要问题。历史科学研究的对象和任务应该是：在马克思主义哲学所提供的一般基本规律指导下，通过世界各民族国家的无数历史现象、历史事件和历史人物的分析研究，以理解它们的历史发展的特殊规律和特点。就是说，历史科学不是研究哲学，而是研究历史发展的具体规律，是一门实证的科学。”

“历史唯物主义和历史科学的关系，是一般和特殊的关系。前者研究人类历史发展的一般的普遍的规律，后者则是研究具体的民族或国家的特殊规律。前者通过不同国家或民族历史中普遍的共同的东西，去把握人类社会历史的本质，后者则通过具体的实证性的研究，认识不同民族或国家历史的特殊风貌。”[②]

林同奇为《在中国发现历史——中国中心观在美国的兴起》一书做的“译者代序”说：“近年来我国部分史家已开始注意纠正在我国历史研究中某些对历史唯物主义作机械论的教条式理解的现象。有的同志指出，如果在过去一段革命时期把我国历史研究的重点放在我国历史与他国历史的共性方面是必要的话，

① 瞿林东：《〈“封建”考论〉一书的论点和方法献疑》，《史学月刊》2008年第3期。

② 李振宏：《历史与思想》，中华书局2006年版，第178、182页。

目前则应加强特性的研究。不少史家提出，不仅应看到唯物史观对历史科学的指南作用，而且要看到两者之间的区别。例如蒋大椿同志指出：‘前者从抽象的角度研究社会各种因素相互关系及其最一般规律，属于哲学的范围。而后者则从具体的角度，按时间顺序描述人们实践活动和实际发展过程，属于实证科学范围。两者是不同范畴的知识形态。’（蒋大椿：《唯物史观与历史研究》，《近代史研究》1983年第2期）”①

郭世佑说：“不能说只有承认普遍性重要的论点才是符合马克思主义的，否则就是反马克思主义的。”② 在笔者看来，寻求一般还是特殊是不同层次的认识，也是不同学科的任务。历史学更多的是要去探求各国、各地区的特殊发展规律。还有一点需要明确，人类历史的共同规律应该是从各国、各地区的特殊规律中总结、归纳出来的。而以往的历史学并没有对各国、各地区历史作全面的总结，只是将西欧的特殊历史规律抽象化，把它当做人类历史的“普遍规律”，推而广之，就把丰富多样的历史描绘成了单调、贫乏的历史。

何新说：“五种生产方式公式的理论背景一是古典进化论的单线演化模式，一是欧洲中心主义。然而，对于亚、非、拉地区的大多数民族和国家来说，由于它们的历史文化传统与欧洲是那样地不同，它们不仅从未走过欧洲式的资本主义道路，而且也从未经历过希腊、罗马那种奴隶制以及中世纪欧洲那种封建制的道路。但是三十多年来的中国历史学却一直在做两件事。第一是试图尽可能地削足适履，扭曲、删改、修正中国历史，以便把它塞进这个历史公式的框架内。第二就是在‘历史规律’的名义下，将这个公式神化成不允许怀疑和批评的神圣教条。”③

确切地说，五种生产方式理论只是西欧历史演进的模式，并不是人类社会历史的普遍规律。据一些世界史和中国史学者的研究，无论在亚洲、非洲，拉丁美洲地区，都没有五方式论的那种发展模式。

甚至就是历史规律本身，许多人至今也并没有搞清楚。论者往往不假思考地运用着“历史规律”或“历史发展规律”这类名词去说明一切被论及的历史问题，却并不真正了解这些名词的确定含义。王和、周舵说，历史规律究竟是什么样的东西？他们认为：“历史规律，是历史学家对历史发展的规律性的描述

① ［美］柯文：《在中国发现历史》，林同奇译，中华书局2002年版，第28页。

② 郭世佑：《“封建”、“半封建”的理解与近代中国社会的实质》，《史学月刊》2008年第3期。

③ 何新：《古代社会史的重新认识》，《读书》1986年第11期。

和归纳，即对多次出现的具有相似性的历史现象和过程的描述。”[①] 如果对历史规律的认识过于简单化，就会导致历史研究的盲目性和片面性，这也是以往一些错误的根源。

3. 政治与学术的关系

在“封建”名实问题研讨会上，林甘泉说：“当前有关封建的讨论，其指向实际上是政治而非学术的。”[②] 这一看法只有部分的正确性，那就是道出了封建坚持论者的真实目的。在此次会议上，封建论者明确表示：一是要坚决捍卫五方式论的神圣不可侵犯性，所谓坚守马克思主义的“阵地”，二是极力维护革命纲领的“正确性”。然而，他们以己度人，把自己的强烈政治诉求也当做其他学者的研究目的。所以，封建论者指责非封建论者是要借着论封建来否定五形态论，“去除封建社会形态”，实质上是反对马克思主义。李根蟠还说：“以反对套用五种生产方式公式为幌子否定中国马克思主义史学家对中国封建社会的论定，本身就是一种‘意识形态的诉求’，隐含着某种政治。”[③]

他们没有看到，实际上也不能理解，大部分非封建论者是为学术，而不是为政治目的参与讨论的。笔者在会议上发言，坚决反对学术政治化的倾向：“学术研究要去政治化，否则会阻碍学术讨论。中国有没有封建社会是一个历史学的问题，要从史实出发而不是从理论出发。现在看来起来两种意见针锋相对，激烈交锋。在我看来，这不是两条路线的斗争，而是各人根据不同材料、使用不同方法得出的不同结论。问题在于我们把它当做什么问题来研究：政治问题还是学术问题。有些人把这个问题往政治挂钩比较紧，一说秦以后无封建似乎就是否定革命。这样会对讨论造成障碍。我觉得封建问题在历史上曾经是政治问题，老一辈革命家为了革命需要，要为社会定性，这在当时是有它的合理性，但也破坏了历史的真实性，牺牲了学术独立的原则。现在革命任务已经完成，在改革开放时代，应该从政治向学术转化，去政治化。”[④]

大多数封建论者是在回应反对派的意见时表达其政治目的，李根蟠还一直

---

① 王和、周舵：《试论历史规律》，《历史研究》1987年第5期。

② 朱昌荣：《“封建”社会名实问题与马列主义封建观研讨会综述》，《史学理论研究》2008年第2期。

③ 李根蟠：《中国“封建”概念的演变和“封建地主制”理论的形成》，《历史研究》2004年第3期。

④ 见《“封建”名实问题研讨会发言汇编》，载于“中国经济评论网”。

力图说明学术政治化的合理性。他认为，马克思主义史学家对中国社会封建性的认识，是由革命需要推动的，这是它的特点，也是它的优点。“历史研究实际上是难以和政治绝缘的。”[①] 的确，历史研究很难与政治绝缘。中国的史学从古到今都不同程度地政治化、乃至工具化。20 世纪初梁启超创立的新史学从一开始就有着强烈的政治色彩。梁启超要将中国的史学从皇朝的工具改变成为整个民族服务的史学，其早期的史学思想中政治色彩十分浓厚。梁启超的新史学成为中国知识分子“学术救国”的典范。然而，学术与政治毕竟需要有一定的距离。因为史学的政治化必定会不同程度地破坏其学术性。梁启超在后期自觉地从政治向学术过渡，强调为学术而学术，主张裁抑主观，表明他对学术政治化的危害有着充分的体会。

就中国社会性质的研究来看，各个派别及其观点的形成多多少少是由政治目的驱动的，尤其是早期的研究更是如此。王亚南对官僚政治的研究，无疑是包含着对当时国民党的腐败统治的强烈愤恨。而且也许正是现实政治启发了他的思路。当时不少知识分子以古讽今，以史学著作抨击官僚的腐败。然而，学术为政治服务，不能是盲目的和无条件的。尤其不应以牺牲学术为代价。学术独立和学者的人格还是应当捍卫和保留的。王亚南之所以能更准确地把握中国社会的特征，就是因为他对于学术与政治的关系有着清醒的认识。他在《中国官僚政治研究》“自序”中专门论述了研究态度问题。他说，官僚政治或官僚制度，在历史上已经引起了不少的祸害，目前在中国还在继续发生反时代的破坏作用。何况国人皆曰可咒的官僚资本，正在猖獗横行。“我们在这种场合来研究官僚政治，就似乎格外需要抑制住感情上的冲动。过分渲染一种亟待除去的东西的丑恶和过分渲染一种亟待实现的东西的美好，也许在宣传上是非常必要的，但同样会妨碍科学上的认识。当作一种社会制度来看，官僚政治究竟如何存在，如何取得存在，最后，它将会如何丧失其存在，那才是我们研究的真正目标。”[②] 这反映出他对学术与政治关系的理性思考。

李根蟠还说：“在历史学中，不是每个问题都要与政治挂钩，但是，像‘封建社会’是否存在这样的问题，想和政治脱钩也脱不了。”这种论断在当时的确是如此，社会史论战中马克思主义史学家对马克思不同原论的选择就充分说明

① 李根蟠：《中国“封建”概念的演变和“封建地主制”理论的形成》，《历史研究》2004 年第3 期。

② 王亚南：《中国官僚政治研究》，中国社会科学出版社 1981 年版，第 15 页。

这一点。德里克说:"《政治经济学批判导论》的序言是马克思有关历史唯物主义基础的最有力的论述,它比马克思的任何著作都要深地使读者相信马克思认为历史的发展是普世一致的"。表明马克思的论述"是针对人类整体社会的","暗示了历史发展的普遍性和必然性。"然而在1952年发现问世的一篇德文论文中,马克思"明白地提出了多元演进的历史发展观"。即使不论这篇中国史学家在20世纪30年代还不可能看到的论文,马克思著作中也有足够的证据表明他支持多元演进的历史观。在直接面对这一问题时,马克思否认他关于"西欧资本主义起源的概括"构成了"一个必然可以施用于所有民族的普世发展的历史哲学理论"。出于强烈的现实需要,即阶级斗争的需要,中国马克思主义史学家最终选择了前一种理论。"中国马克思主义者相当清楚马克思主义是开放的,不只是一种解释,但是他们还是选择了直线的一元发展观。"尽管他们中相当一些人"都已经意识到了欧洲与中国历史的不同之处,以及历史唯物主义公式无力解释中国历史中许多重要方面时,他们还要坚持对于历史唯物主义的公式化的解释。"德里克说:"政治考虑对于历史唯物主义阐释的干扰,产生了这样一个问题——无论从理论和革命的角度而言是多么的正当,这种干扰对于马克思主义史学是否有益?答案应该是否定的。"中国马克思主义史学家们"最终既简化了马克思主义的理论概念,又简化了中国的历史。最终,阻碍了中国马克思主义历史研究的深入发展。"①

中国共产党人接受苏式"马克思主义"更明显是受政治的影响。丁守和说:"中国人是在俄国革命影响下接受马克思主义的,中共是在共产国际和苏共代表帮助下成立的,因而主要是接受列宁主义,而且又主要是斯大林解释的列宁主义。特别是在王明等人领导时期,完全是按斯大林和共产国际的指示行事的。毛泽东反对教条主义,强调理论结合实际,用马列主义的立场观点方法研究中国问题,与中国革命实践相结合,引导中国革命走向胜利。毛泽东对斯大林干涉中共内部事务和政策是很不满的,但又推崇斯大林主持编写的《苏联共产党(布)历史简要读本》是国际共产主义运动的最高总结,是学习马列主义的中心教材。就是后来苏共批判斯大林时,仍然认为斯大林这把'刀子'不能丢。中共曾反对某些资产阶级学者提出的'西化'论,却又推行'苏化'论。"②

---

① [美]阿里夫·德里克:《革命与历史——中国马克思主义历史学的起源》,江苏人民出版社2005年版,第189、190、191、187、200页。

② 丁守和:《中国近代思潮论》,广东人民出版社2003年版,第56—57页。

中国共产党人在理论上接受斯大林式“马克思主义”与他们在政治上接受列宁、斯大林对中国近代社会的定性和中国革命任务的规定是完全一致的，是一个问题的两个方面，都是苏共影响中国内部事务的结果（当然其中还有中共领导人的作用）。德里克说：“1927年之后的新的中共领导集团，依照斯大林的政策，继续坚持中国革命本质上是反帝反封建的。”①

当然，这些都是当时的历史所必然造成的。我们在今天对这种学术政治化的结果既要有理解的同情，又要有理性的认识，不能无条件地接受。如果说，在最初，讨论中国社会性质问题是出于革命的需要，现在革命任务早已经完成，历史学完全应当从学术的需要出发来研究中国社会。应该看到，一个时代有一个时代的政治，一个时代有一个时代的学术。现在的政治是与时俱进，构建和谐社会，全面推进文化建设。如果一定要说非封建论者有什么政治诉求的话，那就是要以学术上的去政治化促进学科建设，以适应当下时代的需要。

我们一方面应当充分理解前辈史学家为了救国而用史学为政治服务的用心，充分肯定他们对创立马克思主义史学所作的贡献。但是另一方面，也需要从学术的角度出发来评判前人的成果，剔除那些有损于历史学的成分，才能符合马克思主义实事求是的思想原则。正如王学典所提倡的：将学术与政治、正确与错误做小心的剥离②。

4. 历史比较研究中求同与求异的关系

“封建社会”问题由于要进行中西历史的比较研究，所以牵涉到历史比较研究中求同和求异的关系。在学术研究中，无论求同还是求异，都只是不同的方法。它们不是对立的，而是互补的。然而李根蟠却把这两种方法看成是对立的，甚至是“两条思想路线”的对立。他说，这两条路线，“一条是承认各民族历史的发展既是特殊的，也有普遍性的一面。另一条是强调各国历史发展的特殊性，否认这些特殊性中也包含了普遍性，把运用马克思主义指导研究中国历史等同于教条主义和西欧中心论。我们赞成第一条思想路线，反对第二条思想路线。”③

---

① ［美］阿里夫·德里克：《革命与历史——中国马克思主义历史学的起源》，江苏人民出版社2005年版，第61页。

② 见王学典：《“五朵金花”：意识形态语境中的学术论战》，《文史知识》2002年第2期。

③ 李根蟠：《中国“封建”概念的演变和“封建地主制”理论的形成》，《历史研究》2004年第3期。

学术方法的不同，与“思想路线”的对立根本无关。历史研究中求同还是求异，不是由研究者的主观愿望所能决定的，而是由研究对象的性质所决定的。性质就是指共性和个性。在世间任何事物中，同是抽象的、有条件的、难以捕捉的。因为它是观念形态的东西，是人们为了交流的需要或认识的需要而做的对具体事物的抽象性概括。异是具体的、普遍的，而且是实实在在的、可感知的。我们每时每刻面对的都是具体的事物。例如“人”这个词的运用是如此普通，但是我们从未见过、也不可能见到哪怕是一个抽象的人。我们只能见到具体的各种人：中国人、外国人；男人、女人；城里人、乡下人；广东人、福建人，诸如此类。正如何兆武所说的：“社会是由许许多多个体的人所组成的，脱离了具体的个人之外，并不存在一个抽象的‘人’。个人之所以为个人，就在于他具有不同于其他人的个体性或个性。”共性与个性的条件决定了这两者的关系是：共性寓于个性之中，个性是共性的前提。还是如何兆武所说：“没有独特的个体文化，集体的文化就是一个空洞的名词。文化的共性就存在于文化的个性之中。……文化的统一性就寓于其多样性之中。”[①] 历史学当然也需要抽象，但是这种抽象应当是本学科范围内的，而不能抽象到政治经济学、或哲学的高度。舍弃了历史的具体内容的抽象，是无益于历史研究的。

由于异是同的前提，所以应当先从“异”研究起。但是以往历史学却是在没有充分研究异的情况下，就直接得出了“同”的结论。而且这个“同”是没有确定范围的，也就是整个“人类社会”的。人们不曾考虑到，“人类社会”作为一个历史研究的基本单位是否能够成立？也就是说，历史学能否直接地研究“人类社会”，是否有能力研究“人类社会”？进一步看，“人类社会”能否成为一种真正的社会实体？“人类社会”实际上也是一个抽象的概念。我们的研究，只能是从具体的各个地区、各个国家的社会研究起。即使有“人类社会”的共同规律，也应当是从各国、各地区的特殊规律中总结、归纳而来。世界历史的共同性不是凭空产生的，不同地区的人们要有相互的交往和交流，才能产生共同性。例如，西欧的中古社会尽管四分五裂，但是有各种因素促进各地区的交往。教会对各国的普遍影响造成宗教信仰的一致和生活方式的相似，各国王室及贵族之间的通婚与交往；贸易、军事及外交等活动的频繁等，都促进了西欧

---

① 何兆武：《文化漫谈——思想的近代化及其他》，中国人民大学出版社 2004 年版，第 176、177 页。

内部“共同性”的形成。最典型的事例是诺曼征服将法国的封建制带到了英格兰，从而促进了英国封建社会的形成。在现代社会，全球化的作用使各地的共同性迅速增长。但是在前资本主义社会，各地区的隔阂造成了他们之间巨大的文化差异。就拿等级制来说，尽管前资本主义社会都表现为等级制社会，但是在缺乏联系的各地区，等级的形式是不可能相同的。印度的种姓制绝对是世界上独一无二的。而中国的官—民对立结构与西方的以职业为标准划分的三等级也显然不同。中国和西欧远隔千山万水，长期彼此隔绝，其共同性从何而来呢？可以说，在前资本主义社会，历史和文化的共同性不可能是全球的、全人类的，而只能是局部的，只能存在于那些有着共同联系和相互交往的区域社会中。

一味求同的做法，抹煞了历史的丰富性和多样性，不利于认识历史的真相。王家范说：“马克垚和他的《中西封建社会比较研究》的同事们，利用熟于西洋史的优势，在中西古代、中世纪历史的比较方面提出了不少新见解、新视角，读了获益匪浅。马克垚说他心中有一个试图综合中西、重新给出世界性的‘封建社会’概念体系雄心，对此我却不敢苟同。在我想来，越是深入到各国、各民族的历史里去，越能感觉到历史的多样性、复杂性。历史学的魅力，它的独有的功能，不在给出共性，而恰恰在于揭示个性。‘共性’的不断抽象的结果，其内涵只能越来越浓缩——这件事还不如交给历史哲学去做，反倒合适些。或许也是这个缘故，我有一种感觉，马克垚的中西比较，已经作了很长一段时间，成绩有目共睹，但越比下去，中西历史却越来越相像。我曾有过怀疑：这对劲不对劲？”①

在马克垚主编的《中西封建社会比较研究》这部国内仅见的中西全面比较研究的著作里，他明显地忽略了西欧中古最大的两个特征：宗教和法律。该书先从大地产开始，随后是“封建王权”，体现经济基础决定上层建筑的理论模式。实际上法律、宗教并不全是“上层建筑”，它们也能起到决定性的作用。重要的是，没有宗教和法律，西方的中世历史就是残缺不全的，大部分历史很难说清。马克垚的其他著作对宗教和法律也很少关注，因为极力求同，必然要省略西方与中国相异的方面。不过，在《中西封建社会比较研究》中，部分学者在其撰写的章节里，还是体现了中西间的显著区别。例如，侯建新在第四章中分析西欧与中国农民的地位、身份不尽相同，西欧农奴受领主剥削的程度比中

① 王家范：《中国历史通论》，华东师范大学出版社2000年版，第47页。

国编户农民受官府剥削、压榨的程度要轻。西欧农民的产品储蓄率和商品率都高于中国农民,这正是西欧率先现代化的一个重要原因。顾銮斋在第十四、十五章中所讲的西欧"封建财政"专指王室财政,这与国家财政不是一个概念。而中国则没有西方那种封建财政,只有国家财政。他的这一分析是出于西欧原初的"封建"意义(历史学的),而不是社会形态理论那种抽象的封建意义。正因为是从历史事实出发,才能揭示中西财政制度的巨大差异,那就是,受封建财政约束的西方国王只能靠自己的领地为生,如果他需要征收封建收入之外的税收,必须取得纳税人的同意。中国强大的专制王权可以无限地征收国税,以供自己和家人挥霍,对社会的危害极大。这种差异反映出税权的归属不同。西方的税权由纳税人以及他们的代表——议会掌握(英国女王伊丽莎白一世时期有一句流行的谚语:女王要想从议员的钱袋里多掏一便士,比要他们的脑袋还难)。而中国的税权由专制王权垄断,不受任何制约。中西的巨大差异无可辩驳地说明了它们各自发展道路不同的原因。

马克垚在许多场合都强调中西方的"同",其基本观点如出一辙。在《关于封建社会的一些新认识》(《历史研究》1997年第1期)中说中西社会在几个基本方面都是一样的:一、中古西欧和中国的城市都是封建的;二、在生产关系方面,普遍是大土地所有制和小生产的结合;三、在政治方面,都是君主制统治;四、中西方"封建社会"都没有自由和权利。笔者曾撰文《中国究竟有没有封建社会?》[①] 指出他的这些结论过于表面化和简单化,与史实基本不符。马克垚在《中国有没有封建社会》[②] 中除了重申上述主要观点外,还说,中国和西方"意识形态领域占统治地位的是宗教。"这种说法对于中国来说实在比较牵强。

不过,不要以为这样一位造诣颇深的西欧史专家会不懂西方的基本史实。在马克垚亲自撰写的《英国封建社会研究》中,对封臣—封土制(所谓"狭义封建主义"的主要内容)和庄园制、农奴制都有全面的论述,并未显示出仅仅偏重庄园、农奴制的倾向。在介绍地产情况时,指出:"总的趋向是大地产日渐衰落,而中、小地产增加,即封建地产运动的趋向是日益分散。"[③] 他的书中还提到农奴对份地的实际占有,有较牢固的权利。这都与他一贯强调的封建社会

① 《探索与争鸣》2008年第1期。

② 《史学理论研究》2004年第4期。

③ 马克垚:《英国封建社会研究》,北京大学出版社1992年版,第160页。

的前提是“大土地所有制和小生产的结合”明显不同。如此看来，在具体研究中世纪历史时，他完全能够尊重历史事实。可是在论述理论问题时，为了证明西欧封建主义具有普遍性，他就有意无意地舍弃一些基本史实，尽量使历史抽象化。这恐怕是理论制约历史研究的一个典型例证。

5. 继承史学遗产与创新的关系

五方式论者为了维护自己学说的神圣性，特别强调要肯定老一辈革命家的成就。李根蟠就认为，必须充分地肯定前人的成就，尤其是马克思主义史学的重要贡献。他甚至说，是否承认秦以后为封建社会问题，关系到“肯定还是否定马克思主义史学。”[①] 张海鹏也说：“我们不应该否定老一辈马克思主义史学家在研究中国历史上所做出的贡献，不能对历史采取历史虚无主义。我们在中国历代社会性质的认识方面，如何更科学一点，而不是否定我们在这方面已经取得的成就。有人否定中国存在奴隶社会，有人否定中国存在封建社会，有人否定经过革命实践和历史实践检验过的近代中国的半殖民地半封建社会性质，否定中国历史上存在阶级和阶级斗争。这就把我们的前辈经过千辛万苦探索得到的历史认识，轻而易举地丢掉了。这恐怕不是历史主义的态度。”[②]

李根蟠为了夸大老一辈革命家的成就，忽视乃至抹煞过去研究中的失误。他说：“在中国共产党建党初期和二三十年代的社会史论战中，共产党人和马克思主义史学工作者从总体上并没有犯教条主义的错误，起码在对中国社会的封建性的认识上是这样。”[③] 这种评价不仅与学界的普遍看法相违背，也与老一辈革命家对自己的评价不相符合。郭沫若就曾坦率地承认自己在社会史论战中所犯的“公式主义”的错误。他说：“我初期的研究方法，毫无讳言，是犯了公式主义的毛病的。我是差不多死死地把唯物主义的公式，往古代的资料上套，而我所据的资料，又是那么有问题的东西。”[④] 郭老的自我批评难道不能说明问题吗？从研究所据的史料到所运用的方法，都存在着失误。那么，这种研究得出的结论，究竟能有多少可靠性呢？

肯定前辈的成就，并不意味着要无条件地或全盘地接受他们的理论和观点，

---

① 李根蟠：《“封建”名实析义》，《史学理论研究》2007 年第 2 期。

② 张海鹏：《发扬吕振羽用唯物史观探索中国历史进程的精神》，《中国史研究》2000 年第 3 期。

③ 李根蟠：《中国“封建”概念的演变和“封建地主制”理论的形成》，《历史研究》2004 年第3 期。

④ 郭沫若：《海涛》，新文艺出版社 1954 年版，第 118 页。

更不能以尊重老一辈史学家作为故步自封的借口。继承传统与史学的创新不是矛盾的。我们最主要的是继承他们的革命传统和探索真理的精神，同时要继承前辈学术中那些合理的方面，并改造不合理的方面。由于时代的限制，前人的认识必定会有不少不合理的成分。对此田昌五的话很有说服力，他在说到恩格斯对东方社会的认识受到19世纪西方社会科学的发展水平的限制时指出：“当然，他们受到这样的限制，是完全可以理解的，但我们如果不顾事实，再受到这样的限制，那就不可理解，甚至说是不可理喻的了。我这样说，包括我国老一代马克思主义史学家，他们按照马克思和恩格斯对东方社会的论述来解释中国历史，构造中国历史体系，是完全可以理解的。如果我们仍然停留在这个水平上，那就不可理解了。任何学科都要发展，历史学科也是这样。停滞了，它就没有生命力了。”他还认为，民主革命时期的马克思主义历史学过时了。“现在我们需要的不是民主革命时期的马克思主义历史学，而是我们这个时代的马克思主义历史学。”①

结　语

当前的“封建”名实之争，绝不仅是旧话重提，更不是老调重弹，而是具有十分重要的和深远的意义。

在改革开放之初的20世纪80年代，史学界对以往的各项专题进行了较全面的和大规模的清理，一时间形成了理论研讨的热潮。但是到90年代后，这种理论热突然冷落下来，以致出现王学典所说的“没有问题”的现象。近年来“封建”名实之争又成热潮，打破了史学界多年来沉寂的局面，大大激活了学术空气。本文总结的封建论争中反映的诸多理论问题，也是中国历史学普遍存在的问题。通过解决这些问题，不仅有助于我们认识其他各项专题，也有益于中国历史学的全面建设和发展。

20世纪80年代的史学理论热具有在政治上“拨乱反正”的倾向，思想解放的意义比较突出，但是学术建设相对薄弱，许多重大理论问题缺乏史学实证研究的基础，因而大多数讨论还没有得到结果，就突然中止了。此次封建

① 田昌五：《中国历史体系新论》，山东大学出版社1995年版，第25、4页。

名实之争则大不相同。一些非封建论者注重用实证研究，尤其是中外比较研究说明问题，具有不可辩驳的说服力，对于深化史学研究有着积极的意义。李峰认为，中国内地近年来对“封建”问题的反思，事实上已经把中国以往有关封建的争论推向了一个更深的层次。不再局限于历史的分期，也不仅是专注于 feudalism 一词是否可以译为“封建主义”，而是探讨这种制度在历史上究竟有没有普遍性。在这里，简单的定性不能解决问题，需要对中外历史进行广泛的比较研究。

由此引发出一个问题：讨论究竟要达到什么目的？封建坚持论者的目的很明确，就是要维护传统理论以及既定的概念。对于真正关注史学建设的人来说，名实之争不是为了重新命名，重新给中国社会定性。只是为了更新史学研究方法，并用它来重新认识中国社会。定性是 20 世纪初的任务，定性这种简单的认识方法不能够认识复杂的社会，不符合历史学的需要。历史研究不能像贴标签那样简单，社会是多样性的，很难用一个制度、一种社会现象来框定。社会历史是丰富多彩的，不应该用简单的公式把它格式化，概念化，让她失去魅力和意义。以往历史学用“封建”定性的方式也广泛地影响到其他学科：文学、哲学等。人们往往用定性来代替分析，不仅简单化，而且常常背离事实。例如，笔者曾见央视《百家讲坛》有一位文学教授讲解唐诗，说李商隐的爱情诗比较朦胧，是因受到“封建礼教”的束缚。这种说法实在是太牵强。文学创造是个人体验的产物，与“封建”何干呢？况且，即便有什么“封建礼教”的话，也主要是在明清时期，唐代恰恰是最开放的时代。传统观点以为，“封建社会”中的一切都是“封建”的，“封建性”决定所有事物的特征。现在解决封建问题，破除泛化封建观，无疑对其他学科也有一定积极意义。

争论的双方是否能像马克垚所期望的那样，达成共识？就目前的情况看，由于双方的立场、出发点大不相同，达成共识的希望是很渺茫的。不过，可以肯定的是，这次讨论，不再会像以往的大讨论那样，雁过无痕，没有结果。因为对历史的深入研究揭示了历史的真相和真正意义，比较研究发掘出中国与西方的差异，这对于更新全社会的历史认识都是大有裨益的。最重要的是，以马克思主义的“求实”精神明确历史学的目的和方法，促进史学的学术转型，这个意义更为深远。所以，笔者并不以“循名责实”或取得某种结论为满足，而是将全面认识社会历史为最终目标和主要任务。

“封建”的名实之争还具有特殊意义。以往的许多专题讨论，如农民战争、资本主义萌芽、古史分期、土地制度等，基本上都是中国自身的问题，"封建"问题则是中西方共有的，也是中国和西方学界共同关注的。合理地规范"封建"概念，将有助于国际间的学术交流。中国历史学的最新研究成果也可对外国同行有所启发。其他那些专题，多为研究某方面（如农民战争）或某一较小阶段（如资本主义萌芽）的问题，而研究"中国有没有封建社会"的问题，需要对中国两千余年的历史作详细的考察，对于全面理解中国历史进程、准确把握中国历史特征至关重要。也许正因如此，这个问题才能受到当今学界的格外关注，才能在百花凋零之后，再次焕发活力。

“封建”与“Feudalism”的相遇：“概念变迁”和“翻译政治”的初步历史考察*

潘光哲**

一　前言

1930 年 7 月 29 日夜，胡适写了一封信给《教育杂志》的编者周予同①，主旨是反驳周予同和周谷城稍早之前发表在《教育杂志》上关于“封建”的论说②。胡适这封信的措辞很不客气，既批评周谷城“压根儿就不懂得什么是封建制度和封建国家”，又对周予同认为“这问题很简单，不过是两个名词的争辩”

---

* 本文为“国科会”专题计划：《“封建”与“Feudalism”的相遇：“概念变迁”和“翻译政治”的历史考察（Ⅰ）》补助成果（计书编号：94—2411—H—001—061），谨此特致谢忱。

** 台北中研院近代史研究所助研究员。

① 胡适：〈致《教育杂志》编者（1930 年 7 月 30 日）〉，《胡适的日记（手稿本）》远流出版事业股份有限公司 1990 年版，第 9 册，无页码；按，本函见诸《胡适的日记（手稿本）》者为胡适手稿原件，另有抄件（见耿云志主编《胡适遗稿及秘藏书信》，黄山书社 1994 年版，第 20 册，第 386—388 页），两相核校，后者删除了这一段话：“近年一班无知的浑人所谓□□□□（原件漫漶——引者按）的‘封建社会’、‘封建制度’等等名词，都是历史上的专门术语，不可随便乱用。学者当参考欧洲中古和日本封建时代的社会组织，然后能明了这些名词的含义。”

又，胡适本函未刊于《教育杂志》，唯《胡适的日记（手稿本）》附有周谷城回函（1930 年 8 月 3 日）。

② 周谷城、胡适：《附录：封建制度与封建国家之辩难》，《教育杂志》，22：3（1930 年 3 月 20 日），第 135—136 页；文末有《教育杂志》主编周予同的〈编者附言〉；按，此文已引胡适《我们走那条路》（1930 年 4 月 10 日撰）一文，疑《教育杂志》本期出版时日有误（或延期出版）。

的评论驳斥曰：“这个问题并不是很简单的。一班浑人专爱用几个名词来变把戏，来欺骗世人，这不是小事，故我忍不住要指出他们的荒谬。”这桩文字风波，“解铃还需系铃人”，肇因于胡适自己发表在《新月杂志》的文章《我们走那条路》里，曾经不点名地批判了周谷城刊布在《教育杂志》上的论说，指陈周是“教育革命的鼓吹家”，批判他忽言“封建制度到秦始皇时破坏了”，忽言“封建国家又在秦始皇时才完全确立”[①]，矛盾不经。反观胡适的用心所至，则在批判当时甚嚣尘上的以“封建势力”、“封建阶级”为“革命”对象的言论，“我们孤陋寡闻的人就不知道今日中国有些什么封建阶级和封建势力。我们研究这些高喊打倒封建势力的先生们的著作言论，也寻不着一个明了清楚的指示。”至于陈独秀等否认“中国现在还是封建社会和封建势力的统治”的意见[②]，胡适也不以为然。在他看来，这等言论，“所谓有主义的革命，大都是向壁虚造一些革命的对象”，然后高喊打倒那个自造革命的对象，犹如捉妖打鬼的道士之自造狐狸精山魈木怪也。相对的，胡适把“贫穷”、“疾病”、“愚昧”、“贪污”与“扰乱”看成是应该“铲除打倒”的“五大仇敌”，至于“封建势力”则不居其列，“因为封建制度早已在二千年前崩坏了”[③]。

可是，胡适的批判，恐怕曲高和寡，响应者稀，如梁漱溟便起而讨教质疑，以为胡适即使证明了“革命家自己的矛盾可笑，全不提出自己对中国社会的观察论断来，亦太嫌省事”。因为“革命家的错误，就在对中国社会的误认；所以我们非指证说中国社会怎样一种结构，不足祛革命家之惑”，对这个问题“非常感到棘困”的他，非要胡适扮演一个“一扫群疑，昭见事实”的角色不可[④]。让梁漱溟遗憾的是，胡适固然答复了他的一些质疑，却依旧未对“中国社会的观

---

① 胡适：《我们走那条路》(1930 年 4 月 10 日撰)，收入《胡适论学近著》商务印书馆 1935 年版，第 439—453 页；按，周谷城的意见分别见周谷城《中国教育之历史的使命》，《教育杂志》，22：2 (1929 年 2 月 20 日)，第 2 页；周谷城：《国家建设中之教育改造》，《教育杂志》，21：4 (1929 年 4 月 20 日)，第 2 页。

② 陈独秀：《我们的政治意见书》，收入任建树等编《陈独秀著作选》，上海人民出版社 1993 年版，第 3 卷，第 117 页。

③ 胡适：《我们走那条路》，第 449—451 页。

④ 梁漱溟：《敬以请教胡适之先生》(1930 年 6 月 3 日撰)，收入胡适《我们走那条路》附录一，《胡适论学近著》，第 462 页。

察论断”表示任何意见[①]，梁漱溟只好自己开展探索的冒险。他依据（如英国学者 Leoneard Woolf 的《帝国主义与文化》等）各式各样的材料，述说中世纪西洋社会的封建制度的情态，从而论断道那是一个“野蛮低下”的社会，只因“人生态度的改变”这一点的作用，遂而由野蛮入文明，判断立场仍与自己早先发表于《东西文化及其哲学》无异[②]。面对着当时论坛上“封建制度尚存在于中国社会与否的聚讼”，梁漱溟一方面认为对解答“中国社会到底是什么社会”这个问题而言，“封建制度尚存在否，便成了当前不可避的问题”；一方面却又“觉得此讨论追究的好笑”，盖如要进行这一课题的研究，“实先有中国社会之历史的发展和西洋走一条路线的一大假定”。他引用的例证，则是郭沫若（1892—1978）《中国古代社会研究》里的论断：“只要是一个人体，他的发展，无论是红黄黑白，大抵相同。由人所组织的社会也正是一样”，所以，和其他人类社会一样，“中国人所组成的社会不应该有什么不同”。然而，梁漱溟则据他所认识的中世纪西洋社会的情态，斥其非曰：“中国像欧洲中世那样的宗教制度教会组织在哪里？欧洲那时可说是完全在宗教下组成的一社会，中国历史上会这样的社会么?”[③] 借由驳斥郭沫若的论断，来证成自己主张中国社会“几乎没有宗教”论说的正确性。

在这些巨形知识分子/革命家的意见交锋之外，当时方甫在形式上完成统一定鼎南京掌权治国的国民党党国体制，则亦磨刀霍霍，要向各式各样的“封建”开刀。例如，北京既被易名曰“北平”，且要除去它的“封建遗迹”，因此，“街名有帝制臭味者，均将更改，前清宫红墙现已改涂蓝色，并拟撤去黄瓦”[④]，南京明故宫的御道街，则被改称兴中路，也是为了“铲除封建意识”[⑤]，把生活世界里具体的地名、街名和建筑，视为不堪的历史残遗，要以国家力量强行抹去。

---

① 胡适：《答梁漱溟先生》（1930 年 7 月 29 日撰），收入《我们走那条路》附录二，《胡适论学近著》，山东人民出版社，第 465—467 页。

② 梁漱溟：《中国民族自救运动之最后觉悟》，收入其著《中国民族自救运动之最后觉悟》，村治月刊社 1932 年版，第 33—39 页；按，《中国民族自救运动之最后觉悟》一文撰于 1930 年 6—7 月间，参见李渊庭、阎秉华编写《梁漱溟先生年谱》，广西师范大学出版社 1991 年版，第 72 页。

③ 梁漱溟：《中国民族自救运动之最后觉悟》，第 48—49 页；按，参见郭沫若《中国古代社会研究》，联合书店 1930 年版，“序”，第 1 页。又，郭沫若此书非一时之作，亦屡有改版，各版之字词、论点更均屡有修改，不赘。

④ 《北平力除封建遗迹》，《中央日报》，1928 年 7 月 17 日，第 1 张第 3 面。

⑤ 《御道街改称兴中路/铲除封建意识》，《中央日报》，1937 年 5 月 02 日，第 2 张第 3 版。

在以党治国的名义下，大权在握的地方党务要员也高呼“封建势力是国民革命的大敌”，指称“国民应当以全力向它进攻”[①]。至于地方实力派军人拒绝接受国民党中央政府的“编遣”政策，起而反抗，则被视为“封建集团”，是“国家统一”的障碍[②]，务必除之，内战又起。

在20世纪20年代与30年代之交的这个时间定点上，对比于党国体制以国家暴力和军事动作意欲铲除（他们所认定的）“封建势力”、“封建集团”的举措，胡适、周谷城、梁漱溟、陈独秀与郭沫若之间对于“封建”的意涵，彼此的设定与相互的辩驳，只是茶杯风暴。然而，就在这样的历史场景里，“封建”俨然是辐辏所集，焦光所聚的词汇，它指称的内容，广袤无涯，各有指涉。它可以是一个已逝的传统历史制度，如胡适所谓“封建制度早已在二千年前崩坏了”。只是，即使如梁漱溟那样与胡适同调，视“封建”为早已（约略言之，在二千年前）步入历史的制度，“中国的封建早得解除”[③]，却别有思路，径指陈曰：相较于西方，中国社会与文化是“历久不变的”，“停滞不进的”，是中国的“两大古怪点”之一[④]：

> 束缚经济进步的土地封建制度，像欧洲直存在到十七八世纪的，在中国则西历纪元前二百多年已见破坏了；而却是迄今二千多年亦不见中国产业发达起来。这明明是停滞在一特殊状态。[⑤]

梁漱溟的这等认识，和他批判的对象如郭沫若，也和不是他的箭靶的周谷城，却没有太大的距离，同样都是把（某一个时段到某一个时段的）中国社会及其历史视为整体单元，可以用一个宏大的概括，综而论之。

盖周谷城所谓“封建国家又在秦始皇时才完全确立”的“封建”的意思，

---

① 《封建势力是国民革命的大敌/封建势力与革命不能并存/国民应当以全力向它进攻/吴开先在沪市指委会纪念周的演说》，《中央日报》，1928年10月16日，第2张第3面；吴开先（1898—1990）为国民党上海市指导委员会委员。

② 《蒋主席告全国将士电/逆军只有团体不知“国家”“主义”/封建集团不消灭国家不统一/成败决于是非利钝定于顺逆》，《中央日报》，1929年10月15日，第1张第1版。

③ 梁漱溟：《中国民族自救运动之最后觉悟》，第131页。

④ 梁漱溟认定的中国与西方相较的“两大古怪点”，一是“那历久不变的社会，停滞前进的文化”；二是“那几乎没有宗教的人生”。梁漱溟：《中国民族自救运动之最后觉悟》，第45页。

⑤ 梁漱溟：《中国民族自救运动之最后觉悟》，第47页。

则非指“封爵列土之制”，而系指称一种独特的体制：“凡一国由中央划分行政区域，设为种种制度，设置许多地方官吏；地方官吏一方面负责维持地方次序，另一方面吸收地方一部分经济的利益，以维持中央之存在。凡此等等，都可以代表‘封建的’三字之一部分的精神”，并且绵延无已，由“秦至于清末（1840年，道光二十年）为统一的（就制度而言 de jure）专制一尊的封建国家继续存在之时代”[①]，而且在他的认知里，“封建之形势早已破坏，而封建之势力至今犹存”[②]，因之，“扫除历史上传下来的封建势力”，即是他主张意欲“构成新中国”的原则之一[③]。郭沫若的《中国古代社会研究》则声言“中国的社会固定在封建制度之下已经二千多年”，并论断中国自“周室东迁以后”，才进入了“真正的封建制度”[④]，而且“中国的封建制度一直到最近百年都是很巍然的存在着的”[⑤]，只是他的论述依据所本，乃是马克思主义的基本论式，并依循恩格斯和摩尔根为典范[⑥]。

梁、郭、周这种将中国社会/历史/文化视为整体单元的宏大概括，也适用于对中国现实样态的论述，成为他们发动（各自主张的）革命的理论张本。陈独秀等否认“中国现在还是封建社会和封建势力的统治”的意见，是要与以斯大林为首的共产国际“机会主义路线”分道扬镳[⑦]；党国体制则毫不客气地把它的反对者冠以“封建势力”、“封建集团”的名目，意在证明自己采取的国家暴力行为，理所当然。

在20世纪20年代与30年代之交的中国历史舞台上，“封建”这个古老的词汇，作为认识的对象，穿梭于古今中外之间，凝聚着人们对于过去、现在和未来的想象。“封建”好似无限大的想象空间，可以让各方论者自由驰骋，依据他

---

① 周谷城：《国家建设中之教育改造》，载《教育杂志》第21卷第4号，第2页。

② 同上。

③ 周谷城：《国家建设中之教育改造》，载《教育杂志》第21卷第4号，第3页；至于周谷城在约略同一时期的其他著述里对于“封建”的界说，暂不赘言。

④ 郭沫若：《中国古代社会研究》，载《教育杂志》第21卷第4号，《序》，第2页。

⑤ 同上书，第19页。

⑥ 潘光哲：《摩尔根、马克思、恩格斯与郭沫若——中国马克思主义史学理论渊源的讨论》，收入《东亚近代思想与社会——李永炽教授六秩华诞祝寿论文集》，台北月旦出版社1999年版，第363—409页。

⑦ 关于陈独秀批判（以斯大林为首的）共产国际的研究文献甚众，综述性的成果参见郭成棠《陈独秀与中国共产主义运动》，聊经出版公司1991年版，第八章“陈独秀与史大林和中国共产党的对抗”（第283—347页）；然郭成棠此著原为英文，成书较早（1975年出版），值此共产国际与托派的新资料不断出土之际，已稍有不足。

们认定的"封建",生产出或者是和现实一致,或者是与历史相符合的意义,为自身在具体的环境里倡论立说或是开展行动找寻正当性。归纳言之,"周虽旧邦,其命维新",古老的"封建",被建构为簇新的符号架构(a new symbolic framework)①,至少以四个论述范畴表现出来:

第一,"封建"是中国与西方(乃至于日本)都曾经历过的历史阶段;它并且是足可涵盖统摄一切出现在这个阶段里的各种人类事务的总体概念。

第二,但是,什么是"封建",它与"feudalism"的(对等)关系,各方之界说则各有所本,理论依据各有不同,各自营构出一套对于"封建"的历史叙事。

第三,随着认识"封建"之理论依据的差异,"封建"是否作为生活世界的现实,各方自有其见(亦且派生出一系列的子论述),作为各自倡论立说或是行动的判准。

第四,"封建"是历史也好,是现实也罢,它已然(被转化)作为承载负面意涵的词汇,更于20世纪华人世界里被普及化与常识化,成为不证自明的绝对真理用语之一。

只是,在这个时间点上的"封建"论说,固然具有簇新的符号架构的意涵,它的古老意义,亦非尽成云烟,仍特有意指,新义旧说之间,犹是交互缠绕(试想胡适与梁漱溟以为"封建制度早已在二千年前崩坏了"为一方,与周谷城和郭沫若声称"封建"的长期存在为另一方),构成彼此取得共识理解的障碍。盖相较于其他在近现代汉语世界里一样占有重要地位的关键字,它的意义转折,表现出独特的样态。例如,"国民"一词,古已有之,它却不是传统中国(士大夫)营构政治社会秩序/体制的核心议题,它在近现代中国的命运,则更与国族打造与国家塑造的事业融合为一②;不见于传统经籍的词汇/概念,如"个人主

① Clifford Geertz 对亚、非各新与国家局势的开展总体分析,当指陈曰,人们面对着既有的权威、责任与公民目标(civic purpose)都无能为力的普遍迷失感(a pervasive sense of disorientation),寻求一个簇新的符号架构(a new symbolic framework)——不论是以国族主义、马克思主义、自由主义、民粹主义、种族主义、恺撒主义(Caesarism)、折中主义(ecclesiasticism)或是各式各样被重行建构的传统主义(reconstructed traditionlism),抑或最常见的乃是以上几种主义的不同组合的形式——从而可以对各种政治问题开展分析、思考与做出反应,就达到了前所未有的高度,参见:Greetz,"Ideology as a Cultural System",in idem.,*The Interpretation of Culture*(N. Y.:Basic Books,Inc.,Pubishers,1973),pp. 220—221。

② 参见沈松侨《国权与民权:晚清的"国民"论述,1895—1911》,《中央研究院历史语言研究所集刊》,73本4分(台北:2002年12月),第685—734页。

义”，在“跨语际的实践”过程里，可以被等同于“individualism”，乃是在中国语言的本土环境里被发明创造出来的①。相形之下，在传统中国（士大夫）思索政治社会秩序/体制的历程里，“封建”的论说，始终居于核心议题之列②，此等关怀面向，至晚清犹绵延无已，且添加崭新的成分，“封建”的古义新说，同呈并列，以一种被重新发明的“传统”的论述样态，生生不息。

这等理解认识之所据，更随着词汇/概念的跨语际实践历程，更趋复杂。伴随“西学东渐”的浪潮，来自西方的诸如“feudalism”、“citizen”和“individualism”之类的词汇，惊涛裂岸而来，打开了广袤的思想/知识空间，“feudalism”和封建竟渐次可以画上等号；其间并以日本为媒介，替“feudalism”与“封建”的趋同过程添加了无数动力。盖在日本自身的史学脉络里，既将自己的历史进程里规定了一段可以与西方“feudalism”等同的“封建”阶段③；在它的“东洋

① 刘禾著，宋伟杰等译，《跨语际实践——文学，民族文化与被译介的现代性（中国，1900—1937)》生活·读书·新知三联书店 2002 年版，第 109—140 页。

② 关于传统中国对“封建”的议论，参见杨联陞《明代地方行政》，收入其著《国史探微》台北聊经出版事业公司 1983 年版，第 127—141 页。

③ 相关文献甚众，最著称的是安良城盛昭的成果，见安良城盛昭《日本封建社会成立史论》第 2 册，东京岩波书店 1984 年版；亦有比较视野的成果，如：外村直彦《比较封建制论》，劲草书房，1991 年版；英文世界的重要著作，如：Peter Duus，*Feudalism in Japan*（New York：McGraw-Hill，1993〔3rd ed〕)；余不详述。在日本的思想世界里，“封建”的意义转变，亦历经复杂的过程，大致而言，传统日本亦是以中国古典意义使用封建一词，即使在 19 世纪 70 年代“文明史学”的风潮之下，文明史学的代表人物之一的田口卯吉（1855—1905），对封建一词的使用，表现的还是中国古典的意味，在他的认识里，郡县是优于封建的；至于竹越与三郎（1865—1950）的《二千五百年史》着眼的则是封建优于郡县。这样的视野，就古代日、朝关系而言，则是与日本方面以优越观点来看待一直维持郡县制的朝鲜结合在一起。至于以现代西方“feudalism”的意义，认为日本历史上亦存在着封建时代的，以福田德三（1874—1930）发其端，见诸他原来以德文撰成的《日本经济史论》（1900），他当时的认识是：931—1602 年是封建时代，1603—1867 年为专制的警察国家时代，这种脱离了中国古典意味的封建论，也得到法制史名家如中田薰（1877—1967）、三浦周行（1871—1931）的呼应，在日俄战争前后，更得到日本史学界的热烈回响，原胜郎（1871—1924）的《日本中世史》(1904 年完稿）与内田银藏（1872—1919）的《日本近世史》(1903）便是显示如是变化的代表，它们的共同特色便是展现了“脱亚入欧”的意识。大体而言，以西方的封建意义来述说中世日本＝封建制，首倡者是经济法制史研究者，在大正年以后，得到日本史研究之通说地位，这与从世界史的位置来理解日本相结合，也与加入世界列强队伍的新日本、是否拥有所应承担的新外交地位的能力，要从历史上找寻根据的思考相一致。亦且，在国际史坛上亦有如朝河贯一（1873—1848）这样的史家，扮演了向欧美学界介绍日本中世封建制的角色。参见宫〔山鸟〕博史《日本における“国史”の成立と韩国史认识—封建制论を中心に》，收入宫〔山鸟〕博史、金容德(编)，《近代交流史と相互认识Ⅰ》，广应义塾大学出版会 2001 年版，第 329—363 页。

史学"的开展过程里，对于中国的解释，则也不例外地把中国的"封建"阶段与西欧的"feudalism"时期，对号入座[①]。如果说汉语世界曾经存在着"feudalism"＝"はうけん"＝"封建"的恒等式证明过程，那么，它便会是中国（知识分子）凭借他者论述，开展对自己的，也是对世界的历史/现实，开展认识与掌握的历史过程。

在这段历史过程里立下汗马功劳的当事人之一郭沫若，在20世纪40年代曾谓：

> 旧时说夏、殷、周三代为封建制，以别于秦后的郡县制，这是被视为天经地义的历史事实，从来不会有人怀疑过，也是不容许人怀疑的。但近年来周封建制被赋与了新的意义，因而三代是封建制之说便发生了动摇。[②]

本文之作，拟在继承既有研究成果的基础上[③]，述说"封建"这个词汇从"旧时说"到"被赋与了新的意义"那段错综复杂的整体历史样态；通过述说古老的"封建"如何建构为簇新的符号架构而"古为今用"的历史过程，对于

① 相关述说繁多，略可参见：谷川道雄著，马彪译，《中国中世社会与共同体》，中华书局2002年版，第1—60页；当然，谷川道雄自有其学说营构的立场，不详述；至于Stefan Tanaka则从东方主义的路数思索日本"东洋史学"的面向，指陈日本如何借此制造了它优越于中国（支那）的论述，见：Stefan Tanaka, *Japan's Orient: Rendering Pasts into History* (Berkeley, CA: University of California Press, 1933)。

② 郭沫若：《古代研究的自我批判》，《十批判书》，群益出版社1945年版，第10页。

③ 关于汉、日、英文的（中国）"封建"、"封建主义"研究史，不可胜数，各有侧重，举其精要者，就其主要论旨而言，略可区分为以下类型：

类型	文献例证
（1）学术史回顾	黄俊杰：《当代学者对中国古代封建制的探讨》，收入其著《春秋战国时代尚贤政治的理论与实际》，问学出版社1977年版，第169—188页。 何怀宏：《封建社会的概念》，见《世袭社会及其解体：中国历史上的春秋时代》，生活·读书·新知三联书店1996年版，第二章（第29—81页）。 李根蟠：《中国"封建"概念的演变和"封建地主制"理论的形成》，《历史研究》，2004年第3期，第146—172页。 Colin Jeffcott, "The Idea of Feudalism in China, And Its Applicability to Song Society", in Edmund Leach, S. N. Mukherjee & John Ward edited, *Feudalism: Comparative Studies* (Sydney: Sydney Association for Studies in Society and Culture, 1985), pp. 155-174（该文特别以"文化大革命"以后至20世纪80年代初期中国研究宋代史的成果开展检讨）。

我们思索像是"封建"之类的词汇，如何成为不证自明的绝对真理用语，庶几

续表

类型	文献例证
（2）思索"封建"与"Feudalism"之对译舆理论	日知：《"封建主义"问题——论 Feudalism 百年来的误译》，原刊《世界历史》，1991 年第 6 期，收入《中西古典学引论》，东北师范大学出版社 1999 年版，第 343—364 页。 马克垚：《论封建主义》，收入武汉大学中国三至九世纪研究所编《中国前近代史理论国际学术研讨会论文集》，湖北人民出版社 1997 年版，第 35—53 页。 马克垚：《关于封建社会的一些新认识》，《历史研究》1997 年第 1 期，第 5—16 页。
（3）晚清与民初时期的"封建"论说	沟口雄三：《中国における"封建"と近代》，收入《方法としての中国》，东京大学出版会 1989 年版，第 88—122 页（中译本：沟口雄三著，林右崇译，《做为"方法"的中国》，台北国立编译馆 1999 年版，第 69—94 页）。 Min Tu-Ki（闵斗基），"The Tehory of Political Feudalism in the Ch'ing Period"，in idem.，ed. by Philip Kuhn and Timothy Brook，*National Poligy and Local Power：The Transformation of Late Imperial China*（Cambridge，MA：Harvard University Press，1989），pp. 89 - 136。 赵利栋：《近代中国的封建与封建主义》，《浙江社会科学》2003 年第 2 期，第 121—137 页。
（4）"封建"在（中国）马克思主义（史学）的脉络	Arif Dirik，"The Universalisation of a Concept：Form 'feudalism' to 'Feudalism' in Chinese Marxist Historiography，" in T. J. Byres and Harbans Mukhia，edited，*Feudalism and Non-European Society*（London：Frank Cass and Company Limited，1985），pp. 197 - 227. 潘洪其：《近代以来中国社会史讨论中"封建"概念的演变》，收入汪晖等主编《学人》第 4 辑，江苏文艺出版社 1993 年版，第 183—211 页。 晁福林：《论封建》，《社会科学战线》2000 年第 2 期，第 149—159 页。
（5）"封建"作为历史叙事与集体记忆	朱元鸿，"*Scholarly Feudalism：Historical Discourse as Revolutionary Enterprise，with Special Reference to Chinese Historiography in the* 1930*s*"（〈学术封建主义：历史论述作为革命事业——以卅年代中国史学为参考〉），《东海社会科学学报》第 10 期，1991 年 6 月，第 257—276 页。 朱元鸿：《实用封建论：集体记忆的叙事分析——以一九四九年后中国大陆为参考》，收入《我们活在不同的世界——社会学框作笔记》，《台湾社会研究》杂志社 2000 年版，第 95—118 页。

至于其他文献，将随本文相关讨论之际征引之。

有助于我们开展历史知识的生产活动的反思,并可掌握自身现实处境的历史性(historicity)[①]。

二　"封建"作为传统的政治体制理论

就传统中国的脉络言之,封建这个词汇的问世,本来就是对历史现象的一种概括。以我们今天的认识来说,作为一种制度的"封建",始于西周肇建之时,回归当时历史场景的脉络,封建的局面,是在征服殖民的过程里逐渐完成的,征服、殖民、封建三环相扣,缺一不可[②]。然而,"封建",并不是当周初开展这等殖民事业的词汇,乃是后世的概括论说,应始自春秋时代,且终先秦之世,"封建"一词是很少使用的。至秦汉以后,以郡县制作为对立表现,"封建"的特点才凸显出来,这个词汇出现的频率也增加了[③]。

作为一种制度的封建,在秦始皇一统天下(221B. C.),改封建为郡县以后,在历史舞台上的再现,大体只有四次:第一次是秦楚之际,项羽尊楚怀王为义帝后的分封,为时甚短。第二次是汉初刘邦封七个异姓王和九个同姓王,异姓之王除长沙王外都旋踵而亡,同姓王则酿成后来的七国之乱。第三次是晋朝有鉴于魏对宗室少恩而寡助,又想众建亲威,以为屏藩,结果导致八王之乱。第四次是明朱元璋定天下,封诸子三十九人,各设官属,傅相,置卫兵,唯不得干预政事。清初封三藩,则"本非其心之所欲"[④]。在这漫长的岁月里,以西周为理想型的"封建"制度,内涵也有很大的扩展。那些只有世袭的贵族对号、俸禄与特权而没有封土与权力的皇族宗室,亦即仅仅是名义上的分封,也被视

① 即如 Arif Dirlik 之申论,在跳脱欧洲中心说之后,应倡言历史的认识论(historical epistemology),至少澄清了现在如何利用与误用过去的方式(the ways in which the present uses and abuses the past),也可以提醒我们思考自身的历史性(historicity)——我们现在的所言所为,为什么和过去的人们所言所为有那些的差异,参见 Arif Dirlik,"Is There History after Eurocentrism? Globalism, Post Colonialism, and the Disavowal of History," in idem., *Postmodernity's Histories* (Lanham: Rowman & Littlefield Publishers, 2000), pp. 63-89。

② 杜正胜:《古代社会与国家》,允晨出版公司 1992 年版,第 480—481 页。

③ 李根蟠:《中国"封建"概念的演变和"封建地主制"理论的形成》,《历史研究》2004 年第 3 期,第 147 页。

④ 这是吕思勉的观察,见吕思勉《中国制度史》,上海教育出版社 1985 年版,第 436—442 页。

为“封建”[①]，总结历代制度的文献，即如是为之大大扩充了“封建”作为制度的涵义。宋李昉等辑《太平御览》设“封建部”5卷；继之，元代的马端临辑《文献通考》设“封建考”18卷，既把“封建”从西周追溯到黄帝时代，又囊括秦汉至唐宋间封爵而不治民（或曰“封”而不“建”）的制度。马端临开创的这一体例为《续文献通考》、《清文献通考》、《续清文献通考》继承。在《通考》的这个系统里，先秦“封建”可称为狭义的“封建”；广义的“封建”则包括先秦的“封建”和秦汉以后的“封建”[②]。并且，如唐末的藩镇割据局面，也被纳入了“封建”的范围，马端临即谓，唐朝肃宗、代宗以降，“强藩私其土地，甲兵而世守之，同于列国”，故将“唐天宝以后藩镇”并列入“封建”的单元叙述之[③]。这样的认识格局，潜藏着日后将地方割据势力（如军阀）视为“封建”的因子，像史家吕思勉便声称“封建者，统一之反也”，故“叛民叛将之割据”，即为“统一之梗”[④]，其思路当渊源于此，民初军阀势力会被攻击为“封建”，应也是这般认识的延续。

对于作为一种制度的“封建”的思考与论述，则伴随着不同的历史场景，并以“郡县”作为它的对立方面，始终不绝。整体而言，在传统中国政治思想的脉络里，“封建”与“郡县”的争论，环绕着三大议题开展：第一，“公”与“私”的争议，封建制被认为权力是众所共享，故代表着“公”，而郡县制之下，权力集中于一个，故代表着“私”。第二，“封建”与“郡县”之间，哪一种制度最能保证王朝的长治久安？第三，关于“法古”与“师今”的辩论，前者指模仿周代的封建制度，后者指接受当下已成现实的中央集权官僚体制[⑤]。在明清易代的变局里，“封建”与“郡县”的争论，已达到了相当的高度，顾炎武、黄宗羲与王夫之等大儒均有议论，其议论所集，与鉴于明代中央集权过甚，地方困窘，亦与彼等批判专制体的开怀，密切相合。黄宗羲之倡言“方镇”，顾炎武言“寓封于郡县之中，而天下治矣”，皆可目为“改造家之主张”；惟王夫之着眼于政治进化之客观事实，认为郡县是中国政治演变之必然结果，不容后人为

① 杨联陞：《明代地方行政》，《国史探微》，辽宁教育出版社1998年版，第130页。

② 李根蟠：《中国“封建”概念的演变和“封建地主制”理论的形成》，《历史研究》2004年第3期。

③ 马端临：《文献通考》卷276，封建考十七，中华书局2006年。

④ 吕思勉：《中国制度史》，上海中山书局，第442页；按，本段述说，系问世于1929年（据：吕思勉史学论著编辑组（杨宽执笔），《中国制度史》·前言），第1页。

⑤ Min Tu-Ki，*The Theory of Political Feudalism in the Ch'ing Period*，pp. 89－90。

任意之取舍，其声言"秦以私天下之心而罢侯置守，而天假其私以行大公"，也是对黄宗羲与顾炎武的不点名批判①。

黄宗羲、顾炎武与王夫之的用心与思索，在后来的历史舞台上，被各式各样的论者继承，也出以不同的关怀而予以挪用组装。即使是在19世纪"西力东渐"的背景之下，关于"封建"的制度设计和议论，仍不绝如缕，特别是面对专制体制的问题，如何另谋出路，蔚为焦距之一。像浙江举人陈虬（1851—1903）成稿于1883年的《治平三议》即构思别出一格的"封建"体制，"以今省、府、厅、县之大小，为公、侯、伯、子、男等国"，各设"三公"與"十科"，再复"井田"、"学校"与设"三税之法"等。用心所在，亦鉴于"干纲独揽"、"威福自专"等弊，行其议，则"有君之尊，无君之祸，有治民之实，无厉民之患"②。

这种将"封建"视为正面意义的思索，亦见诸与陈虬相友好的宋恕，以及和宋恕称莫逆的孙宝瑄的思想世界。孙宝瑄一直指陈"封建"的意谓，他曾读过王夫之的著作，颇生共鸣，惟认为自己重视的是"君民之隔"的面向③，其思考着重于封建与专制体制弊失的关系。他认为，封建之产生系因"数万里之地，一个精力不能周，遂与众人分治之"，它的推行，可以让"众人分治"，"小大相维"，还可选择拥戴"有德者"制衡如传说中的桀、纣之流的暴君统治者④。他还认为，"封建之废太早"，是导致"中国生民之困"的原因，盖随"封建"之

① 萧公权：《中国政治思想史》，辽宁教育出版社1998年版，第641—642、652—656页。

② 胡珠生（辑），《陈虬集》，《温州文史资料》第8辑，浙江人民出版社1992年版，第5—8页；当然，从整体的脉络着眼，陈虬《治平三议》里的构思，与他对天下一家的理想，密不可分，参见张源：《烈士精神与批判意识——谭嗣同思想的分析》，聊经出版事业公司1988年版，第23—24页。

③ 原文是："夜归，览船山先生《黄书》。先生悲封建之亡，以为衣冠之国沦为异域，自秦开之，而成于宋，无藩蔽也。与余意略相似。而吾重在君民之隔，般山重在夷夏之失防"。孙宝瑄："光绪二十三年八月十八日（1873年9月14日）日记"，《忘山庐日记》，上海古籍出版社1995年版，第132页。

④ 原文是："……古封建虽非久而不弊之法，然在当时则尽美善。何也？数万里之地，一人精力不能周，遂与众人分治之，共传其子孙，而小大相继。即有一国之治不善，然如输船之夹舱，虽有罅漏，不使令舟覆也，且辅治亦易。《夏官》九伐之法，所以行也。天子无道，则天下从而去之，归位有德者，桀、纣不能制也。故封建行，天下为整齐之天下；封建废，天下遂为败裂之天下。悲夫！"孙宝瑄："光绪二十三年六月十二日（1897年7月11日）日记"，《忘山庐日记》，上海古籍出版社1995年版，第116页。

废，“诸养民利民之善法，势不能不与之俱废[①]”。他也批判道，“法家”之说行，遂破坏“封建”，便“酿成数千年专制之政体”，灾祸绵延，不可与所谓“立宪相提并论”[②]。日本明治维新的情势，则为孙宝瑄与宋恕的思考，增添了例证。

孙宝瑄与宋恕一起讨论过日本明治维新为什么成功的故事。宋恕起先无法理解，日本废藩置县时诸藩何以“自愿献出土地归于皇家”与各藩臣民会“各尊其君，亲其上”的道理，孙宝瑄则指陈，这是日本的“封建之利”，因为“地小而君与民各相亲”，所以“上下之情易以通”，此外，日本一系相传的天皇体制“君臣分定而不可移”也是原因之一。相对的，中国“更与迭灭，篡弑相仍”，故“人心屡涣散而不可结”，即使同日本一样“一姓相传”，然而“土广人众，君民之气疏隔，忠愤之志何由生哉”[③]？稍后，宋恕读了《日本国史略》，同意孙宝瑄对于日本“封建”之利的见解[④]。

---

① 原文是：“……中国生民之困，由于封建之废太早，封建废，则诸养民利民之善法，势不能不与之俱废，而更无善致可行。如欲行之，非开议会不可。而世主方恶臣下之朋党，其肯伸民之权耶？……”孙宝瑄：“光绪二十四年一月十四日（1898年2月4日）日记”，《忘山庐日记》，上海古籍出版社1995年版，第168页。

② 这是孙宝瑄与其友蒋信侪的讨论意见，原文是：“……信齐颇推重法家，以为法家之法，与今之立宪无异。余谓不然。盖法家宗旨之误，即专为富强其国，使其君扬威名于天下，其视百姓也，如造物之质料，供其驱使运用而已，是以不许百姓有学问，不许百姓有议政权。自行其法，而破坏封建，酿成数千年专制之政体，焉得与立宪相提并论乎？信侪不服此理，则由成见已深，牢固而不可破也。”孙宝瑄：光绪廿七年七月廿日（1901年9月2日）日记，《忘山庐日记》，上海古籍出版社1995年版，第388页。

③ 原文是：“……晡，诣燕生庐，论日本变法事。燕生云：日本史载其创议变法之人，多出于贵族，其诸侯伯往往自愿献出土地归于皇家。夫变法之事，利于卑贱而有损于尊贵，乃皆不以是介意，是不可及也。且日本士气尤坚猛，凡侯伯诸国之臣民，无不各尊其君，亲其上，人心固结久矣。故一旦变法，遂能雄视亚东，而卒不解其人心何以能然，岂地运耶？余曰：是乃封建之利也。地小而君与民各相亲，所谓士食旧德，农服先畴，上下之情易以通矣。且日本自开辟一姓相传，森井所谓君臣分定而不可移。非若中国更与迭灭，篡弑相仍，使人心屡涣散而不可结也。且就令一姓相传，而土广人众，君民之气疏隔，忠愤之志何由生哉？于是知封建之非无关系也。”孙宝瑄：“光绪二十四年四月初七日（1898年5月26日）日记”，《忘山庐日记》，上海古籍出版社1995年版，第204—205页。

④ 原文是：“燕生近读《日本国史略》，细考其未变法以前情形，而知其国所以易与之由，颇深韪余所持封建之说。盖地小，耳目易周，其贤人易得志，多闻之议有权，君不必甚愚其民，直等中国商、周之世，两汉犹不能及也。其质本美，故变之易。古人云：甘受和，白受采。信然。是故日本人有言曰：欲变法，先宜复古。盖世运不日进则日退。即以中国论，宋、明之世不如汉、唐，汉、唐之世不如三代，三代去泰西犹远。然则以今日之天下而欲骤齐于泰西，是未知学步遽欲奔而驰也，必不得矣。知渐引之学者，乃可与悟治世。”孙宝瑄：“光绪二十四年四月十三日（1898年6月1日）日记”，《忘山庐日记》，上海古籍出版社1995年版，第207页。

这种"封建"可以处理专制体制的思考，在进入20世纪之后得到了簇新概念的浇灌，以"地方自治"的论说出现。康有为力言"以地方自治成为立国之本"，申论"地方自治，即古者之封建也"的情态，又借鉴西方诸国的实践成果，提出各式各样的构思[①]；稍后，当"地方自治"与"立宪"之议论大起，宋恕也以"封建"可与"地方自治"等同的论说，指陈至"七雄、秦政"之际，"数千年地方自治之制度及荡然矣"，至隋代"废乡官"，则"数千年地方自治之精神及亦荡然矣"。因故"先儒所以上则苦思封建，下则苦思乡官"，言下之民，自是肯定"地方自治"的路向[②]。这样一种"注新酒于旧瓶"的思考论说，自然与晚清的国族危机有密切的关系，采取的论述则已逸出传统论说的格局了。

但是，传统类型的思路，也不因之而完全失去生命力。如陈虬又提出"分镇"之论，以为"有公天下之量者，始可以保一姓之私；有分天下之权者，始可以求百年之合"，因此，面对"诸夷之环伺吾旁也"，乃至"又修其瓜分之说"的危机局面，他倡议"迁都腹地，众建亲贤，分设重镇，永藩王室"，提出如何区划原来各省为十八郡的构想[③]。稍后，章太炎并在同调之论，他批判了那种"以藩镇跋扈为尤"的观点，乃是"孤秦陋宋"之见解，盖是时（清廷）已有将太平天国以后兴起的地方督抚喻为"藩镇"，且拟假"立宪"之名而削之的议论也。在这样的思考脉络下，章太炎则声言，就算"削藩镇以立宪政"是"天下之至公"，必然"行媚白人"，即为帝国主义之奴仆，让中国陷入更大的危机。因此，"藩镇虽离于至公，而犹未合于至私"。故如"立宪"，必如日本明治维新之例，"萨长二藩，始于建功，而终于纳土"；如不"立宪"，则"倚依以为屏辅，使内慑权要，而外保分地"，仍有其积极意义[④]。而后，他同陈虬一样，并提出如何区划原来各省而至"以封建方镇为一"之局面的构想，如此"外人不得挟政府以制九域，冀少假岁月以修内政，

---

① 明夷（康有为）：《公民自治篇》（1902），收入张枬、王忍之编《辛亥革命前十年时论选集》，生活·读书·新知三联书店1963年版，卷1，上册，第172—190页。

② 宋恕：《沈编〈日本地方自治述略〉序》（1907年5月8日），《宋恕集》，中华书局1993年版，上册，第417—418页。

③ 陈虬：《分镇——救时十二策之二》（1987年9—10月），《陈虬集》，浙江人民出版社1992年版，第282—291页。

④ 章太炎：《藩镇论》（1899年10月），收入汤志钧编《章太炎政论选集》，中华书局1977年版，上册，第99—103页。

人人亲其大吏，争为效命，而天下少安矣"[①]。整体言之，陈虬兴章太炎的构想，俨然是三百年前黄宗羲倡言"方镇"的回声，还是"公"、"私"之辨的思路；只是，在帝国主义势力节节进逼的背景下，他们的"返古"构想，全无用武之地；也预示了作为传统政治体制理论的"封建"思索，已虽能因应时代变化的需求。

初步地总结说，"封建"作为传统的政治体制理论，一直到了20世纪初期的阶段，犹然在中国（士人）的思想世界里有其一席之地。随着时局的变化，经过各式各样的再诠释，"封建"的内涵日新又新，犹如它在过往的历史岁月里曾扩展蔓延一般。那个时候的"封建"，还有着美好的一面，可以被用来作为思想武器，批判传统皇权专制体制，鼓动因应国族危机的灵感。然而，在此后概念变迁的历程里，"封建"却逐渐被污名化，历经汰洗，积蓄既久，后来它竟以负面形象，沉淀在人们的历史记忆里。

三　"封建"作为社会历史的发展序列理论

"封建"的被污名化，与晚清以降不断由外涌来的"思想资源"在中国知识思想界确立了它们的霸权地位有密切的关系。

在传统中国的思想架构里，中国处于所谓"世界秩序"的核心地位。这样的观点，不过是个被建构出来的"神话"[②]。在中国被迫和西方国家开始密切互动的19世纪，随着中国士人逐渐了解世界局势，逐渐知道中国不过也只是世界诸多国家之一，并不特居优越地位。中国固然物盛地广，"蛮夷之邦"却同样也是花花世界（甚至繁庶广博，犹而过已）。对于外在大千世界的存在的认知，对其面貌的了解，让中国人在因应世局的变易之际，添加了许多丰富的

---

① 章太炎：《分镇》（1899），《章太炎政论选集》中华书局1977年版，上册，第104—107页；当然，章太炎后来自我"匡谬"，批判自己的"分镇"构想，展现了他走向反满革命道路的抉择。朱维铮：《〈訄书〉发征》，《求索真文明——晚清学术史论》，上海古籍出版社1996年版，第267页。

② 杨联陞：《从历史看中国的世界秩序》，《国史探微》，辽宁教育出版社1998年版，第1—19页。

"思想资源"导生的结果，相当多样[①]。人们对于"封建"的认知，亦愈趋繁富，而非传统认识尽可涵括，乃至确定了"封建"是人类历史/社会的共同经验的认知。

这样的认知，首先伴随着对世界其他国家的历史有粗疏的认识而起步。从宋恕与孙宝瑄的讨论来看，把日本的传统体制称之曰"封建"，应已是19世纪90年代末期的时候，即蔚为中国士人的共识。当时述说日本历史的名著《日本国志》便对日本明治以前的"封建"有详细述说[②]，《时务报》和《知新报》等一般报刊，亦如是言之[③]。连接着对于西欧历史的认识，述说愈臻多样。

在初期阶段，人们的认识固然粗浅，"封建"承载的还不是负面的意义。如梁启超在1899年的时候，比较中国与欧洲"国体"的异同，便指出双方都依次经历了"家族时候"与"酋长时代"，并进展到"封建时代"三个时代为相同之处，并特别指出"中国周代国体与欧洲希腊国体"的相同点最多，"同为封建时代与贵族政治"，这是"民权稍伸"的时代，由于列国竞争，故也是人民得享有思想言论自由，哲学文学极盛的时代。然自"春秋以后"，双方的"国体"则截然相异，第一个显著不同点是欧洲自统一的罗马帝国崩溃以后，仍为列国，一直处在分裂状态；而中国自两汉以来却永为一统。既有此异，结果亦不同。盖较诸列国分立竞争，"天下无罪之民，肝脑涂地"，且"封建贵族之国，持国权者必权骄倨，奴视其民，民不堪命"，故"论安民之政"，则"列国必不如一统"。然中国在"一统"之下，执政者却"枵然自大，冥然罔觉，不复知有世界

① 这方面的讨论文献很多，总论式的成果，例如：郝延平、王尔敏：《中国中西观念之演变，1840—1895》，收入费正清、刘广京主编，张玉法主译，《剑桥中国史·晚清篇》，南天书局1987年版，下册，第153—216页；王尔敏：《十九世纪中国士大夫对中西观念之理解及衍生之新观念》，收入《中国近代思想史论》，社会科学文献出版社2003年版，第1—94页；钟叔河：《走向世界：近代中国知识分子考察西方的历史》，中华书局1985年版。不详举。

② 黄遵宪：《日本国志》，卷三，《国统志三》；本文引用的版本是：黄遵宪，《日本国志》，"光绪二十四年上海图书集成印书局印"本，文海出版社1981年影印版。

③ 如《时务报》方面："日本既废封建制度……当是时民间风气大开，或有提倡秦西进步之宗旨者，或有开新报而各言其志，以抗议政政府之所施设者。……"（[日本]古城贞吉译，〈东文报译，俄国外政策史〉，《时务报》，第34册，光绪廿三年七月一日[1897年7月29日]，第20B—21A页，总第2316—2317页）；《知新报》方面："善夫，日本之维新也，当时德川庆喜初奉还政权，始议变法……削大将军之权，移封建为县郡，知县以亲王领之，故下情无不上达。……"（黎祖健，〈说通篇三〉，《知新报》，第58册，光绪廿四年五月廿一日[1898年7月9日]，第1A—2B页，总第766—767页）。

大局，惟弥缝苟且，以偷一日之安”，又“务压制其民，以防乱萌，而国政之败坏萎弱，遂至不可收拾”。相对的，列国分立竞争，“其政府不能不励精图治，以谋国家之进步”，因此“国政修，民气强而国民之文明幸福遂随之而日进”[①]。稍后，孙宝瑄则有类似的看法，提出了“封建割据”局面之下，必须仰赖人民为“心腹手足”，故其“文明”大有进步的论式[②]。梁启超后来在1902年撰文述说“专制政治”在中国进化的历史时，畅论东西大势，亦证成“封建”普遍存在于人类社会，“中国有之，日本有之，欧洲亦有之”，只是因为“欧洲有市府而中国无有也，日本有士族而中国无有也”，故“欧洲日本封建灭而民权兴，中国封建灭而君权强”[③]，证成那种可称为“封建”的社会里蕴藏的不同因素，也会带来不同的历史效果。大体而言，在他们当时的认识里，“封建”的局面甚至会带来下面的效果，同时，开展“封建”的中西对比的思考格局，就此也在知识人的思想世界里占据一块空间。

从梁启超的论述里来看，更也展现了“封建”作为一个人类历史普遍经历的“时代阶段”，是一个时间单元的概念，已然逐渐萌生的场景。本来，在传统中国的文人论说里，(至少在清代)“封建之世”这样的表述，已经屡见不鲜，展现了“封建”作为一个“时代”的认识[④]；迄乎19世纪、20世纪之交，来自西洋、东洋的例证，更强化了“封建”作为一个“时代阶段”与时间单元的普遍性。

这样的认知，以严复翻译英国学者甄克思（E. Jenks，1861—1939）的

---

① 梁启超：《论中国与欧洲国体异同》，《清议报》，第26册（1899年9月5日），第1A—5B页，(影本第2册，第1661—1670页)。

② 原文是：“夫东西国所以文明进步如此之速者，正以其素为封建割据之国，各君其土，各子其民，时时有敌国外患，不能不倚恃其民为心腹手足，以为捍难之用；而民之学识，因之易开，民之材艺，因之易进。”孙宝瑄：“1902年4月28日日记”，《忘山庐日记》，上海古籍出版社1995年版，第508页。

③ 梁启超：《附论中国封建之制與欧洲日本比较》，《新民严报》，第9号（1902年6月6日），第28—30页，《饮冰室文集》之九，第70—71页；梁启超的这段议论，亦为孙宝瑄抄录在日记里，见孙宝瑄“1902年9月13日日记”，《忘山庐日记》，上海古籍出版社1995年版，第569页。

④ 试举数例：王芑孙《转般私议》：“三代封建之世，纳粟止于甸服，转输不过数百里，故经传不详其法。”(贺长龄辑《皇朝经世文编》，卷四十七望政二十二漕运中)；钱仪吉《道齐正轨序》：“井田封建之世，田皆在官，国如其家，虽加于什一，犹不遽为桀也。”(盛康辑《皇朝经世文续编》，卷十二治体五治法上)；周树槐《与永□令论闭粜书》：“故古之戒遏籴者，非独救灾分患，亦物之理然也。且自封建之世已然，况郡县一统者乎?”(盛康〔辑〕《皇朝经世文续编》，卷四十五户政十七荒政中)。

A Short History of Politics 这部书，定名曰《社会通诠》于1904年问世[1]，更开展了新天地。甄克思指陈，人类社会进化都是由图腾社会（Totemistic Society）或"蛮夷社会"进到宗法社会（Patriarchal or Tribal society），再进到今天的军国社会或"国家社会"。而"封建者，宗法、军国二社会间之闰位也"[2]。严复完全接受了甄克思的观点："进化之阶段，莫不始于图腾，继以宗法，而成于国家"，作为普遍规律，"其为序而信，若天之四时，若人身之童少壮老，期有迟速，而不可或少紊者也"。反观中国历史，"本诸可信之载籍，由唐、虞以讫于周，中间二千余年，皆封建之时代，而所谓宗法，亦于此时最备。其圣人，宗法社会之圣人也；其制度典籍，宗法社会之制度典籍也"。至秦始皇时代之所为，好似"将转宗法"而进入"军国社会"，但是此后二千余岁以至于今，"籀其政法，审其风俗，与其秀桀之民所言议思惟者，则犹然一宗法之民而已矣"，因是，较诸天"演"规律，中国处于从"宗法"到"军国"之间的过渡状态竟达"四千数百载而有余也"[3]。从严复依据甄克思观点而开展的述说来看，对比于军国社会，"宗法"或是"封建"显然都具有落后的意味；对比于已进入军国社会的西方，仍处于过渡状态之时代的中国，自是处于落伍的行列。只是甄克思提供的，其实是以简易的模型来化约千样万态的人类社会/历史，并排出高下阶序的图景，营构的是"西道中心主义"（Western logocentricity）的陷阱，严复的译事及其反思，恐怕乃是与"西道中心主义"制造的"论述与再现体制"（regimes of discourse and representation）[4] 共谋。严复欠缺揭穿这等论述潜藏的知识/权力关系的思想/知识资源，无可厚非；但制造了"封建"在人类社会/历史里处于落后阶段的论说，却证明了好似濒于亡国命运的中国，既然仍处于这个阶段，便注定了中国在文明竞争的行列里更是落伍者的命运。"封建"的形象，就此被涂上了负面的色彩。

严复并屡屡借着甄克思的述说而以按语形式表达他的现实关怀，政治用心强烈，如他说："支那固宗法之社会而渐入于军国者，综而核之，宗法居其七，

---

① 本文引用的版本是严复译《社会通诠》，"严译名著丛刊"本（商务印书馆1981年版）。

② 严复译：《社会通诠》，商务印书馆1981年版，第75页。

③ 严复：《译者序》，第ⅸ－ⅹ页，严复译《社会通诠》，商务印书馆1981年版。

④ "Western logocentricity"与"regimes of discourse and representation"，均引自：Arturo Escobar, *Encountering Development: The Making and Unmaking of the Third World*（Princeton, NJ: Priceton University Press, 1955）, p. 10, p. 17。

而军国居其三[①]”，“中国社会，宗法而兼军国者也，故其言法也，亦以种不以国”，严复指出，当时“满、汉种界厘然犹在”，外国人在中国享有“治外之法权”等，均为例证。然以中国的传统圣贤如周公、孔子虽皆为“宗法社会之圣人”，但是他们的“经法义言，所渐渍于民最久，其入于人心者亦最深”，所以中国各党派受其影响，皆持“民族主义”立场，盖此乃“吾人种智之所固有者”；相对的，可以“期人人自立者”的“军国主义”，却无倡之者[②]，矛头正对着风起云涌以“排满”、“民族主义”为号召的革命主张[③]，自然引起革命党人如胡汉民、汪兆铭与章太炎等人的全面批判[④]，却又同时为主张立宪的杨度等人所奉守。[⑤]

亦且，“封建”与“feudalism”的对等过程，亦应从严复其端[⑥]，当他在翻译《原富》和《群己权界论》时，系将“feudalism”音译为“拂特”、“拂特之俗”[⑦]，在《社会通诠》里，则“拂特”与“封建”互用；证诸19世纪30年代的张金鉴以现代汉语重译 *A Short History of Politics*，书名曰《政治简史》[⑧]，凡言及“feudalism”皆译为“封建”或“封建制度”，可以想见这样的翻译对等结果，已然成立不移；而张金鉴开展《政治简史》的新译工程，固已丧失了它

---

① 严复译：《社会通诠》，商务印书馆1987年版，第15—16页；这是严复的译者按语。

② 严复译：《社会通诠》，商务印书馆1987年版，第115页。

③ 严复自己在《读新译甄克思社会通诠》一文里更明白表示，“民族主义非他，宗法社会之真面目”，故“执民族主义，而倡言排外者，断断乎不足以救亡”，中国欲“出以与天下争衡，将必脱其宗法之故而后可”，严复：《读新译甄克思社会通诠》，原刊《大公报》（1904年4月20日至23日），收入王栻主编，《严复集》，中华书局1986年版，第1册，第146—151页。

④ 参见俞政《严复著译研究》，苏州大学出版社2003年版，第271—287页；皮后锋《严复大传》，福建人民出版社2003年版，第355—360页。

⑤ 赵利栋：《近代中国的封建与封建主义》，《浙江社会科学》2003年第2期，第127页。

⑥ 周振鹤指出，外国人编的汉英词典中直到1916年才把“Feudal”译作封建，把“Feudalism”译作封建治制；中国人编的词典中，1904年时已出现封建与封建制度的对译。他进一步指出，以封建对译“Feudal”是从日本接受过来的。见周振鹤《19、20世纪之际中日欧语言接触研究——以“历史”、“经济”、“封建”三译语的形成为说》，《逸言殊语》，浙江摄影出版社1998年版，第211—213页。笔者不能确证严复是否受日本方面之影响，然严复对采用日本译名，颇不以为然，从他与梁启超之争论“经济”一词，可想见于一斑。

⑦ 严复译：《原富》，“严译名著丛刊”本，商务印书馆1981年版，上册，第335—337页；严复译：《群己权界论》，“严译名著丛刊”本，商务印书馆1981年版，第72页。

⑧ Edward Jenks著，张金鉴译：《政治简史》，台北商务印书馆1969年版；本书“译序”记年为1933年，张金鉴谓此书虽“似属稍旧”，但仍有“独到不凡之见地”，故仍译之，唯彼谓于译毕后始知严复已译是书。

的"开风气"意义，欲展现了来自西方的知识思想霸权，在中国知识人的思想世界里扎根已深的样态。当严译《社会通诠》问世时后，章太炎发表〈《社会通诠》简兑〉，质疑曰，来自"泰西群籍"里的"条例"，其实都只是"就彼所涉历见闻而归纳之耳，浸假而复谛见亚东之事，则其条例又将有所更易矣"，盖"社会之学"涉及广袤，"心能流衍，人事万端，则不能据一方以为权概"[①]，俨然而挑战西方对于人类社会存在普遍规律的诸般命题。对比之下，张金鉴之取三十年前之旧籍而译之的精神劳动，其实仍是长久支配汉语翻译界的"取他山之石以攻错"的心态的反映，以翻译为起点所开展的"封建"＝"feudalism"的恒等式证明过程，只有强化（特定时空脉络之下生产出来的某种）西方的知识思想在汉语思想圈里的霸权地位的作用[②]。逮乎身受现代社会科学洗礼的学人，则于胪列了各家西洋学者［甚至包括被称誉为集"feudalism"学说之大成的法国史家 Mare Bloch（引征时误为 Mare Block）］的意见之后，综合界定曰"封建社会只是以土地组织为中心而确定权利义务关系的阶级社会而已"，进而为周代作为"中国封建"时代的整体内部形态，做出精密的勾勒[③]。亦等于将西方的知识成果，视为指导自身工作的惟一南针了（即使他也承认诸家西洋学者的看法"各有差异"）!

只是，章太炎自己后来的论述，反倒是屡借西方之例以证己说，在批判清廷推动"君主立宪"的文字里，现行西方这种制度的"封建"要素，是他批判论证的源泉。他认为"代议者，封建之变形耳。君主立宪，其趣尤近"[④]，指陈"代议政体者，封建之变相。其上置贵族院，非承封建者弗为也"。西方兴日本"去封建近"，而中国"去封建远"，因为"去封建远者，民皆平等；

---

① 章太炎：《〈社会通诠〉商兑》，第 2—3 页（总页 1726—1727），《民报》第 12 号（1907 年 3 月 6 日）；本文引用的版本是：黄季陆主编《中华民国史料丛编》（台北中国国民党中央委员会党史史料编纂委员会，1969 年影印初版）；又，本文并收入《太炎文录初编·别录》卷二，本文引用的版本是：《章太炎全集》，上海人民出版社 1985 年版，第 4 册，第 323 页。

② 即如印度学者 Tejaswini Niranjana 即从历史也从殖民脉络的后结权主义立场对翻译的阐述：翻译作为一种实践，它如何在殖民主义的操作之下，塑造了并且也得以成形于不对称的权力关系，参见：Tejaswini Niranjana，Siting Translation：*History*，*Post-Structuralism*，*and the Colonial Context*（Berkeley，CA：University of California Press，1992）；部分内容汉译，见许实强、袁伟选编，《语言与翻译的政治》，中央编译出版社 2001 年版，第 116—203 页。

③ 瞿同祖：《中国封建社会》，里仁书局 1984 年版；原书"自序"记年为 1936 年。

④ 章太炎：《兴马良书》，《章太炎全集》上海人民出版社 1985 年，第 4 册，第 185 页。

去封建近者，民有贵族黎庶之分”，在追求平等远“贵族黎庶之分”的目标下，自不可行“宪政”或“代议政体”[1]。当时与章太炎有类似意见的是（思想已转向为激进的无政府主义者）刘师培，他亦认为“代议制度，较之官吏之专制，其害尤深”，“代议政体为世界万恶之源”，全盘反对之。他也指出，“欧美日本现行之制，大抵承封建之后，为封建之变相”，“至于今日平民仍困厄百端”。中国则已离“封建时代数千年，为之民者，习于放任政治，以保无形之自由”，如果“仿行欧美日本之制，不独易放任为干涉已也，且增阶级制度于无形”[2]，同唱反对的调子。这样的认识，较诸稍早梁启超等对“封建”的局面会带来正面效果的述说，“封建”的形象更被逆转；亦且，伴随着《社会通诠》在知识界的广泛阅读，众所信服，“封建”一词逐竟成为众矢之的，得承受被击鼓而攻之的命运。

以还未转化为马克思主义者的李大钊（1889—1927）为例，他在1916年发表以考察“联邦”为主旨的《省制与宪法》里，便回溯古老的“封建”和“郡县”之争，旁征博引，上起汉代的班固，下至清代的黄宗羲、顾炎武、颜元等人的论说，进而指陈曰：“封建、郡县之争至今告终，而统一联邦之辩由今肇始，理或有同，势则相异”，盖“理”“势”之异，在于“封建”乃是“以君主一姓为本位”，“着眼于王室之安危”；而今讨论“分权”之制，则“以国家政治为本位”，“着眼于中央、地方之安危”，出发点大不相同。他更声言道，“昔人有以封建为公者，其实诸侯各私其土地；有以郡县为公者，其实君主奴隶其人民。惟有今日，由于公之一字允足当之”。显然，新时代的“公”的标准，绝非“诸侯”或“君主”，而系“人民”矣[3]。在这样的意识里，“封建”论说及其象征，陈旧过时，明白可见。

对“封建”的攻击浪头，在1910年中期“五四”新文化运动时期，达到第一波的高潮，它的动力来源之一，则是严复翻译的《社会通诠》。

身为“五四”的“总司令”，陈独秀透过对东西方民族之历史发展的比较，断言“东洋民族，自游牧社会，进而为宗法社会，至今无以异焉；自酋长政治，

---

① 章太炎：《代议然否论》，《章太炎全集》，上海人民出版社1985年，第4册，第300页。

② 刘师培：《论新政为病民之本》，原刊《天义报》，8—10合册（1907年10月30日），收入李妙根编《刘师培论学论政》，复旦大学出版社1990年版，第399—406页。

③ 李大钊：《省制与宪法》（1916年），收入朱文通等整理编辑《李大钊全集》，河北教育出版社1999年版，第2卷，第414—431页。

进而为封建政治，至今亦无以异焉”。他强调说，“宗法社会”忽视与扼杀个人的权利和个性，是“尊家长”、“尊元首”、“重阶级”，所以“教孝”、“教忠”的社会，“明社会之组织”为比较尺度，“宗法制度”只会带来“损坏个人独立自尊之人格”、“窒碍个人意思之自由”、“剥夺个人法律上平等之权利”、“养成依赖性戕贼个人之生产力”等四大“恶果”，也就造成了“东洋社会中种种卑劣不法惨酷衰微之象”①。陈独秀将“宗法”与“封建”等同起来，其实是对《社会通诠》的“误读”，却不妨碍他制造“宗法”“封建”都是野蛮、暴虐与落后的象征的效果。面对着当时部分人士（如康有为）但导立“孔教”为“国教”的主张，陈独秀拍案而起，为驳其非，论据同样是以“孔教”乃是“封建”这个落伍时代的产物：

> 孔子生长于封建时代，所提倡之道德，封建时代之道德也；所垂示之礼教，即生活状态，封建之礼教，封建时代之生活状态也；所主张之政治，封建时代之政治也。封建时代之道德，礼教，生活，政治，所心营目注，其范围不越少数君主贵族之权利兴名誉，于多数国民之幸福无与焉②。

因是，却以“封建时代宗法社会之孔教统一全国之心”，不可能“适应生存于二十世纪之世界”③。陈独秀在同一时期将“孔教”做出类似定位的言论，不可胜数；在他的观点里，“封建”的，必然是野蛮、暴虐与落后的，“封建时代之忠孝节义”乃是“野蛮半开化时代之道德”，而“平等博爱公共心”则是“文明大进时代之道德”④。同样接受《社会通诠》的“定律”而开展述说的是《新青年》的另一健笔钱玄同。他在抨击“孔经里所讲的什么三纲、五伦、礼乐、政刑，是和共和国绝对不能共存的东西了”的文章里，也指陈过去繁文缛节的人伦礼仪，“是二千年前‘宗法’社会里的把戏；现在既称为民

---

① 陈独秀：《东西民族根本思想之差异》（1915 年 12 月 15 日），任建树等编：《陈独秀著作选》，上海人民出版社 1993 年版，第 1 卷，第 167 页。

② 陈独秀：《孔子之道与现代生活》（1916 年 12 月 1 日），任建树等编：《陈独秀著作选》第 1 卷，第 235 页。

③ 陈独秀：《答俞颂华（宗教兴孔子）》（1917 年 3 月 1 日），任建树等编：《陈独秀著作选》，上海人民出版社 1993 年版，第 1 卷，第 280 页。

④ 陈独秀：《答淮山逸民（道德）》（1917 年 3 月 1 日），任建树等编：《陈独秀著作选》，上海人民出版社 1993 年版，第 1 卷，第 277 页。

国，是早已进于国家社会，当然不能再玩这宗法社会的把戏”[①]。学生辈的易家戊（易君左）则将批判的矛头指向“孝”，声称“现在中国不是宗法社会时代的中国，是二十世纪的中国”，“不是迷信的中国，是世界科学昌明时代的中国”，既然“孝是宗法社会遗传下来的一个偶像的道德”，是“文明社会”所“不然”的，自绝非“天经地义”，得到“社会愈文明，世界愈进化”的时候，“‘孝’，是一定会消减于无形的”[②]。从另一角度表达类似观点的，是被誉为“双手打倒孔家店的老英雄”的吴虞（1872—1949）。他指陈曰，当商鞅、李斯“破坏封建之际”，中国“本有由宗法社会转成军国社会之机”，但却始终“颠顿于宗法社会之中而不能前进”的原因乃是“家族制度”，特别是儒家讲求的“孝”的思想，“无所不包，家族制度之与专制政治，遂胶固而不可以分析”，以致“宗法社会牵制军国社会，使不克完全发达”[③]，把“家族制度”与“专制政治”，当成了中国不能走进“高级”的“军国社会”的罪魁祸首。

钱玄同与易家戊的论据所本，还不至于与《社会通诠》相牵过甚；陈独秀与吴虞的论述，则等于扩张了“封建”的内涵。即使“宗法”与“封建”可以等同的认识，难免有“误读”《社会通诠》的嫌疑；但是，在各方论者的笔下，“孔教”、“家族制度”、“专制制度”、“三纲、五伦、礼乐、政刑”与“孝”等等传统的政治/社会/伦理的观念与制度，统统可以塞进“封建”/“宗法”的整体框架里，指控它们是属于落伍的/非现代的/非文明的一切总合，而于（论者所处的）20世纪的当下，实不克相容，生产出它们都必须被涤除务尽的修辞效果。

严复翻译的《社会通诠》提出的“普遍规律”，是“五四”阶段将“封建”一词污名化的动力根源之一。在这样的认知/理论架构里，“封建”作为一个“时代阶段”与时间单元，属于社会的发展序列的“低级”阶段，因此是落后

① 钱玄同：《姚叔节之孔经谈》（1919年2月12日），原刊《新青年》，第6卷，第2号（1919年2月15日），收入张忠栋、李永炽、林正弘主编，刘季伦、薛化元、潘光哲编辑：《现代中国自由主义资料选编——④文化的道路》，唐山出版社2000年版，第444—445页。

② 易家戊：《我对于“孝”的观念》，原刊《少年中国》，第1卷，第10期（1920年4月15日），收入《现代中国自由主义资料选编——④文化的道路》，第453—456页。

③ 吴虞：《家族制度为专制主义之根据论》（1915年7月），原刊《新青年》第2卷6号（1917年2月1日），收入赵清等编《吴虞集》，四川人民出版社1985年版，第61—66页。

的，也是必须被摒弃的。这时，"封建"已被迫蜕下它原来具有思想武器作用的皮层。同时，随着马克思主义在"五四"阶段的开始传播，"封建"要逐渐被生产出簇新的内涵与意蕴，与1920年代的"国民革命"风潮相结共生，变成了武器批判的直接对象。

四 "封建"作为革命的动员理论[①]

在"五四"阶段开始在中国落地生根的马克思主义，为"封建"作为"现实"提供了判准，进而转化为革命的动员力量。大致在1920年已转向为马克思主义者的陈独秀，抛却了早先由《社会通诠》提供的进化图式，转而指陈"由封建而共和，由共和而社会主义，这是社会进化一定的轨道，中国也难以独异的"，从而判断说："尊祀孔子及武人割据，这两件事就是封建主义支配一切精神方面及物质方面底明证"[②]，开始展示了当时的"现实"样态受"封建"束缚着的思维。如果说陈独秀的认知，还只着眼于中国本土的面向，甫从"革命圣地"苏联归来的瞿秋白，则把"封建"引入"世界革命"的脉络，指陈作为"东方文化"的中国的特点是"宗法社会之自然经济"，"畸形的封建制度之政治形式"与"殖民地式的国际地位"。他特别从世界格局指出"封建"作为中国之现实处境的原因："帝国主义客观上自成为使中国社会退向封建制度的重要原因，同时又以强力纳入资本主义"，革命的路向也就是应如何"颠覆宗法社会、封建制度、世界的资本主义，以完成世界革命的伟业"[③]。瞿秋白又针对军阀割据的现实，提出分析，指陈中国经济发展始终滞在"宗法社会及半宗法社会的状态"，故形成"一个一个大大小小的半自然经济区域"，因此也造成了政治上"割据的局面"，军阀故为"畸形的封建制度的现象"，是有其经济基础的，况乎它还凭借"外国资本家及中国奸商的经济力量"呢！所以，要打破这个"畸形的封建制度"，要达成"统一"，不能由军阀以诸如"联省自治"或是武力统一

① 因时间限制，本节仅能以最简要的方式述之，有待大加补正，如得谅解，幸甚。

② 陈独秀：《国庆纪念底价值》（1920年10月1日），收入任建树等编：《陈独秀著作选》，上海人民出版社1993年版，第2卷，第178—182页。

③ 瞿秋白：《东方文化与世界革命》（1923年3月），《瞿秋白文集（政治理论编）》，人民出版社1988年版，第2卷，第14—25页。

的方式为之，“军阀统一是封建变郡县的老文章，平民统一是由封建进于民治的大进步”，必须“拥护平民自由的武装革命与团结平民奋斗的群众运动”，“自上而下”地“歼灭一切军阀”，始有光明的愿景，始可“颠覆封建制度，掘帝国主义的根，绝帝国主义的命”[①]。瞿秋白将军阀割据地方无法实现“统一”的现状，提出的经济解释，显然既是传统视地方割据势力为“封建”认识格局的延续，又结合当代马克思主义理论的阐扬，将军阀与“封建”等同起来，并列为革命的目标，都是该被打倒的现象。这样的述说，是“封建”作为革命的动员理论已然问世的标志[②]。

随着革命的大纛的飘扬，认识的进展，无时或已，中国农村里的“封建”构成，亦作为革命理论的分析对象。毛泽东断言“宗法封建性的土豪劣绅、不法地主阶级、乃几千年专制政治的基础”[③]；甘乃光声称乡村里存在着“封建制度”，它的表现形式便是“土豪劣绅、贪官污吏、与帝国主义者所凝成的势力”，故打倒“乡村的封建制度”乃是为“国民革命彻底的成功”的契机[④]。“封建”的内涵格局越来越大，意蕴越来越广。

然而，随着“国民革命”在形式上的完成，社会/共产主义革命陷入低潮，革命的动员理论，面临着必须被检讨与深化的处境。在苏联，布尔什维克党内出现了斯大林与托洛茨基的斗争（在中国并各有其“代理人”[⑤]）；在中国，则是把马克思主义与中国历史的叙述相结合，寻求可以解释（与改造）现实的依据，恰如陶希圣开门见山的提问：

---

① 瞿秋白：《中国之地方政治与封建制度》（1923年5月2日），《瞿秋白文集（政治理论编）》，人民出版社1988年版，第2卷，第32—38页。

② 当然，在20世纪20年代初期，瞿秋白的述说绝非一音独唱，当时既有（以列宁为首脑的）共产国际的“指示”，复有中国共产党的各种“决议”、“宣言”，乃至中共党内的其他成员亦各持己见，认知大体类似而论说着重点各异，可谓“众声喧哗”，详细梳理，暂非此际所能为。

③ 引自赵利栋，《近代中国的封建与封建主义》，《浙江社会科学》2003年第2期。

④ 甘乃光：《谁是国民革命的主力军（原名“国民党的阶级基础”）》（1926年9月8日），《中国农民》，第8期（1926年10月），第1—11页；本文引用的版本是：中国国民党中央执行委员会农民部编辑委员会（编辑），《中国农民》，人民出版社1966年版［影印］。

⑤ 中国托洛茨基派的首脑自是陈独秀；“正统”中共中央则是唯斯大林是从，如李立三长篇累牍地批判了托洛茨基与陈独秀的主张后，结论便曰：“他们否认封建势力的存在，就是不愿意农民革命的反动理论的根据！”见高军编：《中国社会性质问题论战（资料选辑）》，人民出版社1983年版，第163页。

> 中国的革命，到今日反成了不可解的谜了。革命的基础是全民还是农工和小市民？革命的物件是帝国主义和封建势力，还是几个列强和几个军阀？
>
> "中国社会史的决算"，因此乃刻不容缓，决算的中心问题便是：
>
> 第一、中国社会目前是封建社会还是资本主义社会？
>
> 第二、帝国主义势力的侵入是否使中国社会变质，变质又达到什么程度？[①]

"中国社会史（性质）论战"的弥天烽火从此点燃，"封建"的历史向度和革命理论的建构，迈入了另一新阶段。

如郭沫若这样的马克思主义史家要为"封建"另展新义，固然以马克思主义的论式为架构，复征引恩格斯、摩尔根的理论为论述之资，与他同列并行或是站在敌对立场的人们，却可以从马克思主义的"先贤祠"里找到更多的依据，百家争鸣，大有"马、恩不复生，孰能定其真伪"之意味[②]。例如，同一阵营里的吕振羽引用普列汉诺夫（G. V. Plekhanov）、卢森堡（Rosa Luxemburg）等马克思主义名家的著作[③]；侯外庐不但直接从翻译马克思的《资本论》入手[④]，还

---

① 陶希圣：《中国社会之史的分析》，食货出版社有限公司 1979 年版［影印］（本书原系上海 1929 年 1 月初版），第 1 页。

② 即便就马克思本人的述说而言，S. H. Rigby 即指出，我们不但能发现可以被诠解为"经济决定论者"（economic determinist）的马克思，也可以发现足以批判"经济决定论"（economic determinist）的马克思。如果起马克思于九泉，我们恐怕得到的只是更多的文本（texts），可以让我们做更多的诠释，参见：S. H. Rigby, *Marxism and History* (Manchester: Manchester University Press, 1987), p. 7。

③ 例如，吕振羽《中国经济发展之史的阶段》一文解释"亚细亚生产方式"时，曾征引卢森堡《经济学入门》（*Introducion to Political Economy*）、普列汉诺夫之《马克思主义的基本问题》（*Fundamental Problems of Marxism*）、马札亚尔（L. I. Mad'iar）的《中国农村经济研究》（陈代青等译，神州国光社出版，年不详）等人的看法［吕振羽：《中国经济发展之史的阶段》，《吕振羽史论选集》（上海人民出版社 1981），第 17—18 页］；然卢森堡及马札亚尔之著均未见，未能核校其意如何，甚至卢森堡之作，因吕氏未附原书名，亦未知是否正确，此处依据：P. Frolich, *Rosa Luxemburg: Her Life and Work*, trans. By E. Fitzgerald (N. Y: Howard Fertig, 1969), pp. 172 - 174；至于普列汉诺夫之论，参见：G. V. Plekhanov, *Fundamental Problems of Marxism* (N. Y.: International Publishers, 1969), p. 63。

④ 参见胡培兆、林圃《〈资本论〉在中国的传播》，山东人民出版社 1985 年版，第 140—141 页。

从新发现的马克思遗稿《政治经济学批判大纲（草稿）》探求理论上的依据[①]。同时，来自于“党”的力量也扮演指导史学实践的角色，并隐然为“正统”，展现“共产党意识形态导引的历史解释”的历史思维[②]。像担任中共中央马列学院历史研究室主任，主持作为帮助中共干部补习文化之用的《中国通史简编》写作工作[③]的范文澜即征引《联共（布）党史简明教程》这部充满浓厚斯大林个人色彩的“权威”理论，来反驳郭沫若的观点[④]。反对者如王礼锡和胡秋原，则表明他们的思想旨趣源于普列汉诺夫的著作[⑤]。至于回到书斋的陶希圣，创办《食货》，声称要为社会经济史的研究，打下扎实的基础，然而《食货》的学术天地里仍不乏为“封建”提出理论新解的篇章[⑥]。“封建”作为历史叙事，剪不断，

---

① 侯外庐初回忆说，他是在 1943 年阅读由戈宝权翻译的苏联列昂节夫之《政治经济学》而读到马克思的这份遗稿（侯外庐：《我对中国古代社会的研究——回忆录之七》，《中国哲学》第 9 辑，生活·读书·新知三联书店 1983 年版，第 527—529 页）；然侯外庐此处之回忆，于日后集结为专书单行本时，对于阅读马克思这份遗稿的机缘的回忆，内容颇有不同（见：侯外庐，《韧的追求》，生活·读书·新知三联书店 1985 年版，第 233 页），其中确性何若，难能定夺；不论如何，马克思的这份遗稿，写于 1857—1858 年间，在 1939 年及 1941 年才陆续出版（侯外庐说是 1941 年始发现，不确），对马克思主义研究确有其重要性，其价值不亚于同样也是 20 世纪发现的马克思的另一份遗稿：《1844 年经济学—哲学手稿》。（参见：M. Nicolaus，“Foreword”，p. 1，in：*K. Marx*，*Grundrisse*：*Foundations of the Critique of Political Economy*，trans. and foreword by M. Nicolaus [Harmondsworth：Penguin，1973]；对马克思此书之讨论研究文献，并可参见：A. Negri，*Marx Beyond Marx*：*Lessons on the Grundrisse*，trans. by H. Cchida，*Marx's Grundrisse and Hegel's Logic*，ed. By T. Carver [London：Routledge，1988]）；由此书日后引起的重视，可想见在 20 世纪 40 年代即得已利用马克思这份手稿进行研究的侯外庐，对马克思主义的熟悉程度。

② 关于“马克思主义意识形态导引的历史解释”与“共产党意识形态导引的历史解释”的历史思维，参看潘光哲《中国马克思主义史学研究的省思与回顾——以中、英文资料为主》，《大陆杂志》，第 94 卷，第 2、3 期（台北：1997 年 2、3 月）。

③ 范文澜：《关于中国历史上的一些问题》，《范文澜历史论文选集》，中国社会科学出版社 1979 年版，第 17 页。

④ 范文澜：《关于上古历史阶段的商榷》（1940 年 5 月），《范文澜历史论文选集》，第 81—107 页；按，范文澜系以《联共（布）党史教程》中对奴隶占有制的界定：“生产关系的基础就是奴隶占有生产资料和生产工作者……”“生产工具‘人们拥有的已经不是石器，而是金属工具’”，“生产部门‘已经被畜牧业、农业、手工业以及这些生产部门之间的分工所代替’”等理论，以及《尚书》、卜辞的若干材料为证，说明殷代为奴隶社会。

⑤ Arif Dirlik，*Revolution and History*：*Origins of Marxist Historiography in China*，1919—1937（Berkeley&L. A.，CA：University of California Press，1978），p. 99.

⑥ 例如：波里耶可夫著，傅衣凌译，〈中国封建构成的发展之合则性问题〉，《食货》第 4 卷第 10 期（1936 年 10 月 16 日），第 5—22 页（总第 407—424 页）；雷哈特著，李秉衡译：《西欧及东洋的封建化过程》，《食货》第 5 卷第 8 期（1937 年 4 月 16 日），第 1—11 页（总第 329—339 页）；余不详举。

理还乱(其间更夹杂着"半封建"论说的兴起与毛泽东的"定调"),却都竞相为"封建"开出死亡证书,阐扬它必须(或已经)被扑灭殆尽的道理。

在1949年之后,随着共产党政权的建立,"封建"的死亡,似成事实;对于"封建"的争议,则犹未濒青史成灰之时,以"古史分期讨论"的样貌继续存在,特别是中国"古代奴隶社会"与"封建社会"的分界,空间该定于何一时期,争说纷歧,"西周封建论"、"春秋封建论"、"战国封建论"、"西汉封建论"与"魏晋封建论"等论说纷呈,群峦竞奇①。现今的中国史坛,关于中国历史是否存在着"封建社会"的问题,已激起进一步的思考,不少学术工作者主张,中国只有在西周时期才有"封建制",秦到晚清的中国社会不应该被称为"封建社会"②。无独有偶,在西方学界,对于非欧洲以外的文明是否也经历过(以欧洲"feudalism"为样本的)"封建"阶段的质疑,早也陆续出台③。至于作为"feudalism"样板的欧洲史领域里,Susan Reynolds 则检示了"feudalism"的概念形成及其史学史之后,强调必须注意从具体的历史材料里来思索"fiefs"与"vassals"("封臣"与"封土")在当时原来的脉络里形塑的复杂多样的政治/经济/社会关系,庶可避免"建构的暴政"④。"封建"或"feudalism"在理解普遍人类历史社会的概念意义,正处于亟待重行建构的关卡。

但是,已经在(中国的)汉语世界中安寨扎营的"封建",早已产生多面向

① 相关讨论的介绍,如不计意识形态色彩,仍以此书最称完整:林甘泉(等):《中国古代史分期讨论五十年,1929—1979》,上海人民出版社1982年版。

② 相关论述甚众,综合的评述,参见:黄敏兰《近年来学术界对"封建"及"封建社会"问题的反思》,《史学周刊》2002年第2期,第123—128页。

③ 如 Harbans Mukhia 之思索以"feudalism"来描述(被殖民以前的)印度经历的某个历史阶段的恰当性,亦引起争论,参见:Harbans Mukhia, "Was There Feudlism in Indian History?" in T. J. Byres and Harbans Mukhia, edited, *Feudalism and Non-European Society*, pp. 255-292(本书即汇集相关论争为一帙);Craig J. Reynolds 则以泰国为例质疑"feudalism"对述说其历史的效度,见:Craig J. Reynolds, "Feudalism as a trope or Discourse for the Asian Past with Special Reference to Thailand", in Edmund Leach, S. N. Mukherjee & John Ward edited, *Feudalism: Comparative Studies* (Sydney: Sydney Association for Studies in Society and Culture, 1985), pp. 136-154,另可参见:Craig J. Reynolds, *Thai Radical Discourse: The Real Face of Thai Feudalism Today* (Ithaca, NY: Cornell University, 1987)。

④ 参见:Susan Reynolds, *Fields and Vassals: The Medieval Evidence Reinterpreted* (Oxford: Clarendon Press, 1994);在她之前,E. A. R. Brown 则指陈,自19世纪中叶以来的"feudalism"的概念统治了关于中世纪的研究,忽略了具体历史的多样性与复杂性,她批判说,这是种"建构的暴政",见:E. A. R. Brown, "The Tyranny of a Construct: Feudalism and Historians of Medieval Europe", *American Historical Review*, 79 (1974), pp. 1063-1088。

的用途：可以概括过去（如谓秦汉以降到鸦片战争时代的中国是“封建社会”），可以描述现实（如谓“文化大革命”是“封建”加“法西斯”的产物），可以解释世界（如批判21世纪突然在中国风起云涌的“读经运动”是宣扬“封建遗毒”），可以书写历史（如评价鲁迅的小说是“中国反封建思想革命的一面镜子”）。一句话，它是不证自明的绝对真理用语。

五 小结

总结而言，“封建”在中国自身的历史传统里，本来只是西周王室用以安排统理统治地域的一种制度。随着这种制度步入历史，它以政治理论的样态存留传衍，在不同的历史场景里，激发士人对自身所处的环境空间需要什么样的政治体制，开展思考与论述。在明清易代之际的17世纪，“封建”被认为是因应专制体制之困境的可能出路；下逮19世纪至20世纪初期，即便处于“西力东渐”的场景，类似的制度设计和议论，仍不绝如缕，并出以“注新酒于旧瓶”的样态，意欲让“封建”作为思想武器，可以产生现实作用。

在20世纪初期，随着严复翻译的《社会通诠》的问世，“封建”被视为社会历史发展序列的“低级”阶段，具有落后的意味，更逐渐被污名化，至20世纪的“五四”阶段，“封建”作为落伍的、非现代的、非文明的一切总合，已是负面意涵的字眼了。随着此后中国的马克思主义者对“封建”的新诠，转化为革命的动员理论，它竟成为武器批判的直接对象，被污名化的“封建”已然是历史记忆的深层积淀。现下，当我们准备在现实里开展批判斗争的时候，“封建”便是从历史记忆里最方便也最容易被召唤出来的恶魔，它只有承受必得被专政凌迟与侮蔑的命运，历经千年转折的“封建”，还有从这条命运的锁链里挣脱开来的可能性吗？

“封建”是什么？*

叶文宪

“封建”这个词天天挂在人们的嘴边，然而“封建”究竟是什么？尽管《辞海》里有解释，但是却未必人人都能说得清楚。

一 “封建”是一种国体而不是一种政体

人们常说“封建专制”、“封建国家”云云，似乎“封建”是一种政体，这是一种误解。“封建”其实只是一种国体而不是一种政体。

国体是指国家的结构形式。现代政治学理论把国体分为单一制和复合制两种类型：单一制是由若干行政区划构成单一主权国家的国家结构形式，复合制是由若干个具有较大自主性的政治实体（如州、邦、省等）联合组成各种联盟的国家结构形式。单一制国家可以分为中央集权型和地方分权型两种类型。复合制国家又可以分为联邦、邦联、君合国、政合国等多种类型[①]。国体的类型可以有这种或那种的区别，国体的本质是中央与地方的关系和权力的分配。

政体是指政权的组织形式。在人类历史上出现过的政体有：古希腊的城邦民主政体、古罗马早期的贵族共和政体和后期的帝国专制政体、欧洲中世纪的等级君主政体、古埃及与中国古代的专制君主政体、近现代英日等国的君主立

* 江苏省教育厅高校哲学社会科学立项项目(06SJD770009)。

① 王邦佐等主编：《新政治学概要》，复旦大学出版社 1998 年版，第 123—125 页。

宪政体、德意等国的议会共和政体、美国的总统制政体、法国的半总统制政体、瑞士的委员会政体、中国的人民代表大会制等各种不同的政体。对于如此众多的政体怎样划分类型呢？学者们提出了三分法、二分法、多层次分法等几种不同的分类法。亚里士多德将其分为君主政体、贵族政体和共和政体三类，洛克将其分为君主政体、寡头政体和民主政体三类，二分法是将其归纳为君主政体和共和政体两类，多层次分法则以几种标准来划分政体，将其分为直接制和代表制、世袭制与选举制、内阁制和总统制等。[①]

“封建”在中国是“封邦建国”的简称，西周封建诸侯是中国“封建”的典型。它是中国古代的一种国家构成形式，它最大的特点是虽然有最高首脑——天子，但是却通过建立诸侯国实行贵族分权。我们很难将这种形式的国体归入现代政治学理论的国体分类学说中的某一类别里。商周时代还未形成大一统的中央集权体制，当时的中国并不是一个实行单一制国体的国家，诸侯在自己的王国里拥有全部的权力。这种情况有点类似西方的复合制国家，所以有的学者称之为“方国诸侯联盟体”[②] 或“族邦组合体”[③]，但是这些诸侯又都接受天子的分封，并没有脱离天子自行结成一个联盟。孟子说：“天子一位，公一位，侯一位，伯一位，子、男一位，凡五等也。君一位，卿一位，大夫一位，上士一位，中士一位，下士一位，凡六等。”[④] 他把天子和诸侯、卿、大夫、士看成是同样的贵族。他们的关系很像欧洲中世纪的等级君主制，所以严复会把 feudalism 翻译成为“封建”，然而无论在天子的王畿还是在诸侯国内，政治体制又都是专制的，只不过与后来大一统帝国的独裁专制相比多了一点贵族共和与国人民主的成分而已。

现代政治学理论基本上是西方政治学家建立起来的，他们对中国古代的国体、政体缺乏研究是可以谅解的。但是中国有的政治学家在建立自己的政治学理论时却不是从历史事实出发去进行研究，而是秉承阶级与阶级斗争学说把“国体”理解为“国家的阶级本质”，并按“五种社会形态理论”把人类历史上的国家形式划分为奴隶制国家、封建制国家、资本主义国家和社会主义国家四

① 王邦佐等主编：《新政治学概要》，复旦大学出版社 1998 年版，第 120—121 页。

② 王晖：《商周文化比较研究》，人民出版社 2000 年版，第 329 页。

③ 田昌五、臧知非：《周秦社会结构研究》，西北大学出版社 1996 年版，第 17 页。

④ 《孟子·万章下》。

种基本类型[①]，那就未免显得太陈旧老套了。

亚里士多德首创根据执政者人数多少来划分政体的方法是有道理的，洛克把它修改为按照掌握立法权的人数是一个人、少数人还是大多数人来划分，表达得更加精确，这种把政体分为专制、共和、民主三种类型的方法是可取的。在这三种类型之下还可以再进行细分，例如专制政体可以分为独裁专制和开明专制；在这三种类型之间还存在着兼容与交叉，例如英国和日本的君主立宪制，然而在这种种政体的类型中并没有"封建"政体，因为"封建"不是政体。

在中国的先秦时代，无论天子的王畿也好，还是通过"封建"形成的诸侯国也好，政体都是专制的。商周时代国家刚刚形成不久，还处于国家的早期形态，它的专制政体是从"酋邦"的娘胎里带来的。造成这种专制政体的原因，一是因为部族之间的武力征服；二是因为天子和诸侯都是本族的族长，他们的权力是从族长、家长的权威直接转化而来的，甚至不需要像西方那样通过"神授"来获得。政族合一、家国同构是中国式专制政体的主要根源。尽管如此，在国家形成的早期，氏族部落社会的原始民主权力依然残存着，贵族可以以"共和"、"顾命"的形式控制政权，国人也可以以"咨国人、询万民"的形式来表达自己的意愿，甚至可以用"暴动"的形式赶走国君而不受到惩罚。

这种"封建"的国体经过春秋战国的兼并最后被秦王政的统一天下打断了。秦始皇在中国历史上第一次建立了一个大一统的帝国，在以后的两千年间虽然不断地改朝换代，而且建立王朝的统治者也并不一定都是汉族，但是这种中央集权的单一制国体始终没有发生变化。当大一统帝国瓦解之后，尽管区域政权的国家规模大大缩小，但是国体仍然是这种中央集权的单一制，而不是"封建"的、贵族分权的复合制。尽管秦始皇用暴力废除了封建制，在全国推行了郡县制，但是"封建"——也就是贵族分权的复合制国体形式已经实行了两千年，它的影响绝不是一下子能被消灭干净的，所以从西汉到明清，"封建"藩王的复合制国体形式始终以不同的方式镶嵌在单一制的大一统帝国内，时断时续地与中央集权制并存着。

国体和政体有各种不同的类型，这些不同的类型并不是水火不相容的，而是可以重叠、交叉、兼容、杂糅、镶嵌的，正因为如此，人类历史才会表现出

① 施雪华主编：《政治学原理》，中山大学出版社 2001 年版，第 139 页。

如此丰富多彩的形式，而不是像“五形态论者”那样把人类的历史描述得那么单调，只有整齐划一的五种形态而已。

二 “封建”是政治制度而不是经济制度

人们常说“封建经济”、“封建地主”、“封建剥削”云云，似乎“封建”是一种经济形态、一种经济制度，这也是一种误解。“封建”其实只是一种政治制度而不是经济制度。

中国先秦时代通过分封制建立诸侯国的目的是为了“封建亲戚，以藩屏周”[①]，这是“小邦周”在征服了“大邦殷”以后周人实行的一种“武装部落殖民”[②] 的政治制度，在经济上周人是通过“授民授疆土”[③] 实行的井田制。

欧洲中世纪的feudalism也是蛮族入侵后通过分封领地建立“封主—封臣”的人身依附关系，在政治上国家权力分散，诸侯在领地内拥有世袭的军事、政治、司法、财政等各种权力，在经济上实行的是自产自销、自给自足的庄园经济。

由于中国的“封建制”和欧洲的feudalism在政治上十分相像，因此当feudalism被翻译成“封建”以后能够被大家长期接受，然而由于中国的井田制和欧洲的庄园制在经济上大相径庭，因此从来没有人把井田制和庄园制对等起来说它们是“封建”的经济制度。所以，只有东西方类似的“封建”政治制度，而没有东西方一致的“封建”经济制度。然而“五形态论”为了要把中国的商周时代说成是奴隶社会并把从秦到清说成是封建社会，不惜削足适履、指鹿为马硬把井田制说成是奴隶制的土地制度，但是庄园制在中国既不发达也不普遍，于是就凭空捏造出了一个“封建地主制”[④]。把地主剥削农民说成是“封建地主经济”，乍看好像不错，实则大谬特谬。

“五形态论”秉承阶级与阶级斗争学说，把中国古代的阶级关系说成是地主

① 《左传·僖公二十四年》。

② 郭沫若：《中国古代社会研究》，人民出版社1964年版，第237页。

③ 大盂鼎铭文。

④ 李根蟠：《中国“封建”概念的演变及封建地主制理论的形成》，《历史研究》2004年第2期。

剥削压迫农民，并把农民阶级再分为自耕农和佃农雇农两个阶层。这一阶级关系可以用图1来表示：

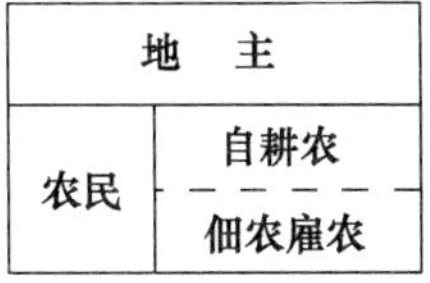

图1

可是图1中的农民并不是一个实实在在的阶级，而是一个抽象的概念，事实上并没有什么虚拟的“农民”，而只有具体的有地的自耕农和无地的佃农雇农，他们和地主之间的关系应该用图2来表示：

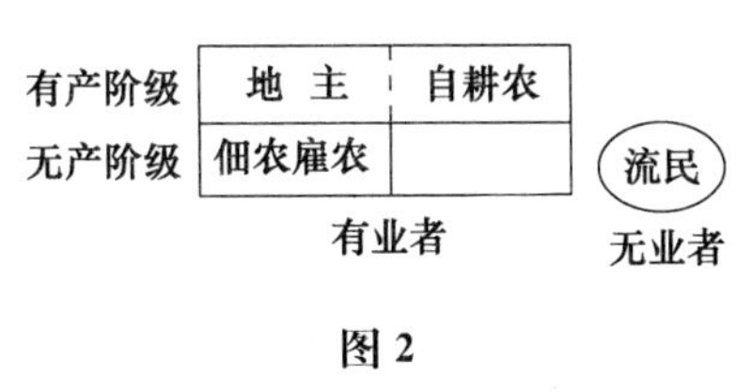

图2

地主和自耕农都属于有产阶级，他们的区别只在于占有土地的多少不同而已。“农民”若是指“务农之民”，则自耕农是小农而地主是“大农”，地主虽然不亲自耕种田地，但是他们在经营管理田地，不妨称之为“自营农”；“地主”若是指“有地之主”，则地主有大地主、小地主之分而自耕农是“微型地主”。自耕农并不是地主剥削压迫的对象，但却是地主兼并土地的对象。自耕农和地主是一根藤上的两只瓜，他们共同瓜分着有限的土地资源，通过买卖（当然也不乏巧取豪夺）进行土地的再分配，他们之间的矛盾斗争来自于竞争有限的土地资源而不是因为剥削与压迫。

受地主剥削压迫的是佃农和雇农。他们没有土地，是无产阶级，但是有职业、能生存。他们和地主既是剥削压迫与被剥削被压迫的关系，又是相互依存的关系，还常常有着同姓本家的血缘关系。魏晋乱世在地主庄园和豪强坞堡中这种依存关系显得尤为突出和重要，因为孤立无援的自耕农极易死于战乱，而结坞自保的依附民则比较容易保全性命。当豪强大族武装起事之时，他们的亲兵部曲也主要是由依附于他们的农民构成的。

真正成为社会动乱根源的并不是无产有业的佃农雇农，更不是有产有业的自耕农，而是无产无业的流民。流民主要来自于破产的自耕农，他们既没有地，也不务农，他们其实已经不再是农民，而且也不构成一个为阶级，他们是被排挤出社会阶级的弃儿，他们才是造反、作乱、起义的主力。可是怎么给他们定性呢？是“封建流民”还是“反封建流民”呢？

中国自古以来是一个农业国，人口的主体是农民，而农民的主体是自耕农，也就是所谓的小农。虽然自耕农的数量及其在总人口中的比例在史书中并没有具体的统计数字，但是我们可以通过历代政府统计的人口、土地数字来进行推算（见表1—表2）。

表 1 历代人口、田地统计[①]

年号	公元	田地（万亩）	人口（万）	人/户	亩/户	亩/人	折算率
西汉元始二年	2	82705	5959	4.87	67.61	13.88	0.288
东汉本初元年	146	69301	4757	4.98	70.01	14.05	0.288
唐开元十四年	726	144039	4142	5.86	203.74	34.78	0.2266
唐天宝十四年	755	143039	5259	5.94	160.45	27.03	0.2266
宋景德三年	1006	13600	1628	2.19	25.08	11.42	0.9
明成化二十年	1484	48615	6289	6.83	52.81	7.73	0.9216
清光绪十三年	1887	91198	37764			2.41	0.9216
清宣统三年	1911		34142	5.45			

注：本表所用之亩为古亩，折算率[②]为古亩折合为今亩的比率

表 2 三国魏晋时期人、户数统计[③]

朝代	公元	人数（万）	户数（万）	人/户
三国刘禅炎兴元年	263	94	28	3.36
曹奂景元四年	263	443.3	66.3	6.68
孙皓天纪四年	280	230	53	4.34
西晋武帝太康元年	280	1616.4	246	6.57
十六国前燕	370	998.8	245.9	4.06
南朝宋武帝大明八年	464	465.6	90.7	5.17
北朝北魏明帝熙平年间	516—520		500	
北齐承光元年	577	2000.7	303.3	6.60
北周静帝大象中	579—580	901	359	2.51
南朝陈后主祯明三年	589	200	50	4.00

① 根据梁方仲《中国历代户口、田地、田赋统计》，上海人民出版社 1980 年版，第 4—11 页。

② 根据吴慧《中国历代粮食亩产研究》，农业出版社 1985 年版。

③ 根据梁方仲《中国历代户口、田地、田赋统计》，上海人民出版社 1980 年版，第 4—6 页。

表 1 是大一统时期的人、户和田地数字，分裂割据时期因为政局动荡，缺乏田地统计数字，所以表 2 只有人口和户数。从这两张统计表中可以看出这样几个问题：

1. 三国魏晋南北朝时期人户数字锐减的原因往往被认为是战乱导致人口死亡，其实主要是因为这一时期大地主庄园十分发达，庄园里隐匿了大量的人口，所以政府掌握控制的人口就少了。只要看看从 1900 年到 1949 年这战乱不已的 50 年间中国人口净增 5000 万人这一事实就可以知道，历史上政府统计人口数字减少并不是因为战乱死人太多的缘故。另外寺院经济的过度发展也会导致政府掌控人口的减少，所以这一时期的政府会屡屡发起灭佛运动——“三武之厄”。

2. 不管政府掌控的人口多少，户均人数都在 5—6 人。这种“一夫挟五口”的家庭形式正是典型的小农社会。

3. 文献记载标准的户均占地数为“一夫百亩”，表 1 所显示的户均占地亩数虽然大多数没有达到这个标准，但是和 1928 年李景汉先生在河北定县做的调查[①]所得出的结论却相差并不大（见表 3—表 4）：

表 3　　定县 515 家每户自有田地亩数和户均人数统计

自有田地亩数	户数	%	人口总数	人/户
无	38	7.38	823	4.73
10 亩以下	136	26.41		
10—29.9 亩	167	32.43	1071	6.41
30—49.9 亩	76	14.76	593	7.80
50—69.9 亩	43	8.35	453	10.53
70—99.9 亩	37	7.18	398	10.76
100 亩及以上	18	3.50	233	12.94
总计	515	100	3571	6.93

① 根据李景汉《定县社会概况调查》编制，上海人民出版社 2005 年再版，第 141、142、151 页。

表 4　　定县三种农户数目及其耕种田地亩数统计

农户类别	数目	%	种田亩数总计	种田亩数%	种田亩数/户
自耕农	350	70.99	11477.5	80.86	32.8
半自耕农	118	23.94	2537.5	17.88	21.5
佃户	25	5.07	179.0	1.26	7.2
总计	493	100	14194.0	100	28.8

以上表 1—表 4 有力地证明，中国社会的结构两千多年来一直是稳定地由众多的自耕农组成的，地主并不是社会结构中的主要成分，根本不存在“占人口少数的地主占有绝大多数的土地”和“地主与农民的矛盾是社会主要矛盾”的情况。李根蟠先生所谓的“封建地主制”纯属向壁虚构，根本就不存在。

春秋战国时代是中国社会的转型期，这一时期社会格局发生了极其重大的变化[①]，其中一个变化就是随着井田制的瓦解，各国先后进行了一系列赋税制度的改革，从齐国的“相地而衰征”[②]，到晋国的“作爰田”[③]、鲁国的“初税亩”[④]、楚国的“量入修赋”[⑤]、秦国的“初租禾”[⑥]，各国普遍都实行了“履亩而税”[⑦] 的制度。在实行井田制的时代，公田的收入是归贵族所有的，而天子除了王畿的公田收入之外就只能从贵族那里得到一点贡赋，他们的收入不会比贵族多得太多；而现在每一亩田地的赋税都流入了国君的腰包，然后再以俸禄的形式分配给作为官僚的贵族，这样就大大削弱了封建贵族的力量，大大加强了专制国君的实力。战国时期各国的变法又废除了世卿世禄制，进一步从政治上强化了这个趋势，所以变法遭到了贵族的殊死反抗，吴起、商鞅因此都死于非命。

① 请参见拙文《论春秋战国时期我国社会的变化与转型》，《史学月刊》2001 年第 3 期。

② 《国语・齐语》。

③ 《左传・僖公十五年》。

④ 《左传・宣公十五年》。

⑤ 《左传・襄公二十五年》。

⑥ 《史记・六国年表》。

⑦ 《公羊传・宣公十五年》。

孔子所说的“礼崩乐坏”是指天子与诸侯、诸侯与卿大夫地位的逆转，之所以会出现“礼乐征伐自诸侯出”甚至“陪臣执国命”的现象，是因为诸侯和卿大夫有雄厚的经济实力作后盾，而他们的经济收入就来自于小农交纳的赋税。因此“令黔首自实田”，通过授田制、假田制、王田制、屯田制、占田制、均田制等各种各样的土地制度扶植自耕农就成为帝国的基本国策，皇帝的经济基础就是这些缴纳赋税的自耕农或者说是占有小块土地的自耕农，而不是占有大片土地的地主。

马克思、恩格斯指出，“亚细亚形态”最大的特点是“不存在土地私有制”[①]。对于这句话人们往往感到难以理解。他们总是以为实现土地私有化就是培养造就了地主，实际上“开阡陌、坏井田”、“令黔首自实田”以后所造就的是自耕农。中国的土地私有化并不是西方社会那种“所有者可以处分土地”的完全的私有制，中国土地私有的前提是承认“普天之下莫非王土”，以皇帝为代表的国家是全国土地的最高所有者。正因为自耕农所有的土地是国家授予的，所以他们不仅要向国家交纳田赋、口税、户捐，而且要为国家服劳役、兵役、差遣。这在西方人看来是一种“超经济强制”，而中国却是天经地义的事情。通过“令黔首自实田”扶植自耕农，实际上是使原来在井田上依附于贵族的农民变成了在私田上依附于国家的农民。

由于国家的开支、皇帝全家以及全体官僚的花销都出于自耕农缴纳的赋税，因此如果皇帝好事兴作、官吏贪污腐化、国家内忧外患，那么就要加重自耕农赋税徭役的负担，其结果就会导致自耕农破产。即使政治清平，那么因为自耕农自身力量弱小，所以一旦遇到天灾人祸，例如疾病缠身也会导致倾家荡产。自耕农破产以后最终的求生手段就是出卖赖以生存的土地，这样通过土地的买卖和商贾的积聚就会产生“田连阡陌”的大地主。当然通过政治的途径例如赏赐军功和武力侵夺也可以形成这样的大地主。

土地的集中可以形成集约化经营的庄园，这样可以提高农业生产的效率，但是同时也会造成社会的动荡不安，还会严重地影响国家的财政收入，而且富可敌国的地主豪强会成为执政者的竞争对手，所以负责任的政府官员对于出现“贫者无立锥之地”的土地兼并现象总是忧心忡忡，所以强有力的皇帝总是要重

① 马克思：《致恩格斯》（1853），《马克思恩格斯全集》第28卷，人民出版社1963年版，第256页。恩格斯：《致马克思》（1853），《马克思恩格斯全集》第28卷，人民出版社1963年版，第260页。

拳出击打压豪强。赵俪生先生指出秦汉时期土地是以图 3 的方式在流动的[①]，这是极有见地的。

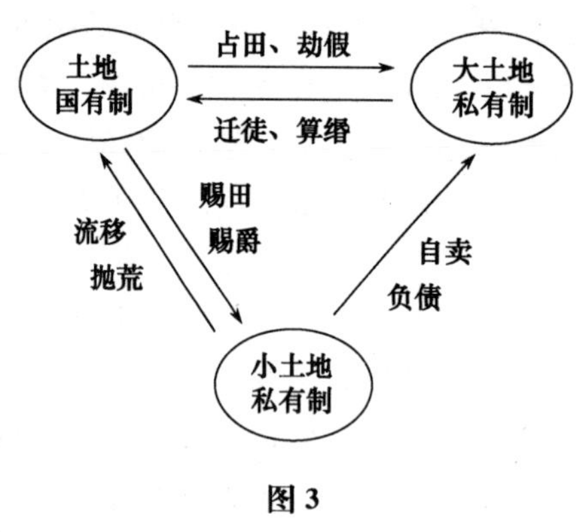

图 3

常常有人把皇帝说成是地主阶级的总代表，这又是在阶级与阶级斗争学说的指导下不从事实出发而只是从概念出发得出的误解。如果佃农雇农因为地主剥削压迫过甚而起来造反的话，那么怨有头债有主，他们应该去杀地主，而不应该去反官府。如果自耕农因为破产而铤而走险的话，那么只能是因为政府的赋税徭役太重而不会是因为地主剥削压迫过甚。实际上对于政府而言，地主和农民一样都是编户齐民，他们都是老百姓，他们与政府之间存在着相同的利益冲突，所以我们发现历史上所谓的“农民起义”没有一次是纯粹的“农民”的起义，如果不是由地主或地主阶级知识分子领导起义，也是由地主或地主阶级知识分子以军师、谋臣的身份在指导着起义。古人在讲到起义造反的时候总是说“官逼民反”，只有现代人才说地主压迫农民，中国古代社会的利益冲突和矛盾斗争应该如图 4 所示，主要的矛盾是官民矛盾，而不是阶级矛盾。

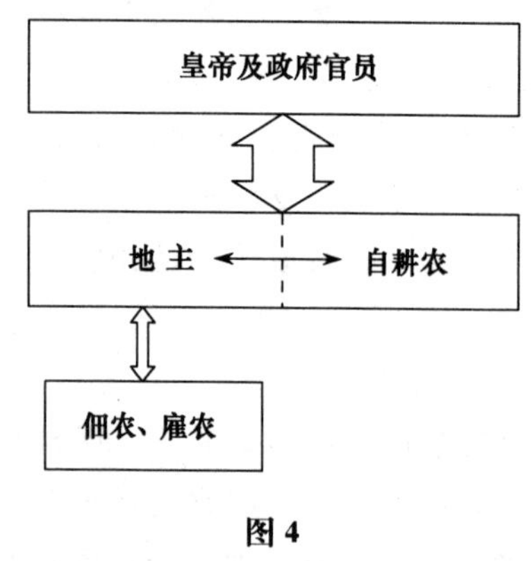

图 4

没有人把自耕农叫做“封建农民”，更没有人把佃农、雇农叫做“封建农民”，可是为什么把地主叫做“封建地主”呢？难道他们不是一对矛盾吗？如果没有“封建农民”，哪来“封建地主”呢？把地主叫做“封建地主”是毫无道理的，因为地主既不是皇帝“封”的，也不是政府“建”的，作为土地的所有者，他们和自耕农一样。他们占有的土地主要是通过买卖积累起来的，这是市场运作的结果，凭什么叫他们是“封建地主”呢？至于皇帝，他是凭武力打天下登上龙座的，而官员是皇帝委任的，他们就更不是

① 赵俪生：《中国土地制度史》，齐鲁书社 1984 年版，第 71 页。

"封建"的了。

在从秦到清的两千年间，中国的经济形态从来也不是一个简单的"地主经济"，更不是像欧洲 feudalism 那样的"庄园经济"，而是一个由多种经济成分和多种经济形态构成的复杂系统，这个系统可以用这样一个"魔方"来表示（见图 5）。这个复杂的经济系统和"封建"无关，无论所有制和生产方式，还是经济形态和阶级成分，都与"封建"毫无关系。

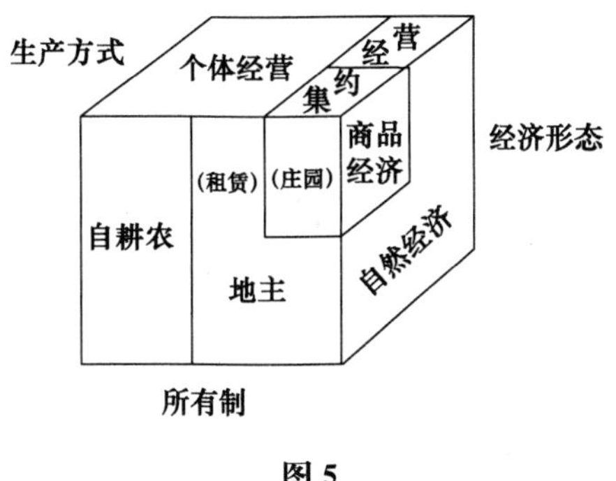

图 5

三 "封建"是一种等级制，但是等级制并不都是封建的

当人们说到门当户对、等级森严的时候常常把它说成是"封建等级制度"，似乎等级制度都是"封建"的，这又是一种误解。无论在中国还是在欧洲通过"封建"都形成了一种金字塔式的等级制度，但是这种等级制度并不是只有"封建"才有的制度。

春秋时代有"天有十日，人有十等"的说法，把人分为王、公、（卿）大夫、士、庶人、工、商、皂、舆、隶、僚、仆、台、圉、牧等若干等级[①]。其中士以上的都是贵族；庶人指农民，地位高于工、商，他们都是平民，只是职业分工不同；皂隶以下为贱役和奴隶。这是按血统、职业和身份划分的社会层次，既不是依据财产多寡划分的阶级，也不是通过"封建"形成的等级。

秦汉时期实行二十等爵制，1—8 级为吏民爵，9—18 级为官爵，19 级关内侯属于准贵族，20 级列侯是贵族。贵族有食邑，有官爵者可以免役，有吏民爵者服役时可以缩短年限，可以优先获得公田，犯法时能够以爵抵罪。二十等爵规定了人的身份和政治地位而不考虑人的财富和经济地位。二十等爵是一种细密的等级制，人们可以通过杀敌立功或皇帝恩赐获得爵位，但是并不需

① 《左传·昭公七年》。

要“封建”。

实行九品中正制以后中国社会又重新实现了贵族化，人们按血统门第分为皇族、士族和庶族。皇族有尊属和疏属之分、士族可分为膏粱、华腴（甲姓、乙姓）和低等士族（丙姓、丁姓），庶族也有豪宗和寒门两个层次。这些宗族构成了社会上的特权阶级（皇室、士族、品官）和平民阶级。依附于皇族、士族、豪宗而又被排斥在宗族之外的有担任各种职业的贱民，如佃客、部曲、吏家、百工、军户、僧祇户、佛图户、奴婢等。这些社会的等级层次也都不是通过“封建”形成的。

在雅典和古罗马由于商品经济比较发达，因此梭伦改革和塞尔维改革都按照财产的多少把公民分为四个或者五个等级。恩格斯说，梭伦改革“在宪法中加入了一个全新的因素——私人所有制。”[①] 并说经过塞尔维的改革，“以个人血统关系为基础的古代社会制度便被破坏了，代之而创立了一个新的、以地区划分及财产差别为基础的真正的国家制度”[②]。这种以“财产差别为基础”的社会层次就是阶级，阶级也不是“封建”的产物。

古印度的雅利安人实行种姓制度，社会成员被严格地按照血缘分为婆罗门（僧侣）、刹帝利（武士）、吠舍（劳动者）和首陀罗（不可接触者）四个世袭的种姓。这四大种姓是通过征服与分工形成的，与“封建”也毫无关系。

社会学里有一个概念叫做“社会分层”。在阶级与阶级斗争学说的指导下，我们曾经把贫富分化和阶级对立理解为唯一的社会分层，因此只强调阶级对立与阶级斗争，从不谈社会分层与社会和谐。实际上人与人之间在性别、年龄、辈分、体质、智力等方面存在着天然的差别，因此社会成员分化为不同的层次本来是一种自然的现象。这种现象甚至在动物的群体中都存在着，例如狮群、象群、猴群、黑猩猩群以及蜂群、蚁群中都有等级森严的层次，只不过在人类社会里这种差别更加复杂、更加扩大了。我们不可能消灭社会层次，但是应该学会怎样去分析和处理社会的分层，可以通过协调的方式构建和谐的社会，而不必一定要像乌眼鸡似的争斗不休。

等级制度是社会分层的一种外化标志，它既不是“封建”造成的，也不是“封建”特有的，把“封建”与等级制度捆绑在一起是毫无道理的。

---

① 恩格斯：《家庭、私有制和国家的起源》，《马克思恩格斯选集》第4卷，人民出版社1972年版，第112页。

② 同上书，第126页。

四 “封建”既不是社会形态，也不是社会阶段

人们常说“封建社会”、“封建时代”云云，似乎“封建”是一种社会形态、一个社会阶段，这还是一种误解。其实“封建”既不是一种社会形态，也不是一个社会阶段。[①]

把“封建”视为一种社会形态或是人类社会一个必经的阶段，前提是认定人类社会存在着一个普遍适用的统一的规律，这个规律就是“五种社会形态顺序发展论”，或称“五形态论”也叫“单线论”。

马克思和恩格斯确实在他们的书里说过“亚细亚的、古代的、封建的和现代资产阶级的生产方式可以看做社会经济形态演进的几个时代”[②] 这样的话，但是他们这样做只是在“描述西欧的资本主义经济制度从封建主义经济制度内部产生出来的途径”，从来也没有把这些社会形态连成一条线，更没有把“关于西欧资本主义起源的历史概述彻底变成一般发展道路的历史哲学理论，一切民族，不管他们所处的历史环境如何，都注定要走这条道路。”[③]

1853 年，35 岁的马克思在研究了印度历史以后指出：“东方（他指的是土耳其、波斯、印度斯坦）一切现象的基础是不存在土地私有制。这甚至是了解东方天国的一把真正的钥匙。”[④] 他的这一观点马上得到 33 岁的恩格斯的附和与支持。[⑤] 后来他们又进一步指出：“在印度便产生出一种特殊的社会制度，即所谓村社制度，这种制度使每一个这样的小单位都成为独立的组织，过着闭关自

① 参见拙文《五种社会形态是五种生产方式？五种生产关系？五个发展阶段？还是五种文化模式？》，《浙江学刊》2001 年第 3 期。

② 马克思：《〈政治经济学批判〉序言》（1859 年 1 月），《马克思恩格斯选集》第 2 卷，人民出版社 1972 年版，第 83 页。

③ 马克思：《给〈祖国纪事〉杂志编辑部的信》（1877），《马克思恩格斯选集》第 19 卷，人民出版社 1963 年版，第 130 页。

④ 马克思：《致恩格斯》（1853. 6. 2），《马克思恩格斯全集》第 28 卷，人民出版社 1963 年版，第 256 页。

⑤ 恩格斯：《致马克思》（1853. 6. 6），《马克思恩格斯全集》第 28 卷，人民出版社 1963 年版，第 260 页。

守的生活。”[①]“东方的专制制度是基于公有制。”[②]“各个公社相互间这种完全隔绝的状态，在全国造成虽然相同但绝非共同的利益，这就是东方专制制度的自然基础。”[③]这一系列论述构成了他们关于“亚细亚形态”的理论。马克思和恩格斯之所以会提出“亚细亚形态”这样一个概念，就是因为他们看到了东方社会形态与西方社会形态的不同，但是他们在晚年却又几乎不提“亚细亚形态”这个概念了。这是为什么呢？

1868年马克思在给恩格斯的一封信中说：“俄国人在一定时期内（在德国起初是每年）重分土地的习惯，在德国有些地方一直保留到十八世纪，甚至十九世纪。我提出的欧洲各地的亚细亚的或印度的所有制形式都是原始形式。”[④]恩格斯也认识到：“土地公社所有制这种制度，我们在从印度到爱尔兰的一切印欧族人民的低级发展阶段上……都可以看见。”“在西欧，包括波兰和小俄罗斯在内，这种公社所有制在社会发展的一定阶段上，变成了农业生产的桎梏和障碍，因而渐渐被消除了。相反地，在大俄罗斯（即俄国本土），它一直保存到今天。”[⑤]既然这种社会形态在欧洲历史上也同样存在过，那么再称其为“亚细亚形态”就不合适了。这应该就是马克思和恩格斯在晚年不提“亚细亚形态”这个概念的原因。

尽管马克思和恩格斯不提“亚细亚形态”这个概念了，但是并不等于说他们放弃或改变了自己的看法，因为他们在晚年仍然坚持认为：“古代的公社，在它继续存在的地方，在数千年中曾经是从印度到俄国的最野蛮的国家形式即东方专制制度的基础。”[⑥]“在有的地方，如在亚洲雅利安民族和俄罗斯人那里，当国家政权出现的时候，公社的耕地还是共同耕种的，或者只是在一定时间内交

---

① 马克思：《不列颠在印度的统治》（1853年6月），《马克思恩格斯选集》第2卷，人民出版社1972年版，第66页。

② 恩格斯：《〈反杜林论〉的准备材料》（写于1876年），《马克思恩格斯选集》第20卷，人民出版社1963年版，第681页。

③ 恩格斯：《流亡者文献·论俄国的社会问题》（1874—1875），《马克思恩格斯选集》第2卷，人民出版社1972年版，第624页。

④ 马克思：《致恩格斯》（1868.3.14），《马克思恩格斯全集》第32卷，人民出版社1963年版，第43页。

⑤ 恩格斯：《流亡者文献·论俄国的社会问题》（1874—1875），《马克思恩格斯选集》第2卷，人民出版社1972年版，第623页。

⑥ 恩格斯：《反杜林论》（1878），《马克思恩格斯选集》第3卷，人民出版社1972年版，第220页。

给各个家庭使用，因而还没有产生土地私有制，在这样的地方，国家政权便以专制政体而出现。"[1]"农村公社的孤立性、公社与公社之间的生活缺乏联系、保持与世隔绝的小天地……在有这一特征的任何地方，它总是把集权的专制制度矗立在公社的上面。"[2] 然而20世纪30年代，前苏联学术界却秉承斯大林的旨意居然宣布"亚细亚形态"不是马克思的思想，这是因为"亚细亚形态"理论揭示了东方专制主义的基础是公有制和互相隔绝的公社，这一思想使得在推翻沙皇制度以后仍然嗜好独裁专制的伪君子们感到如同芒刺在背一样难受。

意大利史学家梅洛蒂在《马克思与第三世界》[3] 一书中把"亚细亚形态"与欧洲"古代的、封建的和现代资产阶级的生产方式"并列起来，首创了社会发展形态的多线论。他的这本著作在"文化大革命"后由吴大琨先生翻译引进中国以后立即得到中国学者们的响应，胡钟达、罗荣渠等先生在20世纪80年代就发表长篇大论分别阐述了各自的多线论观点[4]。尽管看法不完全相同，尽管还有人反对，但是多线论拓宽了人们的眼界，不管其正确与否，它都使人们对单线论的那种简单机械的思维方式产生了怀疑，并对人类社会的发展进程重新加以深思。实际上人类社会的进程是何等的复杂，岂止只用几条线就可以予以说明的？它其实根本就不是线性的，所谓脉络、线索云云，都是为了便于研究而人为地设定的。这个问题涉及历史哲学，在这里就不赘述了。

五 中国国家的国体和政体是怎样演进的？

"五种社会形态理论"中最说不清楚的概念就是"社会形态"，它有时被等

---

① 恩格斯：《法兰克时代》（写于1881—1882年），《马克思恩格斯全集》第19卷，人民出版社1963年版，第541页。

② 马克思：《致维·伊·查苏利奇的复信草稿——二稿》（写于1881年2月底—3月初）《马恩全集》第19卷，人民出版社1963年版，第445页。

③ 该书译出后由于种种原因未能正式出版发行，但其主要内容已在中国社会科学院内刊《未定稿》上披露了。

④ 胡钟达：《试论亚细亚生产方式兼评五种生产方式说》，《中国史研究》1981年第3期、《再评五种生产方式说》，《历史研究》1986年第1期；罗荣渠：《论一元多线历史发展观》，《历史研究》1989年第1期、《新历史发展观与东亚的现代化进程》，《历史研究》1996年第5期。

同于"生产方式"，说成是"生产力与生产关系的总和"，有时又被当做国家性质，说成是"××国家"，而用来定性的"奴隶制"、"封建制"和"资本主义"究竟是指政治制度？还是经济制度？究竟是指国家性质？还是社会形态？我们实在不知道这些概念当中到底包含着什么内容。没有一个明确的定义，一切都跟着指挥棒转，削足适履，任意诠释，用指鹿为马的方法来考验学者们的忠诚度。这种理论和这种做法在"文化大革命"后遭到大多数学者的唾弃也是咎由自取、势之必然。

社会的形态究竟应该根据什么来进行分类定性？对于这一点，"五形态论"是极其模糊的：奴隶制是生产关系而不是生产力，封建制是政治制度而不是经济制度，资本主义是生产方式而不是国体、政体，社会主义是分配方式而不是生产方式，共产主义是无产者的一种美好幻想。这五个名词并不属于同一个类别，把它们串联在一起来命名社会形态，在逻辑上也讲不通。

马克思、恩格斯是社会学家，但是"五形态论"所用的这些概念在社会学教科书里却找不到。社会的形态应该与社会的结构相关。社会是人的群体，人们按血缘关系组成家庭、氏族、部落；不同血缘的人们按居住地组成村社、社区、城市；在社会上人们按纵向结合组成社群、政党，按横向分层组成等级、阶级；不同的人群有不同的生活方式，从而形成不同的文化，具有相同文化的人群形成为民族；社会发展到一定的阶段会组织成为国家，社会学关注社会的运行与控制，但是不关心国家的国体与政体，因为社会的发展与国家的演进是两回事。那么，社会形态究竟应该根据什么来命名呢？

人们在"五形态论"的影响下常常采用这五个名词来标注国家，一会儿把世界上的国家分为两大阵营，一会儿把世界上的国家分为三个世界，也不知道国家究竟应该按照什么标准来划分类型？如果可以这样随心所欲，那么还有什么科学性可言？国家的性质是由它的国体与政体决定的，而不是由它的社会形态决定的，那么中国国家的国体与政体是怎样演进的呢？

先秦时代的国体是复合制的封建王国。"封建"是"封邦建国"的简称，这是一种由天子的王畿和贵族的诸侯国构成的国体形式。先秦时代虽然有天子，但并不是后来大一统帝国的那种单一制国体；虽然地方上有诸侯国，但也不是后来帝国瓦解后出现的割据政权。由于近几十年来我们的政治学研究被"五形态论"掩盖了，对于国体的研究很薄弱，因此在这方面存在着很多空白有待填补。

先秦时代的政体是专制的，这种专制是从酋邦的娘胎里带来的，但是有别于大一统帝国的皇帝独裁专制，这是一种等级式贵族专制。因为先秦时代的社会还牢固地保持着古老的族氏组织，族人在族内的权利仍然以"咨国人询万民"的形式保存着，有人称之为原始民主制的残余。这种原始的民主制有机地结合在等级式贵族专制制度内，但是当建立大一统帝国后国人变成了编户齐民，帝国的老百姓就连这最后一点权利也被剥夺了。

从秦到清的国体是单一制的大一统帝国，但是由于封建的传统根深蒂固，因此封建制以分封藩王的形式镶嵌在帝国的国体里。从陈胜、项羽、刘邦分封异姓王到刘邦、司马炎分封同姓王，从实封诸侯到衣食租税，其精神都是封建的。从东汉末改刺史为州牧到唐后期节度使独霸一方，割据的藩镇也是皇帝封建的，只不过他们不是皇帝的亲戚或本家罢了。只有三国、五胡十六国、南北朝、五代十国时期的那些区域政权和分布在周边地区的少数民族政权，如回鹘、吐蕃、南诏、渤海、大理、辽、金、西夏、蒙古、后金等不是皇帝封建的。

从秦到清的政体也是专制体制，大一统时期是皇帝独裁专制，分裂割据时期是地方政权首脑独裁专制。中央集权专制体制的发展已经把地方的主权和国民的主权剥夺殆尽，以至于地方只能用割据的方式来争取主权，民众只能用造反暴动作乱的形式来宣泄不满。虽然在集权专制的控制下也可以达到天下大治，但是却不能建立一个人人拥有主权的和谐社会。

在上述两个时期之间的春秋战国是完成国体与政体变化的转型期。[①]

六　中国社会的形态又是怎样演进的？

中国社会形态的最大特点是以血缘为纽带的宗族结构始终没有解体，但是在历史舞台上表演的主角却是一茬又一茬地更换着。

夏人、商人、周人是华夏族的三个部族，商汤克夏、武王伐纣都是一个部族征服了另外一个部族，而不是阶级斗争的胜利。夏、商、周三代的社会都是

① 参见拙文《论春秋战国时期我国社会的变化与转型》，《史学月刊》2001年第3期。

由按血缘纽带连接起来的宗族构成的，其最特出的就表现就是宗法制。我们对夏、商的情况因为年代久远而印象十分模糊，对西周的宗法制则了解得比较清晰。宗法制还是封建诸侯的依据，这是中国式封建与欧洲中世纪的 feudalism 最大的区别。中国的国家在形成之初就是按血缘组织国民的，而不是按地域组织国民的，这是恩格斯在写《家庭、私有制和国家的起源》的时候没有考虑到的[①]。如果当时恩格斯知道这一点，他一定不会这样写了。后来嵌合在大一统帝国中的封建藩王的制度除了清初三藩以外也是以血缘为依据的，皇帝与同姓本家共同享有天下，这是中国的特色。

春秋战国时期的"礼崩乐坏"实际上是贵族之间的一种更替，三家分晋、田氏代齐、四分公室都不是什么新兴地主阶级取代奴隶主阶级，而是旧贵族的衰落和新贵族的崛起。这一时期国体和政体发生了极大的变化，但是社会结构却并没有发生本质性的改变，只不过是由这一群人取代了另一群人来主宰社会而已。

秦王政是先秦贵族中的最后一个，他消灭了其他的贵族、统一了中国，但是在秦王朝灭亡以后，所有的先秦旧贵族就都销声匿迹了，代之而起的是平民出身的皇帝刘邦和他的布衣卿相。虽然秦汉建立了大一统帝国，国体与政体都发生了变化，但是由于社会的宗族结构没变，平民出身的皇帝和他的布衣卿相们无一不想利用手中的权力来为自己的宗族造福，使自己的宗族成为豪门望族。经过两汉四百年的发展，一批新的贵族——累世公卿集团形成了，通过曹魏的九品中正制和西晋的占田荫客制他们把自己的特权用法律的形式固定下来，成为门阀世族，但是这批世家大族很快就腐朽了，经过南北朝的动乱他们又没落了。

重新建立隋唐帝国的都是名不见经传的庶族，而且还带有点胡人的血统，经过五代十国的动乱后重建大宋帝国的赵匡胤也没有高贵的血统，然而他们都企图通过《氏族志》、《姓氏录》、《百家姓》使自己的姓氏成为全国的第一姓。唐宋以后中国进入了平民时代，世代富贵已经成为泡影，六十年风水轮流转，任何人哪怕贫贱如朱元璋、哪怕是少数民族首领，只要依凭武力就可以登上国家权力的顶峰，但是他们都只代表自己的宗族、家族、家庭的利益，既不代表

① 恩格斯在《家庭、私有制和国家的起源》中说："国家和旧的氏族组织不同的地方，第一点就是它按地区来划分它的国民。""第二个不同点，是公共权力的设立，这种公共权力已不再同自己组织为武装力量的居民直接符合了。"见《马克思恩格斯选集》第 4 卷，人民出版社 1972 年版，第 166—167 页。

阶级，也不代表国家，更不代表社会。因为国家是皇帝的私产，皇帝的私利就成了国家的最高利益，所以他们为了保全自己的皇位不惜出卖国家利益，割地赔款、认贼作父，宁赠友邦、勿予家奴。

宗族社会的文化具有浓厚的宗族主义色彩，其中最有特色的就是谱牒之学的发达。谱牒是宗族的史册宝典，先秦时代的《世本》现在已难见其全貌，汉晋时代官修的家谱现在也见不到了，唐宋以后人口增加、分支蔓延，私修的家谱遍地开花，成为中国文化一道独特的风景线。除了谱牒以外，寻根祭祖和姓氏文化也都是极具宗族主义色彩的传统文化。

毛泽东有一句名言："阶级斗争，一些阶级胜利了，一些阶级消灭了，这就是历史，这就是几千年的文明史。"[①] 然而中国的事实是：群体斗争，一些群体胜利了，一些群体消灭了，这些群体首先是家族、宗族；其次是部族、民族，再次是各种各样的利益集团，这就是历史，这就是几千年中国的历史。这部历史的书写者用武力为手段、以征服为目的、最后一定要达到消灭对方的结局，其实一点也不文明。真正的文明史应该是以和平的方式、用民主的手段来建立和谐的社会。

社会上的成员出现分层和组成群体是正常的现象，层次和群体是社会的零部件，它们怎样构建社会和构建成怎样的社会是千差万别的，没有统一的模板，也没有统一的格式，它们的演进也不遵循刻板划一的顺序。正因为这样，人类社会的历史才会如此千变万化、丰富多彩。

金刚石和石墨的化学成分都是碳，只是因为分子中碳原子的结构不同，前者坚硬无比，后者松软异常；臭氧和氧气的化学成分也完全一样，只因为分子中相差一个氧原子，性质就迥然有别，这种现象在化学上叫做"同素异构"。正丁烷与异丁烷、乙醇与甲醚等化合物的分子式也都相同，只不过分子中原子的联结方式或排列方式不同，它们的性质也就都不相同，这种现象在化学上叫做"同分异构"。社会也存在着类似的现象。尽管不同的社会都含有相同的社会单元与社会成分，但是由于社会结构不同，社会性质、社会形态、社会面貌与文化形态也就大相径庭。

如果社会总是可以横向地划分为层次和纵向地划分为群体的话，那么雅典、罗马是分层重于分群的社会，而中国是分群重于分层的社会，而且在中国社会

① 毛泽东：《丢掉幻想，准备斗争》，《毛泽东选集》第4卷，第1491页。

里不论划分群体还是划分层次，主要的依据都是血缘。中国社会里同样有富人与穷人、贵族与平民，但是却没有像雅典、罗马社会那样的阶级。如果说雅典和罗马的社会是阶级社会，那么中国的社会就是群体社会。在中国按血缘、地缘、业缘、政治态度、宗教信仰、受教育程度等等不同原则划分的社会群体中，最重要的是血缘群体，即使是没有血缘关系的群体也要模仿血缘关系来构建自己的群体。宗族是中国社会里最重要的结构和最显著的特点，所以，说中国是一个宗族社会一点也不过分。

七　历史学家的使命与职责

马克思在批评英国对印度的殖民掠夺时说：“英国的干涉……在亚洲造成了一场最大的、老实说也是亚洲历来仅有的一次社会革命。”“的确，英国在印度斯坦造成社会革命完全是被极卑鄙的利益驱使的，在谋取这些利益的方式上也很愚钝。但是问题不在这里。问题在于，如果亚洲的社会状况没有一个根本的革命，人类能不能完成自己的使命。如果不能，那么，英国不管是干出了多大的罪行，它在造成这个革命的时候毕竟是充当了历史的不自觉的工具。这么说来，无论古老世界崩溃的情景对我们个人的感情是怎样难受，但是从历史观点来看，我们有权同歌德一起高唱：

‘既然痛苦是快乐的源泉，
那又何必因痛苦而伤心？
难道不是有无数的生灵，
曾遭到帖木儿的蹂躏？’”①

历史就是这样的不近人情和喜欢捉弄人，印度的社会变革居然是英国的殖民统治带来的！社会革命和政治革命并不是一回事。不要以为推翻了大清王朝，民主主义革命的任务就完成了，即使在中华民国成立以后，无论是“城头变幻大王旗”的北洋政府时期还是东北易帜后的南京政府时期，专制主义依然如故。对于有形的皇帝如袁世凯大家看得清楚，能够群起而反对，但是对于无形的皇

① 马克思：《不列颠在印度的统治》，《马克思恩格斯选集》第2卷，人民出版社1972年版，第67—68页。

帝大家就难以看清了，还沾沾自喜地以为自己也是龙子龙孙——龙的传人，推翻暴君专政后即实行暴民专政。一场政治革命，只要实现政权的交替就算完成了，可是一场社会革命却决不是只要改朝换代就能实现的，而需要一个长期的过程才能完成。建立中华人民共和国以后那么多年，仍然会形成对"红太阳"的崇拜与迷信，仍然会爆发荒唐的"文化大革命"，仍然会产生"两个凡是"的思想，就是专制主义的余孽沉渣泛起，这说明反专制的民主主义革命远远没有完成自己的任务与使命。

"封建"这个词已经用了两千多年，一直没有什么歧义，但是自从严复把feudalism译成"封建"以后麻烦就来了。李根蟠说："'封建'一词和世间其他一切事物一样，其含义都是历史地变化着的，不应以凝固的观点看待它。"[①] 这实在是一个非常奇怪的逻辑：既然含义已经变了，为什么还要使用原来这个名词呢？为什么不另用新词呢？如果含义已经改变而还要使用"封建"这个词的话，那么就应该标明"封建1"、"封建2"、"封建3"……否则的话，岂不犯了混淆概念的错误？

在把"封建"和feudalism对译的近百年间并没有多少人提出过疑义，那么"秦以后属于封建社会的理论被广泛接受"能不能证明这一理论就是正确的呢？地心说被人们广泛接受的时间更长，难道能够证明它是正确的吗？近三十年来学者们之所以对"封建"的概念和"封建社会"的理论产生怀疑并认真地进行反思，就是因为遵循"实践是检验真理的唯一标准"这个原理，不唯书、不唯上，实事求是、独立思考的结果。各种错误的理论在被证明是错误之前都曾经被广泛地接受过，难道这能证明它们曾经都是正确的吗？不是它们正确，而是人们没有意识到它们的错误罢了。

"封建"是什么？"封建社会"又是什么？是从概念中去寻求答案，还是从事实中去寻找答案？这是两种不同的认识论与方法论。冯天瑜先生的《"封建"考论》把"封建"一词的来龙去脉、古今中外梳理一清，十分见功力，可是李根蟠却批评冯天瑜先生说："死抠马克思恩格斯的个别词句，把自己的认识锁定在所谓'西义'封建概念中。"然而我们在他的两篇长文[②]中看到他自己也在死抠马克思恩格斯的个别词句，然后把自己的认识锁定在自创的"马（克思主）

① 李根蟠：《"封建"名实析义》，《史学理论研究》2007年第2期，以下出于此文的引文不再一一注明。

② 《中国"封建"概念的演变及封建地主制理论的形成》和《"封建"名实析义》。

义"封建概念——"封建地主制"中。李根蟠杜撰了一套"封建地主制理论"，说什么"正因为地主没有直接统治农民的权力，因此需要一个中央集权的官僚机构代表地主阶级行使统治的权力。可见，地主经济是中央集权官僚组织的基础。"可是正如前文所引，马克思恩格斯说得很明白，东方专制主义的基础是公有制，是互相隔绝的公社。李根蟠抠了那么多马克思恩格斯的词句，可就是不抠马克思恩格斯关于"亚细亚形态"和"东方专制主义"的词句，还标榜自己是马克思主义史学，拉大旗做虎皮裹着自己去吓唬别人，唯我独尊，老子天下正宗，这种手法几十年前我们就已经见识过了。

探讨"封建"的概念和"封建社会"的内涵，这本来是一个学术问题，在深入研究之后如果能够推翻陈见旧说，那是好事，是认识的进步，可是李根蟠却认为这"不仅仅是单纯的概念之争"，而是"牵涉到肯定还是否定中国新民主主义革命的历史，肯定还是否定中国马克思主义史学"的大问题。这种挥舞政治大棒在学术舞台上称王称霸的腔调也不是什么新东西，在"文化大革命"中我们见得多了，只是不知道从什么时候开始，"历史虚无主义"也成为一根用来打人的大棒了？如果现在还有人想挥舞大棒摆出一副"霸王"的嘴脸，那么早晚有一天他的下场是"别姬"。

今天的历史学家绝不是昔日的史官，我们不再为王前驱，不必再为尊者讳，也不用去为他们涂脂抹粉、粉饰太平了。有人说："历史是任人打扮的小姑娘"。如果历史真的落到这个下场，那就是历史学家的罪过了，那是因为历史学家没有骨气，不是为了讨好献媚，就是为了卖身求荣。我们研究历史，不是为了资治通鉴，不是为政要权贵服务，也不是为了去给别人的理论做注脚。历史学家要研究的是过去的社会发展，而不是王朝的兴衰存亡。历史学家要做的事情一是恢复历史的原貌；二是探索历史的道理；三是叙述历史的故事，把历史故事讲给人民大众听，以满足他们的好奇心。

我们为社会研究历史，为民众讲述历史，用自己的良心去解释历史，这就是历史学家的使命与职责。

（本文在《武汉大学学报》人文科学版 2008 年第 5 期发表了其中的 1 万字，此次为全文）

封建概念考辨

葛志毅

史学是极为古老的一门人文学科，在其发展中受到的最大改造是近代西方史学的“科学化”过程，这使其日后在概念、术语、研究方法以至理论形态上，出现诸多的改变革新。但时至今日，不仅史学是否是科学仍受到极大的质疑，即使在一些基本的概念认识上，还有一些往往令人生疑的混乱存在。如在时下被学者们重又提起的“封建”问题就是。

一　封建

在分封制的研究过程中，除传统的史学方法外，值得注意的是出现了与西欧封建制度等进行比较参照的研究倾向。这不仅涉及比较方法的引入问题，同时又涉及马克思主义史学方法论在运用时的一些具体问题。

所谓封建制度的概念，在马克思主义经典作家前的西方著作中就已经被使用了。如最早在孟德斯鸠《论法的精神》中就已经涉及这一概念。但对此概念在使用意义上是有区别的。在欧洲资产阶级史学中，封建制度被用来指一种政治法律制度，即日耳曼人摧毁罗马帝国之后，在欧洲中世纪出现的主要与封土采邑制相关的封君、封臣式等级制。在马克思主义史学理论中，封建制度乃是人类社会发展过程中的一个必经阶段，即继奴隶制之后出现的一个社会发展形态，是同特定经济关系相联系的社会生产方式。它并不局限于欧洲，带有人类历史发展的普遍性。可见在资产阶级史学与马克思主义史学理论中有关封建制度的概念是不同的，因而在使用意义上是有区别的。在新中国成立前的学者中，已有人主张把西周分封制与西欧封建制度进行比较，但在他们的研究中是在前一个意义上使用封建制度这一概念的[①]。另一些服膺马克思主义史学理论的学者，尤其是新中国成立后在中国古代史分期的讨论中，主要是在后一个意义上使用封建制度这个概念的。这当然是分封制研究中在史学方法论上的革新，但在具体研究过程中往往不自觉地发生概念上的混淆。如持西周封建论的一些学者中，认为分封制是封建领主制的重要标志，并且有些人还为此目的把分封制与西欧中世纪的封土采邑制相比较。但封土采邑制显然不是封建生产方式的本质特征，它虽然涉及土地分配割让问题，但它主要是封建主内部彼此缔构权利义务关系和等级依附关系的一种法律规定形式。罗马帝国的崩溃，使统一的国家秩序不复存在，中世纪的人们也为取得一种保障与安全。于是通过彼此订立契约的方式，在相互间建立起一种权利义务关系，以代替国家所能给予的人身与财产之保护，于是导致契约关系的普遍流行。与封土采邑制相联系的封君、封臣关系，也包括在此封建契约关系的范围之内。西周时代是天子的至高权威支配下的国家有效统治，天子、诸侯、卿大夫间的关系属于政治隶属关系；而卿大夫与家臣关系属于私家的人身隶属关系范围。家臣虽也受土食邑，但他却被排斥于国家政治关系的范围之外。因而在研究中使用比较方法并非不可以，但把封土采邑制作为西欧封建社会的主要标志而与西周分封制相比较，已不是在马克思主义关于社会形态的学说上把握封建社会，而试图把分封制作为一种政治制度，同西欧中世纪在形式上相对近似的同类制度相比较。但这种比较在某种意义上是难以成立的。如上所言，西周分封制确是一种国家政治制度，它所建立的是上下级之间严格的政治隶属关系，及以此关系为基础的国家统治结构。但西欧中世纪分封制则不然，它是以封土采邑为媒介，通过封君、封臣间的私人契约形式，在双方建立起一种附有权力义务规定的个人依附关系。因而欧洲中世纪分封制的推行结果，并没有像西周一样建立起一个有效的国家统治秩序。它所建立起的只是各级封建主之间的个人依附关系。因为封臣除对授予他采邑的封君负有规定的义务外，并未因此产生对国家的任何义务。此外，周初封建使夏商以来的分散政治局面进一步集中统一，西欧中世纪封建是在统一的罗马帝国崩溃之后所建立起来的诸侯割据的分裂局面。在这一点上，周代封

① 见齐思和《西周时代之政治思想》、《周代锡命礼考》，载《中国史探研》，中华书局 1981 年版；又见张荫麟《中国史纲》，三联书店 1962 年版。

建与欧洲封建所导致的政治结果是完全相反的。当搞清西周分封制与西欧中世纪分封制在形式上相似而本质上不同的区别后，就应该认识到，在两者间进行的这种比较，只能反映出在概念上的混乱。因此又可以看出，在分封制研究中存在一个值得注意的一般性问题，即对分封制的理解并不是十分深入的，往往停留在表面形式上。即使当把它理解为一种政治形式时，也主要局限于天子分封诸侯卿大夫这种政治上的权力分配过程，至多没有超出由此建立起的等级结构形式。或者可以说，分封制主要被单一地理解为，它是由多级权力构成的阶梯式线性组织模式，而不是通过多角度的全面剖视，把分封制理解为一个总摄诸有关制度而纲维周代国家的立体式政治制度体系。在相当一些通史著作及有关周代史的著述中，所能得出的有关分封制概念，多不出上述那种模式。

另外有些学者感到文献中所谓周人“封建”，与“封建制度”的概念并非一事，于是对“封建”提出其他的各种解释，综观各家对“封建”的解释，可以概括为古代殖民制度论[①]，这种对西周分封制的理解方式，很有些简单化地使用比较方法的倾向。因为若深入进行分析考察，其说并不合理。就分封过程本身来讲，它乃是一种自上而下的行政建置活动，周天子有意识地通过分封诸侯的办法建立起隶属于自己的地方政权。仅这一点，已足以使分封制与任何形式的古代殖民制度相区别。部落殖民所建立起的是母部落与子部落的关系，它们往往又结成亲属部落联盟。马克思在《摩尔根〈古代社会〉摘要》一书中曾谈到原始社会由于人口与生活资料压力而发生的“有组织的殖民”。在古代的希腊、罗马曾因公民人口数量比例等原因的影响，大量向海外移民，马克思称之为“强迫移民”，并因此形成所谓殖民运动。但这样新建的殖民城邦与希腊本土的母邦之间，在地位上是平等的，除共同的宗教联系外，在地位上不存在任何政治上的隶属关系。因此这种自发的海外殖民活动，同周代有目的的政治分封是无法相比的。周代既未出现过这种向外殖民的类似历史背景，天子与所封诸侯也绝非希腊在本土母邦与海外殖民城邦间的那种地位平等关系。与此有关，有的学者提出周人封建即是殖民建邦，或曰封建

① 郭沫若在《中国古代社会研究》中提出，封建乃是周代的殖民制度，人民出版社 1954 年版；侯外庐在《中国古代社会史论》中提出，封建同罗马的殖民制度相似，人民出版社 1963 年版；李玄伯在《中国古代社会新研》中提出，希腊、意大利的古代殖民，即我国古代所谓“封建”，开明书店 1938 年版。由此又引出西周封建是军事殖民制度的说法。

即建立城邦国家[①]。这种说法与上述殖民说在本质上是相同的，只不过明确标出城邦的概念。城邦制度的典型代表是古代的希腊、罗马，中国古代不存在这种制度。这是一个较为复杂的问题，这里不拟多谈，只想指出最基本的一点，即城邦首先是一种独立的国家形式，它是一个自治的政治单位。如希腊城邦的基本特征是独立和自治，每一个城邦具有完全的主权和独立的地位，这也是导致古代希腊始终未能超出城邦制度而建立起更大的统一民族国家的一个重要原因。周代国家乃是一个由王国与大小不等的诸侯邦国通过上下隶属关系结成的政治共同体，其中不存在任何一个自治的政治单位。不仅全部诸侯都隶属于王，一般的诸侯邦国还要受制于诸侯长。在城邑关系上，表现为王国、邦国、都邑式的隶属形式；在城邑规模上，有九里、七里、五里、三里等递差式等级规定。这说明，中国古代的城市也被纳入于等级制体制内，本无自主、平等可言。所以，周代的诸侯国根本不是独立自治的城邦国家，它们是周代国家统一体内的地方政权单位。这种封建城邑体制与希腊城邦国家是不能相比的。

二 分器、分物与分封

在周代，分器或分物乃是分封制的一项重要内容。

除《左传》所述周初诸侯之封有各种分物之赐外，《史记·周本纪》亦谓武王胜殷，"封诸侯，班赐宗彝，作《分殷之器物》"。集解引郑玄曰："作《分器》，著王之命及受物。"又见《书序》。《左传》昭公十五年也说："诸侯之封也，皆受明器于王室。"杜预解"明器"为"明德之分器"。此外，有关的记载还可以举出以下诸例。

《国语·鲁语下》："肃慎氏之贡矢，以分大姬。"

《墨子·明鬼下》："昔者武王之攻殷诛纣也，使诸侯分其祭，曰：使亲者受内祀，疏者受外祀。"

《穀梁传》哀公四年范注："武王克纣，而班列其社于诸侯，以为亡国之戒。"

---

① 此说最早可溯自侯外庐。他在新中国成立前出版的《中国古典社会史论》中已提出，在《中国古代社会史论》中又提出，要通过分封制来探讨中国古代城市国家的起源。

由以上诸例可见诸侯所受分物范围之广。而且，在有关著述中又以诸侯受分物乃是一种常制。如《左传》文公六年："古之王者……并建圣哲，树之风声，分之采物。"孔疏："采物，谓采章物色，旌旗衣服，尊卑不同，名位高下，各有品制。天子所有，分而予之，故云分之，定四年传称分鲁公以大路、大旗之类，皆是也。"《礼记·明堂位》郑注："古者伐国，迁其重器，以分同姓。"

由以上诸例可见，封诸侯而赐以分物，已被视为一定制。但此乃周代特有的制度，如汤灭夏，曾获得很多宝物，《史记·殷本纪》说："夏师败绩，汤遂伐三朡，俘厥宝玉，义伯，仲伯作《典宝》。"但不闻汤有分赐诸侯器物之说，这或许从另一方面说明商初未大封诸侯 。这些宝玉既集中于王室，后即为周所得，如《逸周书·世俘》说："凡武王俘商旧宝玉万四千，佩玉亿有八万。"这可能成为周初诸侯分物的一部分，如鲁受"夏后氏之璜"，当即商汤得之于夏而又转归于周者。据上述记载可以说，周代分封，赐诸侯分物乃是一项重要内容，分封制之得名亦与此有关。以《左传》定公四年为例，皆先说分某物，后说封某土，如"分鲁公以大路……封于少皞之虚……分康叔以大路……封于殷虚……分唐叔以大路……封于夏虚。"是分封者，分物封土之谓也。又如《国语·鲁语下》载武王封陈，亦谓"分太姬（肃慎氏贡矢）……封诸陈"。亦如《左传》分某物封某土的程式。此外又有分国、分土、分地诸说①，此与分器、分物合观之，都证明"分"乃是封诸侯之制的一项重要因素②。直至今日研究周代分封制者，很少对此加以注意，以致"分"义久湮不显，有些人且习用"封建"一词。若明了此分物、分器在分封诸侯时所具有的重要意义，则应该认识到，若论周代封建诸侯之制，"分封"一词是最足以概括其本来包含的内容与意

---

① 《国语·周语中》："均分公伯侯子男"，《墨子·尚同下》："分国建诸侯。"《周官·夏官·量人》："掌建国之法，以分国为九州。"《荀子·王霸》："建国诸侯之君分土而守。"《礼记·祭法》："天下有王，分地建国。"《史记·五帝本纪》正义："分谓封疆爵土也。"

② 《邾公经钟》铭："佳王正月初吉，辰在乙亥，邾公经择厥吉金，玄肤璆吕，自乍和钟，曰余毕恭畏忌，铸予和钟二堵，以乐其身，以宴大夫，以喜诸士，至于万年，分器是寺。"按，此邾君自作器而云"分器"，不知何故。阮元：《积古斋钟鼎彝器款识》云："分器者，分所当作之器。《书序》：'武王班宗彝，作分器。'"若然，则诸侯受封得分器于王室已成定制，以致诸侯自铸彝器亦谓之分器。西周《己侯貉子簋》："己侯貉子分己姜宝作毁（簋），己姜石用密，用丐万年。"此亦是分器封建之事，例与《国语》所述同。《鲁语下》："肃慎氏之贡矢，以分大姬，配虞胡公而封诸陈。"故《己侯貉子簋》当是己侯貉子分宝器，给其女纪姜，并嫁而封之。

义。《左传》虽有“封建亲戚”的说法，但作为制度的正名，封建一词实不如分封一词更贴切近实。故若溯本正名，称周代封诸侯之制为分封制，实比某些人习用的“封建制”更为确切。

分物如此重要，是因为它被赋予特殊意义而在执行一种政治功能。

周初分赐诸侯受封者以分物，与阿兹特克人在联盟内按一定比例分配战利品的野蛮习惯是绝不相同的，而是属于文明社会的一种政治行为。从周王来说，赐诸侯分物乃是以之贯彻统治的特殊手段，如《国语·鲁语下》载孔子之言说：“古者分同姓以珍玉，展亲也；分异性以远方之职贡，使无忘服也。”按《伪古文尚书·旅獒》：“王乃昭德之致于异性之邦，无替厥服；分宝玉于伯叔之国，时庸展亲。”当本《国语》此文。此即希望通过分物，密切同姓与王室的关系，督使异姓恪尽对王室的义务。又如《左传》谓鲁、卫、晋三国始封之君“有令德，故昭之以分物。”《史记·卫世家》也说成王“举康叔为司寇，赐卫宝祭器，以章有德。”所谓昭德、彰德，皆是以分物的形式对受封者在政治上加以褒饰崇奖。从受封者来说，能否得到分物，也与其身份、地位有关，如陈受肃慎氏贡矢，乃是武王嫁女于陈胡公的原因。《左传》昭公十二年楚灵王论周初分物时说：“齐，王舅也；晋及鲁卫，王母弟也。楚是以无分，而彼皆有。”是可见受分物者的身份主要限于同姓子弟及异姓姻戚受分封者，像楚这样的诸侯由于身份、地位等原因，则未受分物之赐，因此之故，受有分物也成为一种殊荣，如遇有大事则陈列出来以“华国”①。《左传》昭公十五年载晋籍谈曰：“诸侯之封也，皆受明器于王宝，以镇抚其社稷。”杜预解“明器”为“明德之分器”，是诸侯受分物、分器，又有镇抚社稷的功用。此陈器华国应为镇抚社稷之一用。

如果说某些分物作为一种殊荣，致使像楚这样的诸侯没有得到，那么根据文献及西周策命金文的记载，周王于分封策命时以各项赐物赏予受命者，基本

① 如《周官·春官·天府》：“凡国之玉镇大宝器藏焉，若有大祭、大丧，则出而陈之。”《春官·典庸器》：“掌藏乐器，庸器，及祭祀，帅其属而设笱虡，陈庸器，飨食宾射亦如之。”庸器即功器。《书·顾命》载成王薨时，曾陈列玉镇大宝器“华国”，诸侯亦当如此。《礼记·明堂位》载鲁以周公勋劳得备四代之服器，其中“宗鼎、贯鼎、大璜、封父龟，天子之器也；越棘、大弓，天子之戎器也。”此诸受于天子之器，亦是陈设于庙堂以华国者。郑注大璜为夏后氏之璜，《春秋》定公八年杜注谓大弓即封父之繁弱，皆鲁初封受于天子者。《左传》昭公十五年：“诸侯之封也，皆受明器于王室，以镇抚其社稷。”杜注解明器为明德之分器。然则此陈器华国当是镇抚社稷之一用。

成为一种定格[①]。这是利用分物具有的政治表彰功能，进一步予以发挥而使之成为策命的必要程式，并用以达到下述两个目的，第一，对受封者所得地位与权力的承认及肯定；第二，申明受封者对王室的臣属关系与义务。综之，通过以上对分器、分物概念的分析，我觉得称周代众建诸侯之制为分封制，要比称封建制更妥帖。

综之，封建是中国古代文献中习用的成语，而现时中国的史学研究体制，是从概念到理论引入相当多的外来因素构合而成。因此，如何在此情况下重新使用原有的史学概念，准确构建新的研究术语，是必须引起注意的问题，如关于分封与封建的辨析就是一例。诸如此类仍是未来史学研究中应该引起长期注意的问题。

---

① 西周金文外，如《公羊庄元年》："王使荣叔来锡桓公命。锡者何？赐也。命者何？加我服也。"又如《诗·大雅·嵩高》序谓宣王时"天下复平，能建国亲诸侯，赏申伯焉。"孔疏："建谓立其国，亲谓亲其身也。褒赏者，锡赉之名。车马衣服，是褒赏之物也。"可见褒赏已成为分封的内容，车马衣服则成为赏赐之物。

论中国“封建主义”问题

——对中国前现代社会性质和发展的重新认识与评价

荣 剑

一 问题的由来及其意义

封建主义，作为一种制度，也作为一种文化，曾被广泛地看做人类社会普遍经历过的一种社会形态。当代表一种先进大工业生产社会形式的资本主义社会从封建主义的母胎中诞生时，封建主义既被看做一种束缚先进生产力的枷锁，又在某种意义上被看做一种孕育先进生产力的唯一社会形式。这样，进入现代历史进程的具有不同历史背景和制度背景的国家，似乎都要和封建主义发生联系，封建主义仿佛和资本主义一样，也似乎成了人类社会不可逾越的“卡夫丁峡谷”。

《剑桥中国秦汉史》的作者认为：“不论是非马克思主义史学家，或是马克思主义史学家，都对封建主义（feudalism）一词的使用感到困惑。”“对马克思主义者来说，分期是一个大问题。从奴隶制向封建主义（马克思主义意义上的）过渡是理所当然的，唯一的问题是什么时候过渡”①。的确，依据马克思主义传统的也是权威的观点，中国社会和西方社会一样，都要经历一个封建主义阶段

① ［英］崔瑞德、鲁惟一：《剑桥中国秦汉史》，杨品泉等译，中国社会科学出版社1992年版，第35—36页。

是毫无疑义的。马克思的社会形态理论，长期以来被看做封建主义所具有的普遍“世界历史”性质的主要理论依据。在这样的理论背景下，新中国成立以来的中国学界在探讨和诠释中国传统社会的性质和发展时虽然存有巨大分歧，提出了诸如中国封建主义始于“西周”说、“战国”说、“秦统一”说、“魏晋”说等不同说法，但这些分歧似乎并不妨碍他们得出一个共同的结论：近代以前的中国社会和西方社会一样，在向现代性社会转变时（不管这种转变是以资本主义的形式出现还是以社会主义的形式出现），都背负着封建主义的巨大历史遗产。这意味着，对传统社会的批判和超越，就是对封建主义的批判和超越。

中国学界并非没有人认识到上述关于中国社会封建化的种种不同描述所包含的历史和学理上的问题，有关质疑可以上溯到20世纪20年代以来的某些论著，如梁启超的《先秦政治思想史》、胡厚宣的《殷周封建制度考》、张荫麟的《中国史纲》、钱穆的《国史大纲》等。在这些著作中，封建主义作为一种制度被严格限定在西周时代，至于“三代”以后的中国社会是在何种社会形式下运行，则被赋予了和封建主义有别的其他说法。如钱穆就认为：“近代中国社会确有不少封建势力在盲动，却不能说中国二千年来的社会传统，本质上是一个封建。更不能本此推说，中国二千年来的文化传统，本质上也是一封建。”[①] 这些说法显然试图限定封建主义在中国历史上的时间界限而不是将其无限延伸至中国现代转型的前夜。这和所谓的封建主义“西周”说是有根本区别的。著名史学家翦伯赞曾经是“西周”说的主要代表人物，他在《先秦史》一书中令人信服地描述了西周时代中国社会的封建化进程，但他把这一历史进程同样纳入在西周以降的中国社会的演变中。在他看来，秦始皇统一中国揭开了中国“中期封建社会”的序幕，中国由此从初期封建制走向专制主义的封建制。

值得注意的是，在有关中国社会封建化的不同理解和诠释的背后，可以清楚地看到“普世主义”历史观的影响。当人们普遍把封建主义的“普世性”作为认定中国传统社会性质无可置疑的前提，并进而认定是马克思历史观的题中应有之义时，他们忘了，“普世性”的观点是属于黑格尔历史观的独特产品。黑格尔在力求超越“原始的历史”和“反省的历史”的局限性时建立了“哲学的历史”的观点，按照这种观点，世界历史是由理性主宰的“合理过程”，是“世界精神”的“合理的必然的路线”，“世界精神”是在世界存在的各种现象中显

① 钱穆：《国史新论》，生活·读书·新知三联书店2001年版，第36页。

示它的单一和统一的本性，而且这种本性必须表现它自己为历史的最终结果。黑格尔通过历史哲学的剃刀对历史的剪裁，使历史呈现在人们面前的不再是一幅杂乱无序的图画，世界历史由此具有了它的规律性和普遍性的本质，以及由低向高发展、由简单向丰富展开的特性。但遗憾的是，德国哲学深刻的背面往往就是它无可避免的片面、绝对或极端。马克思在晚年之所以拒绝俄国民粹派理论家米海洛夫斯基强加给他的荣誉：把关于西欧资本主义起源的历史概述变成关于人类社会一般发展道路的历史哲学理论，就在于他清醒地看到，按照黑格尔的"普世性"方法建构起来的"一般历史哲学理论"并不是一把万能钥匙，由此可以把握在不同历史环境中所产生的完全不同的结果。对马克思来说，他一生都在致力于揭示人类社会发展的规律性和"世界历史"的普遍意义，力求把历史发展中的每一个要素都放置它"完全成熟而具有典范形式的发展点上"加以考察，但他并没有因此忽视历史发展的各种特殊性和可能性，对历史规律的逻辑叙述从来都没有被用来当做实际的历史进程。

马克思在运用历史和逻辑统一的方法建立起来的社会历史观，长期以来对史学研究有重要的影响，问题在于，后人在运用他的理论分析和诠释社会历史现象时往往会犯和米海洛夫斯基同样的错误。用马克思的社会形态理论把中国社会在近代以前的漫长时期纳入在"封建主义"的框架内，并以此试图证明中国社会发展和西方社会发展的同一性，很可能就是属于这样的错误。因为马克思在任何地方和任何意义上都没有说过东方社会（当然包括中国社会）在历史的演进中经历了封建主义阶段，更不用说东方社会在资本主义的前夜还在遭受着封建主义梦魇的折磨。相反，马克思明确认为，东方社会在前资本主义阶段根本不存在着"社会形态"意义上的封建主义。

的确，马克思在1859年《政治经济学批判》序言中把亚细亚的、古代的、封建的和现代资产阶级的生产方式看做是社会经济形态演进的几个时代，他试图以此揭示人类社会从低级形态向高级形态发展的必然性和规律性。但就是在这一时期，马克思的研究表明，他试图在逻辑上确立亚细亚生产方式在人类社会发展序列中的原初地位时，并没有否认该生产方式在历史上所表现出来的特殊性质和特殊的发展道路。他很清楚，在世界历史进程中，亚细亚生产方式并不是人类社会早已灭亡的只是残留在社会古地质层的社会形态，相反，它和其他社会形态长期并存，完全在自己的轨道中独立发展；而且，它比资本主义社会以前的任何一种社会形态都有更顽强的生命力，当西方的奴隶社会和封建社会依次解体时，亚细亚社会却依然能够顽强地生存下来。这意味着在前资本主义时期社会形态的演进中存在着两条路线，即“自由的小土地所有制解体，以及以东方公社为基础的公共土地所有制解体”[①]。

在马克思的概念系统中，封建主义是西方中世纪的社会形态，是《资本论》手稿所提到的“日耳曼所有制形式”的同义语，是“资本的洪水期前”的历史。虽然，马克思并未系统集中地阐述封建主义的所有特征，但他在自己的不同著述中多次提到封建主义的主要特征是：人身依附、大地产、等级制、政治强制等。在他看来，由于土地公有制的崩溃程度、种族和血缘的松弛程度以及个性的发展程度不同，“日耳曼所有制”不仅是在历史上而且也是在逻辑上比“亚细亚所有制”和“古代所有制”更接近于成为资本主义的母体。所以，马克思认为：“资本主义社会的经济结构是从封建社会的经济结构中产生的。后者的解体使前者的要素得到解放。”[②] 在他看来，什么样的生产方式会代替旧的生产方式，取决于旧的生产方式本身的性质。这就是说，封建社会的性质决定了该社会向资本主义社会演变的可能。

由于把封建主义看做是西方中世纪特有的社会形态，是近代资本主义的历史和逻辑前阶，马克思根本否认这种社会形态和东方的或古代的社会形态有什么同一性，他也反对用这种社会形态作为衡量前资本主义时期其他社会形态的唯一尺度。这些看法在马克思的晚年得到了进一步的阐述。他在摘录柯瓦列夫斯基和菲尔等人的著作——史称“人类学笔记”时，对有关作者所谓的东方社会的“封建化”观点提出了批评。在柯瓦列夫斯基看来，东方的公社土地所有制的解体过程等同于西方的封建化过程。例如，他认为，印度农村公社在其解体的过程中，也达到了盛行于中世纪的日耳曼、英国和法国的那个阶段，出现了一系列和中世纪的“马尔克权利”和“公社权利”一样的权利，出现了“封建的占有”。对此，马克思有过重要的评论。他在摘录柯瓦列夫斯基关于“穆斯林统治时期印度土地所有制的封建化过程”一节时，有时把“封建化过程”改写为“所谓封建化过程”；有时打上引号，以示区别。当柯瓦列夫斯基把存在于印度的“采邑制”、“公职承包制”和“荫庇制”混同于西方的封建化制度时，马克思评论道：“由于在印度有‘采邑制’、‘公职承包制’（后者根本不是封建

① 《马克思恩格斯全集》第46卷［上］，人民出版社1985年版，第471页。

② 《马克思恩格斯选集》第2卷，人民出版社1972年版，第221页。

主义的，罗马就是证明）和‘荫庇制’，所以柯瓦列夫斯基就认为这是西欧意义上的封建主义。别的不说，柯瓦列夫斯基忘记了农奴制，这种制度并不存在于印度，而且它是一个基本因素。”① 马克思在另一处还这样写道：“根据印度的法律，统治者的权力不得在诸子中分配，这样一来，欧洲封建主义的主要源泉之一便被堵塞了。”② 针对柯瓦列夫斯基把土耳其的统治者在阿尔及利亚建立的“军事移民区”命名为“封建的”做法，马克思认为“理由不足”。在马克思看来，在柯瓦列夫斯基的整部著作中，对所谓东方社会的封建化过程的描述，“都写得非常笨拙”。因为柯瓦列夫斯基把西方的封建主义模式完全机械地照搬到东方。马克思在摘录菲尔的著作时，对后者把东方的村社结构看做封建主义的观点提出了尖锐的批评：“菲尔这个蠢驴把村社的结构叫做封建的结构。”③ 这表明马克思坚决反对用一个统一的西方式的封建化标准来衡量东方社会，反对把人类社会历史简单地、机械地挤压到欧洲模式中去。

由上可见，把中国社会的封建化问题纳入在马克思社会形态理论的框架内来解决，如果不充分估计到马克思关于东方社会的全部或主要观点，将不可避免地导致形而上学的后果。马克思不能为那些以他的名义或以他的理论所做的把历史“普世化”或“单线化”的错误承担责任。但是，马克思关于东方社会的非封建化理论同样也不能作为我们研究中国社会封建化问题的立论基础，他在批评柯瓦列夫斯基等人所做出的结论不能成为我们评判中国社会性质及其发展道路的主要理论依据。马克思理论的重要意义在于提供科学的研究方法而不是提供现成的结论。因此，研究中国社会的封建化问题，必须彻底摆脱“普世主义”历史观的影响，既要反对任何形式的“西方中心论”倾向，也要反对在马克思主义面目下的各种教条式的做法。用英国学者佩里·安德森（Perry Anderson）的话来说：“凡是在封建欧洲之外的历史领域进行的严肃的理论探讨，都必须会取代传统的一般性比较（同欧洲的比较），实事求是地建立一种具体而准确的社会形态和国家体系的类型学。这种类型学尊重它们各自结构和发展的重大差异。只有在无知的黑夜，一切不熟悉的形象才会具有相同的颜色。”④

① 《马克思恩格斯全集》第45卷，人民出版社1985年版，第283—284页。

② 同上书，第312页，第269页，第274页。

③ 马克思评论菲尔的话引自《马列主义研究资料》（中央编译局），1987年第1期，第16页。

④ 佩里·安德森：《绝对主义国家的系谱》，刘北成等译，上海人民出版社2001年版，第567页。

二 封建主义的形成及其典型形态

“封建主义”这一概念并不是和封建主义的历史进程与生俱来的，相反，当这一历史进程即将终结时，一些学者才开始注意并研究这个自罗马帝国崩溃以来已持续了一千年的社会时代的某些现象和特征。在16世纪的法国文献中，“封建”的概念首先是和中世纪特有的土地制度——“采邑”（feudum）及其相关的法律相联系。随后人们进一步发现，中世纪广泛存在的“封臣制”、“采邑制”、“农奴制”及其法律体现表明这一时期的社会制度和它前后相连的两个社会制度是有根本的区别。到了法国大革命时期，“封建主义”则成了旧制度的同义语，同时也就成为资产阶级革命所要摧毁的对象，托克维尔（Tocqueville）的言论是有代表性的：“大革命彻底摧毁了或正在摧毁（因为它仍在继续）旧社会中贵族制和封建制所产生的一切，以任何方式与之有联系的一切，以及即使带有贵族制和封建制最微小的印迹的一切。”[①] 从19世纪以来，封建主义成为欧洲中世纪的主要标志，是“黑暗时代”的主要象征。

那么，封建主义是如何产生的呢？当罗马帝国的庞大结构在一夜间轰然倒塌时，在其废墟上何以“一定”建立起封建主义的城堡？对这个问题，马克思提供了纲领性的回答。他在《德意志意识形态》中指出：“封建主义决不是现成地从德国搬去的；它起源于蛮人在进行侵略时的军事组织中，而且这种组织只是在征服之后，由于被征服国家内遇到的生产力的影响才发展为现在的封建主义的。”[②] 在这里，马克思精辟地看到了封建主义形成的两个重要因素，即我们现在通常所理解的“日耳曼因素”和“罗马因素”。安德森在其著作《从古代到封建主义的过渡》中对马克思的上述观点作了更加精确的概括：“原始的方式和古代的方式的灾难性碰撞，最终产生了遍布整个中世纪欧洲的封建秩序。西方封建主义是罗马和日耳曼传统的融合的特有结果。”[③] 美国学者汤普逊（J. W. Thompson）在其名著《中世纪经济社会史》一书中也持相同观点，在他看来，“在日耳曼制度同罗马制度融合的过程里，无论在精神或职能方面，都有着为两

① 托克维尔：《旧制度与大革命》，冯棠译，商务印书馆1996年版，第60页。

② 《马克思恩格斯选集》第1卷，人民出版社1972年版，第81页。

③ 佩里·安德森：《从古代到封建主义的过渡》，郭方译，上海人民出版社2001年版，第130页。

种制度同时各起作用的余地”[①]。他把这种融合简洁地概括为：罗马贡献了财产关系，日耳曼人贡献了人身的关系，它们的结合构成了封建制度的主要内容。为此，汤普逊把中世纪的封建社会看做一个有机的由不同种族成分和不同的制度因素混合在一起的社会。

把欧洲中世纪封建社会看做“日耳曼因素”和“罗马因素”融合的产物，这只是从社会发生学的角度来说明这个社会得以形成的构成要素，它们还不足以完全解释封建主义的典型特征，因为在“日耳曼因素”和“罗马因素”的漫长融合过程中（至少约有四百年的时间），它们实际上都在新的社会历史条件下发生了质的变化。就“罗马因素”而言，在罗马帝国后期所存在的隶农制、庇护制、田庄制、大地产等这些罗马特有的财产关系并未原封不动地被日耳曼人照搬到中世纪；而所谓的“日耳曼因素”，即在蛮族的原始军事组织中保留下来的附庸制、保护制、委身制及其相应的效忠观念则在后来的历史进程中演变为各种人身依附关系。在马克思看来，这些不同的社会要素的融合并由此推动一个新的社会的产生，归根到底，是由生产力的变化和发展所决定的。他在评价日耳曼蛮人征服罗马帝国后将选择何种社会形式时指出：“定居下来的征服者所采纳的社会制度形式，应当适应于他们面临的生产力发展水平，如果起初没有这种适应，那末社会制度形式就应当按照生产力而发生变化”[②]。欧洲封建主义形成的历史证实了马克思的观点。

欧洲中世纪的历史是从公元 476 年西罗马帝国的灭亡开始计量的，但封建主义的历史则并不是同时立即开始，毋宁说在 8 世纪法兰克宫相查里·马特实行著名的采邑改革之前，欧洲进入了封建主义的史前期。如同资本的原始积累一样，封建化也需要在一个历史进程中完成它的原始积累。抛开当时繁芜复杂的历史现象，封建化的这种历史积累主要表现在两个方面：一方面，伴随着罗马帝国政治上的崩溃，土地的私有化导致土地的不断集中，形成大地产及其组织形态——田庄，同时也不可避免地形成了无地农民——隶农对大地产所有者的人身依附。另一方面，日耳曼蛮族在不断侵入罗马帝国直至摧毁这个帝国时，它原先固有的原始公社土地所有制在罗马私有化的巨大影响之下也趋于解体，土地的分化和集中也像罗马一样开始出现，原来基于血缘和效忠观念所形成的

---

① 汤普逊：《中世纪经济社会史》上册，耿谈如译，商务印书馆 1961 年版，第 255 页。

② 《马克思恩格斯选集》第 1 卷，人民出版社 1972 年版，第 81 页。

军事组织如亲兵制逐渐被一种新的“投献”和“委身”的形式所取代，具有封建色彩的人身依附关系在日耳曼的社会组织中开始占据主导地位。欧洲封建主义在这两方面所完成的历史积累最终为一个新的社会形态的出现奠定了基础。查里·马特在8世纪实行的采邑改革揭开了欧洲封建化的正式帷幕。这一改革的核心内容是：废除墨洛温王朝无条件赏赐贵族土地的旧制，代之以替封主服兵役为条件来分封土地，是为采邑。如果受封者不履行他所承担的义务，封主可以随时收回采邑。采邑不得世袭。马特采邑改革的目的是为了加强王权，但在实际的历史进程中，采邑制度不可逆转地演变为封臣们的世袭领地。在查里曼帝国时期，土地的封建等级所有制取代采邑制而最终成为欧洲中世纪的主要经济基础，由此构成封建主义的典型形态，即日耳曼形态。

马克思在《资本论》手稿中把日耳曼形态或“日耳曼所有制形式”看做封建主义社会形态的同义语，就如同他把“古典古代”看做奴隶制的同义语一样。面对复杂的历史现象，他从来都是要求把研究对象放置在“典型的发展点”上加以考察，以至必须把现象形态上某些差别抽象掉。对封建主义的理解也是一样。虽然在日耳曼人统治的幅员广大的领土内，存在着众多的王国和不同的政治组织，但典型意义上的封建主义还是能够从奔腾不息的历史主流中被观察和概括出来。

首先，土地的封建等级所有制是封建主义的基础，也是它最典型的特征。这种土地所有制的核心内容是，在承认全部土地归封建主所有的前提下，实行领主逐级分封，即国王把大部分土地分封给教俗大封建主，大封建主又把其中的部分土地再分封给中小封建主。在上的是封主，在下的是封臣；封主和封臣之间订有契约，形成一定的权利和义务关系。封建的土地等级所有制就其实质而言，是一种超经济强制，是封建主阶级通过政治权力对社会主要资源——土地的强行分配，并由此制约政治权力的构成和运用。

其次，在土地的等级所有制的基础上，封建庄园代替了农村的马尔克公社和自由农民的家庭组织，成为中世纪封建社会的基层组织。封建领主把他分封到的土地划成庄园经营，庄园的土地分为领主直领地和农奴份地。前者由农奴耕种，产品归领主所有；后者则由农奴在剩余时间里由自己经营。从封建庄园的性质看，它不仅是一个经济实体，而且也是一个政治实体。封建领主在其领地内拥有行政司法权力，拥有军队，行使对农奴的政治统治。这意味着公权和私权的高度合一，由此必然导致中央王权的衰退。

最后，土地的等级所有制构成了以人身依附为核心的社会关系，正如马克思在《资本论》中所说的那样，在中世纪，“必须有人身的依附关系，必须有不管什么程度的人身不自由和人身作为土地的附属物对土地的依附，必须有真正的依附农制度”[①]。人身依附关系构成了中世纪封建社会的基础。

在欧洲封建化过程中所产生的土地等级所有制、领主庄园制以及人身依附关系可以被认为是封建主义最典型的特征，或者说是封建主义“典型形态”的主要内容。土地所有权和政治统治权高度合一的情况，直接导致了该社会形态所特有的后果。从政治上看，公共权力被分割，王权衰落，诸侯坐大，民族分裂；从经济上看，土地被依附于权力，人身被依附于土地，社会资源不能自由配置，土地成为“硬化的私有财产”（马克思语）；从文化上看，在基督教占据意识形态支配地位的同时，为维系社会各个阶层普遍的人身依附关系形成了契约性的文化和法律观念。

汤普逊认为，封建制度可能是中世纪人们当时所能想象到的最合适的政体，“按当时的时间、要素和条件论，在欧洲除了封建制度外，再没有其他的政府形式和社会形式可能实行的”[②]。法国学者卡尔迈特（Calmette）在其《封建社会》一书中明显地按马克思的方式强调了封建主义的“自然历史”性质：“封建制度不管它与先行的制度有多么大的不同，都是来自先行的制度。无论是革命，还是个人的意志都无法将其制造出来。它出现于漫长的进化道路，封建性属于我们称之为历史中的‘自然事件’或者‘自然事实’的范畴。”[③] 依照这两位作者的上述观点，封建主义的产生和存在对于欧洲而言是一个无可抗拒的历史进程，其中所包含的历史合理性和规律性总是会透过历史表象向人们显现出来。但封建主义的“自然历史”性质在多大的历史空间存在，则就必须通过对具体的社会历史条件的分析来加以判断。如果说封建主义对欧洲是一个必然的甚至是合理的过程，那是否意味着这样的过程“一定”会在所有的国家适时地发生？或者说，当其他国家在它的历史进程中出现了和欧洲封建主义相类似的历史现象时，这些现象是否也可以用“封建主义”来加以概括？进而言之，如果对上述问题予以肯定回答的话，那是否意味着封建主义作为人类必须普遍经历的社会

---

① 《马克思恩格斯全集》第 25 卷，人民出版社 1972 年版，第 891 页。

② 汤普逊：《中世纪经济社会史》上册，商务印书馆 1961 年版，第 328 页。

③ 转引自诺贝特·埃利亚斯：《文明的进程》，王佩莉译，生活·读书·新知三联书店 1999 年版，第 34 页。

形态一定是资本主义的历史和逻辑前阶？很显然，对这些问题的回答，直接关系着如何认识中国社会的“封建化”问题。

三 中国社会的“封建化”何以可能？

中国社会的“封建化”问题对中国史学界和哲学界的主流而言，显然是一个不称其问题的问题，分歧可能仅仅在于中国的封建主义起始于何时，而这些分歧似乎也并不妨碍人们达成这样的共识：中国社会和西方社会一样，也经历了封建主义的历史阶段，这个历史阶段直至晚清帝国的崩溃才予以终结。和这种把封建主义不分青红皂白地普遍地推而广之的“普世化”做法相反，西方学术界的主流观点是，反对把封建主义“普世化”，进而把封建主义排除在东方社会之外。以研究西欧中世纪封建社会而闻名的法国年鉴学派的代表人物马可·布洛赫（Marc Bloch）就反对把东欧的斯拉夫的广大地区归入于西欧的历史进程，认为东欧的完全不同的社会结构和特殊的发展轨迹不能和它们西部的邻邦相提并论，就像不能把欧洲和欧化的国家与中国和波斯混为一谈一样。① 如此看来，这是否意味着封建主义只是西欧所特有的历史现象？是东方社会不曾出现也无法重复的社会组织？

我认为，不加分析地、削足适履地把中国社会近代以前的漫长历史纳入封建主义的框架内和同样不加分析地把中国社会某个时期的历史完全排除在封建主义之外，都是犯了同样的形而上学的错误。在“世界历史”形成之前，各民族国家由于不能超越自然地理条件的制约而形成大致相同的发展模式，更无法形成统一的文化，这就为某些历史现象诸如封建主义制度涂抹上独特的地域性的色彩提供了可能。但不同的民族国家即使在完全互不联系的背景下，依然可能产生一些相同的历史现象。社会有机体在适应于外部环境和应付各种挑战的过程中，演化出相同的内部构成是完全可能的。重要的是在于，把具体的历史问题放置在具体的历史环境中来予以分析。

从某种意义上说，中国社会曾经经历了封建化的历史阶段是不言而喻的，即使按照西方封建化的典型标准，也能清晰地看到封建主义实际构成了中国历

① 参阅佩里·安德森《从古代到封建主义的过渡》，上海人民出版社 2001 年版，第 5 页。

史的一个重要方面。确切地说，封建主义是中国成文历史的开端。据司马迁在《史记》中的记载，传说中的黄帝开国就是从封建开始的。到了夏代，"禹为姒姓，其后分封，用国为姓"①，可谓开了"封建"之先河。如果说夏商二代由于缺少征而有信的文献而不能对这一时期的所谓"封建化"妄下结论的话，那么，西周的历史则能为人们提供一幅关于中国封建主义起源和发展的完整图画。

周人克殷，封建立国，曾被后人誉为是中国历史上的第一次"革命"，所谓"汤武革命，顺乎天而应乎人"。按王国维的说法，"中国政治和文化之变革，莫剧于殷周之际"②。在他看来，殷周之际的大变革，从表象上看，是一姓一家之兴亡，但就实质而言，则是"旧制度废而新制度兴、旧文化废而新文化兴"。自殷以前，天子诸侯君臣之分未定，商人兄弟相及，已无封建之事。周命维新，即致力于制度创新，完成了三项重大的制度改革："一曰立子立嫡之制，由是而生宗法及丧服之制，并由是而生封建子弟之制，君天子臣诸侯之制。二曰庙数之制。三曰同姓不婚制。此数者皆周之所以纲纪天下。"③ 王国维对殷周之际制度变革的诠释无疑具有开创意义，但在钱穆看来，王国维似乎还未完全洞察到周人"政治上的伟大能力"，也就是说，西周的制度创新应在一个更大的范围内来予以认识。

实际上，史学界对西周封建制度的起源、性质、构成和特点已有许多精辟的论述，一些著名的马克思主义史学家如吕振羽、范文澜、翦伯赞等都是主张"西周封建说"，而其他一些具有不同理论背景的历史学家如张荫麟、许倬云、黄仁宇、吕思勉等在不同的时期分别对西周封建主义的历史现象进行了卓有成效的研究，至今已发表了许多重要的成果。综合这些研究成果，我们能够清晰地观察到西周封建化过程中所表现出来的一些历史特点。

第一，从社会发生学的观点来看，周人以蕞尔小邦，崛起渭上，取代文明程度较自己为高的大邑商，并选择"封建"来整合各种社会的、政治的和经济的资源，是有某种客观必然性。史书记载，武王克殷，夜不能寐，考虑的是强大的商王朝何以会崩溃，其部族联盟何以会分崩离析；而新兴的周王朝"未定天保"，又怎能避免前朝的下场呢？面对这样的现实问题，武王和周公选择了"封建亲戚，以蕃屏周"。在当时的社会条件下，这可能是唯一的选择。因为面

① 《史记·夏本纪》。

② 《殷周制度论》，《观堂林集》卷十，河北教育出版社 2001 年版。

③ 《殷周制度论》。

对幅员辽阔的领土、被征服的“殷顽民”和散布四处的各个部族邦国，西周政权根本不可能迅速建立并实行它的中央集权统治。它只能采取“分权”的管理模式，即把政治统治权分封给具有最亲的血缘关系和最具利害关系的宗族成员或异族成员，由他们分别治理其封地，以此确保西周王朝的长治久安。所以就有了周公“兼制天下，立七十一国，姬姓独居五十三人”的政治局面。这种政治局面表明，西周的政治权力体系是二元的，形成了天子之权和诸侯之权。

第二，分封制下的政治权力的分割或分配，实际也是社会主要资源——土地和人民——的再分配。所谓“受民受疆土”以及被称之为封建三要素的“赐姓”、“胙土”和“命氏”这些说法，揭示了政治权力和经济利益的统一性。许倬云在其《西周史》中认为，“赐姓”是赐服属的人民，“胙土”是分配居住的地区，“命氏”则包括给予国号、告诫的文辞及受封的象征。因此，西周的分封制有别于裂土分茅别分疆土的意义，在许倬云看来，“分封制下的诸侯，一方面保持宗族族群的性格，另一方面也势须发展地缘单位的政治性格”[①]。这个见解是深刻的。封建主义的基本的政治单位，往往都具有宗法性、血缘性、地域性和经济性等不同特征；而正是这些不同的特征，潜藏着封建主义发展的多种可能性。

第三，周天子对诸侯分封土地和人民，在法理上意味着他拥有对土地的最终所有权。“普天之下，莫非王土”，表明西周的土地制度从形式上看是一种国家所有制，因为周天子是国家的人格化代表。在土地的国家所有制的基础上实行的土地分封制，既是政治权力的下移，也是经济权利的某种让渡。诸侯在其受封的领地内行使对土地的占有权和使用权以及再次授封权，意味着土地国有制的变异，由此潜伏着土地私有化的发展态势。土地的逐级分封所形成的土地等级占有制，不仅直接产生了不同的分配关系，如“公食贡，大夫食邑，士食田，庶人食力”[②]；而且也产生了土地占有者之间的等级依附关系，所谓“王臣公，公臣大夫，大夫臣士”[③]；社会的等级秩序由此形成。

第四，宗法制作为血亲关系的制度化是西周封建制的基石之一，是“周人改制之最大者”（王国维语）。宗法制的核心是“亲亲”关系，是严嫡庶之辨，是嫡长子继承制，其衍生物是大宗小宗之别。嫡系谓之大宗，庶系谓之小宗。

① 许倬云：《西周史》，生活·读书·新知三联书店1994年版，第150页。

② 《国语·晋语》[四]。

③ 《左传》昭公七年。

宗族内部秩序等级分明，目的在于“息争”，防止天子诸侯继统时出现僭越篡权行为，维护政权的稳定和权力更替的“合法”性。在王国维看来，宗法制下的“亲亲”关系是政治上“尊尊”关系之统，“亲亲”效及于政治，直接关系着“天位之前定”、“诸侯之封建”、“天子之尊严”。殷商的失败，有中丁以后九世之乱，全在于不合“尊尊”之义，又无远近尊卑之分。可见，相较于分封制的分权而言，宗法制则侧重于最高主权和最高宗权的统一和集中。“亲亲”和“尊尊”的结合，宗统和君统的结合，确是西周政治制度的伟大创新，是封建主义体制下统治者内部自我管理和自我约束的卓有成效的方式。

第五，为进一步巩固分封制和宗法制，西周政治制度的奠基者周公，在摄政六年之时，开始“制礼作乐”，构建了一整套礼仪制度，制定了以君臣关系为核心的社会行为规范，由此开创了封建主义的政治文化。所谓“殷人尚鬼，周人重礼尚文”，就集中地反映了西周时代的文化倾向：“礼”，是作为宗法制的文化形态而出现的。“礼”的基本准则是“明尊卑”、“别贵贱”，是扬“天子之尊”，宣“赐命之宠”。侯外庐因此把“礼”的核心视为“别”，是非常精辟的概括。“礼”的各项制度化，如册封、赐命、朝觐、祭祀、巡狩、车马服章、钟鼎彝器、诗书文典、干戚乐舞等，其实质都是为了维护社会的上下有序、贵贱有别、尊卑有等的局面。从根本上说，也是为了在封建制的条件下形成天子和诸侯之间的良性的和谐的权利和义务关系。就权利而言，天子对诸侯在政治和经济上的“分权”，是以诸侯服从和维护天子的最高权力及荣誉为前提的；在此前提下，诸侯在其领地内享有最大限度的权力。就义务而言，为确保“天子之尊”，诸侯应对天子尽其受封时所约定的一切义务，如进贡、服役等。这表明，“礼”作为周公分邦建国的主要理念，其制度化的重要性在于把分封制下的相对分权和宗法制下的相对集权及君臣之间的权利和义务关系通过“文化”的方式结合起来，达到了孔子几乎一生都在赞叹的“郁郁乎文哉”的境界。

从西周“分邦建国”制度的发生、构成、内容、特征和后果来看，其封建主义的性质是十分典型的。即使按照欧洲封建主义的标准来衡量，西周封建化过程中所出现的土地分封化、政治分裂化、社会等级化、人身依附化、宗族宗法化这些历史现象，完全可以视作欧洲封建主义的孪生现象，是封建主义典型形态的正常表现。史学前辈吕思勉就把西周看做封建制时代的“典范时期”。齐思和则认为，“西周时代为中国封建制度之正式开始，其政治、经济、社会制度与西洋中古社会颇具根本相同之点。其不同者，仅枝叶问题”[①]。美国汉学家费正清和他的合作者也持相同的观点，他们在《剑桥中国秦汉史》中认为：“封建主义是否为说明周代社会政治形势特点的适当名词；如果是，它适用于将近八个世纪的整个时期，还是只适用于其中的某个时期。”“与欧洲封建主义的相似点几乎完全足以说明把这个字眼用于周代开始的四个或五个世纪是有道理的。但是，在此以后，它必须在更严格的意义上只用来描述大诸侯国中不同程度地持续存在的封建状况的残余”[②]。其实，我的问题也在这里：如果说西周历史的封建主义性质是无可争议的话，那么，把封建主义完全排除在东方社会的历史之外，要么就是对历史的无知，要么就是西方中心主义的偏见。这是问题的一个方面。而问题的另一方面是，西周封建主义的历史进程及其观念能够被同样用来诠释它以后的历史进程吗？在我看来，这可能是问题更具挑战的一个方面。

四 封建化和中央集权专制的历史悖论

明末思想家顾炎武认为：“封建之废，自周衰之日；而不自于秦也。”其根据是，从《春秋》终篇至“六国称王”的130余年间，礼信尽废，不宗周王，不言氏族，不闻诗书，“邦无定交，士无定主”[③]，可谓“礼崩乐坏”。同一时期的王夫之则把春秋战国之交看作是“古今一大变革之会”[④]。的确，自周平王于公元前770年东迁洛邑开始东周历史以来，周王室日趋衰落，诸侯竞相争霸，出现了“礼乐征伐自诸侯出”、“陪臣执国命”的政治格局和“社稷无常奉，君臣无常位”[⑤]的社会现象。西周遗留下来的封建制度面临着前所未有的变革。这个变革应当在社会转型的意义上来予以认识。

周革殷命，封邦建国，是中国历史上第一次社会转型，其实质是夏商两代的部族联盟向封建的诸侯联邦的转型，是氏族的国家形态向封建的国家形态的过渡和演进。在西周的封建化进程中，周天子通过分封的方式向诸侯分配土地、

① 齐思和：《中国史探研》，河北教育出版社2000年版，第132页。

② 崔瑞德、鲁惟一：《剑桥中国秦汉史》，中国社会科学出版社1994年版，第35—36页。

③ 《日知录》卷十三参阅陈垣《日知录校注》安徽大学出版社2007年版。

④ 《读通鉴论·叙论四》，上海古籍出版社2005年版。

⑤ 《左传》昭公三十二年。

人民和权力，形成孟子所言的“诸侯有三宝：土地、人民、政事”[①]；其政治后果必然是形成天子之权和诸侯之权的二元结构，形成国中之国。在这种权力结构中，周天子在法理上、道义上和名分上虽然拥有对诸侯的最高支配权，拥有“共主”地位；但是，这种权力结构内在地包含着政治权力和经济利益重新配置的所有因素及条件，包含着封建主义天然的离心倾向。

政治权力和经济利益的重新配置，在春秋时代主要表现为诸侯争霸，在战国时代则主要表现为土地兼并[②]。其实质，一方面是政治权力的彻底分化和传统的政治秩序的破坏，二元的权力结构向多元的权力结构转变；另一方面，伴随着旧的政治权力中心——周天子共主地位——无可挽回的衰退，是新的政治权力中心——强势诸侯——的崛起。在此背景下，整合新的政治资源的方式也发生了根本性的变化，新的强势诸侯在争夺霸权和土地的过程中，不再参照封建化的方式来建立和维持自己的统治。土地为诸侯所垄断的现象使分邦建国几无可能，同时周天子法统地位的实际丧失也使强势诸侯按传统的分封方式来分配其土地失去了法理和道义上的依据。这就为新的政治整合方式的产生并取代旧的封建的方式创造了条件，多元的权力结构由此潜藏着向新的一元的权力结构演变的可能。

春秋战国时代，通过诸侯争霸和土地兼并所呈现出来的新的政治整合方式具有其鲜明的历史特征。从经济上看，主要表现为土地制度的私有化，传统的土地国家所有及封建等级占有制趋于瓦解。史载齐国管仲于公元前 685 年率先采用“相地而率征”的新税法，后有晋国作“爰田”制度，进而有鲁国“初税亩”制度，至公元 408 年秦国实行“初租禾”。这些新的土地政策和制度的实行，表明土地私有化已取代土地分封制而成为新的土地分配方式。到战国时代，各诸侯国普遍实行的按户籍身份授田制和军功赏田制，反映了土地私有化程度的进一步提高。从政治上看，和土地私有化相适应的是政治权力的下移和分化过程，所谓“王者不作，诸侯放恣，处士横议”（孟子语）。不仅有诸侯对周天子的非礼，更有卿大夫对诸侯的僭权。著名的有鲁三分公室和四分公室、“三家分晋”、“田氏代齐”，这些都是当时权力分化和整合的标志性事件。权力下移的同时，诸侯争霸中新的政治权力中心也在形成。春秋时期是轮流坐庄，霸主迭

① 《孟子·尽心》。

② 参阅杨宽《战国史》，上海人民出版社 1998 年版，第 2 页。

起；战国时期则是七国争雄，合纵连横。封建化的主要政治后果——分权和分裂，随着新的政治权力中心的崛起，逐渐被一种新的政治局面所取代，那就是集权和统一。这个历史使命由秦帝国完成了。

秦统一中国，是中国历史上第二次社会转型，是中国封建主义历史的正式终结，是中国中央集权专制主义时代的开始。由封建制走向中央集权专制，既是由封建制的内在矛盾和逻辑所决定的，也是由秦所代表的新兴的政治力量迎合了社会变革时期的主流并主动进行制度创新所决定的。事实上，在战国时代曾风行一时的变法改革的浪潮中，秦起初并未站在前列。率先进行变法的是魏国李悝，后实行变法改革的有赵国公仲连、楚国吴起、韩国申不害、齐国邹忌。这些变法改革的侧重点各有不同，但共同的目标是倡导法治，鼓励耕战，举贤使能，以富兼人，推广土地私有，革除世卿世禄，实行郡县制度。其实质是，废除封建，实行集权。吴起在倡言变法时就认为：“大臣太重，封君太众，若此则上逼主，而下虐民，此贫国之道也；不如使封君之子孙，三世而收爵禄，损不急之枝官，以奉选练之士。”① 由于变法改革直接侵害了封建贵族的根本利益，使得各国的变法改革难以顺利进行，多以失败而告终。唯有秦国，后来居上，一意孤行，由商鞅实行在当时的历史条件下最彻底的变法改革，以制度创新完成社会转型。

商鞅变法的主要内容是：厉行法治，奖励军功，鼓励耕战，重农抑商，废除井田，开阡陌封疆，建置郡县制度，统一度量衡，按户按人口征赋，革除氏族陋俗。这些变法措施的实行，为秦建立中央集权的专制国家奠定了重要的基础。虽然，商鞅因变法被车裂而死，但他建立起来的政治制度并未由此坍塌，政未因人亡而息，国却靠制度而兴。公元前 221 年，秦始皇统一中国，封建主义的千年历史终于终结，中国由此进入了中央集权专制主义的时代。

秦统一中国伊始，便面临着一个如何面对和处理封建制度的问题。以丞相王绾和博士淳于越为代表的主流意见是主张继续实行封建制，理由是：“殷周之王千余岁，封子弟功臣，自为枝辅。今陛下有海内，而子弟为匹夫，卒有田常、六卿之臣，无辅拂，何以相救哉”②。李斯则坚决反对这种观点，他认为：“古者天下散乱，莫之能一，是以诸侯并作，语皆道古以害今，饰虚言以乱实，人善

① 《韩非子·和氏》。

② 《史记·秦始皇本纪》。

其所私学，以非上之所建立。”在他看来，秦一统天下，实行郡县制，功臣诸子以国家赋税论功行赏，可长治久安，“置诸侯不便”[①]。李斯的观点实际上代表着秦始皇的一贯主张和自商鞅变法以来所形成的中央集权专制主义的路线及实践，这是秦之所以能够战胜六国统一天下的根本保证。

秦行暴政，二世而亡，这和三代的悠久历史相比，似乎成了封建主义胜于中央集权专制的一个重要依据；“惩戒亡秦孤立之败”，似乎也成了秦帝国迅速崩溃的主要历史教训。刘邦平定天下后就打算吸取这个教训：“窃自号为皇帝，而子弟为匹夫，内亡骨肉本根之辅，外亡尺土藩翼之卫”[②]。基于这样的认识，刘邦在“汉承秦制”的基础上，引入封建制，建立郡县封国并具制度，大肆封侯封爵，似乎要开创一个中央集权专制主义和封建主义和平共处彼此取长补短的崭新局面。但这样的局面根本没有出现，相反，自刘邦决定封王的那天起，不管是封“异姓王”，还是封“同姓王”，汉王朝就没有再宁静过。封建主义所代表的分裂倾向和中央集权专制主义所代表的统一倾向构成了当时社会的主要冲突。解决这个冲突的唯一办法，是清除封建制度，限制直至取消诸侯的权力。用贾谊向汉文帝所上《治安策》中的话来说：“欲天下之治安，莫若众建诸侯而少其力。力少则易使以义，国小则亡邪心。”[③] 到了景帝时期，鉴于诸侯日益坐大，已对中央集权形成致命威胁，晁错上“削藩策”，更加尖锐地提出，对诸侯的权力，“削之亦反，不削亦反。削之，其反亟，祸小；不削之，其反迟，祸大”[④]。公元前 154 年，景帝用晁错之策开始削藩，平定“七国之乱”，并在平乱后推出一系列法令和措施限制诸侯权利，规定诸侯只能衣食王国租税，无权过问王国政事，把王国的所有行政权及其官员均收归中央政权。到汉武帝时，中央政权推出了诸如“推恩令”、“左官之律”、“附益之法”等法令，继续严格执行“诸侯王不得复治国，天子为置吏”[⑤] 的政策，从制度上对苟延残喘的封建势力予以致命的清算。

由秦始皇统一中国开创中央集权专制统治，经刘邦立汉、“文景之治”，至汉武时期，中国从封建制度向中央集权专制制度的社会转型和社会变迁基本臻

① 《史记·秦始皇本纪》。

② 《汉书·诸侯王表》。

③ 《汉书·贾谊传》。

④ 《史记·吴王刘濞传》。

⑤ 《汉书·百官公卿表》。

于完成，借用黄仁宇的话来说，中国从此进入了帝国时期。但是，中央集权专制主义和封建主义的矛盾冲突并未完全化解，毋宁说，这个历史性的悖论在中央集权专制主义体制下反复出现，似要证明封建主义仍有顽强的再生力。特别是，当封建主义演化为一种文化和价值观念时，它对历史的影响更无法估量，它绝不会轻易随制度的消失而消失。王莽的“新”政改制和西晋制度就是对这种说法的最好注脚。

王莽“新”朝，被许多人视为历史闹剧，甚至被胡适看做中国历史上第一次社会主义实验。但在我看来，这是封建主义的制度和文化在中央集权专制体制下第一次具有历史意义的复辟。王莽把握到了汉朝以来中央集权专制体制所面临的深刻矛盾：土地兼并导致社会贫富差距日趋扩大，流民流离失所导致社会动荡不已。为解决这些矛盾，王莽据《周礼》而实行封建制度：在土地制度上，恢复井田制，更名天下田曰王田；在经济制度上，恢复分封制，地分九州，爵分五等；在政治制度上，恢复周代官制，设四辅三司九卿二十七大夫等。总之，在言必称周公、行必据《周礼》的氛围里，王莽对中央集权专制的庞大机体强行打入了封建主义的锲子。和王莽改制所具有的封建意义相媲美的，是西晋政权在统一中国的短暂时期里，进行了中国历史上第二次封建主义复辟。这次复辟的彻底性在于，西晋统治者几乎完全恢复了西周的“分邦建国”制度，分封皇族子弟 27 人为王，封侯封爵不计其数，每个封国均是拥有土地、人民、军队和行政机构的独立国家。

和西周封建制度的最终结果一样，中国历史上这两次封建主义复辟也没有逃脱它内在的不可改变的命运，所不同的仅仅是后者存续的时间要短的多，只是历史的瞬间而已。王莽“新”朝仅维持十几年，它寄生于中央集权专制机体上的封建怪胎便被它自己的母体又重新吞噬了；而西晋封建化的可悲后果是“八王之乱”，统一的中央政权在饱尝了它自己种下的封建苦果之后，迅速分崩离析，最后演变成中国历史上时间最长的社会分裂。在以后漫长的历史进程中，社会分分合合，王朝更迭不已，长者二三百年，短者几十春秋；其间既有汉人一统天下，也有外族入主中原；但社会的政治、经济和文化体制一直被笼罩在中央集权专制主义的普照之光之下。

从中央集权专制主义和封建主义长期的历史悖论中，可以清楚地看到，中央集权专制主义是封建主义结构性矛盾的历史和逻辑的产物，前者赖以生存的制度是后者制度性崩溃的必然结果，而后者的存在和蔓延必定是对前者的消解。

二者是完全不同的社会体系，具有完全不同的制度特征：

第一，从政治上看，封建主义是二元的或多元的权力结构，是权力的横向配置和权力的等级分层占有，是权力的下移和分化，其后果必定是国家的分裂。中央集权专制主义是一元的权力结构，是权力的纵向垂直配置，是权力的上移和集中，是民族国家的形成和统一。

第二，从经济上看，封建主义的土地所有制是国家所有制前提下的封建等级占有制，土地作为社会的主要资源是通过政治权力的等级分配而进行分级配置，土地随其占有者的身份可以世袭继承却不能买卖流转，处在硬化状态。中央集权专制主义的土地所有制是国家所有制和私有制并存，后者包括土地地主所有制和小农所有制，土地可以自由买卖和流转。

第三，从文化上看，封建主义的文化形态是思想史上的“子学时代”（冯友兰语），文化由于政治的多元化而具有多元性的品格，诸子百家争鸣，社会思想解放。中央集权专制主义是思想史上的“经学时代”，“独尊儒术”，注经释经，思想定于一尊，形成绝对的统一的意识形态。

第四，从人的身份上看，封建主义“礼制”的核心是“别”，是社会成员的等级尊卑秩序，所有人在社会中的地位都是预设的、固定的。中央集权专制主义“法制”的核心是“齐”，国家对社会成员实行编户齐民制度，所有人在法理上具有平等性，其社会地位是流动的、变化的。

中央集权专制主义和封建主义的不同的制度特征及其此消彼长的关系，表明二者不具有历史的共时性和制度功能的相兼性，它们是无解的历史悖论。从制度而言，在农业文明时代对社会各种资源的整合和配置，中央集权专制主义显然拥有对封建主义更多的比较优势，这是它之所以取代封建主义而长期支配中国社会发展走向的根本原因。从社会发展而言，封建主义和中央集权专制主义是中国整个历史进程中两个前后相继的时代，由制度变迁所决定的社会转型一经完成便是不可逆转。在“路径依赖”的刚性制约之下，中国自封建主义终结之日起，就注定无法摆脱中央集权专制主义的必由之路

五　社会制度变迁的“中国道路”

美国制度经济学派的代表人物道格拉斯·诺斯在他的著作中提出过这样的

问题："是什么决定了历史上社会、政治或经济演进的不同模式?"他自己对这一问题的回答是："技术变迁与制度变迁是社会与经济演进的基本核心。"[①] 同样的问题在历史学家的视野里，可能有不同的回答，他们可能更关注既定的社会制度得以形成的自然地理背景。黄仁宇在其代表作《中国大历史》中就认为，易于耕种的纤细黄土、能带来丰沛雨量的季后风和变幻不定的黄河，"注定着中国农业社会的官僚机构必须置身于一个强有力的中央体系之下"[②]。二者比较而言，我更倾向于诺斯的观点。既定的社会制度决非是其所处的地理环境的自然产物，后者对人类社会所构成的一系列挑战，与其说是人类制度性差异的根本原因——如魏特夫所言，"历史条件相同时，重大的自然差别可能导致决定性的制度差别"[③]；毋宁说，自然的挑战只是既定的社会制度所要面对和解决的问题。制度选择和制度创新是由社会的、文化的、自然的和主体的多方面因素共同决定的。

如同封建主义之于中世纪的欧洲有其历史必然性一样，中央集权专制主义之于中国，也有其不可抗拒的历史原因。这并非是因为中国面临着黄河周期性的泛滥或为抵御来自游牧生存圈的巨大压力而不得不实行中央集权专制制度，以便它能够集中动员帝国的所有力量来应付各种挑战；而是因为这个制度是中国自封建主义终结以来，经过漫长的、自觉或不自觉的政治比较后所形成的唯一可能的政治选择，是整合各种社会资源和应付自然及各种外部挑战的唯一可行的政治形式。

汉王朝在继承秦制最终确立中央集权专制制度后，它所面临的主要挑战，既不是来自黄河，也不是来自北部的匈奴，而是来自制度内部与日俱增的封建主义分离倾向和土地日趋集中所引发的制度危机。封建主义的分离趋势在经过文景武帝几届王朝持续不断的打击之后，已无以构成对中央集权体制的威胁，但是它遗留下来的问题却是任何一个中央专制王朝都必须解决的。土地兼并及其引发的一系列社会政治问题，就是封建主义土地制度崩溃以来中央集权专制制度所面临的最主要的挑战。

封建主义土地制度崩溃的直接后果是土地的私有化，这是自春秋战国以来

---

① 道格拉斯·诺斯：《制度、制度变迁与经济绩效》，刘守英译，上海三联书店 1994 年版，第 123 页，第 138 页。

② 黄仁宇：《中国大历史》，生活·读书·新知三联书店 1997 年版，第 26 页。

③ 魏特夫：《东方专制主义》，徐式谷等译，中国社会科学出版社 1989 年版，第 3 页。

土地制度演变的一条主线。土地私有化最初是政治权力结构变化的结果，随着中央集权专制制度的建立，权力成为土地制度演变的最大政治动力。中央集权对国家权力的高度垄断，使其成为土地最直接的和最终的分配者，其实质，是通过政治强制的方式，达到土地资源和人力资源在最大范围内的有效配置。所谓“使黔首自实田”，表明秦帝国很清楚这样的道理：只有把土地和人民有效地结合在一起，才能保证经济发展，社会稳定。汉初实行“名田”制或“占田”制，其实就是“耕者有其田”。在当时因战乱导致土地大量荒芜闲置的情况下，中央政权有条件比较从容地对社会资源进行优化配置。哀帝时师丹对此有过总结：“孝文皇帝承亡周乱秦兵革之后，天下空虚，故务劝农桑，帅以节俭。民始充实，未有并兼之害，故不为民田及奴婢为限。”① 正是土地和人力的有效配置，汉初的经济得以迅速恢复和增长。但是，土地私有化的“潘多拉匣子”一旦打开，它所释放出来的魔鬼就再也无法收回来了。土地兼并，就是私有化的匣子里所释放出来的最主要的魔鬼。

自汉武帝起，土地私有化导致的土地兼并现象日趋严重，汉初土地配置的均衡状态被逐渐打破，用当时董仲舒的话说“富者田连阡陌，贫者亡立锥之地”。为此，董仲舒向汉武帝上策曰：“限民名田，以澹不足，塞并兼之路。”② 自此开始了汉政权的“限田”政策。这一政策的实质，是依靠中央集权的力量，强行干预土地的再分配和土地的自由流动。武帝时期，“限田”政策的主要打击对象是“强宗豪佑”，是禁止商业资本流向土地，严禁商贾占田。至哀帝时期，“限田”政策又进一步被制度化。哀帝绥和二年师丹建议限民名田后，丞相孔光和大司空何武等人具体制定了从诸侯王到豪富吏民的占田占婢限额，在中国历史上第一次以国家法令的形式确认了土地及奴婢私有的合法性，同时力图对私有化的程度予以限制和控制。

在中央集权专制的条件下，土地私有化并不是一个纯粹的经济现象。如同土地私有的最初起源是依靠政治权力的“第一推动”一样，土地的集中和兼并在很大程度上也是有赖于政治权力的支持。当然，这种政治支持绝不可能来自于中央政权，而是来自于从中央集权体系中分离出来的政治势力——军阀、豪强、世族、名门。这些分离的政治势力不同于传统的封建主义力量，它们不是

① 《汉书·食货志》。

② 同上。

通过分封的方式得以形成，而是在土地私有化的态势下，一方面通过政治权力和政治强制实行土地集中和兼并；另一方面又通过土地的集中和兼并巩固自己的政治地位，扩大自己的政治势力范围。正是因为在土地兼并的背后隐藏着深刻的政治因素，汉王朝的“限田”政策并未达到它想要达到的目的——通过“限田”来限制各种分离的政治势力；相反，自哀帝以后，土地兼并愈演愈烈，几成不控之势，最后导致王莽“新”政改制。

王莽改制的民意基础来自于对土地兼并的反动，土地的重新国有化（王田制）是王莽试图遏止土地兼并源头——土地私有化——所采取的根本措施，他在一夜之间宣布把全国的私田皆收归国有，由此受到的抵抗是可以想见的。“王田制”实行四年便草草收场，足见土地私有化的潮流并不能轻易为政治权力所改变。王莽的悲剧在于，他看到了一个时代的问题之所在，却从久已消失的时代中去寻找解决问题的办法。

刘秀奠定的东汉王朝结束了新莽所造成的社会混乱局面，也承接了王莽想解决而又未解决的问题。同样面对土地兼并及其可能潜藏的政治分离倾向，光武帝从政治和经济双管齐下，力求解决这两个长期困扰中央集权统治的主要问题。在政治上，刘秀通过“退功臣而进文吏”等手段，抑制政治豪强势力的形成，全面加强中央集权，用《后汉书》中的话说：“光武帝愠数世之失权，忿强臣之窃命，矫枉过直，政不任下，虽置三公，事归台阁。自此以来，三公之职备员而已。”[①] 在经济上，刘秀采取了“度田”措施，即在全国范围内清丈土地，核实田赋，按等级、名分限制占有土地，其目的完全是为了抑制豪强、贵族和官僚们兼并土地的行为。这一政策由于直接侵犯了不仅包括大土地私有者的既得利益，而且也侵犯了中小土地私有者的根本利益，结果导致“郡国大姓及兵长群盗，处处并起”，迫使光武帝从妥协走向完全的放弃，最终是对土地兼并的无奈和放任。由于无法阻挡土地兼并的汹涌浪潮，东汉的历届王朝不得不面对由此引发的两个严重后果：一是失去土地的“流民”人数日趋增多，造成社会动荡不安；二是豪强势力坐地日大，拥兵自重，对中央政权构成直接的威胁。东汉晚期，中央集权体制又由于不断遭受来自外戚和宦官集团的轮番侵蚀而使权威尽失，“党锢之祸”则使皇权和士人全面决裂。汉中央政权终于在其失去对土地、豪强、士人的有效控制之后，毁于黄巾大起义和军事豪强割据的双重打

① 《后汉书·仲长统传》。

击，结束了它四百年的统治，也开创了中国历史上时间最长的分裂时期——魏晋南北朝。

从两汉政权的演变中可以看到贯穿其始终的两条历史主线：在政治上对各种现实的和潜在的分离势力实行“限权”，在经济上对大土地私有者实行“限田”。这是由中央集权专制主义的内在本性和政治逻辑所决定的。汉王朝的终结以及它被一种更混乱的分裂局面所取代，并在一个时期里导致了封建主义的复辟，这并不表明中央集权专制主义的历史终结。相反，在东汉以来的历史进程中，从中央集权的制度危机中发展起来的豪强世族势力以及军阀割据、门阀政治的局面，虽然为封建主义及其各种变态形式的再次复兴提供了可能的土壤；但是，中央集权专制主义的政治逻辑并未改变，它不断地顽强地在制度变迁的过程中支配着社会演进，通过各种方式寻求其最合适的政治形式。隋唐帝国的出现，就是魏晋南北朝时期各种社会矛盾冲突的合乎逻辑的产物。

隋唐帝国作为中央集权专制主义的政权形式，在完成了结束政治分裂实现统一的历史任务之后，它和汉王朝一样，仍然面临着各种分离倾向的挑战，面临着土地兼并所引发的一系列社会政治问题的困扰。特别是，门阀制度的崩溃，作为社会精英集团的士人阶层处在离散状态，这显然需要新的政治整合方式将他们吸纳到中央集权体系中来；否则，他们又将重新成为各种豪强势力所依靠的政治力量。正是这些现实的压力，迫使隋唐帝国在继续执行和完善中央集权体制的传统做法的同时，进行制度创新。这主要表现在两个方面。在土地制度上，隋唐结合魏晋以来田制沿革的得失，推出“均田制”。其实质是：国家作为土地的最高所有者，按土地授予和簿籍授受相结合的方式，对上自王公百官下至庶民百姓，依法授田占田，平均地力，限制土地恶性兼并，最大限度地促进土地和人力的有效合理配置。在政治制度上，具有创新意义的是隋朝建立的“科举制”。“科举制”在法理上对社会成员都具有“机会均等”的意义，这足以使它取代以“九品中正制”为支持的门阀制度对政治机会的高度垄断而成为新的政治资源的整合方式。通过这种方式，社会中最具创造力的、对现政权也最具颠覆力的士人阶层，被整合到国家机器中，他们被培养成中央集权制度最忠实的维护者和管理者。

隋唐帝国的制度创新是卓有成效的，巨大的社会效应在各个方面都足以证明，它赖以存在的制度在当时的历史条件下，是新的文明增长的合理形式。但是，隋唐的中央集权体制仍然具有它的过渡性，这一方面表现在它还无法从制度上完全控制政治分离势力，藩镇割据直至“安史之乱”是唐中央集权所面临的最严重的挑战，虽然这可能是最后的挑战。另一方面，唐“均田制”由于贯彻着国家超经济强制对社会经济运动的干预和控制，使它不可避免地陷入政治和经济之间的深刻矛盾，土地私有制自主运动的强大惯性足以摆脱笼罩其上的任何政治枷锁。唐中叶以来，“均田制”逐步被废弛，取而代之的是土地的重新私有化和土地的自由流动，权力开始从社会的主要经济领域退出。这表明，中央集权专制制度在经过长时期的历史磨合之后，终于将迎来它的典型形态。

中央集权专制主义的典型形态是在大宋帝国完成的①。历史经验的长期积累，不仅为新的帝国的开拓者指明了时代的问题之所在，而且也揭示了解决问题的可能线索，创造了解决问题的社会条件。赵匡胤“杯酒释兵权”，作为传统的防止藩镇割据卷土重来的一项重大举措，象征着政治分离倾向在制度意义上的终结。宋王朝在制度上作了近乎完美的设置以阻止那些军事将领拥兵自重，从而在信念上彻底摧毁了那些埋藏在人心底世界的分离主义念头，并培植起一种新的价值观念。所谓“择便好田宅市之，为子孙立永久之业”②。财产从原来依附于政治权力的状态中解脱出来而取得了和权力相抗衡的某种品质，皇帝用货币和他的将军交换兵权，用“经济”的方式来消解政治上可能的冲突，标志着宋王朝进入了一个和以往不同的时代。这个时代最主要的特征是：对土地私有化采取自由放任政策，“不抑兼并”、“不立田制”，土地私有制摆脱了它的政治外观而获得了历史上前所未有的活动空间，土地的自由流动取得了相对纯粹的经济形式。以往传统的土地兼并和政治豪强相结合所构成的对中央政权的分离趋势，在后者持续不断的打击和限制下，已陷于瓦解姿态，政治豪强和土地兼并相互互动所引发的政治坍塌现象不复存在。和土地私有化的经济性质相适应，土地所有者的身份也随之发生变化：秦汉初期是军功地主，西汉中期至东汉是豪强地主，魏晋南北朝是世族门阀地主，从唐中叶至宋朝土地所有者则多为庶族地主。“科举制”配合土地制度的变革，历史性地完成了土地和政治权力

① 黄仁宇把唐和宋合之称为中国的第二帝国时代，似乎牵强。宋在制度上比唐更完善，主要体现在中央集权对政治权力的高度垄断和有效整合，从而基本解决了政治离心势力问题；在经济上，宋对土地私有化的放任，标志着政治和经济的相对分离，为经济发展创造了必要条件。唐和宋面临的时代问题迥然不同，是它们分属不同时代的根本原因。从时代的问题着眼，中央集权专制主义的历史似可分为三个时期：秦汉为第一帝国，隋唐为第二帝国，宋明清为第三帝国。

② 《宋史·石守信传》。

的相对分离，士人不再是通过依附门阀等政治权贵或依附土地的方式，而是通过文化的方式，获得“布衣卿相”的政治机会。在这样的社会条件下，土地的私有化所导致的土地集中和兼并对中央集权制度不再会构成政治上的威胁，“限田”、“均田”政策也就失去了政治上的意义。土地的自由配置作为相对自主的经济运动，为中央集权专制主义的庞大上层建筑创造了大致适应的经济基础，并为社会财富日益增长提供了巨大的动力。

中国的中央集权专制主义，自秦汉奠基，经隋唐过渡，至宋基本完成了其制度变迁，其中包含着社会政治、经济和文化体制上一系列重大变化，由此为元明清的社会构成和社会发展规定了“路径依赖”，世界历史进程中的“中国道路”的独特性也由此得以体现。因此，无论是按照传统的五种社会形态理论，还是按照西方社会的发展尺度，都难以准确估量中国社会发展的独特意义。应该在一个更广阔的理论空间里探寻正确诠释和评价“中国道路”的理论和方法。

六　社会发展的历史观和历史价值观

中国在历史上经两次社会转型，最终确立中央集权专制主义的“路径依赖”，形成了与此相适应的体制和文化，并影响着中国第三次社会转型——从中央集权专制社会向现代性社会演进——的具体路径。这样一条社会发展路线，在传统的“马克思主义”的史学或哲学框架内往往是按照五种社会形态理论的逻辑来加以诠释。根据这个逻辑，中央集权专制主义的所有历史特征被强制地披上了封建主义的外衣，不同的社会制度的根本区别被掩盖了，社会转型意义上的历史分期被理论逻辑规定的发展模式所取代，世界范围内各社会形态按相同方式依次更替的统一图景就这样被描绘出来。

问题的症结何在？面对复杂的历史现象和历史进程，是以既定的历史观、哪怕是科学的历史观去剪裁历史？还是从历史事实出发去研究历史？是以逻辑来规范历史？还是从历史中发现逻辑？这无疑是两种不同的历史观。

历史观是历史的事实判断，是按历史的本来面目来描述历史，是历史的科学观，用诺斯的经济学术语来说，是“历史的计量学”。历史观的核心使命是尽可能忠实地反映历史的实际过程，阐明历史发展的各种原因，透过各种历史现象揭示历史的本质和规律。简言之，历史观是历史的逻辑学。正确的历史观是着眼于从历史中发现逻辑而不是相反。唯物主义的历史观是由马克思创立的，它的基本要求是力求客观地揭示社会的基本构成要素及其相互关系，并从社会各构成要素的矛盾运动中揭示社会的变化和发展；它注重对社会发展动力的考察，总是依据生产力水平来估量特定社会的文明程度；它把人类社会的发展看作是一个自然历史的过程，并着眼于社会从低级形态向高级形态演进的趋势和规律。但是，唯物主义的历史观并不表明，社会形态的具体的演进路线一定是严格地按照马克思在逻辑上所规定的发展顺序依次进行。即使就西方社会的发展历史进程而言，实际历史时段根本就不是进化编年史的那种时空连续体，“古典古代”作为一个历史时期占支配地位的生产方式的灭亡并为封建的生产方式所取代，并不意味着它在未来的社会演进中将不再发挥任何影响。欧洲历史上的文艺复兴就是对“古典古代”的重新发现，由此构成了新的社会形态最重要的思想资源。佩里·安德森对此有过精辟的论述：“古代生产方式和封建生产方式的联结必然在欧洲产生出资本主义生产方式——这种关系不仅仅是历时系列，而且在某个阶段也是共时组合。”[①] 不仅如此，由于封建主义在欧洲范围的发展具有不同的历史特点和凭借着不同的社会条件，特别是在东欧，封建主义的历史进程由于各种外部影响的阻滞，特别是由于缺少“古典古代”的历史传统，才导致欧洲封建主义总危机的经济后果在这两个地区是截然相反的，最后在面向资本主义的历史机遇时开始了它们不同的制度变迁。

在欧洲历史进程中，社会形态的演进对不同的国家或民族具有不同的性质和意义，这一事实表明，即使在西方文明的中心地区，社会的发展和进化也不存在着一个统一的模式和“普世性”的路径；那么，对于距欧洲更为遥远的且在一个漫长的时期里根本无法实行制度碰撞和交融的中国来说，又有什么理由可以断定中国必须根据西方的道路演进？或者必须按照西方社会的发展逻辑即它在“典范的发展点”上所把握到的形式来衡量和规范中国所特有的历史进程和历史现象？如果是这样的话，中国的历史无疑就是某种“逻辑”的历史。

从历史本身的逻辑出发，中国的社会转型和制度变迁是依据它和西方社会完全不同的发展路径，如果一定要在“社会形态”的意义上概括和总结中国社会发展的历史分期，其标准绝不能现成地从经典著作中照搬过来，或者按照西方社会的历史分期标准来切割中国历史。以往关于中国社会分期的历次讨论，

① 佩里·安德森：《绝对主义国家的系谱》，上海人民出版社 2001 年版，第 451 页。

之所以难以从中发掘出建设性观点，根源就在于不是从历史出发来研究历史，不是从社会转型和制度变迁中来探寻历史分期的客观标准；而是从逻辑出发来研究历史，按既定的理论模式把不同的历史时期和不同的历史现象进行逻辑组合，以便描绘出中国按五种社会形态依次演进的完整途径。这样一来，产生了许多看似严肃其实荒唐的伪问题，如：“中国封建社会为何长期延续”？“中国社会发展为何长期停滞”？“中国社会为何不能自主进入资本主义”？这些问题的提出，不仅反映了在历史观上存在着重大偏差，即用逻辑来强制历史；而且潜在地隐含着价值判断上的失误。这就是我要强调的历史价值观的问题。

在历史观的领域，和科学精神相一致的是“价值中立”的原则，因为任何价值偏好的立场都将影响对历史事实判断的客观性和公正性。哈贝马斯（Habermas）批评马克思的历史唯物主义是一种历史客观主义，他认为马克思只是局限在技术的、工具的、组织的即生产力领域内描述历史，而对历史的另一面，即道德的、实践的、交往的因素缺乏足够的重视。这个批评是不能成立的。按照科学的历史观来看，历史进程的价值之维和构成历史主要内容的经济、制度、技术等因素一样，都具有客观性，都是自然历史的产物。历史进程中所表现出来的价值倾向、价值关怀和价值选择，同样也是历史观所要忠实反映和揭示的对象。

依据历史观的“价值中立”的原则，就不应当提出诸如“中国封建社会为何长期延续”或“中国社会发展为何长期停滞”这样的问题，因为这些问题本身已经包含着某种价值倾向或价值判断：西方社会由于率先完成向资本主义的演变而证明了资本的史前制度较之中国更具有价值的优先性，中国社会由于不能构造一个西方式的封建制度而无法自主地完成向资本主义的过渡。中国社会自近代以来和西方社会所形成的巨大差距，成为它们社会制度的价值评价的主要尺度。黄仁宇在他的著作中也提到：“近代中国所面临的最大问题是传统社会不容产生现代型的经济体制。”[①] 如果说这个判断是正确的话，那是否意味着历史价值观的核心内容就是根据现代社会的尺度来评价传统社会？这样做，历史观的位置又将置于何处？

历史价值观是历史的价值判断，是按历史应有的性质和尺度来衡量历史，是价值对历史的规范，是历史的伦理学，用哈贝马斯的话说，价值规范是“社

---

① 黄仁宇：《中国大历史》，生活·读书·新知三联书店 1997 年版，第 5 页。

会进化的起搏器”。历史价值观的核心内容是依据特定的价值尺度对各种历史现象和历史进程的价值批判，是制度比较和社会比较的价值选择，它致力于对人类理想的社会状态的设计和追求，是社会进步和文明进化的主要思想动力之一。历史价值观是主体对客体的规范而不是客观描述，对相同的历史现象，不同的历史价值观基于不同的价值标准会有不同的价值评价。这就为历史统一的价值标准设置了疑问，历史的价值标准和历史的事实标准处在紧张的关系中。按照唯物史观的基本要求，历史评价的主要标准不是先验的超历史的，相反，它具有历史主义的性质，价值判断是基于事实判断，人们只能根据特定的历史环境和历史条件来评判历史。价值判断和事实判断的统一，是正确认识和评价中国历史的基本前提。

西方资本主义社会在不到一百年的时间里，创造了比过去一切时代创造的生产力还要多的生产力，它在制度上的优越性是中国的中央集权专制制度无法比拟的。正是因为它唯一来自于欧洲中世纪的封建制度，后者适宜于主动过渡到资本主义的历史事实是否表明，封建主义较之中央集权专制主义具有价值优越性？换句话说，我们应当依据怎样的标准来评价中央集权专制主义对于中国的深远意义？

佩里·安德森认为，和欧洲相比，中国早就具备了资本主义工业化的大多数纯粹技术前提，“中华帝国文明的整个发展在某种意义上可以看作是技术的威力和潜力在历史上最辉煌的展现和最深刻的实验”[①]。黄仁宇也表述过相同的看法，他认为中国在宋代就存在着向资本主义演变的可能。而大致在同一时期，中世纪的欧洲还没有完全摆脱“黑暗时代”的巨大阴影，它还处在“长期的冬眠”中（恩格斯语）。从这个意义上理解，中国的中央集权专制制度比西欧的封建制度，在农业文明时代，更能有效地整合社会资源。这个制度的历史合理性已为它自身释放的全部效应所证实。制度的合理性和价值性的衡量尺度只能来自于制度本身的要素组合，以及这些组合是否有助于特定时代的生产力的发展和文明的进步。

按诺斯对制度的理解，一个有助于发挥“经济绩效”或能保证“报酬递增”的制度必须具备这些要素：有利于社会稳定的正式规则和非正式规则的存在；明晰的产权制度；有效的激励机制；符合相对价格变化的制度成本；为实施制

① 佩里·安德森：《绝对主义国家的系谱》，第561页。

度而创立的专门组织；以及政治或经济企业家的主观偏好。诺斯认为：“制度加上标准经济理论中的制约因素，决定了一个社会的机会”[①]。如果按照诺斯提供的制度要素来衡量，中国中央集权专制制度在漫长的历史演进中通过不断的制度变革和制度创新，显然创造了符合那个时代要求的社会运行机制：建立了稳定的中央集权控制体系和与此相适应的法律体系；建立了整合社会政治资源的科举制度；建立了产权相对明晰的土地私有制度；建立了和中央集权相配合的社会组织；通过科举制形成了政治的激励机制，通过土地的自由流动形成了经济的激励机制。正是在这种社会运行机制的作用下，中国完成了政治和经济的相对二元化，从而不仅实现了物质文明的持续增长，而且在制度文明和精神文明诸方面均走在当时世界的前列。从这些历史事实出发，何以见得“中国社会长期停滞”？何以见得中国社会由于缺乏自主进入资本主义时代的直接动力而一定是它制度性失败的主要理由？

汤普逊在评价欧洲封建主义的历史“价值”时坚持了他一贯的历史主义立场，他并不是因为封建主义最后的光荣归宿而肯定它的历史合理性。在他看来，封建制度是当时历史条件下唯一可行的社会政治形式，其在符合时代条件和时代精神的新基础上，起着重新团结政府和社会的作用。他为此告诫人们：“因为中世纪时代的思想与实践迥然不同于今天的思想与实践，我们不该错误地认为：过去的文明必然是比我们的文明低劣。封建制度虽已走过了它的历史过程，但它的基本原则——财产的占有须附有公共义务，巨大私人财产应对社会负有某种责任——还是良好政府和公平的社会关系的精粹所在。”[②] 对中国中央集权专制制度的评价，也应当遵循历史主义的原则。这一制度是历史主体经过长时期的社会政治比较和不同制度的反复碰撞后形成的必然选择，其历史的合理性内在于制度的合理性，其历史价值应当被充分地估量到。离开具体的社会历史条件，批评中国在10世纪——西方还普遍缺乏教化的时代——不能有效地实行“数字管理”，以至不能完成向现代性社会的转变，这样的批评有“价值”吗？对于中国社会和西方社会的比较而言，在它们由各种不同的动力的推动下分别走向现代性社会之前，我们只能这样说：在这两种不同社会制度下，社会文明的进化程度是不同的，它们所能达到的物质财富的总量也是不同的；当然，由

① 道格拉斯·诺斯：《制度、制度变迁与经济绩效》，上海三联书店1994年版，第9页。

② 汤普逊：《中世纪经济社会史》下册，商务印书馆1961年版，第329页。

于它们社会结构的不同，它们未来的历史机遇和发展道路也是不同的。这里，不存在着一个总的统一的价值尺度，依此来衡量和评价它们不同的社会制度及其价值。它们的分别存在，对于“世界历史”而言，具有同等重要的意义。

资本主义通过暴力和征服，更主要的是通过商品和市场的力量，在人类历史进程中首次开创了“世界历史”时代。在这个时代，各民族国家以往互相隔绝、彼此孤立的状态被彻底打破了，取而代之的是各民族国家的互相往来和互相依赖，普遍的超民族的认同正在摆脱各种不同的民族局限和地域局限而取代民族国家内特殊的民族认同，黑格尔在哲学上把握到的世界统一的本质开始在实际的历史进程中显示出来。正是在“世界历史”时代，中国开始并终将完成它的第三次社会转型——向现代性社会的演变。中国以往赖以生存并曾经创造过辉煌于世的文明形态的社会制度，将不可逆转地向现代性社会赖以生存的社会制度转变。这对中国和世界都是伟大的历史性的转折。我们有理由期待：中国在新的社会制度中将创造比以往更伟大的文明形态。

（本文刊在《文史哲》2008 年第四期）

浅析清代封建论的文化意蕴

田勤耘

周秦以降，随着郡县制逐渐取代封建制，围绕着封建与郡县二者优劣、利弊的争论一直绵延不绝，及至有清一代。清代封建论早已突破了先前封建论主要着眼于体制之争的框框，更多地成为一种思想武器、思想源泉，或是借以反思明亡清兴，或是借以批判郡县制为核心的君主专制的现实，或是借封建“分权”的内涵倡导地方自治。除了这些社会及政治的现实之外，中国传统文化亦深刻地影响着清代封建论。本文试从以下三方面对清代封建论的文化内涵稍作申述，以就教于方家。

一 儒家之“公”与清代封建论

中国传统文化一向十分注重“公”、“私”观念的区分，而且“公”、“私”观念往往被视为一对互相对立的范畴，前者受到普遍推崇，后者则长期受到贬抑。崇公抑私成为中国政治文化和道德文化的一个重要特征。

明清以前论及封建者的“公”、“私”标准比较混乱。有的以宗法礼制作为公的价值尺度，认为单纯实行郡县制，违背宗亲功臣“共治”的原则，是私的表现。例如，曹魏时宗室曹冏即认为魏尊尊之法虽明，然而不封建却使得亲亲之道未备，违背了先王“与人共治”的原则。有的则以“任贤使能，不私其亲”为“至公”的标准，认为封建宗亲功臣是“赏私其亲”，不能体现“公天下”的原则。例如柳宗元在《封建论》中即认为：“秦之所以革之者，其为制，公之大者也”[①]；魏源则曰：“三代用人，世族之弊，贵以袭贵，贱以袭贱，与封建并起于上古，皆不公之大者。”[②]

清代封建论者以儒家话语中的“公”作为思想武器对郡县制下人主的“利欲之私”进行猛烈批判。在儒家话语系统中“公”代表的是公平、正义，生民百姓的利益，“私”则代表统治集团或是统治者个人的利益，而且在清代封建论者看来，公的标准不仅在于客观的结果，更在于君主的主观动机是否符合儒家仁义、爱民的根本原则。

黄宗羲认为三代以上之法“藏天下于天下者也”，“未尝为一己而立”，是为“无法之法”，封建即古圣王出于公心“虑民之无统”而创设的“无法之法”。而后世之法“藏天下于筐箧者也”，“利不欲其遗于下，福必欲其敛于上”，是为“非法之法”。郡县即是人主以其“得私于我也”而创设的“非法之法”，“其法何曾有一毫为天下之心”？经秦变封建而为郡县之后，“古圣王之所恻隐爱人而经营者荡然无具”。梨洲所谓“古圣王之恻隐爱人而经营者”即儒家仁义、爱民的根本原则。他在《原君》一文里更是直截了当地指出：“古者以天下为主，君为客，凡君之所毕世而经营者，为天下也。今也以君为主，天下为客，凡天下之无地而得安宁者，为君也。是以其未得之也，屠毒天下之肝脑，离散天下之子女，以博我一人之产业，曾不惨然，曰：‘我固为子孙创业也。’其既得之也，敲剥天下之骨髓，离散天下之子女，以奉我一人之淫乐，视为当然，曰：‘此我产业之花息也。’”[③] 古今之君的区别也正是封建天下与郡县天下的区别，前者公，后者私。

顾炎武说：“古之圣人以公心待天下之人，胙之土而分之国；今之君人者尽四海之内为我郡县犹不足也。”[④] 他从“以天下之权寄之天下之人”的角度来肯定封建，反对郡县制下“权乃归之天子”的人主之私。当然，他并不完全否定“私”，反而认为“天下之人各怀其家，各私其子，其常情也”。但是三代“圣人者因而用之，用天下之私，以成一人之公，而天下治。”黄宗羲亦在一定程度上肯定“私”，《原君》有云：“向使无君，人各得自私也，人各得自利也。呜呼，岂设君之道固如是乎！”可见，无论黄宗羲，还是顾炎武，都以君主仁义、爱民

---

① 柳宗元：《封建论》，见《柳宗元哲学著作注译》，广西人民出版社 1985 年版，第 34 页。

② 魏源：《默觚下·治篇九》，《魏源集》上册，中华书局 1983 年版，第 60 页。

③ 黄宗羲：《原君》，《明夷待访录》，中华书局 1981 年版，第 2 页。

④ 顾炎武：《郡县论一》，《顾亭林诗文集》，中华书局 1959 年版，第 12 页。

的主观动机之“公”为视点来考察封建、郡县。

柳宗元在《封建论》中认为秦始皇实行郡县制的主观动机是“私其一己之威也，私其尽臣畜于我也”，然而“其为制，公之大者也”，也就是说秦始皇实行郡县制在客观上有利于大多数人的利益，所以“公天下之端自秦始”。尽管王夫之赞成这个观点，以为“秦以私天下之心而罢侯置守，而天假其私以行其大公”。但是柳宗元的这个观点在清代更多的是招致批评，其原因就在于秦始皇的主观动机不符合儒家仁义、爱民的根本原则。

陆求可对于柳宗元“公天下之端自秦始”的观点反驳道：“秦既私其一己之威，私其尽臣妾于己，又何以谓为公天下?”并认为“封建者，所以为民计生安”，是“古帝王为天下万世计”[①] 所创设的制度。颜元认为郡县取代封建正是君主自私天下的产物，其结果使得生民社稷深受其祸，“秦人任智力以自雄，收万方以自私，敢于变百圣之大法，自速其年世，以遗生民气运世世无穷之大祸，祖龙之罪上通于天矣!”而“文人如柳子厚者，乃反为‘公天下自秦始’之论，是又与于不仁之甚者也，可胜叹哉!”[②]

袁枚以“道”论封建，以为封建“道可而势不可”，“柳子不以为势无如何，而竟以为道不宜行，是父老尧、禹之说也。”这里所说的“道”即是先王“公天下之心”。他据此批评郡县曰：“先王有公天下之心而封建，亲亲也，尊贤也，兴绝国也，举废祀也，欲百姓之各亲其亲，各子其子也，故封建行而天下治。后世有私天下之心而封建，宠爱子也，牢笼功臣也，求防卫也，其视百姓之休戚，如秦人视越人之肥瘠也，故封建行而天下乱。”[③]

汪缙、俞长城以肯定三代王道的方式来肯定封建。汪缙认为“三代之治天下以道”，先王仁义、爱民之道存，所以作为器的封建之制十分完备，而“三代后之治天下也以术”，先王之道不存在了，故作为器的封建也就不复存在了。他将“封建废而郡县兴，井田废而兼并兴，学校废而科举兴”视为“古今一大消长”，其原因就在于秦采用了商鞅、李斯等法家的主张，使得孟子所谓仁义、爱民之道不复存在。李富孙亦批评柳宗元秦制为公的观点，他说：“秦始以宇内自私，废封建，置郡县，使不得世其土地爵禄，而为一己之私……而柳子反以

① 陆求可：《封建论其一》，《密庵文集》卷二。

② 颜元：《存治编·封建》，《颜元集》，中华书局 1987 年版，第 113 页。

③ 袁枚：《书柳子〈封建论〉后》，见《袁枚全集》（贰），江苏古籍出版社 1993 年版，第 391 页。

为公。"[①] 晚清思想家魏源也曾说：

> 治天下之具，其非势、利、名乎！井田，利乎；封建，势乎；学校，名乎！圣人以其势、利、名公天下，身忧天下之忧而无天下之乐，故褰裳去之，而樽俎揖让兴焉；后世以其势、利、名私一身，穷天下之乐而不知忧天下之忧，故慢藏守之，而奸雄觊夺兴焉。[②]

总之，清代封建论者以儒家之"公"，即人主主观动机与行为是否符合仁义、爱民的原则，为视点考察封建、郡县，并以之作为思想武器去批判后世郡县制下人主的"利欲之私"。

王夫之不主张封建，并且赞同柳宗元秦制为公的观点，但他更加注重的是郡县制"天下之公"的客观效果。在他看来，郡县下的用人之制更加"公"，因为郡县"俾才可长民者皆居民上以尽其才而治民之纪"，"封建毁而选举行，守令席诸侯之权，刺史、牧督司方伯之任，虽有元德显功，而无所庇其不令之子孙。"况且"选举之不慎而守令残民，世德之不终而诸侯乱纪，两俱有害，而民于守令之贪残，有所藉于黜陟以苏其困。"所以郡县制取代封建制"亦何为而非天下之公乎？"[③] 他以客观上是否有利于生民百姓的利益来作为"公"的标准论述历史上的朝代更替。他说："天下者，非一姓之私也，兴亡之修短有恒数，苟易姓而无原野流血之惨，则轻授他人而民不病。魏之授晋，上虽逆而下固安，无乃不可乎？"[④] 王夫之虽然肯定郡县制在用人上的"公"，但他同样认为秦的主观动机是私的，"秦以私天下之心而罢侯置守"，"秦之所以获罪于万世者，私己而已矣"[⑤]。

清代封建论者尽管以儒家之"公"为视角来考察封建、郡县，推崇封建之"公"，而贬抑郡县之"私"，但他们并非将"公"与"私"二者决然对立，而是在相当程度上表现出对于"私"的肯定。顾炎武认为"私"是人的基本存在方

---

① 李富孙：《封建论》，《校经廎文稿》卷九，《续修四库全书》1489册，上海古籍出版社2002年版。

② 魏源：《默觚下·治篇三》，《魏源集》，中华书局1983年版，第43页。

③ 王夫之：《变封建为郡县》，《船山全书》（一〇），岳麓书社1996年版，第67页。

④ 王夫之：《晋封同姓害愈于魏削宗室》，《船山全书》（一〇），岳麓书社1996年版，第416页。

⑤ 王夫之：《变封建为郡县》，《船山全书》（一〇），岳麓书社1996年版，第68页。

式，他说：“天下之人各怀其家，各私其子，其常情也。”[①] 所以他认为不能以外在手段来禁止“私”，而恰恰是要通过以“私”为起点去达到“公”，即“合天下之私以成天下之公”。为了实践作为起点的“私”，在制度上，就要“寓封建之意于郡县之中”，即建立稳定可靠的地方和基层政治共同体。这种政治共同体通过让县令“私有”其所管辖地区，激发他的责任心，通过对“私有”的每个地区的治理，以使庶民的利益得到保证。

二　法家刑政与清代封建论

秦晖先生认为，从秦至清的整体看，中国吏治传统的主流是“儒表法里”，一方面“百代都行秦政制”，而“秦政制”从理论到实践都是极端反儒的；另一方面，自汉武帝“罢黜百家，独尊儒术”以来，“独尊儒术”的经典认同始终被高扬，从而使得中国一直存在着法家制度文化与儒家典籍之间的明显紧张。[②]

秦以降，郡县制取代封建制，法家刑政大行其道。于是清代封建论以儒家之“公”为武器对郡县制所代表的法家刑政的种种弊端进行了深刻的揭露和批判。这主要集中在对人主出于“利欲之私”所创一系列防范制度的批判上。

清代封建论首先批评了郡县制下“用一人焉则疑其自私，而又用一人以制其私；行一事焉则虑其可欺，而又设一事以防其欺”的法家“治术”。黄宗羲在主张复方镇时对于郡县制下的这种事权分割之弊有所揭露。其言曰：

> 今各边有总督，有巡抚，有总兵，有本兵，有事复设经略，事权不一，能者坏于牵制，不能者易于推委；枝梧旦夕之间，掩饰章奏之上，其未至溃决者，直须时耳。[③]

顾炎武则从日常行政运作的层面批评郡县制下君主出于私心的设事防事曰：“人人而疑之，事事而制之，科条文簿日多于一日，而又设之监司，设之督抚，

---

① 顾炎武：《郡县论五》，《顾亭林诗文集》，中华书局 1959 年版，第 14 页。

② 以上内容参见秦晖：《西儒会融，解构“法道互补”——典籍与行为中的文化史悖论及中国现代化之路》，载《新史学》（上），中国人民大学出版社 2003 年版，第 342—388 页。

③ 黄宗羲：《方镇》，《明夷待访录》，中华书局 1981 年版，第 22 页。

以为如此守令不得以残害其民矣。”他还以养马来对此作形象的说明：

> 夫养民者，如人家之畜五牸然：司马牛者一人，司刍豆者复一人，又使纪纲之仆监之，升斗之计必闻之于其主人，而马牛之瘠也日甚。吾则不然。择一圉人之勤干者，委之以马牛，给之以牧地，使其所出常浮于所养，而视其肥息者所赏之，否则挞之。然则其为主人者，必乌氏也，必桥姚也。故天下之患，一圉人之足办，而为是纷纷者也。不信其圉人，而用其监仆，甚者并监仆又不信焉，而主人之耳目乱矣。于是爱马牛之心，常不胜其吝刍粟之计，而畜产耗矣。[①]

这样的制度设计表面上看来好像是为了防止守令“残害其民”，结果不仅不能防止残害生民现象的发生，反而使民之困日疾。顾炎武认为君主之所以出于私心以私防私、设事防事，其目的乃在于“尽天下一切之权而收之在上”[②]。

陆世仪对郡县制下的这种事权分割、设事防事进而使得君主一人专权的体制也多有批评。他谴责“郡县之失，在于防制太密，权位太轻，迁转太数，小人得售其奸，君子不得行其志”[③]，并总结郡县掣肘者有六个方面：“佐二不得自选，一。不自主兵权，二。上司太多，疲于应接，三。搢绅满邑，谋议多左，四。子衿数百，动辄閧堂，不可教谕，五。迁转太数，六。”[④] 李塨有言：

> 陈同甫曰：今立国之势，正患文为之太密，事权之太分，郡县太轻而委琐不足恃，兵财太关于上而重迟不易举。嗟乎！此宋明之所以亡也。天子以为轻天下之权而总揽于上，究之一人亦不能总揽，徒使天下之善不即赏，恶不即诛，兵以需而败，机以缓而失，政以掣肘而无成，平时则簿书杂沓，资猾吏上下之手，乱时则文移迟延，启奸雄跳梁之谋而已矣。[⑤]

郡县制下的这种任意分割事权正是法家行政安全优先，以权力为中心，保证君

---

① 顾炎武：《郡县论三》，《顾亭林诗文集》，中华书局 1959 年版，第 13—14 页。

② 顾炎武，黄汝成集释：《日知录集释・守令》，上海古籍出版社 1984 年版，第 717 页。

③ 陆世仪：《封建》，《陆桴亭思辨录辑要》卷一八，丛书集成初编本，商务印书馆 1936 年版。

④ 同上。

⑤ 李塨：《分土》，《平书定》卷二，丛书集成初编本，商务印书馆 1937 年版，第 19 页。

权至上的防范之术的具体体现。

其次，清代封建论对法家"治术"的另一体现——任官回避制进行了批判。顾炎武主张"寓封建之意于郡县之中"，提高知县的品级，即从原来的七品提升为五品，且"任是职者，必用千里以内习其风俗之人"；县令自主任命县丞以外的其他一切僚属。"使官皆千里以内之人，习其民事，而又终其身任之，则上下辨而民志定矣，文法除而吏事简矣。"[①] 陆世仪主张扩大地方州守、县令的人事任免权，"凡辟掾属，俱于邻近乡科中，择廉干者为之"，如此，则人地相宜，官无千里赴部之苦且僚属相得。他们虽然没有直接批评回避制，但其变革主张实际上正是基于回避制的弊端而提出来的。李塨则直接批评回避制曰："今世选官不在本省，或极北而之极南，南东西亦然，不惟路费浩繁，且言语不通，人情不谙，滋弊多端。"[②] 冯桂芬亦直陈回避制之害曰："事有显背三代圣人之制，酿民生无形之害，开胥吏无穷之利，沿袭数百年，墨守之为金科玉律而不知变者，莫如官员回避本省之例。"[③]

再次，清代封建论多以儒家吏治观批判郡县制所代表的法家吏治观。陆世仪认为儒家吏治观与法家吏治观之重大区别："古之为治者，治心、治身、治家、治国、治天下，一而已矣。自秦以吏为师，始有所为吏治，汉复以萧何继之，于是吏治二字，至今习以为固然，莫能破其局者，皆自变封建为郡县始，不行封建，吏治不可得而去也。不去吏治，三代不可得而复也。"[④] 所谓"治心、治身、治家、治国、治天下，一而已矣"体现的正是儒家重视"仁义道德"的一贯主张，是儒家"儒为帝师"吏治观的重要内容。而"秦以吏为师"则是法家的核心政治路线。陆世仪所呼吁的复封建、去吏治即用儒家政治取代法家政治。他揭露后世郡县制下吏治之腐败曰："后世吏多于官数倍，奔走在官者，往往千百为群，积奸丛弊，蠹害生民，此古今盛衰之判也。古之治也以道，卿、大夫、士，同寅协恭，清心致理，后世上下相疑，不复推诚委任，天下之事，一决簿书，变成吏胥世界矣。"[⑤] 尤其是在交代之际，"旧官已去，新官未来，贪浊官吏，多乘机营谋署印，百凡弊窦从此而起。"所以为治"当患吏多，不当患

---

① 顾炎武：《郡县论八》，《亭林文集》卷一，清吴江遂初堂刊本。

② 李塨：《分土》，《平书定》卷二，丛书集成初编本，商务印书馆 1937 年版，第 18 页。

③ 冯桂芬：《免回避议》，《校邠庐抗议》，中州古籍出版社 1998 年版，第 82 页。

④ 陆世仪：《封建》，《陆桴亭思辨录辑要》卷一八，丛书集成初编本，商务印书馆 1936 年版。

⑤ 同上。

吏少也。”[①]

顾炎武于此亦深有体会，他说，“天子之权不寄之人臣而寄之吏胥”，“吏或因以为奸，钩稽文墨，补苴罅漏、涂擦岁月，填塞辞款，而益不能以尽民之情状”，且“胥吏日重，则天子之权已夺”，则必致“国非其国矣”[②]。他认为“吏胥世界”之害还表现在“吏胥窟穴其中，父以是传之子，兄以是传之弟”，“而其尤桀黠者，则进而为院司之书吏，以掣州县之权”，正所谓“官无封建而吏有封建”[③]。顾炎武主张“尊令长之秩，而予之以生财治人之权”且让守令久任，甚至“举子若弟代”以除吏治之弊，而焦循则以为顾氏之主张不能从根本上去除吏治之弊，反而会带来新的弊端，即“大吏无封建，小吏有封建。”[④] 其结果换汤不换药。郡县制下吏治尽管非常强调分权、监视等制度建设，但其出发点不是为了行政正义，而是为了行政安全，同时，它以对“官”的监督为职志，对于“吏”的监督几乎是一片空白，因为“吏”的贪廉不会危及皇权，而“官”则相反。如此一来，传统吏治之顽症自然无法根除。

刘鸿翱虽然基于历史发展之趋势认为“封建之废存非人之所能为，天也。”“三代后，天下不能常生尧、舜、禹、汤、文、武，则不能不废封建。”[⑤] 但他对于传统吏治亦不无批评，在《井田论》一文中他假设一旦复井田，因为县令精力有限，必然假手于吏胥，“民之有田无田，皆悬诸令与胥吏之手”，而胥吏“舞文弄法”，必致“讼狱繁兴”。

作为专制帝王的雍正帝对于时人复封建的主张深恶痛绝。他深谙郡县之秘诀，力图将封建从“圣坛”上拉下来。他认为“三代以前，封建之制，原非圣人以为良法美意而行之也”，而“唐柳宗元谓公天下自秦始，宋苏轼谓封建者争之端，皆确有所见而云然也。”在雍正帝看来，郡县甚至包括封建在内都是君王为了驾驭天下所创之制，而郡县制更加有利于加强君主专制，所以他极力支持郡县，反对封建。他甚至揣度主张复封建者的真实用意：“大凡叛逆之人，如吕留良、曾静、陆生楠之流，皆以宜复封建为言。盖此种悖乱之人，自知奸恶倾

① 陆世仪：《封建》，《陆桴亭思辨录辑要》卷一八，丛书集成初编本，商务印书馆1936年版。
② 顾炎武、黄汝成集释：《日知录集释·守令》，上海古籍出版社1984年版，第717—718页。
③ 顾炎武：《郡县论八》，《顾亭林诗文集》，中华书局1959年版，第16页。
④ 焦循：《郡县议议》，《雕菰集》卷一二，商务印书馆丛书集成初编本1936年版，第190页。
⑤ 刘鸿翱：《封建论》，见《清经世文编》卷一一，中华书局1992年版，第285页。

邪，不容于乡国，思欲效策士游说之风，意谓封建行，则此国不用，可去之他国。”[①] 雍正帝反对封建，支持郡县，维护法家刑政，就是要为清王朝以郡县制为核心的君主专制制度进行辩护。

秦以来，在以郡县制为核心的君主专制制度下，儒家经典所倡导的德治观念并未真正得以实践，相反，愈演愈烈的却是法家刑政的“私天下之心”以及与之相表里的所谓“分权制衡”制度，叠床架屋互相掣肘的监督机制，“滋弊多端”的任官回避制度。透过清代封建论，我们正好可以体会到秦晖先生所说的法家制度文化与儒家经典认同之间的明显紧张。

三　宗法传统与清代封建论

历史上长期延续的宗法传统对清代封建论有着深刻的影响。一方面，宗法传统是清代封建论的文化土壤和背景；另一方面，宗法传统也是清代封建论的重要内容之一。

中国传统文化有着浓厚的宗法特征，诚如严复所论：

> 由唐虞以讫于周，中间二千余年，皆封建之时代，而所谓宗法亦于此时最备。其圣人，宗法社会之圣人也。其制度典籍，宗法社会之制度典籍也。物穷则必变，商君、始皇帝、李斯起，而郡县封域，阡陌土田，燔诗书，坑儒士。其为法欲国主而外，无咫尺之势。此虽霸朝之事，侵夺民权，而迹其所为，非将转宗法之故，以为军国社会者欤。乃由秦以至于今，又二千余岁矣，君此土者不一家，其中之一治一乱常自若，独至于今，籀其政法，审其风俗，与其秀桀之民所言议思惟者，则犹然一宗法之民而已。[②]

宗法制度源于原始社会父家长制家庭公社成员之间牢固的亲族血缘联系，是这种血缘联系与社会政治等级关系密切交融、渗透、固结的产物。它产生于商代后期，西周建立以后，统治者在商代家族制的基础上建立了一套体系完整、等

① 《大义觉迷录》。

② ［英］甄克思著、严复译《社会通诠》序，此据商务印书馆 1981 年版。

级严格的宗法制度。它以血缘为纽带，以嫡长子继承制为核心，是一种庞大、复杂但却井然有序的血缘—政治社会构造体系。经过后代统治者及其知识分子的改造，这种建立在父权家长制基础上的宗法关系越发系统而缜密，由家庭渗透到政治及社会生活的各个层面，成为中国文化的特殊性格，并奠定了中国人的典型社会心理特征。

西周时期，宗法与封建相辅，宗法制直接导致了分封制（或称封建制）。为了强化王权，王位由嫡长子继承，嫡长子又分别将若干土地连同居民分封给诸弟，并让其享有对这一部分土地、居民的统治权和宗主地位。这在政治上是“授土授民”，在宗法上是“别子为祖”。二者合一，便是分封制度。一方面，宗法的意蕴在分封制中得到充分的体现，所谓“周道亲亲”；另一方面，宗法拱卫王权，所谓“磐石之固一成，逆节之萌不起”[①]。

周秦以降，郡县制逐渐取代封建制，命官、流官制取代世卿世禄制，宗法制呈解体之势，所谓“封建废，则宗法格而不行”[②]。战国时法家的以“尊尊”代“亲亲”，以“法治”代“礼治”，即反映了这种趋势。但是宗法制并未完全消逝，一则由于儒家学派的大力倡导；二则由于在自然经济条件下，聚族而居的生活方式长期维系，根据血统远近区分亲疏的继承规则及相应礼制得以沿袭，宗法精神长期延续。这首先突出表现在对于国家组织结构方面的影响，即所谓的“家国同构”，无论家与国，其组织系统和权力配置都是严格的父家长制。“国”在结构上与“家”一致，使中国的社会结构始终未能摆脱血亲—宗法关系而独立存在。社会赖以运转的轴心是宗法原则指导下确立的以父子—君臣关系为人格化体现的伦理—政治系统。其次表现在家族制度的长盛不衰。周秦以降，中国社会经济形态、国家政权形式多有变迁，但社会基石始终是由血缘纽带维系着的宗法性组织——家族。在西周宗法制度下，族权与政权完全合一。秦汉以后，封建制让位于郡县制，国家权力以下的政权与族权渐趋分离。这给族权以双重影响，一方面，政权制约着族权；另一方面，族权与政权分离，促使族权以独立形态获得长足发展，尤其是宋明以后，随着家族制度的日趋完善，族权在社会生活中的影响愈益强大而深刻。宋人张载提出“立宗子法”，“以管摄

① 温曰鉴：《封建论》，《勘书巢未定稿》，见张钧衡辑《适园丛书》第12集，1913—1916年乌程张氏刊本。

② 许三礼：《补定大宗议》，见贺长龄、魏源等编《清经世文编》卷五十八，中华书局1992年版，第1474页。

天下人心，收宗族，厚风俗”[①]。程颐进而指出：“若宗子法立，则人知尊祖重本，人既重本，则朝廷之势自尊。”[②] 朱熹设计了更为具体的宗子法方案。理学家的这些努力反映了宋以后族权不断完善和发展的社会现实。反过来，家族族权的膨胀又因这些理学家们谋划的“管摄天下人心”的宗法伦理的理论指导，朝着自觉巩固君主专制制度的方向发展。族权与国家政权再次结合，但这种结合并非恢复到西周宗法制度下的二者完全合一，而是表现为族权在宣扬宗法伦理、执行礼法、维护社会秩序、巩固统治方面与国家政权的目标完全一致，并以自己的特殊功能来弥补国家政权在这些方面的缺陷。

清代提倡封建者大都注重宗族族权在巩固统治、维护社会秩序方面的重要职能。顾炎武甚至认为明之所以亡，就在于国无强宗。他说：“自治道愈下而国无强宗，无强宗，是以无立国，无立国，是以内溃外畔而卒至于亡。”[③] 他并以历史上氏族的兴衰说明宗族“之有关于人国”的重要性。“唐之天子，贵士族而厚门荫，盖知封建之不可复，而寓其意于士大夫，以自卫于一旦仓黄之际，故非后之人主所能知也。”[④] 而明季，由于皇子分封制的解体，“亲王之势与齐民无异”，于是，“逆贼见藩封之大，所向辄陷，而国家无如之何也，则以为天子之都，亦将如是而已，是以直犯京师而不之忌”[⑤]。崇祯末，辅臣李建泰企图借宗族势力来抵挡李自成农民起义军，结果农民起义军势如破竹，很快攻占京城。顾炎武由此得出结论，在不能复封建的情况下，应当厚植宗族势力，因为强宗大族可以“扶人纪而张国势”。

宗法传统的这种影响还表现在军事上。商周时期的军队是由本族人组成的部落兵，相互之间因亲缘关系而联系在一起，通常战斗力很强。后来，历史上有名的“杨家将”、“岳家军”、“戚家军”也正是通过亲缘、地缘以及在此基础上的产生的业缘等带有浓厚宗法性的纽带而组织起来的，所以具有很强的战斗力。黄宗羲“沿边之方镇”的主张即有宗法的意味，因为“若封建之时，兵民不分，君之视民犹子弟，民之视君犹父母”[⑥]，军队自然有很强的战斗力。这在

---

① 张载：《张子全书》卷四《宗法》，中华书局 1978 年版。

② 邱浚：《朱子家礼》卷一《通礼杂录·祠堂》清康熙四十年刊本。

③ 顾炎武：《裴村记》，《顾亭林诗文集》，中华书局 1959 年版，第 100 页。

④ 同上。

⑤ 顾炎武：《书太虚山人象象谭后》，《顾亭林诗文集》，中华书局 1959 年版，第 154 页。

⑥ 黄宗羲：《明夷待访录未刊文·封建》，《黄宗羲全集》，浙江古籍出版社 1985 年版，第 422 页。

清王朝后来的历史发展中进一步得到印证，太平天国兴起后，清廷在南方诸省的统治岌岌可危，为稳定局势，清廷下令“凡聚族而居，丁口众多者，准择族中有品望者一人立为族正，该族良莠责令察举”，建立保甲为经，宗法为纬的统治网。各姓地主更纷纷组织以族众为基本力量，以族规为法令约束，以族权为指挥系统的“团练”武装，处处与太平军为敌。太平天国军事上的失败，宗法性的团练武装纷起与之对抗是重要原因之一。生活在这一时期的冯桂芬即主张复宗法，认为一旦宗法行，则“盗贼可不作”、“邪教可不作”、“争讼械斗之事可不作”而“保甲、社仓、团练一切之事可行”。清光绪中期，面对我国边疆外患频仍的局面，福建侯官人张亨嘉作《拟柳子厚封建论》，主张在东南沿海和西北边境“分建大国”，以御外侮。张氏主张封建的原因固然是多方面的，但具有浓厚宗法性的军事组织在抵御侵略方面的优长当是他所考虑到的重要原因之一。清末赞助维新变法的文廷式也看到了这一点，他说：“然封建之世，外患必不亟，流寇必不起”①。

儒家鼓吹的理想社会秩序是贵贱、尊卑、长幼、亲疏有别，要求人们的生活方式和行为符合他们在家族内的身份和社会、政治地位，不同的身份有不同的行为规范，这就是宗法礼制。儒家认为，人人遵守符合其身份和地位的行为规范，便“礼达而分定”，达到孔子所说的“君君、臣臣、父父、子子”的境地，贵贱、尊卑、长幼、亲疏有别的理想社会秩序便可维持了，国家便可以长治久安了。反之，弃礼而不用，或不遵守符合身份、地位的行为规范，儒家所鼓吹的理想社会和伦常便无法维持了，国家也就不可得而治了。因此儒家极端重视礼在治理国家上的作用，提出礼治的口号。孔子说：“安上治民，莫善于礼”，《礼记》云：“礼者君之大柄也……所以治政安君也。”可见礼是统治阶级维持其统治的重要工具，礼与政治的关系密切，国之治乱系于礼之兴废。如果放弃礼和礼治，儒家心目中的理想社会便无法建立和维持了。

清人提倡封建者于儒家思想的核心——礼亦多用心。礼是宗法伦理规范，是一种私德，儒家把作为私德规范的礼向外推广到整个社会，使之成为一种社会规范，他们认为只要人人遵行礼法，推己及人、推家及国，天下就会太平，就能实现“天下为公”的大同世界。而族权凭借自己的血缘宗法特性，在宣扬宗法伦理、执行礼法方面，较之专制政权赤裸裸的灌输，更易收到“管摄天下

---

① 文廷式：《纯常子枝语》卷五，江苏广陵古籍刻印社 1990 年版，第 4 页。

人心"的功效。族长凭借族权，既可不碍于父兄之亲情，又因与族众的血缘关系而更加切近族众，所以"惟立为宗子以养之教之，则牧令所不能治者，宗子能治之，牧令远而宗子近也。父兄所不能教者，宗子能教之，父兄多从宽而宗子可从严也。宗法实能弥乎牧令父兄之隙者也。"① 所以清代提倡封建者大都用心于宗法礼制。关于封建与礼的关系，生活在乾隆年间的汪缙有过较为详细的阐述：

> 古者治天下之大器有三：曰封建，曰井田，曰学校。自有封建，而后有公、侯、伯、子、男；有公、侯、伯、子、男，而后有吉凶、宾军、燕飨、脤膰、庆贺之礼；有吉凶、宾军、燕飨、脤膰、庆贺之礼，而后礼制行于诸侯；礼制行于诸侯，而后若卿、若大夫、若士、若皂、若舆、若僚、若仆台、若圉牧，以次相承，而礼制得行于天下之为人臣者矣，是则封建者制爵制禄之大器也。②

他认为封建是宗法礼制的基础，所谓"制爵制禄之大器也"。庄有可说："夫欲天下之治平，必先定其礼，而欲行礼于天下，又必本之于德。德者，善也；礼者，法也。周初盛时，德、礼兼备者也，其衰以迄于亡则以蔑德而又驯致废礼故也。"③ 周初盛时，德、礼兼备，也正是封建制的全盛时期，周衰而封建废，德、礼遂或蔑或废，这正好说明封建与宗法礼制是相互依存的关系。颜元说得更加清楚，其所以主张复封建的一个重要原因乃在于其礼乐教化的社会功能，因为"封建无单举之理，大经大法毕著咸张，则礼乐教化自能潜消反侧，纲纪名分皆可预杜骄奢，而又经理周密。"④ 陆世仪在总结封建、郡县之得失时也说："封建之得，在于……礼乐刑政易施。"⑤

"家国同构"的结构性同一，使得对于家庭成员和国家子民品质要求的同一，即"忠孝相通"。故历代统治者都大力提倡孝，所谓"求忠臣于孝子之门"。加之父家长统治下，"讲孝道，重权威"，从而使得"孝"在中国传统文化中占

---

① 冯桂芬：《复宗法议》，《校邠庐抗议》，上海书店出版社 2002 年版，第 83 页。

② 汪缙：《准孟下》，见贺长龄、魏源等编《清经世文编》卷一，中华书局 1992 年版，第 48 页。

③ 庄有可：《封建论》，《慕良杂著》卷二，第 12 页。

④ 颜元：《存治编·封建》，《颜元集》，中华书局 1987 年版，第 110 页。

⑤ 陆世仪：《封建》，《陆桴亭思辨录辑要》卷一八，丛书集成初编本，商务印书馆 1936 年版。

有重要地位。儒家思想进一步将其道德化，“孝”成为宗法家族中最根本的礼法。提倡封建，用心于礼，自然也就重视孝道。陆世仪说：“自封建既废，郡县无宗庙之制，为有司者，例不得以宗庙事其亲，则所谓孝治一国者，其道无由矣，安能使国人皆兴起于孝乎?”他故主张变通，“若苟复封建，则当使郡邑仍建立宗庙，治邑者始至，则载主而居之，四时之吉，合臣民而行祭，一如古礼，不特使治邑者孝思得展，亦可使通国之人，众谕于孝”[①]。他还主张“在任遭丧，正当在任举行丧礼，使臣民有所矜式”[②]。

由于宗法与封建千丝万缕的联系使得宗法成为清代封建论的一个重要内容。在西周封建制下，封建与宗法相辅相成，周秦以降，尽管周代封建制并没有得到完整的延续，但宗法思想和宗法观念依旧深深影响着中国文化，尤其是宋明以来，随着家族制度的日渐完善，宗法思想和宗法观念进一步强化，族权在与国家政权相分离的情况下对国家政权的辅助作用进一步彰显，所谓“宗法者，佐国家养民、教民之原本也。”[③] 于是乎，清代封建论在宗法文化氤氲中长盛不衰。

综上所述，清代封建论以儒家话语中的“公”，即人主仁义、爱民的主观动机，作为思想武器对以郡县制为核心的君主专制下人主的“利欲之私”进行批判，在此基础上对作为法家刑政思想在制度设计上的具体体现的郡县制的种种弊端进行揭露和批判。同时，又由于宗法传统的长期延续和影响及其与封建千丝万缕的联系，使得宗法传统和上述儒家文化及其与法家制度文化之间的紧张共同构成了清代封建论的文化背景和重要内容之一。

---

① 陆世仪：《封建》，《陆桴亭思辨录辑要》卷一八，丛书集成初编本，商务印书馆 1936 年版。

② 同上。

③ 冯桂芬：《复宗法议》，《校邠庐抗议》，上海书店出版社 2002 年版，第 83 页。

“封建”的泛化与将错就错的“封建”论

——以郭沫若等人的泛化封建观为中心

郝祥满

冯天瑜教授积二十年之思考，毅然“清理、驳正”自己长期以来对封建概念的“模糊认识”，基于“新名‘封建’概念准确性问题，关涉中国历史述事的框架构筑，兹事体大”，“不得不考究新名‘封建’‘形义脱节’、‘名实错植’的症结所在”[①] 的认识，力图纠偏，成就《“封建”考论》之著作。对于我来说，这是振聋发聩之作，自从进入史学门槛以来，对此未假思索的我一直都在盲目地使用泛化的“封建”概念，现在的我已经在自己的著作中自觉地回避使用泛化的“封建”概念，但我感觉仅此还不够。从史学工作者的史德出发，有必要为追求真理而努力、而呐喊。本文就是根据冯先生大作第十五章“注目中国史自身特点学者质疑泛化封建观”而作的有关研究，它既是为冯先生的相关观点作进一步阐释，也是帮助李根蟠教授分析其“封建地主制”理论“经过长期的研究和讨论，它为越来越多的学者所认同，以至成为中国学术界关于战国以后的社会性质的主流观点”[②] 的根本原因。

---

① 冯天瑜：《“封建”考论》（第二版），武汉大学出版社 2007 年版，第 7 页。

② 李根蟠：《中国“封建”概念的演变和“封建地主制”理论的形成》，载《历史研究》2004 年第 3 期，第 146 页。

一　话语封建的基调:《中国革命与中国共产党》等文章和文件的影响

新文化运动、五四运动期间（1915—1921），“封建”的含义在一些重要论者那里发生了变化，它“从一古史概念，演变为‘前近代’的同义语，成为与近代文明相对立的陈腐、落后、反动的制度及思想的代名词”。[①] 而“陈腐、落后、反动的制度及思想”却是时人普遍深恶痛绝的，要尽快打倒的，于是乎它的代名词（或者说标签）也普遍被认知，但是它并未被普遍接受，关于“封建”与“封建社会”问题的争论依然很激烈。

这一争论或者说分歧的统一是分两个阶段完成的，第一阶段大约开始于1939年前后，主要是在解放区的统一，亦即泛化“封建”的概念在解放区被广泛接受。

随着马克思恩格斯列宁斯大林主义或有关言论在中国的广泛传播，20世纪20年代末至30年代初“中国社会史论战”等蓬勃开展，使新名“封建”越来越广泛、越来越深刻地根植于中国人的脑海之中。抗日战争爆发以后，随着大批学者从国统区进入共产党领导的抗日民主根据地，他们之间的论战显然在根据地也有延续，这种争论一定程度上影响了统一战线内部的团结。为了统一思想，明确革命的社会对象和历史任务，1939年12月，毛泽东发表的《中国革命与中国共产党》一文，将周秦以来的制度称为“封建制度”，其对应的“三千年来的中国社会”称为“封建社会”。1940年1月19日所撰并刊发于延安出版的《中国文化》上的《新民主主义论》一文中，毛泽东进一步指出：

> 自周秦以来，中国是一个封建社会，其政治是封建的政治，其经济是封建的经济，而为这种政治和经济之反映的占统治地位的文化，则是封建的文化。[②]

---

① 冯天瑜：《“封建”考论》（第二版），武汉大学出版社2007年版，第241页。

② 同上书，第345—346页。

毛泽东的论文一时使关于古代史分期的争论在共产党内部以及抗日根据地沉寂下来，该文以毛主席的权威话语使争论归于统一，尽管毛泽东此文的目的是在统一政治思想而不是统一学术观点，但不是史学专家的毛泽东无意中起到裁判论战即充当裁判员的作用，也只有他的威望才能在局部内统一。而且，《中国革命与中国共产党》一文裁判的标准是马克思的“五种社会形态说”，直接影响应该是斯大林在 1938 年 9 月发表的《辩证唯物主义和历史唯物主义》一文，斯大林在该文中肯定了历史上有五种基本类型的生产关系。在一定的条件下，是否接受它也是划清马克思主义和非马克思主义的界限。

接着，毛泽东特意要求 1940 年 1 月才到延安的范文澜任马列学院历史研究室主任，并负责编写一本十几万字的中国通史，为中国共产党干部补习历史文化之用。范文澜一边根据毛泽东《中国革命与中国共产党》一文的核心精神编写，一边在《中国文化》上发表《关于上古历史阶段的商榷》一文造势，到 1941 年出版了《中国通史简编》上册（上古到五代）。

于是乎，学者们能就此问题讨论的空间有限，只能在“这个封建制度，自周秦以来一直延续了三千年左右”的框架内做文章。① 即使如此，此后关于历史问题的争论似乎并没有完全结束，因为毛泽东的这句话有很多的弹性，“有些同志就引用这句话作为西周封建论的根据，有些同志引以为战国封建论的依据。前者认为‘自周秦以来’，即自周代开始；后者认为‘自周秦以来’，并非西周以来”。② 所以，为了防止大后方文化人因学术观点分歧而导致不必要的争论，影响内部团结，1945 年 1 月 18 日，周恩来在《关于大后方文化人整风运动的意见》电文中明确指出：“抽象地争论世界观、人生观，甚至引起不必要的对历史问题的争论，必致松懈对国民党内顽固派的斗争，招致内部的纠纷，这是很要慎重的。”③

在毛泽东的裁判之后和共产党团结一致的号召之下，进一步的论战就让人感到无意义了，甚至是居心叵测了，剩下的任务便是服从裁判，接受“五种社会形态说”及其不可颠倒更替顺序，纠正自己的旧说，或“自圆其说”重新拼排中国历史朝代了。随后的一系列文件促进了学者们这一工作的开展。

第二阶段大约开始于 1949 年，这次是在全国范围内的统一，亦即泛化“封建”的概念及相关理论在全国范围内被广泛接受。

---

① 毛泽东：《毛泽东选集》（第二卷），人民出版社 1966 年版（根据 1952 年重排本），第 586 页。

② 林甘泉等：《中国古代史分期讨论五十年》，上海人民出版社 1982 年版，第 430 页。

③ 周恩来：《周恩来选集》（上卷），人民出版社 1980 年版，第 188 页。

1949年7月1日，中国新史学研究会成立，研究会成立的宗旨规定："学习并运用历史唯物主义的观点和方法，批判各种旧历史观，并养成史学工作者实事求是的作风，以从事新史学的建设工作。"① 紧接着1949年9月29日，政治协商会议通过了新中国成立之初具有宪法性质的《共同纲领》。《共同纲领》第五章第44条明确规定："提倡用科学的历史观点，研究和解释历史、经济、政治、文化和国际事务。"

1949年10月1日中华人民共和国成立，标志着中国结束"半封建"的社会阶段而进入社会主义社会阶段，这一系列的重大历史事件标志着泛化的"封建"、"封建社会"、"封建主义"等概念及其理论从此确立并普及。

1950年4月19日，为了推动知识分子改造运动和新中国学术事业及党的各项事业的发展，中共中央发出了《关于在报纸刊物上展开批评和自我批评的决定》，《决定》指出："在一切公开场合，在人民群众中，特别在报纸刊物上，展开对于我们工作中一切错误和缺点的批评和自我批评。"《决定》要求"批评在报纸和刊物上发表后，如完全属实，被批评者应即在同一报纸上声明接受并公布改正错误的结果。如有部分属实，被批评者应即在同一报纸刊物上做出实事求是的更正，而接受批评的正确部分。"这一决定也在史学界、文学界引起了强烈的反响，《文艺报》等报刊也纷纷发表社论响应这一决定和号召。一些著名的马克思主义史学家更是积极响应中央的指示，认真开展批评和自我批评，这对"封建"概念的泛化和"五种社会形态论"的推广起了极大的促进作用。此后新名"封建"被广泛使用，"'封建地主制'或'地主经济封建制'的概念也在讨论中被史学研究者所广泛接受"，"肯定战国秦汉以后是封建社会的观点，虽然不是每个人都同意，但已被越来越多的人所接受"②。

二 郭沫若"自我批评"的模范作用及其对"封建"概念泛化的影响

在20世纪50年代知识分子的思想改造运动中，中国马克思主义史学开创者

① 《人民日报》民国三十八年（1949）7月2日。

② 李根蟠：《中国"封建"概念的演变和"封建地主制"理论的形成》，载《历史研究》2004年第3期，第168页。

郭沫若率先自我批评。早在1945年郭沫若就发表了《十批判书》之一的《古代研究的自我批判》，对于在1928年前后发表1930年结集出版的《中国古代社会》一书中的文章和观点，根据新材料和新认识、新理论，对商代的社会性质作出了奴隶社会的判断，重新肯定了井田制的存在。50年代初则根据殷墟发掘的新材料和各地出土的大量铁器，两次改正旧说，将中国奴隶社会与封建社会的分界线最终划在春秋战国之交，出版了《奴隶制时代》一书；在1954年重印本中，对旧作《中国古代社会研究》“又在相当大的范围内，加添了好些改正”。在1954年《中国古代社会研究》“新版引言”中，郭沫若又作了自我批评：

> 本书的再度改排是着重在它的历史意义上。这是“用科学的历史观点研究和解释历史”的草创时期的东西，它在中国古代的社会机构和意识形态的分析和批判上虽然贡献了一些新的见解，但主要由于材料的时代性未能划分清楚，却轻率地提出了好些错误的结论。这些本质的错误，二十几年来我在逐步地加以清算。[①]

郭沫若1952年在新文艺出版社发表的《奴隶制时代》一文中论及“封建这个术语”，以及规定“封建制的性质”的标准，他说：

> 这夏、殷、周三代，在旧式史家，又称为“封建制”，以区别于秦汉以后的郡县制。因此，在名称的含义上便不免有些混淆。旧时的所谓“封建制”，是封诸侯、建同姓的意思，那在实际上只是建立一些比较原始的殖民部落，有的是同姓的分支，有的是异姓的联盟，但在社会经济的本质上和我们现今所用的封建这个术语是完全不同的。我们现今所了解的封建制是从生产方式的某种形态着眼的。为了避免混淆，我们最好把斯大林在辩证唯物主义与历史唯物主义中所规定的奴隶制与封建制的性质和区别征引在下边：
>
> “在奴隶制度下，生产关系底基础是奴隶主占有生产资料和占有生产工作者，这生产工作者便是奴隶主所能当作牲畜来买卖屠杀的奴隶。”
>
> “在封建制度下，生产关系底基础是封建主占有生产资料和不完全占有

① 郭沫若：《中国古代社会研究》，人民出版社1964年第2版，“一九五四年新版引言”，第5页。

生产工作者，这生产工作者便是封建主虽已不能屠杀，但仍可以买卖的农奴。”

我们在这样的认识上来看问题时，夏、殷、周三代的生产方式只能是奴隶制度。①

这里郭沫若以“新”、“旧”来概括两种封建观的性质，使学术的讨论超出学术之外。因为“旧”的代表着落后，代表着“帝国主义”、“封建主义”、“官僚资本主义”的世界观和历史观；而“新”的代表着进步，代表着革命的“社会主义”或“马克思主义”的世界观和历史观。同书中郭沫若尽管拿出了更有权威的论据，即斯大林的观点，但周代的生产方式“只能是奴隶制度”这一观点和毛泽东在《中国革命和中国共产党》一文中“封建制度，自周秦以来一直延续了三千多年”论断的时间差距显然太长。于是，1956 年，他在收入《中国古代社会研究》一书中作为导论的“中国社会之历史的发展阶段”一文中作了“改正”，在论及“封建”及“封建社会”时。他说：

事实上周室东迁以后，中国的社会才由奴隶制逐渐转入了真正的封建制。从那时以后在农业方面中国才有地主和农夫的对立产生，工商业方面也才有师傅和徒弟的对立出现。春秋的五伯，战国的七雄，要那些才是真正的封建诸侯。

后来在秦统一了天下以后，在名目上虽然是废封建而为郡县，其实中国的封建制度一直到最近百年都是很巍然的存在着的。

不过，郭沫若的自我批评和转变，从紧接着的以下文字看，很有些勉强，他说：

我们不要为文字所局限了。周室在古时虽号称为封建，但事实上在周官有“乡”、“遂”、“县”、“鄙”之分，并不是全无郡县。秦以后虽然号称为郡县制，但汉有诸王，唐有藩镇，明初有诸王，清初有三藩及年羹尧，就是一般的行省总督，都号称为“封疆天子”，依然还是封建制。到了现

① 郭沫若：《奴隶制时代》，人民出版社 1954 年版，第 15—16 页。

在，假使要说中国的封建社会在秦时就崩溃了，那简直是不可救药的错误。[①]

他在文中特别指出，统一的秦汉以前也存在郡县，而之后也有封王、藩镇，言外之意值得深思。我们知道，毛泽东的《中国革命和中国共产党》一文新中国成立后“以范文澜为首的一批史学家进行了认真的修改”，“而后得到毛泽东的认可”[②]。20 世纪 50 年代关于封建的讨论主要在郭沫若和范文澜之间，尽管在毛泽东思想的指导下，范文澜先生的封建观与郭沫若分歧不大，但他们在相互讨论中让步有限。大约在范文澜先生死后，郭沫若的封建论起主导影响，他在其主编的《中国史稿》中坚持并推广了自己的“战国封建说”，《中国史稿》1979 年成为高等学校文科教材，通用的高中、初中历史课本采用这一观点大约在此前后。

不管郭沫若的内心和论文表达之间有何差距，他的模范和表率之举，他的历史地位和政治地位，使他在这一新旧革命的年代具有统一思想、统一观念的号召力。

几乎在郭沫若自我批评的同时，范文澜也从他的代表作《中国通史简编》入手，作了自我批评，在《新建设》1951 年第 4 卷第 2 期上发表了《关于〈中国通史简编〉》一文。范文澜先生的解脱方法也是将封建分类，从而区分出秦汉以前和秦汉以后两个不同的“封建制度”和“封建社会”。其他著名马克思主义史学家如翦伯赞、吕振羽等在此期间也都勇于自我批评，纠正“旧观点”。郭沫若等人的史观之转变与中国共产党的政治纲领的提出，其时间上的一致性，说明一些史家以自己的研究“将就”政治，不自觉地把学术研究纳入了意识形态的范围，这不仅使“封建”、“封建社会”、“封建主义”这一类的学术概念因政治因素而泛化，也影响了历史科学的独立发展。

就这样经过自我批评，“经过论战，秦以后非封建社会的各种论调受到了批评而逐渐衰微”，“秦以后是封建社会的观点也为越来越多的人所接受”，正如李根蟠教授所说的，因为这不仅仅是书斋中问题，因为“中国共产党反帝反封建的民主革命纲领是建立在鸦片战争以后的中国是半封建半殖民地社会这种认识

① 郭沫若：《中国古代社会研究》，人民出版社 1954 年版，第 15—16 页。

② 冯天瑜：《“封建”考论》（第二版），武汉大学出版社 2007 年版，第 345 页。

的基础上的，而后者的逻辑前提正是秦以后至鸦片战争前为封建社会。中国共产党正是根据这种认识和纲领指导革命获得了成功”。[①] 因为革命实践的成功反过来也证明了理论的正确性和科学性，这一点也正好诠释李先生的立论。

三 不可更替的“五种社会形态”顺序与周谷城圆说“封建”的困境

郭沫若、范文澜等马克思主义史学家的“封建”论，其前后变化或出于对斯大林主义的主动接受，而周谷城等“封建”观变化却显得相对被动。

由于历史研究被打上阶级性、革命性的烙印，由于郭沫若等权威学者或政治家的“自我批评”态度和新观点的倡导，使周谷城等大学者陷入抉择的困境，要么大胆批评郭沫若等人的新观点，要么对他们的观点作注释以表示同意接受新观点、新理论，以显示自己的革命性，对于他们来说接受新观点就必须修正旧观点。周谷城也感觉到界定“封建”时代及定义其制度的困境，1950 年 7 月 27 日他在《文汇报》上发表了《中国奴隶社会论》一文，文中他说出了自己的（也包括许多其他学者的）困惑和重新“修改”自圆其说的麻烦。

> 旧话所谓或周初的封建，究竟是一种什么制度？截至今日为止，学者都认为就是社会发展史上所谓封建阶段的封建。因为这个认识，遂引出一串的麻烦。周初既是封建，则不得不把奴隶阶段移到周以前，然事实上春秋战国甚至秦汉时代，又都与奴隶阶段极相像。如果承认春秋战国秦汉属于奴隶阶段，则完整的封建制度又确在周初。这一串的麻烦逼着学者们对封建制的名称来加以修改：或称为前期封建，或称为封建前期。但无论如何修改，只要你承认春秋战国秦汉都属于奴隶阶段，便是封建制在奴隶社会之前，或奴隶社会之内，便与社会发展史上的阶段不合。[②]

周谷城在“东方社会之真相”中已经意识到：“至于各阶段的名称，仍只能

① 李根蟠：《中国“封建”概念的演变和“封建地主制”理论的形成》，载《历史研究》2004 年第 3 期，第 163 页。

② 周谷城：《周谷城史学论文选集》，人民出版社 1983 年版，第 248—249 页。

是氏族社会、奴隶社会、封建社会等等"，因为"苏联史学界不谈亚细亚式"。好在当时来沪的苏联吉谢列夫教授说："至于对东方社会的看法，苏联史学界的意见，前后颇有不同：最多认为古代东方诸国为封建社会，近则认为是奴隶社会。"[①] 于是根据这一新动向，他在该文的第四部分以"奴隶社会中的封建制"为题，在确认了中国存在过"奴隶社会"的同时，对"封建"，一词和"封建社会"概念做了解释，圆说了他 1930 年出版的《中国社会之结构》一书中的论点，自认摆脱了这个"麻烦"。具体他是这样折中地为早年的论点圆说的：

> 我对周初封建制的看法与大家不同，我没看这个麻烦。我认为周初的封建制是部族战争过程中必然的产物，是贵族奴隶主成长过程中必然的产物；与奴隶社会以后的中世封建制截然不同，不可称为前期。这种奴隶社会内部的封建制，在古埃及有，布勒斯特氏称之为"古代封建"；在古亚述有，马斯伯乐氏称之为"军事封建"。周武王克商，把战败的部族分区镇压：或拿自己的同姓去充统治者，或拿自己的亲戚去充统治者，或拿自己的功臣去充统治者，或从战败部族中挑选一些人充统治者。依其地位之重要与否，分成大小等级，遂成公侯伯子男等等的封建制。这与埃及亚述各地所发见的古封建或军事封建是一样的。这种封建制随奴隶制之没落而没落，与中世封建是不相连的。我的看法如此，故周初的封建制不能给我什么麻烦，我可以很爽快的称殷初到西汉末为奴隶阶段。古代封建关系，是强大部族对弱小部族的关系；中世封建关系，是封建领主对农奴阶级的关系。古代封建是氏族社会没落后、部族战争演进的结果；中世封建是奴隶社会没落后、主奴关系再建的结果。欧洲中世初期，即所谓黑暗时代，日尔曼蛮族南下，本可因战争的演进，形成奴隶社会中之古代封建。但他们南下之时，自己的社会才开始有极少的奴隶，尚未进入奴隶阶段；而罗马社会却已越过了奴隶阶段，快入封建阶段。因此之故，日尔曼族的古代封建，被进步的罗马所推动，未能完成；罗马帝国的中世封建，却因日尔曼人的南下，加速完成了。[②]

---

① 周谷城：《周谷城史学论文选集》，人民出版社 1983 年版，第 246 页。

② 同上书，第 249—250 页。

周谷城的话让人感受到当时确有不少人陷入要不要使用这一泛化的封建概念的困境。由于郭沫若等人学术和政治地位及其模范作用，在对此问题不得不发表意见的时候，也有采取了回避的态度，其中有代表性的学者有侯外庐先生。20世纪50年代，侯先生在《论中国封建制的形式及其法典化》、《秦汉社会的研究》等文中就中国的封建社会以“复古”、“因循的性质”等作了交代，而对封建概念“中外相混”的事实公开表示要回避，他是这样说的：

> 通过中国封建社会的历史，我们寻常看见有各种各样的“复古”。从秦汉以来，有的拿六经的先王王制作为封建皇帝“制法”的复古形式，也有的披着三代的古典衣裳，而幻想另一个世界……这种因循的性质，就是封建制社会的继续发展。然而，秦废“封建”，为什么又成了封建社会呢？我们的回答是：秦废封建的“封建”二字，为中国古代史的另一个术语，其内容指的是“宗子维城”的古代城市国家（参看拙著《中国古代社会史论》）；这里我们所举出的封建制社会，“封建”这两个字则是立基于自然经济、以农村为出发点的封建所有制形式，译自外文 Feudalism，有人也译作封建主义。中外词汇相混，为时已久，我们倒也不必在此来个正名定分，改易译法。①

由于要和马克思主义的“五种形态社会”学说相适应，越来越多的学者不得不以所谓的“马克思主义的历史观”为理论指导，勉强地生硬地将中国历史裁剪之后，分配到五种社会形态上去，而不论这样的生搬硬套是否有错。

本文要特别指出的是，像周谷城、王亚南这样，虽然有些不情愿，但是最终以“将错就错”的态度自圆其说的史学家有很多，这种“将错就错”的态度现在依然相当普遍地存在着。冯天瑜教授在《“封建”考论》也指出了问题的症结：“有些朋友认为，泛化‘封建’固然不妥，但已经‘约定俗成’，难以变更，也就将错就错吧。”② 几乎任何新概念的产生，必须经过反复的争论检验之后才能流行，对新概念的接受首先要主动怀疑，像周谷城等这样被动地接受、违心地“将错就错”，并作痛苦的自我批评来附和他说并自圆其说，在今天我们所处

① 侯外庐：《中国封建社会史论》，人民出版社1979年版，第56—58页。

② 冯天瑜：《“封建”考论》（第二版），武汉大学出版社2007年版，第537页。

的开放时代、自由的语境中，继续将错就错那就说不过去了。他们的被动接受，尚可借口语境的限制，因此不仅需要说服自己，还需要说服他人；于是对于自己以前的理解自我批评，要能够自圆其说，即使是这种自圆其说，也是很勉强的和不负责任的，不可取的。

四 不可分割的"长期"与周谷城修正的"古封建"论的局限

1978年改革开放以后，从经济到政治，再到学术界，话语也逐渐开放起来，尤其是《实践是检验真理的唯一标准》发表之后。大约从1979年起，关于"封建"、"封建社会"等概念和理论的讨论又进入一个新的时期。因此一些史学家开始修正自己的观点，例如周谷城在20世纪80年代初连续发表了的两篇自圆其说其"封建"论的文章。在历史学家中，周谷城（1898—1995）可谓是一寿星，长寿对于一些学者非常重要，他可以等到合适的时间修改自己的观点。假如其他史学家也有周这样的长寿，相信他们也会修正自己的观点的，认为"经过长期的研究和论战，秦以后中国属于封建社会，不但成为马克思主义史学工作者的共识，而且获得了许多原来并不信奉马列的学者的认同"，这不过是一些人的一相情愿而已，事实证明，现在的争论证明，至少现在还未得出普遍甘心接受的定论。

20世纪50年代以来的"封建"论是周谷城想重新修正的一大史观。1980年他在《中国社会科学》第5期上发表了《论古封建》一文，表明了他修正的封建历史观。

> 这里所谓"古"，指的是社会发展史上所讲的奴隶制时代。所谓"封建"，也就是指的这个时代的封建等级制，而不是中世纪的封建。现在分别略述如次。
>
> （一）奴隶制时代而有封建，颇不同于一般的说法，所以特别称之为古封建。古封建在世界古史上似乎相当普遍。自西至东，略略可以数出一些。例如埃及，便有古封建，布勒斯特称之为"古代封建"；美索布达米亚，如亚述，有古封建，马斯伯乐称之为"军事封建"；伊朗或古代波斯，有古封

建，吉帮称之为"国君封建"；中国有古封建，毛泽东主席称之为"国家封建"或"秦以前封建"。从世界古史发展的情况看，故封建可能出现于世界各地一切古国中。……[①]

从这篇文章可以看出，周谷城一生都受到泛化"封建"概念的困扰。这里他以"古"代替落后色彩的"旧"，他所谓的"古封建"也就是取"封建"本义。在这篇文章里，他知道指出了"封建"、"分权"、"分裂"与"专制"、"极权"、"大一统"的不相容性，

奴隶制趋于没落，故封建也趋于没落；起而代兴者为前所未有的统一帝国，或统一集权的坚强的国家组织。坚强的国家组织是与封建等级制不相容的。[②]

在这篇文章的第六部分"封国与中央的关系"里他继续指出了几点不相容性，例如：

（1）封国之主，无论等级高低，都必须对中央统治者表示效忠或服从或拥戴；如果不这样，那就不称其为封国之主，不能构成上下封建等级关系。但是反转来说，如果只有服从或拥戴，而没有不服从不拥戴；那么事实上封国必已成了所谓郡或县，而不是封国了。……（4）中央对封国的控制办法也有好几种，最重要的莫过于控制军队，即把封国的军队控制到中央的手里。但封国之主或土皇帝自己必须保留一些军队，否则不成其为封建主或国君。……（5）控制只能是相对的，因此效忠也只能是相对的；于是封国对中央有叛服无常的现象。这现象在世界古史上是普遍的，是统一集权国家发展过程中必然的现象。一定要封国完全没落，统一集权的所谓帝国或坚强国家出现，郡、县完全成功之时，才能消灭。[③]

在本文章第七部分关于"古封建"的发展过程的论述中，周谷城再次指出：

---

① 周谷城：《周谷城史学论文选集》，人民出版社1983年版，第259页。

② 同上。

③ 同上书，第265—266页。

“秦开始时，也只是并立的诸国之一，即齐、楚、燕、赵、韩、魏、秦等所谓战国七雄之一。”它利用各种有利条件，“终于把齐、楚、燕、赵、韩、魏六国，在公元前230年（秦始皇十七年）到公元前221年（秦始皇二十六年）之间，完全消灭。中国古代贵族奴隶主的封建等级国，随着统一集权帝国的兴起，而基本结束。统一集权帝国兴起，贵族奴隶主的封建等级国即随着没落，俨然像一条规律；西方的希腊、罗马，在某些方面讲，也有与此相似之处”。[①]

这些都是从“封建”的本义上去谈封建制，这说明周谷城意图恢复“封建”的本义，却又不敢打破“五种社会形态”名称及其更替顺序的框框，因此他在文中也不得不先提出“社会发展史根据五种不同的生产方式，分为五个阶段，第一氏族阶段，第二奴隶制阶段，第三封建阶段，第四资本主义阶段，第五社会主义阶段”的经典论断，然后说：“古封建或封建等级制存在于第二阶段，即奴隶制阶段，与奴隶制几乎是同开始同结束的。封建制则不然，存在于第三阶段，即封建时代。”以此回答“古封建与社会发展史上所讲的封建制有什么不同”。[②] 在“古”、“旧”之类的概念下模糊中国奴隶制和封建制两种社会阶段的分期，或者混同调和两种制度。希望能够自圆其说的周谷城，进既不能指出“封建”与“泛封建”的差别，把周代作为一个单独的社会形态（即“封建社会”）写入中国历史，或者干脆否定奴隶社会阶段在中国历史中的存在；退既不能断定周代为奴隶制时代，又不能心甘情愿地接受“五种社会形态”论。

周谷城的困境无法解决的另一个根本原因是，他知道“毛泽东主席说过，中国封建有三千年。”他计算之后也发现：“从周武王克商的那一年起，也就是公元前1122年以后开始‘封建亲戚’的时候起，到鸦片战争的那一年，也就是公元1840年，约三千年。”他知道自己的困境是在于如何解决这个“封建长期”问题。好在他能够发现毛泽东对于“秦以后的封建究竟从何时起也没有说定”，[③] 于是，1981年，周谷城接着又在《社会科学战线》上发表了一篇专论《封建长期似乎不长》。说出了他解决的新办法，这次他是这样说的：

> 我的办法是把封建时代的上限往下移：由公元前的480年移到公元后

① 周谷城：《周谷城史学论文选集》，人民出版社1983年版，第267页。

② 同上书，第277页。

③ 同上书，第279—280页。

> 的二世纪下半期，也就是东汉的下半期；从公元二世纪下半期上溯到公元前 2200 年，可以有大约二千四百年的时间；若向上再拉长几百年，那就快近三千年了。从公元二世纪下半期下移到公元 1840 年，一共只有一千六百年左右。一千六百年的封建时代，对二千四百年的奴隶制时代，比例似乎很相称了。不过这是着眼于年代学的观点，这样讲的；若着眼于社会发展史的观点，是不是有理由呢？曰，有。就封建剥削的明确证据讲，应该把中国的封建时代的起头移到东汉后期，即公元二世纪下半期。其次就全局决定部分的道理讲，把中国封建时代的起头，移到公元二世纪下半期似较妥。①

周先生的这种做法好像是在分蛋糕，完全是在修补历史，将中国历史比照西方历史和"五种形态论"，在所谓的各种形态之间截长补短，而不是根据历史现实归纳出它的社会性质。但他无论怎样的截长补短，就是不敢将中国历史的"封建时代"从后面截，即把它的下限往上移，把隋唐以后，或者秦汉以后划出"封建时代"之外，这样不仅可以使中国历史有一个"比例似乎很相称了"的资本主义时代，而且照应了马克思、斯大林的理论，不也可以证明"封建长期似乎不长"吗？周先生为什么不呢？因为毛泽东已经反复把它的下限说定了，即"自从一八四〇年的鸦片战争以后，中国一步一步地变成了一个半殖民地半封建的社会"。"中国的封建社会继续了三千年左右。直到十九世纪的中叶，由于外国资本主义的侵入，这个社会的内部才发生了重大的变化"。② 因为尚钺在 1960 年因类似的修正而被作为"修正主义"的典型受到批评，原因之一就是他的"魏晋封建说"将已成通识的三千年封建社会砍除一半，出手太狠，招来大祸，周先生不能不引以为鉴！当时毕竟打倒"四人帮"，改革开放、解放思想不久，他的新说虽然也将三千年封建社会砍去将近一半，但这一刀往前砍只是涉及古代史分期问题，不涉及更为严重的近代史分期问题以及对资本主义的认识问题。

总之，以周谷城先生为代表史学家们虽然很为坚持学术真理困扰，在知晓"五种社会形态"说的局限性的情况下及时反省，但是，只要他们跳不出"五种社会形态"论的框框，他们就像神通广大的孙悟空一样跳不出如来佛的"五指

① 周谷城：《周谷城史学论文选集》，人民出版社 1983 年版，第 281 页。

② 毛泽东：《毛泽东选集》（第二卷），人民出版社 1966 年版（根据 1952 年重排本），第 589 页。

山”之外。以史为鉴，今天我们作为一个严谨历史学者，不要硬把学术研究和政治结缘，尽管“历史研究实际上是难以和政治绝缘的”，对于中国自秦至清的社会形态，应该放弃使用含义模糊的“封建时代”而旗帜鲜明地使用“皇权时代”或者“专制社会”，或者其他也许更为合理的表述，这样的学术观点和研究态度与是否有革命性无关。

“封建”话语的叙述想象

吴宗杰

考察近代中国以来的文本与言说，很容易发现中国的语言已发生了根本的变化。通过吞噬了大量从西方翻译过来的词语，我们在正式场合的高谈阔论，已不知不觉中换成了一种西方话语的变种形式。不能天真地以为，这些词语只是充实了我们的思想和表述能力，它们还与我们的传统文化做某种不平等的交易。在字面上准确和可靠的翻译之中，隐含着一个看似具有普世性的文化霸权。这一体系试图改变每一个汉字的原始含义，让它们注入西方的语义幻觉。某种意义上词源考证已无法澄清留在我们意识里的想象，即便是纯粹的古汉语也被赋予现代价值观，加上了落后、先进、好、坏之类的判断标准。譬如“仁、义、礼、智、信”每一个字表面意义可能没有改变，但其价值观无时无刻不在变化。总体趋势是代表中国传统文化的语言大致上都会蒙上一种与落后、次等、愚昧、野蛮有关的内涵。这一内涵通常可以用一个汉语旧名来概括，即“封建”。这一词语被赋予了能够对几千年中国历史下结论的话语权，成为高度抽象、权威、超历史、跨文化的历史审判者。冯天瑜教授的《“封建”考论》，曾引用下面一段发表于“五四”时期的话，“中国社会数千年生产力凝滞不进，农业与小手工业为经济生活的中心，封建制度非常坚固，一切社会思想都是封建式的。”① 这里“封建”概念不仅概括了几千年的中国社会和文化现象，而且还赋予了话语审判权。就我看来冯先生试图在“各种凌乱、残缺，几经转写的古旧文稿”上，

① 冯天瑜：《“封建”考论》，武汉大学出版社 2007 年版。

进行细致、耐心而又灰暗的文献考证工作[①]。虽然是在梳理文献的印迹，但“尚未升堂入室就直逼要害之处”。他称这项工作为历史文化语义学，我称之为话语分析。

自20世纪60年代以来，西方学术界发生“话语转向”，这一转向带来我们对受西方影响产生的近代中国史学话语的重新反思。中国在各大文明古国中曾留下最为浩瀚的历史文献，但这些文献一度不再被当做历史，而是作为改写历史的素材，这些素材也不是用作史料，而是被当作为了某种预设的历史知识作注脚。历史学家动用从西方搬来的写作技巧，在这些素材里“发现”人类的普世性的故事情节，如怀特[②]所言，正如而小说家虚构他的故事。历史学家也用同样的写作方式“发明”故事。通过语言的隐喻（metaphor）、转喻（metonymy）、提喻（synecdoche）和反讽（irony）来生成历史故事的意义。他们运用文学里种种戏剧体裁，设置场景、刻画人物、安排情节（emplotment）。把不连贯、没有因果关系的事件写作成头尾一致、思路连贯并具有说服力的历史知识。历史成为了一种叙述的想象。当然这一想象绝不是供人们消遣之用，而是包含一个重要内涵：“简言之，历史意识可以被看做一种特殊的西方偏见，通过它现代工业社会的优越性可以实质性地得到追溯”[③]。而中国封建社会这一想象恰恰为现代中国工业社会的必然性提供历史意识。本文试图从福柯的“知识考古学”[④]视角，对“封建”话语及其历史的叙述想象一抒管见，就教于方家。

一　历史分期与话语虚构

“封建”作为断代词语，进而成为人们谈论中国传统文化的日常用语，反映的是一种有别于中国文化的现代西方史学观。中国民族史学没有这样一种分期概念，而是以人物为线索，王朝兴衰为标志来断代。无论是人物还是王朝，都

① Foucault, M., Nietzsche, Genealogy, History [A]. In L. Cahoone (ed.), *From Modernism to Postmodernism: An Anthology* [C]. Oxford: Blackwell, 1996. p. 360.

② White, Hayden, Metahistory: *The Historical Imagination in Nineteenth Century Europe* [M]. Baltimor: The Johns Hopkins University Press, 1973. p. 6。

③ Ibid., p. 2..

④ 福柯：《知识考古学》，谢强、马月译，生活·读书·新知三联书店2003年版。

是历史现象本身而不是对历史的诠释。这种断代方式是尽可能让历史自己说话，说出不同的声音，特殊的事件和不连贯的情节。但是当我们用一个具有定性色彩的修饰词语，去概括一个时期时，历史就不再让自己说话，而是要为这个纯一的知识对象说话。这一对象是现实不是过去，是同一性，不是多样性，是连贯的不是片段的，是虚构不是真实。历史变成是这个话语对象在说话。复杂而多样的历史事件被这一对象组织起来，形成一个连续的话语序列并产生出意义。所有的人物故事、王朝盛衰都服从于话语序列的需要而写作。现代人写的中国历史变成了一种对古籍史料的改写风格。当西方现代史学观进入中国，并以它作为思维框架去重新审查中国历史，就需要一系列反映这一思维框架的词语，去改写和想象历史。这一思维框架与历史本身没有关系，更不反映中国文化本身。那些用来断代的词语，不管是借用还是杜撰，都是反映现实需要而与过去无关，是历史学家发明的修饰语。因此要厘清这些词语的误用，不是去比较这些词语与历史事实之间的准确性和对应性，而是要考察这些词语本身作为建构历史知识的叙事方式及其词语效果，也就是要说明这些词语本身到底预设了什么样的知识观、文化观和世界观。简言之，它们到底带来哪些与中国历史和中国文化无关的想象。

西方史学把历史看做一种知识，再现它的"事实"（如政治、经济、制度），确立它的逻辑（如进化、发展、必然、偶然）。中国民族史学并不是把历史当作一种知识，也不试图规定历史的逻辑和进程。因此一些西方学者认为中国历史典籍很丰富但没有史学。确实历史对中国人来说只是一面镜子，其中看到的是自己而不是过去，而历史词语是对自身道德的审视。许慎《说文解字》说："史，记事者也；从又持中，中，正也。"，也就是说史只是当下的一种记录，其核心是中正。而建立在这些记录上的修史则是"笔则笔，削则削"，"约其文辞而指博"，即"春秋笔法"所称，"微而显，志而晦，婉而成章，尽而不汙，惩恶而劝善"。但是，作为知识的历史却不一样，它用一系列类似"政治"、"经济"、"自由"、"专制"、"权力"、"社会"这样的词语去建立认知对象，还要用"原始"、"封建"、"资本主义"等词语去确定历史阶段，有了阶段划分就可以构建一个直线的时间观念，并对这一直线进行规律性的陈述，如"外因"、"内因"、"必然性"、"偶然性"、"蒙昧"、"野蛮"、"文明"。历史学家的任务变成是围绕这些词语把不连续的、非直线的、没有规律的东西改写成适合历史分期的意义系统，以符合现代人的思维方式（episteme）[①]。历史作为知识是由一系列封闭的相互参照的符号体系构成，说它封闭是指这套系统与事物本身无关，即与历史经验和历史存在没有关系。但符号是一个产生意义的系统，它会构造人的意识。历史知识就是在符号内部产生一种真理性、逻辑性、实证性、抽象性、事实性、过去性的历史想象。而这些特性本身反映的是知识特征而不是历史本身的特征。这样“奴隶社会”、“封建社会”、“资本主义社会”只是适应人们对知识（话语）的追求。知识是首要的，历史只是为知识做注脚。中国传统史学没有这些词语，也就没有我们现代史学话语构造的历史。作为镜子的历史语言是记事性、简约性、领悟性和反思性。语言不是用来反映过去，而是领悟人生，褒贬现实。孔子在《春秋》中写“郑伯克段于鄢”这六个字，看似一条流水账，没有事件之间的逻辑关系，但这极简短的记叙有着微妙、丰富和深刻的含意，是用记事的语言明春秋大义，奉正朔，正名分。梁启超曾评述是“一条纪一事，不相联属”，“最短者乃仅一字（如隐八年云：‘螟’）”，“社会情形无一所及”[②]。而孔子恰恰是对这种纯粹由语言叙述出来的逻辑体系、因果关系、社会知识不感兴趣。孔子修《春秋》不是为了再现历史，而是在含而不露的词语微妙处，开辟一个巨大的阐释空间，通过对这一空间的领悟，给读者以明镜般的警示。但现代史学话语对这面镜子喷上一层雾气，试图让镜子表面雾气说话，好像“封建”呈现的是一个过去的事实，是反映历史本身。这其实只是现代人的想象，反映的是现代人的兴趣并为建构现代性社会而存在。

现代史学话语混淆过去与现实。它以种种预先设定的知识去回溯过去，给人以一种假象，好像只关注、考证、举例过去“事实”。法国社会学家米歇尔·德塞尔托把这种手法看作是一种写作方式，这种写作是以抛弃现实作为基本的写作规则。历史叙述只是表现过去的现实，现实才是真实的。这种史学话语是一种含混时空的语言游戏。德塞尔托认为，“历史学家的文本都是神奇的时间机器，能够使读者面对过去，同时又否认它所连接的时间裂缝的存在。在历史文本中，人们无需中介便以身处过去，书面文字在阅读过程中消失了。”[③] 现代史学游戏就是让读者产生错觉，试图让由文本产生的意识变为一种对过去的回忆，

① 福柯：《知识考古学》，谢强、马月译，生活·读书·新知三联书店2003年版，第8页。

② 梁启超：《中国历史研究法》，上海古籍出版社1998年版，第11—12页。

③ Certeau, Michel de, *The Writing of History* [M], trans. Tom Conley. New York: Columbia UP, 1988.

以为过去必然存在并且能被文本所再现。为此过去作为现实必须维持在含混状态，必须超越文本，又为文本所产生，且必须保持在文本之内。

二　"封建"作为词语与话语的区别

词语组织成陈述，陈述构成文本，而文本是在特定社会事件中发生并构成事件本身。某一个词语会在分散的不同社会事件的文本中反复出现，跨越时空，成为以该词构成一个特定时代的认识对象。"封建"就是这样一个词语，它会在各种文本（事件）的转述之中形成一个支点。它把一系列分散的，没有联系的事件组合起来，形成一个同一的认识视角，并在这一过程中赋予其写作的规则，生命的活力。当分散的，不同形式的陈述都参照这同一对象时，"封建"就超越词语本身变成一个广阔的整体，即特定时代的一个话语。中国历史留下来的文化和典籍都可以被写到这样一个话语对象里。那么这个对象的神秘内涵是什么？福柯认为这不是到历史现象里去考证，不是发现该词参照的历史基础和事物本质，而是要看围绕该词的整个时代的话语实践，也就是要把该话语看做一个与事物毫无关系的封闭系统，考察这一系统的写作规律[①]。套用福柯的话封建，包括封建社会和封建文化，是由这样一个话语整体构成，它是由所有那些对封建"进行确定、分割、描述和解释，讲述它的发展，指出它多种多样的对应关系，对它进行判断，并在可能的情况下，替它讲话，同时以它的名义把应该被看做它的谈话连接起来的话语构成的陈述群中被说出来的东西的整体。"[②] 当"封建"作为历史的概念被"写作"激活以后，该词的全部内涵就产生了。"封建"一词在古汉语里就有，但那时不是话语，只有到了近代该词才成为许许多多文本的共同参照对象，成为史学家、政治家、社会学家等写作的支点。这一支点形成后会在时间轨道里随着不同的社会事件去旅行。冯天瑜把这个旅行分为五个阶段[③]。先是在东西方相遇时把古汉语义与 feudalism 对接起来，由此确立该词的普遍性；然后在五四辩论和口号里加入"落后"、"反动"、"愚昧"的含义；再把它从政治制度扩大到几千年生产方式、文化现象、生活方式上；最后赋予它

① 福柯：《知识考古学》，谢强、马月译，生活·读书·新知三联书店 2003 年版，第 52 页。

② 同上书，第 33 页。

③ 冯天瑜：《"封建"考论》，武汉大学出版社 2007 年版，第 232—234 页。

改造社会、"删除"中国文化、吸收西方普世真理的话语权力。在这一旅行过程中"封建"一词漂洋过海，到日本、俄国、欧洲，不过最终的目的地是回到中国。在旅行过程中词语内涵被不断地切割、重组、扭曲、变形、整合。这不是一种对古汉语"封建"的误读和混乱，而是一切话语实践本身的特征。"封建"作为概念的变化不需要、也不可能逐步完善与合理化，只是要让该词的使用范围和构成方式多样化。也就是说"封建"一词不能只停留在史学家的文本里，需要进入各个学科，包括百姓的日常谈话，使它发挥作为话语构造中国民族意识的功能。中国历史在这个词语认识对象的观照下，不再是传统、明镜、一种多元的叙述，而是围绕这个对象的封闭认识体。有了这个认识体意味着中国传统留下来的文化、典籍、生活方式都具有了一个观察视角，一种分析方法和一样历史感受。

封建话语的出现是实现一种话语暴力，它与社会事件总是连在一起。特定社会事件需要一个词以及该词的陈述去施展某种话语力量，即通过词语实现排挤和吸收的作用。"封建"一词要排挤的是作为整体的几千年中华文化，吸收的是现代性意识形态。"五四"作为一个话语事件，呼唤"封建"一词，同时也由该词语的泛化使用确立其历史地位。"五四"让这个词从学者文本里走出来，进入日常谈话的领域，成为现代性文化的一部分。"封建"一词具有的真理性、普遍性和高度概括能力使它能从生活里捕捉一切可能作为"他者"的东西，并将其置于可边缘化的境地。还有哪个词像"封建"那样，产生对中国传统的妖魔化作用。一切不符合西方逻辑的东西，无论是经、史、子、集，中国礼仪，抱小脚，还是风水和中医都可以被归入异类，一种封建的产物。想象一下，一旦把这一词语删去，将会释放出多少"妖魔鬼怪"，去冲击西方霸权话语建立起来的文化"真理"性。

正如冯先生说的，"'封建'概念被泛化，不单是一个语义学问题，更是历史学、文化学问题"[①]。说它是历史问题，不仅仅要改写历史的分类和断代方式，更重要的是构造一种史学观。说它是文化问题，该词语的现代用法实际上是东西方文化在我们自己嘴里的冲突。中国有悠久的史学传统，但今天是边缘化的对象。中国古籍记载充其量只是被用作证明西方历史认识体（话语）的合理性而已。历史早已被预设，历史学家只是按照话语的演变去"发现"过去。中国

---

① 冯天瑜：《"封建"考论》，武汉大学出版社2007年版，第8页。

历史被迫按照"封建"一词的用法被全新地创造出来。

三 "封建"的表征世界及其历史预设

表征（representation）也可翻译为表述、表象，是感念系统的再现，由一系列相互参照的符号体系及其陈述构成。它是知识，是反映现实的工具，但它所反映的不一定是真实的存在。由于它是一个意义系统，会给人以一种事实上存在的意义幻觉。历史学家运用表征词语去叙述历史给人构造一种假象，好像他再现的历史都是事实，是在追溯往事，考证过去。实际上，一种不是历史的表征词语占据着对历史本身的支配地位。中国历史经验或者说过去的"事实"服从于这一表征诠释。近代中国从西方引入了大量的表征词语，通过翻译、借用、转换、想象、泛化、压缩、变形已成为我们审视中国历史的过滤网和万花筒。我们好像看见了自己的历史，但事实上只是万花筒内神秘而美丽的镜像变幻折射出来的表征世界。像"封建"这些用于断代的表征词语，以及"政治"、"经济"、"社会"、"个人"、"主义"、"专治"、"自由"等等都是万花筒里的镜片，奇妙但却虚幻。这些词语是特定文化的产物，代表着西方文化主导下的世界观。用它们来表述中国历史就会产生两种文化的冲突，会把中国文化构造成他者的"轮廓"。由于表征具有不言而喻的真理性和诠释性，譬如我们不会怀疑有"政治"、"经济"、"封建"这种东西存在，于是被这些词语诠释的"他者"，就成为话语支配的对象，即话语权力的作用对象。因此在我们分析像"封建"这些表征词语时，有必要对其文化的特殊性和异质性做一个剖析，打破它的神秘性、真理性和普世性。这种分析就是对历史表征的话语分析，也可称之为一种历史思维分析。支配今天历史思维的表征话语表现为以下几个特征：

1）历史作为时间；

2）时间是一种连续的单向推进的线性过程；

3）这一过程是不断发展和进化的；

4）进化和发展确立文化（现实）判断的标准，能用来区分文明与野蛮、先进与落后。

这种历史思维特征本身是一种假设，不需要考证也不针对过去。史学家在这一前提下构造"历史事实"、过去的概念、断代方式，等等。但他们将尽一切努力去消除人们对这些历史假设的怀疑，他们会告诉人们，这些假设要比真正的历史经验更加重要。因此代表当代史学观的鲁滨孙，在其《新史学》一书中教导我们：

> 最重要的是历史学家应该彻底树立起历史观点，运用发展的学说去解释人类过去的经验，而且消除人们这种猜疑，即历史学家尽管自己的称号和地位是历史学家，而他们的治学态度和方法，在所有企图解释人类的学者中间却是最没有历史观点。①

鲁滨孙也承认这些假设不是历史，但却要人们毫无保留地相信这要比历史本身更重要。中国民族史学观也有自己的假设，我们可以通过比较来认识两种史学观的差异。既然可能都是假设，比较就不需要判断谁对谁错，比较的唯一标准就是它们是属于不同文化，是为了说明不管是东方还是西方，任何历史思维都是特殊的，代表的是各自的文化。以时间直线作为历史坐标系的历史话语不具有普世真理性，不是中国历史必须要按照这样的思维去写作。

线性时间对中国民族史学来说没有意义。历史是一种围绕各种现象的兴衰变化。变是历史的最基本假设。吴怀祺通过《周易》分析中国的民族史学观，认为《周易》影响着中国人的思维方式，包括其历史的写作方式。“以易学的思维方式认识人类历史，洞察古今兴衰，评论人事上的得失”。《史记·太史公自序》说：“《易》著天地阴阳四时五行，故长于变。”“《易》以道化。”② 民族史学的时空观是天地阴阳四时五行。时间是顺着天文在循环的，不是单向的直线进化，循环是阴阳盛衰之变化，盛中有衰、衰可复盛。循环也不是科学意义上有规律运动，就像六十四卦的循环找不到规律性。因此民族史学不会把王朝更替看做一个不断发展的有规律的进化过程。正因为如此，它也不需要“封建”这样的词语去划分历史阶段。确实东西方的史学都希望对当下的社会有某种影响，但这种影响在认知对象和认识方式上都是不一样的。西方的历史通过发现历史事件之间的连续性，以及连续过程里的规律性来告诉人们社会应该如何发展。这是建立在主客观对立的理性思维之上。读者与历史文本之间是一种主体与

---

① 詹姆斯·哈威·鲁滨孙：《新史学》，齐思和等译，商务印书馆 1964 年版，第 57、70 页。

② 吴怀祺：《周易与古代历史思维》，《云南民族学院学报》（哲学社会科学版）. V. 19 (1)：31—36，2002. 第 32 页。

客体的关系，学习历史是为了改造客观社会。但民族史学是内省的，其认识对象不是客观世界而是人自己的德行，因此就有唐太宗的古训：“以铜为镜，可整衣冠；以人为镜，可知得失；以史为镜，可知兴替矣!”。这样以人物和王朝进行历史分期就满足这样一种史学需要。内省在认识方式上是一种领悟而不是推理。领悟的结果是“澄明”和“敞开”，知天地之所为。但推理是知识和逻辑，是让表征的语言“遮蔽”对天的认识（见海德格尔对这两种认识方式的阐述）[①]。推理是在语言命题里展开，是一个分析过程，而领悟是“直觉意象思维”，是对事物（包括自己）的整体把握。民族史学在体现其“仰观天文、俯察社会”的认识功能中，介入了一定成分的非理性（非人的）思维。历史现象不是完全能靠人的思维能穷尽、不是都能用人的语言可以解释的。这样对历史现象的解释就会部分交给占卜。卦象起到可以对历史进行解释的功能。“史”也就兼有“卜”的职能，前者是对历史的记录后者是对历史的解释。吴怀祺这样描述两者关系：

> “史”基本上还是保持了原有的功能，既是记载历史、执掌着对天与地的“仰观俯察”的职能，又通过占卜的方法，解说历史的变化。贞人、卜者又兼有“史”的职能；同样，“史”也兼有“巫”与“卜”的职能。史和卜筮有着不可分割的干系。作为解说卜筮结果的《周易》，它的形成过程中，就和“史”的活动联结在一起，成为“史”观察社会，解说历史的思维逻辑依据。[②]

占卜不能简单地说成是迷信，应被理解为一种与科学思维、理性思维不同的认识方式。两者都是特定文化、特定历史条件下的产物。理性思维不占有真理的绝对权威性。占卜是把天、自然看做高于人思维的一种判断方式。《周易·系辞上传》说“是故天生神物，圣人则之；天地变化，圣人效之；天垂象，见吉凶，圣人象之。”占卜也不是把一切都交给天意，而是人的判断与天的意志对话。六十四卦的诠释就是渗透着这种天人合一的思维方式，把人的理性思维置于超越价值判断的“天”的意义关照之下。比如《资治通鉴》（229卷）记述宰

① Heidegger, M., *Being and Time* [M]. London: SCM Press LTD, 1962. p.166, p.195.

② 吴怀祺：《周易与古代历史思维》，《云南民族学院学报》（哲学社会科学版）V.19（1）：31—36，2002. 第32页。

相陆贽劝唐德宗接下从谏，“上问陆贽以当今切务。贽以日致乱，由上下之情不通，劝上接下从谏……夫天在下而地处上，于位乖矣，而反谓之泰者，上下交故也。君在上而臣处下，于义顺矣，而反谓之否者，上下不交故也。”这里建议的理由并非停留在广开言路的民主思想上，而是用周易泰卦所反映的天在下，地在上反而谓之“泰”的意义内涵来说明，避开今天“民主”这类词语可能产生的价值冲突。反映天地关系的泰卦在这里成为意义的最终来源。《周易》为代表的思维方式影响着历史学家的史料裁剪、叙述风格和解释方式。吴怀祺这样解释：

> 《周易》的天人关系的认识、通变思想等各种思维方式影响史学价值史。有的史家在史书的《序》和其它地方作出说明；有的史家没有说明，只是通过剪裁史料、行文叙事各种方式表达出历史思维的特点。分析史学作品，便能体会得到，看出易学对这些史家在理解历史、认识史学上的影响。[①]

西方后现代史学主要是对理性思维的批判，西方已经认识到自身思维的局限性。比如福柯在《词与物》开篇中谈到读了中国典籍中对动物的奇妙而超理性分类方式时，顿悟到了自己思维的局限性[②]。本文用《周易》来诠释为民族史学观，是为了说明以时间直线为主轴的西方理性史学观并不是绝对真理。中国史学的民族性正是在于它能超越理性的禁锢，因而能够为西方后现代思想提供一种启迪。

西方史学在确立进化的时间轨迹后，就能够对不同文化的历史作“文明”与“野蛮”的判断。尽管民族史学也有褒贬功能，但它是以包括儒家在内的“天人合一”的天道观和伦理观为基础。前者针对的是特定历史文化条件下的社会制度，后者则针对人与自然的关系。西方史学褒贬对象是作为整体的文化、社会、意识形态或其代表人物，这样就很容易表现出文化的偏见性。当两种文化相遇，西方历史叙述方式就表现出对他者文化的排挤和支配。对中国历史进行“原始”、“奴隶”、“封建”、“皇权”的划分与命名，不管这种断代是否准确，

---

① 吴怀祺：《周易与民族思维》，《云南民族学院学报》（哲学社会科学版），Vol. 26 (6)：99—107，2006，第101页。

② 福柯：《词与物：人文科学考古学》，上海三联书店2002年版，第1—2页。

都不是针对历史本身而是对线性、连续、进化的时间直线的兴趣。有了这一时间观作参照系，不管历史是否反映事实，都有可能把不符合这一时间观的中国文化打入不可理解、迷信、非理性的他者异质体，并使其处于被历史话语讨伐的境地。不难理解当中国接受了西方史学话语，首先做出反应的就是对自身文化的否定。梁启超在《新史学》中指出，中国之旧史与新史学相比有"四弊二病"，即"一曰知有朝廷而不知有国家，二曰知有个人而不知有群体"，"三曰知有陈迹而不知有今务"，"四曰知有事实而不知有理想"。"前者史家不过记载事实，近世史家必说明其事实之关系，与其原因结果；前者史家，不过记述人间一二人有权力者兴亡隆替之事，虽名为史，实不过一人一家之谱牒。近世史家，必探察人间全体之运动进步，即国民全部之经历及其相互关系。"① 可以看出梁启超关注的不是历史本身和历史事实，而是再现历史的西方表征话语，即形而上的抽象词语，如"国家"、"民族"、"社会"、"理想"，以及反映社会"进化"规律的因果关系。真正的历史，即"陈迹"被这些词语给劫持了。在此后的民族新史学里，构造了一系列能修理和整合中国历史的话语空间（对象），如"封建"、"民族—国家"等。在此空间里，线性进化论得以发展，历史写成连续的，甚至可以为了这些空间的需要，将不连续的、片段的描绘成连续的，或者干脆删除。

四 "封建"原罪的起源

对本质和真理的兴趣产生了对起源的好奇。人们往往相信："事物在起点上最完美；它们光彩夺目地出于造物主之手，现身于第一个清晨毫无阴影的光芒中。起源总是先于堕落，先于身体，先于世界和时间；它与诸神相联系，起源的故事总是如同神的谱系那样被广为传颂。"② "封建"一词产生确实是一系列错误、错位和误植造成，是一种历史的偶然和偏差，但该词的用法又是顺应人们对考究封建文化本质，它的出身的需要。人们在起源中收集到"封建"的精确本质，同一性，连续性，形而上学。正如创世纪上帝应该对恶的起源承担责任。

① 梁启超：《新史学·中国之旧史学》，载 1902 年 2 月 8 日《新民丛报》第 1 号。

② Foucault，M.，Nietzsche，Genealogy，History［A］. In L. Cahoone (ed.)，*From Modernism to Postmodernism：An Anthology*［C］. Oxford：Blackwell，1996. p. 363.

“封建”同样要为中国传统文化的“黑暗面”承担义务和负罪感。寻求到这样一种起源，就是找到了“黑暗”这一“已经是的东西”，而这个东西的形象足以反映它自身。事物本来没有本质，中国文化也没有好与坏的天性，如果有，只是人们以西方文化作为参照一点点地从排他的形式中建构出来的。封建的“黑暗”精髓在对文化起源的科学考证过程中赋予合理性。但正如福柯所言“它们都产生于学者们的激情、他们相互间的仇视、他们狂热且无休止的讨论以及争强斗胜，这些都是在个人间的争斗中慢慢锻造出来的武器。”[①] 冯天瑜“封建”考论，揭示该词古汉字的本义，以及后来在文化冲突，即“语乱天下”的争斗过程中，怎样被慢慢锻造成可以用来排挤中国文化的武器。“五四”时期的一代学者基于“救亡”使命感，用讽刺剧和悲剧的体裁改写中国古代和近代历史，并从中追溯到原罪的起源。

结　语

中国近代吞噬了大量的西方词语，今天离开这些词语我们已经无法交谈。但这些词语既不是西方的移植也不是东方的发展，而是一种建立在西方理性思维下的创造，是文化冲突的结果。翻译是一种现代性的生成，“这一过程既无法归结为外国的影响，也不能简单化为本土传统不证自明的逻辑。”[②] 翻译是把不同的语义、不同的文化、不同的价值观混杂在一起的搅拌机。某种意义上任何一个词一旦进入我们的言谈就在产生某种翻译行为。

“封建”一词确实是在不同的翻译中产生和定型。但翻译从来不是从一种语言到另一种语言的语义对等转换关系，而是在一系列特定条件下的话语实践，一种权力关系下的想象和重构。个人的选择和语言能力所起的作用很少，同样其对应的古汉语的含义的影响也不重要。新词既不是简单从古汉语中派生过来也不是外来词的准确引用，其实际语义是话语实践的产物。“封建”一词是为了翻译现代性中国的需要，是一种想象和构建。辞源的轨迹本质上是话语轨迹，

① Foucault, M., Nietzsche, Genealogy, History [A]. In L. Cahoone (ed.), *From Modernism to Postmodernism: An Anthology* [C]. Oxford: Blackwell, 1996. p. 363.

② 刘禾:《跨语际实践：文学，民族文化与被译介的现代性（中国，1900—1937)》(修订本)，生活·读书·新知三联书店 2007 年版，第 7 页。

对这一轨迹的语言考察就是福柯"知识考古学"的课题。冯天瑜教授把"封建"放在各个历史时期里考证，每一时期都可以被看做一种依照特定写作规律的话语实践。语义的变化就是话语实践和话语形式的变化。这种变化不是让这个词变的更加准确，更加完善，也不是逐渐游离它的本义。这是一个不连贯，充满差错的历史轨道里的话语游戏。概念的决裂、分割、转换不是要反映一个真实的历史，而是要建构一个现实的历史和现实的真理。

为此，对日常生活中新词的考证，对代表现代性的神秘莫测的词语精髓的揭示，就是话语研究、词源研究、文化研究和近代历史研究的重要课题。这种研究不是发现真理和历史事实，而是产生它们的话语"谱系学"。用福柯的话说，这种研究的特点首先是戏仿（parody），戏仿打破了纪念碑式的历史的神圣庄严性，打破了历史的科学性、实证性、现实性和客观性的禁忌和教条，打破了历史学构造的种种有关历史主题，把历史看做一种语言虚构。其次打破历史是一种连续、有规律的线索，视其为偶然的、非连续性的、异质的文本交错网络。最后挑战用话语构造的真理体系，不把历史看做知识，一种不可挑战的法律和禁忌①。在那个时候，中国的民族文化、民族语言和民族史学将以全球价值观的一部分重新出现在地平线上。它不再低卑，也不高傲，而是以"和而不同"的胸怀拥抱他者文化。

（本文曾发表于《武汉大学学报·人文社科版》2008 年第 5 期，
此次转发对原稿作了较大修改）

① Foucault, M., Nietzsche, Genealogy, History [A]. In L. Cahoone (ed.), *From Modernism to Postmodernism: An Anthology* [C]. Oxford: Blackwell, 1996. p. 374.

20 世纪前半叶中国通史的体系建构

朱洪斌

20 世纪中国通史的编纂历程及其阶段性特征，近年来国内已有多位学者做过较为深入的解析和讨论。陈立柱把百年来中国通史撰述划分为四个阶段：教科书编写阶段（20 世纪初—20 年代）、初步成熟阶段（30—40 年代）、反省阶段（50—70 年代）、综合创新时期（80—90 年代）。并对每一阶段的通史写作特征做了比较详细的提炼和总结[①]。代继华侧重分析中国通史与史学的学科特征，以及史学的社会功能、史书体裁的革新之间的关系，为未来的通史撰述提供了理论上的思考[②]。王家范先生从更广阔的社会及思想背景入手，深入地剖析了中国通史撰述的演变脉络，并择取各阶段代表性著作做精细的评述，识见和文风都颇具张力[③]。赵梅春的专著《二十世纪中国通史编纂研究》，从 20 世纪中国通史编纂历程、历史观与中国通史编纂、中国通史撰述内容的变化，以及中国通史编纂的多样性表现形式等诸多方面，全面揭示了中国通史撰述所包含的丰富的史学思想内涵[④]。

相比新中国时期趋于一统的通史书写模式，20 世纪前半叶的中国通史类型呈现出多元并存、百家争鸣的异彩。自晚清梁启超呼唤“史界革命”起，新史

---

① 陈立柱：《百年来中国通史写作的阶段性发展及其特点概说》，《史学理论研究》2003 年第 3 期。

② 代继华：《关于中国通史的三点史学思考》，《史学理论研究》2003 年第 3 期。

③ 王家范：《中国通史编纂百年回顾》，《史林》2003 年第 6 期，此文又收入氏著：《史家与史学》，改题为《百年史学回顾之三：中国通史著作编纂历程》，广西师范大学出版社 2007 年版。

④ 赵梅春：《二十世纪中国通史编纂研究》，中国社会科学出版社 2007 年版。

学运动的号角始终轰鸣不已，久久地回荡在 20 世纪前半叶中国史坛的上空，这一时期新史学发展的核心命题或可概括为：通过梳理本民族历史文化的发展脉络，科学地总结其演变规律与特质，构造足以屹立于世界文明之林的中国文明形象。众多史家皆欲通过编纂通史，展示其对中国社会历史的宏观把握，并在各具特色的历史建构中，或明或暗地透露出强烈的现实关怀。在急遽变迁的时代背景下，史家的政治态度、文化理念与史学观念千差万别，各自建构的通史图像随之千姿百态。

据历史编纂学的一般认识，编纂贯通古今的一部通史，需要把握的问题大致有：历史观、历史分期、材料的收集与整理、体裁与体例、史家的编纂宗旨等[①]。这是史家在书写通史时势必触及和必须解决的问题。本文不拟逐一讨论这些属于一般历史编纂学关注的问题，主要想讨论与之相关的另一些范围较广的问题，即围绕近代史家在构造中国通史体系时所遭遇的若干核心观念，探究这一时期中国通史体系多元化与史家思想及时代思潮之间的各种复杂关系。

一 史学求真与史学经世

当哲学家金岳霖（1895—1984）步入晚境，回首前尘，对童年最深刻的记忆是：一降生便“进入有瓜分恐惧的时代”[②]。这种体验，无疑是 19—20 世纪之交中国知识分子精神世界中最大的梦魇。中国在甲午战争中的惨败，引发了晚清知识分子集体性的苏醒，渴望了解和学习西方渐趋潮流。庚子国变，再度刺激了国人，朝野上下终于形成共识，对旧制度的更新势在必行。当革新步伐遭遇清朝贵族有意拖延之后，更为激进的政治、思想潮流在知识分子中间迅速蔓延，直至葬送腐败的大清王朝。外表光鲜的民国招牌，一开张便风雨飘摇，帝制与共和之争，大小军阀的混战，南北政府的对峙，直至 1928 年政局才稍有起色，国家初显统一安定的迹象。突如其来的“九一八”事变，以及持续八年的

① 杨翼骧先生认为：“历史编纂学包括史料的收集与整理、史书的体裁与体例、史书的内容与价值、史书编纂方法的成就等方面的问题。”参阅杨翼骧《中国史学史绪论》，见氏著《学仁堂文集》，中华书局 2002 年版，第 413 页。

② 刘培育主编：《金岳霖的回忆与回忆金岳霖》，第 2 版，四川教育出版社 2000 年版，第 41 页。

全面抗战，把整个国家民族卷入生死存亡的绝境之中。秉承传统士大夫精神的近代知识分子，深陷这一巨大的世变之中，不能不发出“吾曹不出如苍生何”（梁漱溟语）的呐喊，这也是近代知识分子精英共同的心声。

深重的民族灾难，是近代史家不约而同地高度重视中国通史编纂的时代大背景。20世纪前半叶，各家各派的史家撰写了形态各异的中国通史著述，其数量据赵梅春的统计，达到了74部之多①。王家范先生认为，造成清季以来中国通史撰写蔚然成风的直接动因有四项：（1）“西学东渐，各种西方思潮，也包括史观、史学方法的引进，引起史学观念的变化，其中尤以进化论与唯物史观的影响为最著。”（2）“外来样式史籍的引进翻译，使中国学者在原有传统史书体例外，获得了适应通史内容更新需求的藉鉴。”（3）“晚清学制改革，各类学堂、学校风起云涌，课程革新的需要，推动了以教科书形式出现的中国通史编著步入高潮。”（4）“民间文化事业的崛起，特别是出版机构抓住商机，成功操作，为中国通史在内的史学书籍走向社会公众提供了广阔的发展平台。”②

此外，最值得注意的是，20世纪中国通史类型的多元化，深受新史学运动发展路向的内在制约。正像一些学者指出的，史学的科学化道路，是20世纪新史学最重要的发展趋势③。由于历史观的差异，各派的科学化标准不尽相同，但力图使史学科学化，成为类似近代自然科学的一门学问，的确可以涵盖绝大多数史家的史学意识。其次，政治立场和文化观的差异，导致近代史家在追求信史的过程中，有意无意地渗透了各自的政治与文化理想，形成了迥异的问题意识和撰史旨趣。

所谓科学史学，简言之，就是利用自然科学的模型来研究史学。具体来说，首先，通过对史料进行严谨的批判，确定客观史实，追求所谓的“信史”。其次，在此基础上，力图对客观历史的演变作科学解释，寻求隐藏其间的规律。站在科学史学的立场上，史家的天职无疑是求真、求是，至于研究过程和结果的价值、意义，对科学史学而言，不需要史家优先考虑。标榜纯粹客观史学的

---

① 赵梅春：《二十世纪中国通史编纂研究》附表“20世纪中国通史著作一览表”，中国社会科学出版社2007年版，第315—320页。

② 王家范：《中国通史编纂百年回顾》，载《史林》2003年第6期。

③ 参阅许冠三《新史学九十年·自序》，岳麓书社2003年版；瞿林东《史学志》，上海人民出版社1998年版。

部分中外史家，恪守价值中立的原则，避免涉及意义和价值的问题。这自然是非常理想的状态，实则近代史学各流派，都是一方面强调实证研究；一方面暗藏自我的社会关怀和人文理想。对中国通史撰述而言，这种二元化的色彩尤为显著。

严厉批判旧史学，蓄志撰写新通史的晚清史家，兼受进化论和民族主义的双重影响，一方面强调发明社会进化之原理；另一方面对史学的启蒙、救亡意义再三致意。梁启超在《新史学》一文中，明确指出史学的社会责任："所以必求其公理公例者，非欲以理论之美观而已，将以施诸实用焉，将以诒诸来者也。"史家的责任是："求得前此进化之公理，而使后人循其理，举其例，以增幸福于无疆也。"[①] 同一时期，章太炎亦思考改造旧史，撰述新通史。他认为："所贵乎通史者，固有二方面：一方以发明社会政治进化衰微之原理为主，则于典志见之；一方以鼓舞民气、启导方来为主，则亦必于纪传见之。"[②] 热心革命的曾鲲化，更以热血澎湃的文字，"译述中国历代同体休养生息活动进化之历史"，"为我国民打破数千年腐败混杂之历史范围，掀拔数千年根深蒂固之奴隶劣性"，企望一举唤醒沉睡千年的雄狮[③]。

夏曾佑以进化论为指导，撰写了这一时期最著名的通史著作《中国古代史》。他谈及纵览国史的感受，有时"令人色喜自状"，有时又"令人怅然自失"，"及观清代二百余年间，道光以前，政治、风俗虽仍宋明之旧，而学问则已离去宋明，而与汉唐相合；道光以后，与天下相见，数十年来，乃駸駸有战国之势。于是识者知其运之将转矣，又未始无无穷之望也。"[④] 夏氏的"无穷之望"，是期盼中国文明有重获新生的一天，其撰史旨趣呼之欲出。

民国的北大史学系向为新历史考证学的基地，最具科学史学的风范。当九一八事变的消息传来，在傅斯年的倡议下，史学系的教授经过热烈讨论，达成一个共识。据陶希圣的回忆："民国二十年，孟真在北平，担任中央研究院历史

---

① 梁启超：《新史学》，《饮冰室合集》文集之九，中华书局1989年版，第1页。

② 1902年7月章太炎致梁启超信，载马勇编：《章太炎书信集》，河北人民出版社2003年版，第42页。

③ 曾鲲化（横阳翼天氏）：《中国通史·中国历史出世辞》，东新译社1903年版。

④ 夏曾佑：《中国古代史》，河北教育出版社2000年版，第12—13页。是书原名《最新中学中国历史教科书》（简称《中国历史教科书》），原计划写五册，实际只写三册。第一册初版于清光绪三十年（1904），清光绪三十二年（1906）出版第二、三册。1933年，商务印书馆列入大学丛书，改题为《中国古代史》。

语言研究所所长，同时主持北京大学史学系。我到北京大学教书，九一八事件发生，北平图书馆开了一个会，孟真和我都在座。他慷慨陈词，提出一个问题：'书生何以保国?'大家讨论的结果之一，是编一部中国通史；此后北大史学系即以这一事业引为己任。"[①] 同属这一派的顾颉刚，据其女儿顾潮的说法，"萦绕于父亲胸中的一项大事业，是编成一部中国通史"。[②] 1935年9月4日，顾颉刚致信胡适，介绍筹办《禹贡》半月刊之宗旨及艰辛，其中说道："禹贡学会，要集合许多同志研究中国民族演进史和地理沿革史，为民族主义打好一个基础，为中国通史立起一个骨干。"又说："禹贡学会的工作依然是'为学问而学问'，但致用之期并不很远。我们只尊重事实，但其结果自会发生民族的自信心。而且郡国利病，边疆要害，能因刊物的鼓吹而成为一般人的常识，也当然影响到政治设施。"[③] 在抗战爆发之后，新历史考证学派的史家都调整了观念，自觉服务于民族救亡大业。求真仍是这一派的主观追求，但他们相信这不妨碍史学致用功能的发挥。

属于民族文化史学一派的缪凤林，在抗战其间撰写了两部通史：《中国通史纲要》和《中国通史要略》。在流离迁徙的途中，缪氏感慨万千："二十七年后，每岁夏秋，余辄讲学西北，横秦岭，度陇坂，登太华，涉皋兰，游宗周秦汉隋唐之故墟，访灵台阿房上林西苑曲江之遗址，感我国族之蕴藉，若是其闳硕，宅居之山河，若是其壮美，经历之年岁，若是其悠久，余忝居讲席，当此神圣抗战之会，既不获执干戈以临前敌，苟对我先民圣德宏业，犹弗克论载，罪莫大焉。"[④] 陈寅恪虽以考据面貌现世，其治学旨趣实属于民族文化史学一脉。据其挚友俞大维说："他研究的重点是历史，目的是要在历史中寻求历史的教训。"陈寅恪秉持"在史中求史实"的宗旨，而"他平生的志愿是写成一部'中国通

---

① 傅乐成：《傅孟真先生年谱》，收入傅斯年：《傅斯年全集》第七册附录二，陈槃等校订，台北：联经出版事业有限公司，1980年版，第286页。

② 顾潮：《历劫终教志不恢·我的父亲顾颉刚》，华东师范大学出版社1997年版，第196页。

③ 同上书，第167页。

④ 缪凤林：《中国通史要略·自序》，东方出版社2008年新1版。《中国通史纲要》，1932年南京钟山书局出版第一册，1933年、1935年出版第二、三册。是书原计划写"导论"、"历代史略"、"政治制度"、"学术文化与宗教"四编，实际只完成第一编、第二编至隋唐而止。《中国通史要略》三册，重庆国立编译馆1943年初版。

史’，及‘中国历史的教训’。”[①] 钱穆苦心撰著的《国史大纲》，无疑代表这一派史家文化诉求的最强音。钱氏郑重向国人宣告：“盖今日者，数十年乃至数百年社会之积病，与夫数千年来民族文化之潜力，乃同时展开于我国人之眼前。值此创巨痛深之际，国人试一翻我先民五千年来惨淡创建之史迹，一棒一条痕，一掴一掌血，必有渊然而思，憬然而悟，愀然而悲，奋然而起。”[②]

马克思主义者以改造世界、谋求人类幸福为己任，这一派史家从不讳言其政治理想，他们既是学者，又是革命家。所以在奠定马克思主义史学一派的《中国古代社会研究》一书中，郭沫若劈头一句话便是：“对于未来社会的待望逼迫着我们不能不生出清算过往社会的要求。”[③] 范文澜撰写的《中国通史简编》，是马克思主义史学的代表性通史著作。写作此书的初衷，是为了培养革命干部，作为整风运动的教材。他说：“我国广大读者需要的首先是从广泛史料中选择真实材料，组成一部简明扼要的，通俗生动的，揭露统治阶级罪恶的，显示社会发展的中国通史。”[④] 揭露统治阶级罪恶，是为了证明被压迫阶级反抗剥削阶级统治的天经地义，这是范文澜服从革命需要的自然结果[⑤]。吕振羽、邓初民、吴泽、翦伯赞纷纷撰写各自的通史著述，其旨趣是一致的，“共同以马克思主义揭示中国历史发展规律，指明中国社会发展前途，坚持反帝反封建，夺取新民主主义革命的胜利；同时，发扬爱国主义传统，团结教育人民，反对阻碍抗战的蒋介石国民党。”[⑥]

新史学内部的三个主要流派，即新历史考证学、民族文化史学和马克思主义史学，都试图统一求真和经世（致用），而这种统一两种史学价值的努力，推动了各派各家积极尝试重写中国通史，重建中国历史发展的轨迹及规律，阐述

---

① 俞大维：《怀念陈寅恪先生》，张杰、杨燕丽选编：《追忆陈寅恪》，社会科学文献出版社 1999 年版，第 4、9 页。原载香港《大成》第 49 期。

② 钱穆：《国史大纲·引论》（修订本上册），商务印书馆 1996 年修订第 3 版，第 31 页。

③ 郭沫若：《中国古代社会研究·自序》，人民出版社 1955 年版。

④ 范文澜：《中国通史简编·序》，河北教育出版社 2000 年版。1941 年在延安付印《中国通史简编》上册，1942 年出版中册，写至鸦片战争前。是为本书的初版。1948 年，再版本书时，“根据原稿校对一遍，在个别问题和个别词句上略有改动”，原来的上、中册改为上、下两册。

⑤ 同属于马克思主义史学一派的赵俪生，读了《中国通史简编》初版本后，对书中详述“历代统治者的残暴及荒淫与无耻”这一点，不无意见。他以为：“历史中的确有这些脏东西，但除此之外占更大比例的，应该是人类社会的美好的希望和前瞻。”因为这些“横议”，在新中国成立后成为他的一条罪状。参看赵俪生《篱槿堂自叙》，上海古籍出版社 1999 年版，第 129 页。

⑥ 史学史研究室编：《新史学五大家》，社会科学文献出版社 1996 年版，第 256 页。

自身的社会理想和政治抱负。

二　民族国家与民族文化

任何史家在叙述历史时，都无法摆脱自身的某种历史体验，并且他们生活其中的特定时代，往往预先约束了史家的历史视野。从这个意义上说，克罗齐说的“一切历史都是当代史”，确实独具慧眼。

自近代西方民族国家崛起以后，诞生了一股民族主义的思潮，到19世纪后半叶，民族主义主宰了世界政治思想领域。在近代中国，民族主义同样也是一股强有力的社会思潮，对政治、经济、文化等诸多社会领域有巨大的影响。晚清新史学家们从世界史上人种兴亡与文明盛衰的密切联系中，看到中国文明面临的严峻危机，在东西方文明史和日本东洋史学的直接启发下，按照现代民族国家的标准，重新划定中国通史的基本框架。梁启超在《中国史叙论》中，率先明确中国史的名称、疆域、人种、纪年、分期等问题，并运用西方近代考古学、人类学和史学的知识，初步尝试勾勒中国早期文明史的轮廓。

清末流行的各种历史教科书，或直接借用日本教科书，或摹仿、改造日本教科书。当时流传中国影响最大的是那珂通世的《支那通史》和桑原骘藏的《东洋史要》。那珂通世于1894年提出，日本以外的历史应分为东洋史和西洋史两部分，“东洋史是叙说支那（中国）为中心的东洋诸国治乱兴衰大势”，此说为日本学界普遍接受[①]。梁启超确定中国史范围不限于域内，“至于二千年来亚洲各民族与中国交涉之事最繁赜，自归于中国史之范围”，[②] 明显受东洋史学研究视野的启发。王国维在《东洋史要〈序〉》中扼要概括了桑原骘藏东洋史研究的基本思路和价值，他说：“其称东洋史、西洋史者，必自国史杂沓之事实中，取其影响及他国之事实，以说明现时之历史团体者也。抑我东方诸国相影响之事变，不胜枚举：如释迦生于印度，其教自支那、朝鲜入日本；汉以攘匈奴而通西域；唐之盛也，西逾葱岭，南奄有交趾支那，以与波斯、大食海路相通；元之成吉思汗，兵威振于中亚，及西方亚细亚，至其子孙，席卷支那、朝鲜，

---

① 参阅李庆《日本汉学史》第一部“起源与确立”，上海外语教育出版社2002年版，第269页。

② 梁启超：《中国史叙论》，载《饮冰室合集》文集之六，中华书局1989年版，第2页。

余势及于日本；又如日本之倭寇，及丰成秀吉，其关系于朝鲜及明之兴亡者不少。然则东方诸国，所以有现时之社会状态者，皆一一有其所由然，不可不察也。”[①] 在王氏看来，东洋史学的这一研究取径，即从历史上东方民族的相互关系入手，研讨中国现代社会状态的来龙去脉，是一种系统的科学的历史研究。在介绍日本学术书籍时，梁启超对此书亦有肯定的评价，他说：“此书为最晚出之书，颇能包罗诸家之所长，专为中学科用，条理颇整。凡分全史为四期：第一上古期，汉族膨胀时代；第二中古期，汉族优势时代；第三近古期，蒙古族最盛时代；第四近世期，欧人东渐时代。繁简得宜，论断有识。”[②]

民族、国家、文化三项，自然构成了中国通史体系中最核心的元素。中国史上的民族沟通融合，以及伴随形成的国家及文化的发展历程，成为所有通史著述中最重要的内容之一，甚至部分通史著作实为中国民族史。多数史家认为中国历史上有所谓的六大民族，即苗族、汉族、藏族、蒙古族、突厥族、通古斯族，中国史是六大族盛衰兴亡的历史，正像王桐龄所说：“中国者，合六大族组织而成。中国之历史，实六大族相融合相竞争的历史。”[③]

当时史家大都采取西洋史的分期，而各期的时代特征，侧重于民族国家、民族文化的演进为多。陈庆年《中国历史教科书》一书，完全照搬桑原骘藏《东洋史要》的历史分期，划分中国史为上古、中古、近古和近世四期。由太古至秦统一为上古期，“此时代汉族势力日渐增进，与塞外诸族时有竞争，故名之曰汉族增势之时代。”由秦统一至唐亡为中古期，“汉族在秦汉时代实凌压塞外诸族，虽五胡十六国之际，尚能与之颉颃，及隋唐之际又大拓版图，故名之曰汉族盛世时代。”自五代至明为近古期，此时代“汉族势微，塞外诸族次第得势”，尤其是“蒙古势力极盛，其于世界命运一切事变，彼等盖居主位者也，故名之曰蒙古族最盛时代。”自清建国后三百年为近世期，为“西力东渐时代”[④]。

王桐龄的《中国史》，亦分中国史为四期，各期略相当于汉族萌芽时代、汉

---

① 王国维：《〈东洋史要〉序》，载陈鸿祥：《王国维年谱》附录二，齐鲁书社 1991 年版，第 356—357 页。原刊上海东文学堂 1900 年排印本《东洋史要》。

② 梁启超：《东籍月旦》，载《饮冰室合集》文集之四，第 98 页。

③ 王桐龄：《中国史》第一册《序二》，北京文化学社 1926 年版。

④ 陈庆年：《中国历史教科书·总论》，上海商务印书馆 1904 年版。原书截止于明，由两湖文高等学堂 1903 年初版，后商务印书馆再版时，增订至清。

族全胜时代、汉族衰微时代、西力东渐时代。[①] 缪凤林相当重视民族思想的消长，据此他把中国史划分为五个阶段：民族思想发达时代（从尧舜禹到战国）；民族思想日衰时代（从汉到隋唐）；民族思想复盛时代（两宋）；民族思想极盛时代（明）；民族思想消沉时代（清）[②]。

念念不忘撰写通史的梁启超，晚年在《中国历史研究法》一书中，提出了涉及新史学的22个项目的研究提纲，其内容涵盖民族、政治、经济和文化等诸多领域，并从以下四个方面概括中国史的主干："第一，说明中国民族成立发展之迹，而推求其所以能保存盛大之故，且察其有无衰败之征。第二，说明历史上曾活动于中国境内者几何族，我族与他族调和冲突之迹何如，其所产结果何如。第三，说明中国民族所产文化，以何为基本，其与世界他部分文化相互之影响何如。第四，说明中国民族在人类全体上之位置及其特性，与其将来对于全人类所应负之责任。"[③] 上述研究框架中，"民族"与"文化"是最核心的词汇，梁氏理想的新史学不仅要完整地描述民族文化演变的过程、特质，还要揭示它与域内外民族的关系，以及在世界文化史上的地位和价值。因此，梁氏最后构想的新史学其实是一部："世界文化史视野下的民族文化史"。梁氏提示的这一思路，为后来民族文化史学一派的学者所继承和发挥，并构成其民族文化史观的历史依据。

马克思主义史家考察中国史，虽以唯物史观和五种社会形态为依据，但亦相当重视民族国家的演进过程。范文澜的《中国通史简编》包括四编：第一编是"原始公社到中央集权的民族国家底建立——远古至秦"；第二编是"民族统一的中央集权的封建国家成立后对外扩张到外族的内侵——秦汉至南北朝"；第三编是"封建制度社会螺旋式的继续发展到西洋资本主义的侵入——隋统一至清鸦片战争"。细查之下，可看出范文澜是从社会形态、政治制度和民族国家三者来概括时代特征。各编下的章节凸显民族国家发展的内容更多，如第二编下的第一章是"官僚主义中央集权的民族国家底成立"，第四章是"外族侵入时代——两晋"，第六章是"异族同化时代——北朝"；第三编下的第五章是"外族侵入北方南北分裂时代——金与南宋"，第六章是"外族侵占全国社会衰敝时代——元"，第八章是"外族统治，严格闭关、社会停滞，西洋资本主义侵入时

① 王桐龄：《中国史》第一编，第135—142页。

② 缪凤林：《中国通史纲要》第一册，南京钟山书局1932年版，第52页。

③ 梁启超：《中国历史研究法》，载《饮冰室合集》专集之七十三，第5—7页。

代——鸦片战争以前的清朝。”① 范文澜对各时代民族关系的把握，与当时一般史家的通史著述无异。

吕振羽既撰写了《简明中国通史》，后又出版《中国民族简史》。他正确区别了种族与民族，纠正了一般史家的疏失。他认为，中国民族的人种来源主要有两个，一是蒙古人种；二是马来人种。“中国各主要民族，如汉、满、蒙、回等，主要成分都属发源于蒙古的蒙古利亚种（其中只有来自中亚的回族的一个部分，系源于所谓‘高加索种’）；藏族、苗族及其他国境西南的各少数民族的主要成分，则属发源于马来亚马来种。”②。这些构成今日中国各民族的姊妹民族在历史的长河中共同孕育了中国文化。

早期的新史学家们，在西方民族主义的刺激下，把民族文化、民族国家的概念引入通史撰述领域，中国作为统一的多民族国家的发展史，构成了以后新史学发展最重要的内在逻辑之一。在外患频繁甚至一度濒于亡国的近代中国，民族、文化和国家，始终是贯穿各家各派通史著作的一个核心命题，具有极其迫切的现实意义。

三 “世界历史”与地区历史

近代自然科学从文艺复兴时期兴起，至 17 世纪随着天文学、物理学的巨大成功，科学所带来的新观念逐渐取代基督教，成为哲学家和普通公众的信仰支柱，从而改变了近代西方世界的精神氛围③。19 世纪中叶，达尔文的巨著《物种起源》发表，宣告生物进化论的诞生，完成了自然科学各部分知识的首次大综合，自然万物包括人类自身的演化奥秘，以前所未有的统一的客观规律的形式呈现在世人面前。

从这种时代氛围中诞生的历史进化论，从两个方面深刻地改变了人类的世界观，即整体史的观念和单线历史的观念。与自然界、生命有机体一样，人类

① 范文澜：《中国通史简编·序》，延安新华书店 1948 年版。

② 吕振羽：《简明中国通史》上册，生活·读书·新知三联书店 1951 年第 5 版，第 8、11 页。是书 1946 年重庆生活书店初版。

③ 参阅［英］罗素（Bertrand Russell）《西方哲学史》（下）第六章“科学的兴盛”，马元德译，商务印书馆 1976 年版。

社会虽有高度复杂的结构和漫长的发展进程，但构成社会的诸要素之间的互相作用，以及社会的演进史，都可用统一的理论加以科学性的解释。历史唯物论更是以一种简明的理论模型，试图解读包含不同民族不同文化在内的人类社会的发展规律。

正如前文指出，中国近代史家多数接受了西方史学的历史分期，即上古、中古、近古、近世，作为各自通史著作的历史时间架构。但各家在借用这一时间架构时，普遍地是综合中国社会历史诸多要素，包括政治、经济、民族、文化、学术、思想等，从中选择若干要素为主要依据，对中国史做不同的历史分期。

如夏曾佑的《中国古代史》一书，把中国史划分为三个时期：自蒙昧至周末为上古之世，自秦至唐为中古之世，自宋至今为近古之世。三个时期之下，则据国势盛衰、文化起落细分为化成、传疑、极盛、中衰、复盛、退化、更化等七个阶段[①]。邓之诚的《中华两千年史》分中国史为五期：秦汉三国、两晋南北朝、隋唐五代、宋辽金夏元、明清。是书内容包括世系、史事、制度、学术、生计等五项，“于民族消长、生计盈绌二者纪之独详”。[②] 王桐龄则全从民族史的角度划分历史阶段。

缪凤林认为：“通史范围较广，不仅注意文化之升降，尤宜统观政治之分合，民族之盛衰”，他“以政治、民族、社会等为标准，顺应乎世变自然之势，默会乎典制变革之交，本通史之规模，寓断代之义例，画分九时代。”即唐虞以前曰传疑时代，唐虞夏商西周曰封建时代，东周曰列国时代，秦汉曰统一时代，魏晋南北朝曰混乱时代与南北对峙时代，隋唐五代曰统一时代与割据时代，宋辽金元曰汉族式微与西北诸族崛兴时代，明至清中叶曰汉族光复与满洲侵入时代，清季至今日曰列强侵略中国屈服时代。缪凤林以为上述九大时代，“分至可考各代源委，合之即得千古会归。”[③]

---

① 夏曾佑：《中国古代史》，第 11—12 页。

② 邓之诚：《中华二千年史·叙录》，中华书局 1983 年版。是书原名《中国通史讲义》，三册，1933 年出版，内分三卷，记述秦汉自隋唐五代的历史。1934 年，由上海商务印书馆出版时改为今名，分上、中两册，前三卷内容与《中国通史讲义》相同，增加第四卷“宋辽金元史”。1954 年，中华书局再版《中华两千年史》前四卷，1956 年出版卷五上册，1958 年出版卷五中、下册。1983 年，中华书局合全部五卷出版新 1 版，共九册。

③ 缪凤林：《中国通史纲要》第一册，南京钟山书局 1932 年版，第 65—67 页。

接受西方史分期的史家，少数认为人类社会历史绵延不绝，本不能断然分期，为了便于研究起见，不得已采用分期的办法。吕思勉的《自修适用白话本国史》亦采用四期说，但他以为，史事“并不能截然分清”，这只是“为了研究上的便利”。[①] 章嵚持论相同，他说：“盖古今历史无有间断之一时，于其绝无间断之中，而欲强作区分，量时析部，准之篇第而通者，折诸理势或以为窒，是诚莫可如何之事。吾人于此而自认为不得已之称名者，明知其不便而勉为之，实亦无道以易此也。”[②]

中国通史著述中存在的形形色色的历史分期，说明多数史家接受整体历史进化的观念，并不承认单线历史进化的观念。梁启超早就指出，当时所谓的世界史其实是西洋史，“泰西人自尊自大，常觉世界为彼等所专有者然，故往往叙述阿利安西渡之一种族兴废存亡之事，而谬冠以世界之名。”[③] 他早年虽袭用西方史家的历史分期，晚年却放弃了，把中国史划分为春秋、战国、两汉、三国两晋南北朝、隋唐、宋辽金元明、清前期和后期八个阶段，尤其有意义的是，他说：“这种分法，全以社会变迁为标准，在一个时期当中，可以看出思想、学术、政治、经济改换的大势。”[④] 以中国历史的“社会变迁”为分期原则，显示了梁氏通史研究视角的转换，即更加侧重于从中国历史自身去把握其发展规律。

20 世纪二三十年代以后，由于历史唯物论的影响激增，五种社会形态理论异军突起，马克思主义史家和受历史唯物论影响的一部分史家，利用这一理论以新的方式建构中国通史体系。

范文澜在总结《中国通史简编》一书特色时，曾举出五项，其中第二项是“按照一般社会历史发展的规律，划分中国历史的段落。”换言之，就是把他所接受的五种社会形态理论当做“一般的社会发展原则”，来试用于具体的中国历史。范文澜认为，从黄帝到禹的社会制度，是原始公社制度。夏商是原始公社逐渐解体、奴隶社会得以确立的时期。西周以后是持续三千年的封建社会。封建社会又分为三个阶段：（一）从西周起到秦统一定为初期的封建社会。（二）自秦至南北朝，为中国封建社会的第二阶段。（三）隋唐至鸦片战争为中国封建

① 吕思勉：《自修适用白话本国史》第一册，上海商务印书馆 1923 年版，第 10 页。

② 章嵚：《中华通史》（上），商务印书馆精装本 1933 年版，第 92 页。

③ 梁启超：《东籍月旦》，载《饮冰室合集》文集之四，第 91 页。

④ 梁启超：《中国历史研究法（补编）》，《饮冰室合集》专集之九十九，第 36 页。

社会的第三阶段。[①] 吕振羽也像范文澜一样，把五种社会形态当做一般历史发展的规律，他说：“原先拟分原始公社制、奴隶制、初期封建制、专治主义的封建制、半殖民半封建制各篇；旋为迁就读者传统的历史观念，改成年代记的叙述法。但从内容上去看，阶段的脉络仍是很明白的。”[②]

在马克思主义史家看来，只有以历史唯物论为指导，历史学才能成为一门科学。侯外庐晚年总结治史经验时说的：“依据马克思主义的理论和方法，特别是它的政治经济学的理论和方法，说明历史上不同社会形态发生、发展和衰落的过程；物质生活的生产方式制约整个社会生活、政治生活和精神生活的过程；以及经济基础与上层建筑、意识形态之间的辩证关系，是我五十年来研究中国社会史、思想史的基本原则和基本方法。”[③] 这不仅是侯外庐个人的心得，亦可视作中国马克思主义史学家的共识。他们坚信唯物史观的科学性，以及马克思所提示的人类社会发展的一般轨迹及规律。人类社会发展规律的统一性，与中国社会历史发展的特殊性，二者之间是何种关系，这就成为考验这一派史家的最大挑战，也是他们在构建中国通史体系时最关切的命题。

与受历史唯物论影响的史家针锋相对的，是钱穆的《国史大纲》。钱穆分中国近世史学为传统派、革新派、科学派，对三派的史学理念和方法均表不满，尤其把批判的矛头指向革新派。钱氏所谓的革新派，是指郭沫若、陶希圣等受唯物史观影响的史家。钱氏不满革新派以西方历史为尺度，套用西方历史模式，权衡中国历史的进步与落后。他从政治制度、学术思想和社会结构等方面，逐一批判革新派以西方历史为标准而加在中国历史上的各种观点。钱氏坚持认为：“写国史者，必确切晓瞭其国家民族文化发展‘个性’之所在，而后能把握其特殊之‘环境’与‘事业’，而写出其特殊之‘精神’与‘面相’。然反言之，亦惟于其特殊之环境与事业中，乃可识其个性之特殊点。”概括而言，钱氏相信

---

① 范文澜：《关于〈中国通史简编〉》，载氏著《中国通史简编》（下）附录。把西周以后中国古代社会形态定格为封建社会，取自毛泽东等著《中国革命和中国共产党》。《中国革命和中国共产党》第一章“中国社会”第二节“古代的封建社会”有一段著名的论断：“中国自脱离奴隶制度进到封建制度以后，其经济、政治、文化的发展，就长期地陷在发展迟缓的状态中。这个封建制度，自周秦以来一直延续了三千年。”而漫长的封建社会史又可以包括两个阶段，即秦以前的诸侯割据称雄的封建国家，秦以后的专治主义的中央集权的封建国家。（毛泽东：《中国革命和中国共产党》，载《毛泽东选集》第二卷，人民出版社 1991 年第 2 版，第 623—624 页。）。

② 吕振羽：《简明中国通史·序》。

③ 侯外庐：《侯外庐史学论文选集·自序》，人民出版社 1987 年版，第 8—9 页。

“必于其自身内部求其精神、面相之特殊个性”。[①] 钱穆的研究取向，与晚年梁启超的持论相同，亦颇近似美国学者柯文（Paul A. Cohen）的“从中国内部发现历史”的旨趣。从他的民族文化史观出发，钱氏认为世界文化有东方和西方两种类型；中国历史与文化的发展，自有其途辙，不必与西方雷同。针对社会形态理论，钱穆指出：“此特往时西国学者，自本其已往历史演变言之”，“何以必削足适履，谓人类历史演变，万逃不出西洋学者此等分类之外?”[②] 他对人类历史变迁只有西方一种模式，怀疑甚深。

结 语

从学术史的角度观察，20世纪前半叶中国通史体系的多元化，与这一时期新史学运动内在的不同趋向有直接的联系。在“世变”因素的影响下，不同流派的史家不约而同地重视中国通史的撰述，不断推动通史著作的大量涌现。重建中国历史及文化演变历程，同时也是各派史家表达其政治观、文化观的重要途径。与西方文明的碰撞，逼迫近代史家以全新的视野重新审视中国历史，其中，民族、国家和文化是所有近代史家热烈关注的重要问题，也是不同类型的通史体系不可或缺的要素。

近代西方人所谓的“世界史”，无疑只是西方史，甚至只是西欧部分国家的历史。在接受西方历史编纂学的历史时间架构时，中国近代史家存在两种理解：一种是回到中国社会历史本身，从构成社会诸要素的演变中，概括中国历史演变的轨迹；另一种则认为中国历史是世界历史的组成部分，并没有特殊所在。对于前者而言，西方史、中国史都是地区历史；对后者而言，西方史不止是地区史，从社会发展趋势上说，必然是真正的世界史。

1973年，当顾准重读《资本论·原始积累章》和《共产党宣言》的时候，联系马克思、恩格斯以后世界历史的发展，尤其是比较了中国与西方在前资本主义阶段的历史差异，形成了对资本主义起源的新认识。他的看法是：资本主义的兴起是多种因素综合的结果，而这些因素实际只在某一国家（英国）具备，

① 钱穆：《国史大纲·引论》（修订本上册），第9—10页。

② 同上书，第22页。

此后拓展至其他国家。那种认为无论任何国家，只要有商业、自由劳动力或其他类似资本因素，便逃脱不了自发向资本主义过渡的历史宿命。对此，顾准是持严厉批判的态度的，把它称之为“非历史的观点”。我觉得，顾准的探索，是对后来被无限放大的那种历史唯物主义的最深刻的反击，不啻为一种解脱思想束缚的清醒剂。他特别提醒中国史家：“应该承认，马克思生长于希腊罗马文明中，他所认真考察过的，也只有这个文明。中国不少史学家似乎并不懂得这一点。”① 联系本文涉及的问题，顾准的这个认识是振聋发聩的。

① 顾准：《资本的原始积累和资本主义的发展》，氏著：《顾准文集》，贵州人民出版社 1994 年版，第 318 页。

中国封建社会的由来及其早期形态

张广志

多年来，笔者一直致力于中国及世界除希腊、罗马外的广大地区全都没有经历过奴隶社会发展阶段课题的研究，先后出版有《奴隶社会并非人类历史发展必经阶段研究》①、《三代社会形态——中国无奴隶社会发展阶段研究》②、《中国古史分期讨论的回顾与反思》③ 等著作。认为，人类历史的普遍发展规律是由原始社会到封建社会，而不是通常所谓的由原始社会到奴隶社会，再由奴隶社会发展到封建社会。由于侧重点不同，过去的研究主要集中在对奴隶社会的破上，正面论述封建社会的文字不多。近悉"封建"与"封建社会"问题学术研讨会将于年内在苏州召开，因草此稿，供讨论，不当之处，愿与方家同好共正之。

一 中国封建社会的由来

在讲这个问题之前，须重申笔者对奴隶社会作为人类历史发展普遍必经阶段成说的质疑、否定。笔者的总体看法是："奴隶制"与"奴隶社会"是两个不

---

① 青海人民出版社 1988 年版。

② 与李学功合著，陕西师范大学出版社 2001 年版。

③ 陕西师范大学出版社 2003 年版。

同的概念，人们在使用中常常将它们混淆，这是不对的。奴隶制作为一种生产关系，一种剥削方式，曾经在世界各民族的历史上长期存在过（从原始社会末起，一直延续到近现代），但它仅仅在希腊、罗马等极个别地区获得过充分发展，上升为占主导地位的剥削方式，从而使这个地区一度构建为奴隶社会，而在其他地区，则不是这样。因此，经过奴隶社会，见诸极个别地区，是变例，不经过奴隶社会，见诸广大地区，是通例，以变例为通例，是以偏概全，是十足的西欧中心论。

众所周知，在西欧的历史上，是大体经历过原始社会、奴隶社会、农奴制社会以及近代资本主义社会这样几个社会形态的。西欧历史学家对自己祖先历史的这种认识，也是大体符合历史实际的。后来，当先进的西欧人挟物质文明和精神文明的双重优势从西欧走向世界的时候，他们便自觉或不自觉地把对自己祖先历史的认识膨胀为世界模式，强加给世界，强加给整个人类历史。再往后，斯大林和前苏联历史学家，沿袭了这一看法，并予强化、僵化，从而形成所谓“五种生产方式”学说。

大家知道，封建制是建立在私有制发育不充分、工商业欠发达的农业自然经济基础之上的，而奴隶制则以私有制和工商业的比较充分的发展为存在前提。原始社会末期，私有制、剩余劳动和人对人的剥削等虽已出现，但土地公有和人们间的血缘联系等原始社会的残余仍相当强固，这种情况决定了由原始社会向封建社会过渡的道路自然而宽广，而向奴隶社会过渡则十分困难，也可以说不可能。事实上，即使在希腊、罗马，也不是由原始社会直接过渡到奴隶社会。在希腊的英雄时代和罗马的王政时代，占主导地位的剥削方式同样是封建制而不是奴隶制。后来，当希腊、罗马凭借特殊的地理条件等使私有制和工商业经济获得了比较充分的畸形发展之后，才在一定时期形成了世界历史上仅此一见的奴隶社会。所以，即使在希腊、罗马，也是先由原始社会到封建社会，后来，始变异旁生出一个奴隶社会来，无奈这个奴隶社会在人类早期阶级社会的客观大环境下实在难以找到自己长期存在的稳固基础，故很快就寿终正寝，并借助日耳曼蛮族入侵的契机无可避免地向封建制回归。所以，当原始社会向阶级社会过渡时，封建社会的出现，是正途、坦途，奴隶社会则不过是某些地区早期封建社会史上的一段插曲、一种变异罢了。

中国由原始社会向阶级社会的转变发生在什么时候？过去，有研究者把它定在盘庚迁殷之后，甚至更晚，这显然是不成立的。近年来，又有研究者以陶文等为据要把它提到距今六千多年前的大汶口文化时期，或五帝时期。这是把某些文明因素的出现等同于文明时期的到来，自然也是站不住脚的。笔者认为，在没有新的文献材料和新的考古发掘材料出现前，仍应以目前多数学者所认同的中国的国家时期从夏代开始为宜。

那么，接下来要问：作为中国早期阶级社会的夏、商、周三代是个什么性质的社会呢？长期以来，我国史学界在以郭沫若、范文澜、吕振羽、翦伯赞、侯外庐为代表的老一辈马克思主义历史学家的引领下，坚持中国经历过奴隶社会发展阶段的看法。他们之间虽在奴隶社会存在时间的长短上存在不同看法（如西周派把奴隶社会存在的时间局限在夏、商两朝，战国派把奴隶社会的存在时间下延至春秋，魏晋派则进一步将之下延至秦汉），但却都把中国最早的一段阶级社会安排为奴隶社会。为了论证中国有奴隶社会，一部分历史学家往往以对奴隶存在的论证代替奴隶社会存在的论证，以为一个社会只要有奴隶，不管其数量多少，都足以使这个社会构成为奴隶社会。如这类学者曾明确表示："既然亚细亚的或东方的财产形态是以集体所有与公社成员的劳动力为基础，何以能说亚细亚的或东方的社会是奴隶所有制的社会呢？这就要注意到苏联史学界的结论：古代东方是奴隶制的原始阶段或低级阶段。只有不顾历史发展的原则的才坚持奴隶制'始终'是奴隶劳动为'主导'，才固执不通的要求在所有的奴隶社会中劳动者人数要奴隶多过自由民"[①]；"在中国历史的这一阶段内并没有存在过这么多的奴隶，奴隶不是社会生产的主要负担者，却可肯定它是奴隶社会，这是一个原则性的问题"[②]；"周代的社会经济情况，根据斯大林指示来看，除了周代缺少了正常的奴隶生产者，也还是完全符合于奴隶社会的标准的"[③]。这是不能成立的。因为，没有足够数量的奴隶，没有奴隶劳动作为主要支撑点，一个社会是不成其为奴隶社会的。另外一部分学者，如郭沫若等，深知一个社会没有一定数量的奴隶是难以把它说成奴隶社会的，而为了达到在中国构建奴隶社会的目的，他们只好走另一条道路，即把中国古代广大并非奴隶的劳动者普遍奴隶化。如在郭沫若眼里，殷周时期遍布各地的作为居民点的所谓"邑"，"很像是劳动集中营。里胥、邻长就跟哼哈二将一样，坐在居邑门口，监视着

① 日知：《与童书业先生论亚细亚生产方法问题》，《文史哲》1952年3月号。

② 杨向奎：《中国历史分期问题》，《文史哲》1953年第1期。

③ 吴大琨：《论地租与中国历史分期及封建社会的长期阻滞性问题》，《文史哲》1953年第2期。

‘民’之出入”[①]。“殷周两代的农夫，即所谓‘众人’或‘庶人’，事实上只有一些耕种奴隶”[②]。虽然，郭沫若有时亦不得不勉强承认：“周人对待这些种族奴隶是比较自由的”，“让他们耕种着原有的土地而征取地租，征取力役，很有点类似农奴。”“有时狡猾的奴隶主还可以把一小片土地给予耕奴，并让他们成家立业”，“所以奴隶制下的耕奴和封建制下的农奴，往往看不出有多大的区别。”[③]奴隶和农奴本来是有着严格、明确的区别的，这个区别就在于前者既无独立的经济，又无独立的人格，而后者则有相对独立的经济和相对独立的人格，殷周的“众人”和“庶人”，既然“比较自由”，既然“耕种着原有的土地，而征取地租，征取力役”，既然可“成家立业”，有着自己相对独立的经济，人们又有什么理由硬把他们打成奴隶呢！郭沫若执意要把这些本不是奴隶的人加以奴隶化，自然会陷入难以把“奴隶制下的耕奴”同“封建制下的农奴”区分开来的窘境了。

刚步入阶级社会的夏商周三代既不是奴隶社会，那么，它是一何种性质的社会呢？笔者认为，是封建社会。即是说，中国的封建社会，亦同世界广大地区的封建社会一样，是从原始社会的母体中孕育产生出来，而不是从奴隶社会的母体中孕育产生——一如长期以来人们通常所认为的那样。

二　中国封建社会的早期形态

要认识早期阶级社会的封建制性质，笔者认为，马克思的如下论述应能给予人们应有的启迪。在《给维·伊·查苏利奇的复信草稿——三稿》中，马克思曾把农村公社的特征概括为如下三点：（1）农村公社是“最早的没有血统关系的自由人的社会联合”；（2）在农村公社中，“房屋及其附属物——园地，是农民私有的”；（3）“耕地是不准转卖的公共财产，定期在农业公社社员之间进行重分，因此，每一社员用自己的力量来耕种分给他的地，并把产品留为己有”。在此基础上，马克思进一步把农村公社的性质、历史使命界定为“以公有

① 郭沫若：《奴隶制时代》，人民出版社1973年版，第233页。

② 同上书，第30页。

③ 同上书，第27—28、3—4页。

制为基础的社会向以私有制为基础的社会的过渡”形态[①]。这里，须指出的是，马克思关于农村公社是“最早的没有血统关系的自由人的社会联合”及农村公社是“以公有制为基础的社会向以私有制为基础的社会的过渡”形态的论断，对古典世界来说，无疑是适用的，正确的，但却不甚符合中国历史的实际：第一，在中国上古史上，以井田名目出现农村公社，既是地缘组织，又是血缘组织，在这里，家族公社与农村公社是合一的，是一而二、二而一的，即血缘的家族组织为躯壳，“公”、“私”二重性的村社结构为内容的混合物。在希腊，甫一进入国家时期，血缘的纽带便基本断裂了，而在中国，它却久久地、顽固地留存着。第二，在古典世界，农村公社的确扮演着“过渡”的角色，随着国家时期的到来，它便寿终正寝了；可在中国，它不仅没有随着国家时期的到来而消失，反倒成了早期阶级社会赖以存在的坚实基础。在另外一个地方，马克思曾更为明确地指出：

> 在多瑙河各公国，徭役劳动是同实物地租和其他农奴制义务结合在一起的，但徭役劳动是交纳给统治阶级的最主要的贡赋。凡是存在这种情形的地方，徭役劳动很少是由农奴制产生的，相反，农奴制倒多半是由徭役劳动产生的。罗马尼亚各州的情形就是这样。那里原来的生产方式是建立在公社所有制的基础上的，但这种所有制不同于斯拉夫的形式，也完全不同于印度的形式。一部分土地是自由的私田，由公社成员各自耕种，另一部分土地是公田，由公社成员共同耕种。这种共同劳动的产品，一部分作为储备金用于防灾备荒和应付其他意外情况，一部分作为国家储备用于战争和宗教方面的开支以及其他的公用开支。久而久之，军队和宗教的头面人物侵占了公社的地产，从而也就侵占了花在公田上的劳动。自由农民在公田上的劳动变成了为公田掠夺者而进行徭役劳动。于是农奴制关系随着发展起来。[②]

总之，在马克思看来，从农村公社中产生封建农奴制，是十分便当而自然的。

同样的情形也在中国发生。在中国，农村公社具体体现为所谓“井田”制。

① 《马克思恩格斯全集》第19卷，人民出版社1963年版，第449页。

② 《资本论》第1卷，人民出版社1975年版，第265页。

一个时期以来，部分学者或否认井田制的存在，或抛开传统文献另作新解（如先是否认后又改口承认井田存在的郭沫若），这都是不能成立的。关于井田，诸书多有记载，说解得比较完备、得当的（虽有明显的理想化成分），首推《孟子》。《孟子·滕文公上》载：

> 死徙无出乡，乡田同井。出入相友，守望相助，疾病相扶持，则百姓亲睦。方里而井，井九百亩，其中为公田，八家皆私百亩，同养公田，公事毕，然后敢治私事。所以别野人也。
>
> 夏后氏五十而贡，殷人七十而助，周人百亩而彻，其实皆什一也。彻者，彻也。助者，藉也。……《诗》云："雨我公田，遂及我私"。惟助为有公田，由此观之，虽周亦助也。……请野九一而助，国中什一使自赋。

周代行用井田制，诸书记载甚多，大约不会有什么问题。夏、商两代呢？因明确记载缺乏，学者间或存疑虑。清儒钱大昕《三代田制解》云："我因川浍沟洫之不能更，而知周用夏制也。我因周用夏制，而知殷周之未尝各异也。"《左传·哀公元年》记夏少康避难有虞时，虞思对少康"妻之以二姚，而邑诸纶，有田一成，有众一旅。"杜预《集解》云："方十里为成，五百人为旅。"《考工记·匠人》云："九夫为井"，井方一里，"方十里为成"，一成百井。《周礼·小司徒》郑注："一旅之众而田一成，则九牧之法，先古然矣。"此外，《夏小正》亦有"初服于公田"的说法。据此，知早在夏代已存在着井田制，井田制在夏、商、周三代是一以贯之，始终存在的。井田制虽贯穿三代，但其具体表现形态，特别是剥削榨取方式却经历着"贡"、"助"、"彻"的不同演进形态。何谓"贡"、"助"、"彻"？这事说起来颇为复杂，学者间至今仍未取得一致意见。笔者认为，所谓"贡"，大约存在于唐虞之世至夏代前期，是一种尚未明确圈定公田实行力役地租榨取条件下的原始贡纳制；所谓"助"，大约行之于夏代后期直至西周，是一种有明确"公田"、"私田"划分条件下的典型力役地租形态；所谓"彻"，是进入春秋时期后井田制渐趋瓦解，"公田"、"私田"混一条件下的实物地租形态。关于这一层，笔者另有专文论及，有兴趣的读者不妨找来一阅[①]。

① 《"贡助彻"研究中的几个问题》，收入《奴隶社会并非人类历史发展必经阶段研究》，青海人民出版社 1988 年版。

井田制下的村社成员，既有自己相对独立的人格和相对独立的经济，受的是贡纳、力役地租、实物地租一类的剥削，其所反映的剥削方式的非奴隶制性质是显而易见的，而只能把它归入封建性剥削方式的范畴中去，一如马克思笔下多瑙河流域各公国公社成员所受的封建性剥削一样。在这个问题上，主张中国在西周前曾经历过一段奴隶社会的西周派代表人物范文澜曾有过如下一段颇为精当的论断：

> 贡、助、彻是表现封建生产关系的地租名称。……夏朝的贡法，可以说是封建生产关系的最原始形态。……商朝的助法，显然已经是力役地租。周国和周朝也行助法，大抵自共和以后，王畿内助法改为彻法，即实物地租代替了力役地租。贡、助、彻的逐步变化，说明封建生产关系的逐步发展。①

作为坚持中国存在过奴隶社会发展阶段的学者，范氏能在贡、助、彻这一带有根本性的问题上坚持如此客观、实事求是的立场，是相当难能可贵的。

村社井田制之所以排斥奴隶制，天然导向封建制，是由它的土地公有这一本质特性决定的。因为，正是土地公有的存在，有力地抑制了贫富分化、土地向少数人手中的集中和生产者与土地的分离，从而极大地阻滞了通往奴隶制的道路；而从另一方面来说，又恰恰是村社井田制的土地公有和“公田”、“私田”划分，为作为地租剥削早期典型形态的力役地租的出现提供了现成的、天然的、再便当不过的形式。所以，从原始社会脱胎出来的村社井田制，便责无旁贷地成了早期封建社会赖以存在的基础。与村社井田经济基础相适应，在政治上则形成了建立在宗法分封制基础上的“联邦”或“邦联”式的国家结构形式，这与战国秦汉以后的专制主义中央集权制也是很不相同的。

过去，一提封建制，人们便会自然联想起欧洲中世纪的农奴制和中国战国秦汉以来的地主租佃制，有的研究者还认为中国战国前的封建制类似或相当于欧洲中世纪的农奴制。笔者认为，中国战国前的封建制是建立在村社井田制基础上的，井田制下的广大劳动者，既非后世地主租佃制下的佃农，亦非欧洲中世纪的农奴，故可把这种封建制名之曰“村社封建制”。这是一种有别于“地主

---

① 《中国通史简编》，人民出版社 1996 年版，第 52 页。

租佃制"和"农奴制"的封建制之另一类型。近年来，亦有研究者提出可把中国这一早期形态的封建制名之为"庶民社会"[①] 或"氏族封建制社会"、"宗法封建制社会"[②]，皆可备一说。

文章写到这里，得强调一下，这样一个大题目，远不是笔者这篇短文所能说清道明的。问题的解决，恐尚需时日，尚需广大史学工作者的不懈努力。

① 祝中熹：《对中国古代社会性质的一点浅见》，《青海师范学院学报》1980年第3期。

② 晁福林：《夏商西周的社会变迁》，北京师范大学出版社1996年版。

封建与大一统之间

陈启云

一

关于“封建”这名词所牵涉的理念和所指的对象，乃至史家、文人、政客使用此名词的心态，我在10—30年前有过一些论述，如：陈启云《中国中古“士族政治”考论之一（渊源论）》[《新亚学报》，第十二卷（1977）]；《从历史发展的分期宏观汉代历史文明和汉文化传统》[《学丛：新加坡国立大学中文系学报》，第三期（1991）]；以上收入《汉晋六朝文化、社会、制度——中华中古前期史研究》（台湾新文丰，1997）。《中国历史“中古时代”分期的观念问题》（《华夏文明与传世藏书：中国国际汉学研讨会论文集》，中国社会科学院历史研究所编，1996），收入《中国古代思想文化的历史论析》（北京大学出版社，2001、2003）。

在那个时代，这是有禁忌的命题（很感念中国社会科学院历史所李学勤先生把我在1996年提交对国内史学界批评很严厉的一篇论文，一字不易地在北京刊出；我常对海外的朋友引此以说明国内学术思想开放的程度）。目前国内史学界对这个问题大致已有通识，余下来少数的人如果不是“意的牢结”（海外对ideology意识形态一词的戏译），便是别有用心了；当然，可能还有一些对此一无所知之辈。冯天瑜《“封建”考论》（武汉大学出版社出版，2006）在理论和史实上取精用弘，应该是这问题的盖棺定论之作了。

二

近来我担心的反而是国内史学界对中华历史文化“大一统”、“专制”、“独裁”传统的讨论。在马克思主义或非马克思主义阵营中，这都是与“封建”两极对立对照的命题，我想在这方面谈谈我的看法。

在非马克思主义史学家看来，历史上出现的两个标准的“封建”社会或政体：中世纪时期的西欧和日本，都是“大一统帝国”的对立面。是“封建”便不可能是“大一统”；是“大一统”便不可能是“封建”。但在国内史学界有不少人却认为历史上中国既是“封建”又是“大一统”。这看法的根源主要是在马克思主义的史学理论。马克思对西欧历史的发展，由原始公社、奴隶社会、封建社会，而到资本主义社会的分期的研究论述是无可置疑的，但这分期用到中国历史上，便引发很多问题。马克思已注意到这一点，因此不时提到不包括在西方历史中的“亚洲生产形态·亚洲社会”。马克思在英国做研究，其时东西交通发展未久，在英国收集到的关于东亚的史料远远不如关于欧西的史料充足(英国所藏主要是关于南亚印度的资料)；为了立论严谨，马克思论析人类历史发展时，不时提到亚洲的历史发展可能与此不同（不少研究指出马克思的“亚洲生产形态·亚洲社会”指的是印度而不是中国）。

此外，西方人文传统自古即有把东方与西方两极对立比较的成见。古希腊历史学之父希罗多特（Herodotus，B.C. 485？—431?）的名著《历史》（*Histories*，实可译为《史记》，而与中国史学之父司马迁《史记》东西比美），详细记述公元前 560—478 年间希腊与波斯的战争（此书又名《希波战史》），也记述了古代希腊与其邻边各国的文化（经济、社会、政治、风俗……），并进一步论断：希腊的海洋地理环境培育了民主、自由、法治、独立自强的开放型的文化；而波斯的大陆型地理环境，则产生了它的独裁、专制、僵化的封闭型的帝国体制。希腊战胜波斯，证明了民主、自由、开放的海洋文化战胜了独裁、专制、封闭的大陆文化。由于希腊地处波斯的西方，因此二者对比，便成为西方人心目中“东西文化对比”成见的先河[①]。这一西方人的成见陆续表现在西方各时代

---

① J. B. Bury, *The Ancient Greek Historians*, New York, 1909), Ch. 1.

的重要著作中，如孔多塞（Condorcet，1743—1794，法国启蒙运动及法国大革命时期重要政论家），黑格尔（G. N. F. Hegel，1770—1831：“历史是不断变化发展的；中国有很高程度的古文明，但此文明没有变化发展，因此中国没有历史”）；这种“东、西比较论”的确是萨义德所指责的西方人对东方文化一贯的“东方主义”（Orientalism）的成见。马克思亦不免受到这传统的影响。这成见在魏特夫《东方极权主义》书中而极端化[①]。

这论题在20世纪50—70年代中国，是学术研讨的禁区；可能由于这缘故，在最近10年一变而成为学术界热门的理论。近年国内人文学科的评奖制度更助长其风。新的评奖要求一位学者每年发表一定数量的文章，而且要求有创新的贡献。这在美国，都是不容易的事。史学研究要收集一定分量的史料史证，近年这可以在计算机网络上大量下载；但分析这些史料史证需要相当时日和工夫，而且分析的结果不一定会有创新的结论；于是不少人便急忙找到一些新的观念理论（主要是以前国内没有，最近才由西方——特别是美国——传入的观念理论，而且最好是大家都看不懂的理论）来把这些史料史证组合成篇，居然亦俨然可观（尤其是用那些大家都看不懂的文字来写）。这是余英时近年在国内走红的原因之一（余英时误用费正清的“清代朝贡论”来处理汉代的对外关系；误用Robert Refield的“文化小传统论”来处理《太平经》；和一面宣扬萨义德的“东方主义说”，但自己却一贯沿用上述西方人对东方的“本质主义成见”——“东方独裁专制说”都是著例）。

到底传统中国是属于“封建型”抑或是“大一统”、“专制”、“独裁”型呢？从“范畴理论”而言，这二者是绝不相容的；但从“历史事实”而言，至少在我熟知和研究有素的中国历史事实而言，这二者却常常是并存的——有时是先后轮转（如春秋—战国—秦汉—魏晋），常常更是同时并存（如西周、战国、秦汉、隋唐、辽金元）。这是哲学型的“范畴”推断，和史学型的“事实”认知的

① Karl A. Wittfogel, *Oriental Despotism*（Yale University Press, 1957）。这理论对许倬云的“汉代农业”研究有一定影响，Cho-yun Hsu, *Han Agriculture: The Formation of Early Chinese Agrarian Economy*, Seattle and London, University of Washington Press, 1980.；程农、张鸣中译，《汉代农业：早期中国农业经济的形成》（南京：江苏人民出版社 1998）；评述见 Chi-yun Chen，“Han Dynasty China: Economy, Society, and State Power-A Review Article”，*Toung Pao* 70（1984），127－148；中译见陈启云《汉代中国经济、社会和国家权力——评许倬云的〈汉代农业：早期中国农业经济的形成〉》，《史学集刊》2005年第1期。余英时的“反智论”、“儒生法吏化”及“民族主义助长极权专制”等论点受这理论的影响更大，评述见陈启云《汉儒与王莽：评述西方汉学界的几项研究》，《史学集刊》（待刊）。

不同。

最近在几次学术会议中，有人把中国的“大一统”上纲至西周，并引“普天之下，莫非王土；率土之滨，莫非王臣”一诗为证。这是断章取义的最坏例子。《诗经·小雅·北山》：“溥天之下，莫非王土；率土之滨，莫非王臣；大夫不均，我从事独贤；四牡彭彭，王事傍傍；嘉我未老，鲜我方将；旅力方刚，经营四方。或燕燕居息，或尽瘁事国；或息偃在床，或不已于行。”当时周王扩地四方，连年老力瘁的臣下也在尽瘁国事，何来“溥天之下，莫非王土”？孟子已直斥这是“以文害辞，以辞害志”的著例，指出“是诗也，非是之谓也，劳于王事而不得养父母也。”其时君权运作的实况大概可以传说中的《击壤歌》为例。《帝王世纪》记歌曰：“日出而作，日入而息。凿井而饮，耕田而食。帝何力于我哉！”上引《北山》是属于统治者的理念，理想（或自我中心的想法和宣传）的层面；《击壤歌》则属于“人民·被统治者”的经验感受的层面。

历史研究，尤其是中西历史比较，必须要兼顾这两种不同的层面，才不致误己更误导他人。重要事例，如：秦始皇统一中国废除“封建”，建立“郡县”，进而“焚书坑儒”，企图控制思想。这是标准的大一统、专制、独裁的政局。胡适在《中国哲学史大纲》（1919）中，已提出有力的反驳，认为：“秦始皇那种专制手段，还免不了博浪沙（封建贵族张良使人行刺）的一次大惊吓，十日的大索，也捉不住一个张良。可见当时犯禁的人一定很多，试看《汉书·艺文志》所记书目，便知秦始皇烧书的政策……其实是一场大失败。”[①] 还有同属于知识分子的魏国大梁名士张耳、陈余也是秦廷长期重赏购求而不获的：“秦灭魏数岁，已闻此两人魏名士也，购求有得张耳千金，陈余五百金……秦诏书购求两人、两人亦反用门者以令里中。”（《史记·张耳、陈余列传》）。更重要的是楚国的项氏：秦灭六国、废封建，但楚国“项氏世世为楚将，封于项”，且项梁父即项燕，“为秦将王翦所戮”，而且“项梁尝有栎阳逮捕”，又“杀人与藉避仇于吴中”，却能够使“吴中贤士大夫皆出项梁下，每吴中有大徭役，项梁尝为主办，阴以兵法部勒宾客及子弟”（《史记·项羽本纪》）。像这类危险政敌，有名气，有大批党羽，并积极在地方上从事反秦活动，秦廷尚无法追捕，足见秦始皇的实权是有限的。

1957 年魏特夫（Karl Wittfogel）的《东方专制主义》出版后受到严峻的批

---

① 胡适：《中国古代哲学史》，台北远流 1994 年版，第 335—338 页。

驳，转而在美国西雅图华盛顿大学发起“汉代中国”研究计划，出版“汉代研究丛书”，希望能在基础研究上证实其说。“丛书”第二卷，许倬云《汉代农业》（1980；程农、张鸣 中译，江苏人民出版社，1998），便是受到“东方专制极权论”的影响，过于强调大一统朝廷的权势，而忽视了强大的地方力量（详前引陈启云，2005）。

西汉初，封建与郡县并置，天子所治仅有三辅三河。但比封建王侯势力更大的是地方豪强。汉高祖一统天下以后，罢兵归农，但却发现当时广大土地多为地方有力人士占有，朝廷无法安顿有功有爵的军官（《汉书·高祖本纪》五年五月诏）。景帝时，地方上一个布衣剧孟比一个大封建王国的势力更大，《汉书·游侠列传》：“布衣游侠剧孟、郭解之徒驰骛于闾阎，权行州域，力折公侯……以匹夫之细，窃杀生之权……天子切齿……然郡国豪桀处处各有……吴、楚反时，条侯为太尉，乘传东，将至河南，得剧孟，喜曰：‘吴、楚举大事而不求剧孟，吾知其无能为已。天下骚动，大将军得之若一敌国云。’”

景帝武帝时，朝廷大致消除了封建王国和大商巨贾的势力，但武帝在全盛时期动用了不少酷吏去对付地方豪强，结果却完全失败。武帝去世刚刚六年，朝廷举“贤良文学”，许多被“举”的“贤良文学”代表地方利益发言，强烈批评了武帝的做法。[①] 此后，武帝政策的捍卫者受到整肃，武帝的财经政策多被取消。至于“多豪强素称难治”的颍川郡，更是终两汉之世都是地方势力对抗朝廷的重镇，也是汉帝国覆亡的始阶。[②]

这种“草根性”的地方力量，可不可以称为“封建”？这是观念定义上的问题，但它是大一统、专制、极权朝廷的对立面，是无疑问的。

三

观念理论是不变的“范畴”（此即萨义德所论“本质主义”的要义）。真实的历史却是不断地变化的。在中国三千至四千年文明史中，“大一统、专制、极权”落实的时间似乎不足一千五百年。对比起来，在西方二千至三千年文明史

① 《汉书》卷六十六；《盐铁论》。

② 详陈启云《荀悦与中世儒学》，英国剑桥大学出版社 1975 年版；高专诚中译，辽宁大学出版社出版 2000 年版。

中，中西学者大多一致肯定的西方“民主、自由”理念落实的时间也不足一千年。

西方古典的“民主、自由”理想，早期落实于公元前4世纪以前的雅典城邦（同时或更重要的斯巴达即与之大不同），但在雅典战胜波斯成为希腊城邦盟主后，便因骄傲而日益专权，终于灭亡。民主理想其次出现在前期的罗马共和国，及至罗马开始征服四邻，便已名存实亡；罗马后来更成为军人专权的帝国。中古西欧的蛮族武士惟力是尚，残暴杀戮，奴役百姓，固不待言。其后英国著名的“大宪章”亦不过是英国封建领主们联合大商巨贾反抗英王横征暴敛的行为，无与于民主自由。法国大革命在短期间便进入滥杀异己的“恐怖统治”，最后出现了拿破仑军人执政的局面。美国的民主投票权，最初只限于地主阶级，其后扩大至“通过财产门槛者”（以纳税额为标准），再扩大为“通过为教育水平门槛（Literacy test）者”；在南方很多州，妇女和有色人种拥有投票权还是近数十年内的事。在2000年美国大选中，佛罗里达州发生许多黑人投票被政府干扰的事件；近日阿富汗和伊拉克在西方列强或美国占领军刺刀之下举行的所谓民主投票更是民主政治之耻辱。

在一百年前梁启超便说：“西人之将灭人国也，必……日日言其国政之败坏，纲纪之紊乱，官吏之苛黩（今按，尤烈者其政专制、独裁、极权）……一举再举而墟其国，奴其种，而俨然犹以仁义之师自居”。这正是今日美国布什总统对所谓“邪恶轴心”的伊拉克建立所谓“民主制度”的行为。梁氏又说：“夫己之学且未成……日日摭拾（西来）之余文，而居然以通学自命……吾不解学问不成者，其将挟何术以救中国?”（苏舆《翼教丛编》《附篇》，第4—5页；详细讨论见陈启云《梁启超与清末传教士之互动研究》，宋鸥译，《史学集刊》，2006）。

近年国内学术会议中，不少学人慷慨陈词展现了救国救民的热情，但对所批评的中国的“大一统、专制、极权”的文化和西方的“自由、民主、法治”的传统所知不实不尽，引用台湾清华大学赖建诚批评黄仁宇的话：“只发热而不发光”，这才是我最大的忧虑。

论封建制与郡县制*

叶文宪

封建制就是封邦建国的行政制度，中国在先秦时代普遍实行封建制。春秋时晋、楚等国率先设置县与郡，秦王政并吞六国以后，郡县制成为大一统的秦帝国唯一的行政制度。封建制和郡县制是两种不同的行政制度，封建制是王室宗族共享天下的制度，郡县制是国君或皇帝独掌国家的制度，虽然秦王朝废封建设郡县，但是从汉到清的二千一百年间这两种看来似乎是互相对立的制度却又始终兼容共存、并行不悖。

有人为了迁就五种社会形态顺序发展的理论，硬把封建制改称为分封制并且把它说成是奴隶社会的制度，而把郡县制说成是封建社会的制度，这样就把人们的思想和话语体系都搞乱了。用这一理论可以解释秦始皇的废封建设郡县，但是却无法解释汉朝以后在郡县制框架下始终实行封建制的现象及其实质。

一　封建制是宗族共享天下的行政制度

西周实行的分封制在教科书里被说成是奴隶社会的制度，但是第一，周人明明把自己实行的这一制度叫做“封建”[①]，为什么说它是“奴隶制”呢？第二，

---

* 江苏省教育厅高校哲学社会科学立项项目(06SJD770009)。

① 《左传·僖公二十四年》：“封建亲戚，以藩屏周。”“周之有懿德也，犹曰莫如兄弟，故封建之。”

秦王朝废封建设郡县确实开创了一个新纪元，可是陈胜起义后马上就在陈地自立为王，接着武臣自立为赵王、韩广自立为燕王、田儋自立为齐王，陈胜再立魏咎为魏王，原来被秦统一的各国差不多又都恢复了。项羽入关灭掉秦朝后马上就分封了 18 个诸侯王，他自称“霸王”。“霸”是“伯”的意思，也就是老大，霸王只是诸王之首，而不是凌驾于诸王之上的皇帝。刘邦灭项羽后再次统一天下做了皇帝，可是他却在翦灭异姓王以后仍然把全国 54 个郡中的 39 个郡分封给了 9 个同姓王，自己只保留了 15 个郡。陈胜、项羽、刘邦都不约而同地实行分封，可见尽管秦始皇废除了封建制，但是在当时封建诸侯还是人心之所向。汉景帝鉴于吴楚七国之乱的教训，“令诸侯王不得治民补吏，而汉置内史以治其地，则封建之地，悉为郡县矣。”[①] 然而“封建之地，悉为郡县”只是指朝廷加强了对王国的控制，使王国形同郡县，并没有废除封建制。实际上从秦到清也只有秦朝取消了封建制，只有曹魏的封国形同虚设，其余历朝历代都分封藩王了。

先秦时代之所以要实行封建制，是因为那时人口稀少、技术落后，商王和周天子都没有能力直接管理幅员辽阔的国家，所以不得不把土地与人民分封给同姓本家与异姓贵族去管理。正如唐代柳宗元所说的：“彼封建者，更古圣王尧、舜、禹、汤、文、武而莫能去之。盖非不能去之，势不可也。”[②] 西汉时朝廷已经有能力直接管理大一统国家了，但是仍然要分封同姓子弟为王，从表面上看这样做是因为“天下初定，骨肉同姓少，故广强庶孽，以镇抚四海，用承卫天子也。”[③] 实际上刘邦分封同姓王是皇帝与他的宗室族人共同拥有天下的表现，表示天下为刘姓宗族所共有，而非仅仅属于皇帝一个人的。中国社会最大的特点是宗族主义，政治上的家国同构、政族合一是宗族主义的集中表现，分封诸侯也是宗族主义的突出表现，并不是制度上的倒退。

然而令大汉皇帝没有想到的是同姓王在拱卫皇室的同时也成了皇权最大的竞争对手。汉景帝时爆发的吴楚七国之乱深刻地教训了汉武帝，他迭出狠招制服了诸侯王。曹魏时虽然仍有封国，但是“既徒有国土之名，而无社稷之实，又禁防壅隔，同于囹圄，位号靡定，大小岁易。”[④] 曹魏灭亡以后，晋武帝“惩

① 马端临：《文献通考·封建考》。

② 柳宗元：《封建论》。

③ 《史记·汉兴以来诸侯王年表》。

④ 《三国志·魏志·武·文世王公传》。

魏氏孤立之弊，故大封宗室，授以职任”[①]，却又在其身后酿成了八王之乱。贫民出身的朱元璋当上皇帝后仍然分封了23个儿子和1个从孙为藩王，大臣叶伯巨上书告诫他“分封逾制”，反被他骂为“离间骨肉”而关进监狱。可是等到朱元璋一死就发生了燕王朱棣的靖难之役，后来还在宣宗时发生了汉王朱高煦的叛乱，在武宗时发生了宁王朱宸濠的叛乱。一方面是分封藩王；另一方面是削藩斗争，表面上似乎是朝廷和地方之间的权力之争，实际上只不过是皇帝和他的族人之间的利益冲突与权力之争而已。

二 外戚掌权是宗族占有国家的另一种表现形式

人们曾经认为在母系氏族社会里男性与女性是平等的，丹麦人类学家巴霍芬甚至把母系制说成是母权制，认为妇女在社会上拥有崇高的地位。恩格斯也说：“母权制的被推翻，乃是女性的具有世界历史意义的失败。丈夫在家中也掌握了权柄，而妻子则被贬低，被奴役，变成丈夫淫欲的奴隶，变成生孩子的简单工具了。”[②] 这和中国古代社会提倡夫为妻纲、三从四德的状况正好吻合，于是人们也就顺理成章地认为自从进入父系氏族社会以后男人在社会上就占据了统治地位，社会就变成男尊女卑了。其实这也是一种误解。以汉代为例，我们可以看到当时的妇女们在政治舞台上拥有很大的权力，根本不像后来那样被看轻。

汉高祖刘邦死后他的儿子惠帝刘盈即位。刘盈生性懦弱，即位时年仅16岁，政权实际上操纵在吕后手中。刘盈只当了七年皇帝就死了，太子即皇帝位，因为年幼，就由吕后临朝称制。吕后掌权后立即分封诸吕为王，建了8个吕姓的王国。吕后一死，周勃、陈平就发动政变，翦灭诸吕，迎立代王刘恒为帝，是为文帝。文帝即位后马上封舅舅薄昭为轵侯。

汉文帝死后他的儿子刘启即位，是为景帝。景帝的母亲窦太后虽然双目失明，但是对于朝廷上的事却很关心，窦太后的弟弟和外甥有三人封侯，窦婴为

---

① 《资治通鉴》卷七九《泰始元年》。

② 恩格斯：《家庭、私有制和国家的起源》，《马克思恩格斯选集》第4卷，人民出版社1995年第2版，第54页。

大将军，深得景帝信任。景帝死后武帝即位，但是这位老太太还是紧紧地攥住年轻的武帝不放，使得这位胸怀大志的皇帝无法施展手脚。

汉武帝是一位雄才大略、刚愎自用的皇帝，他虽然无法抗拒祖母窦太后对他的控制，但是他的母亲王太后再也控制不住他了，尽管如此他还是不得不任命舅舅田蚡为丞相，王家也有三人被封侯。汉武帝虽然大权独揽，但是外戚还是得到了他的重用，例如卫皇后的弟弟卫青和外甥霍去病、霍光都是位列三公的朝中重臣。

汉昭帝即位，以顾命大臣上官桀的孙女为皇后，上官桀父子皆封侯。

汉宣帝在许皇后死后立霍光之女为皇后，霍氏宗室霍禹为大司马，霍云、霍山等皆封侯。

汉元帝的皇后、汉成帝的母亲王政君又是一位很厉害的妇女，她活了84岁，历经元、成、哀、平四帝，因为她的缘故，王氏家族先后有10人封侯、5人任大司马。成帝死后无嗣，他的侄子定陶王刘欣继位，是为哀帝，于是王氏暂时退出了政治舞台，但是哀帝仍然受制于他的祖母傅太后和母亲丁太后，傅氏一门6人封侯、任大司马2人、九卿6人；丁氏一门2人封侯、任大司马1人、九卿6人。哀帝只当了6年皇帝就死了，王太后在他死的当天就驾临未央宫收取了传国宝玺，临朝称制，召王莽为大司马，立9岁的中山王刘衎为平帝，封平帝的舅舅卫宝、卫玄为关内侯。

东汉时的皇后和皇太后更加了不得。除了开国皇帝刘秀和继任的明帝、章帝以外，以后历代皇帝登基时都是小孩子，而权力就掌握在他们的母亲和舅舅、外公或者妻子和岳父、大舅子手里。(见表1)

对于外戚掌权，古代的史学家总是站在维护王朝正统的立场上谴责其为“闰统”，他们不肯承认王莽建立的新朝和武则天建立的周朝也是中国历史上的统一王朝，以为把王莽写入外戚列传、把武则天写入皇后传或皇后纪就可以把这两个皇帝从历史上抹去。现代的史学家也同样站在皇帝的立场上指责外戚是“篡权”、“擅权”、“专权”。其实在皇帝和皇后这两个家族的政治联姻中，外戚掌权是反映了母系的权力。这是父权社会中的“母权”，因为即使贵为天子，也得听母亲和祖母的话，而外戚正是她们的代表。

表 1

皇帝	登基时年龄	皇后或皇太后	外戚
和帝	10 岁	窦太后（章帝妻）	窦宪（太后兄）
殇帝	3 个月	邓太后（殇帝母、安帝伯母）	邓骘（太后兄）
安帝	13 岁	阎皇后	阎显（皇后兄）
少帝	8 岁	阎太后（安帝妻）	阎显（太后兄）
顺帝	11 岁	梁皇后（顺帝妻）	梁商（皇后父） 梁冀（皇后兄）
冲帝	2 岁	梁太后（顺帝妻）	梁商（太后父）
质帝	8 岁		梁冀（太后兄）
桓帝	15 岁		
灵帝	12 岁	窦太后（桓帝妻）	窦武（太后父）
少帝	14 岁	何太后（灵帝妻）	何进（太后兄）

其实与外戚相比，皇帝的同姓本家并不见得都那么忠心耿耿，仅西汉一代觊觎皇位、谋反作乱的刘姓藩王就有：文帝时的济北王刘兴居、淮南王刘长，景帝时的吴王刘濞、楚王刘戊、赵王刘遂、胶东王刘雄渠、胶西王刘印、济南王刘辟光、淄川王刘贤，武帝时的淮南王刘安、衡山王刘赐，昭帝时的齐孝王孙刘泽、燕王刘旦，宣帝时的楚王刘延寿等，至于诸侯王中因为有罪被废或自杀的就更多了。虽然外戚中也有参与谋反的，如昭帝时的上官桀父子，宣帝时的霍氏昆仲，但是比叛乱的刘氏宗室要少得多了。刘氏皇帝把本家兄弟子侄都分封到各地为王，名义上是为了拱卫朝廷，实际上总是对他们严密防范甚至不许他们进京，而对外家的舅舅们却封侯拜相、位列朝纲，看来他们对母亲和母系的亲戚更加信任和放心。

如果说封建制是皇帝与他的宗族共享天下的一种行政制度，那么外戚掌权实际上意味着皇帝与皇后两个家族共享天下，这是宗族占有国家的另一种表现形式。

三　郡县制是皇帝独掌国家的行政制度

西周时期的诸侯虽然都是由周天子分封的，但实质上诸侯国都是一些独立性很强、以城市为中心的小型国家。由于当时人口还很少，这些点状的城市国家尚未连成一片，国家与国家之间存在着大片无人居住的空地或者散布着外族的聚落，姬姓的诸侯国之间既不接壤也没有国界线。春秋以后随着人口的增长和土地的垦辟，各国纷纷向外开疆拓土，于是引起了激烈的冲突和互相兼并。春秋初齐国称霸时还以“兴灭国，继绝世”作为号召，而到了春秋中期晋、楚、秦诸国就干脆“灭国置县”了。

灭国置县是指灭人之国后不再恢复其宗庙社稷，而是将其变为从属于本国的一块领地。这种新征服的领地既不在本土之内，也不一定与本土接壤，往往是悬系在本土之外的一块飞地，所以就称之为“縣（县）”。《说文解字》曰：“縣，系也。”徐铉注曰：“此本是悬挂之縣，借为州县之縣。”正因为县是悬系在外的一块领地，所以繁体“縣”字从“系”作“縣”。

“郡”字从“君”从“邑”，汉字中从“邑”的字都与地名有关，郡当然也是地名，但是它与郑、邓、邢、郗等地名不同，郡不是天子分封给诸侯的地盘，而是诸侯自己扩张获得的领地，郡也不再分封给下级贵族，而是直接属于国君自己，所以“郡”字从“君”，其义当为“国君之邑”的意思。甲骨文和西周金文中都没有“郡”字，因为这种作为“国君之邑”的郡在商周时代还没有出现，而要到春秋晚期才出现，所以“郡”是一个后起的形声兼会意字，可是《说文解字》却说：“郡，群也”，“周制，天子地方千里，分为百县，县有四郡”云云，显然许慎是搞错了。郡也是在被兼并的领地上设置的，但它不是设在国内（城市），而是设在野鄙，所以春秋时代的县都在人口稠密、经济发达的城市，而郡都在地广人稀、经济落后的边地，虽然郡的面积比县要大得多，但是地位却比县要低，因此赵鞅在出征前定的赏格是“克敌者，上大夫受县，下大夫受郡。”①

---

① 《左传·襄公九年》。

春秋时代虽然既有郡又有县，但是尚未形成以郡辖县的两级行政制度。战国以后人口日益增长，在幅员广大的郡内又兴起了许多新的城市，而原来已经是城市的县却没有更多的发展余地，这样就渐渐形成了一郡统辖数县的局面。这一格局到秦统一以后被确定下来，从此郡县制便成为两千年中沿用不废的定制。

郡与县都是直属于国君的领地，由国君委派官吏进行管理，再也不像以前那样用来分封给诸侯或卿大夫。郡县制与封建制最根本的区别在于：郡县制是国君和皇帝独掌国家的一种行政制度，而封建制是天子与宗族共享天下的一种行政制度；郡县制的特点是皇帝集权，而封建制的特点是贵族分权。战国时期以吴起、商鞅为代表的各国变法都是为了加强国君权力而削弱贵族权力的政治斗争，推行郡县制自然也就成为这场政治斗争的一个重要组成部分。正因为如此，所以各国变法都遭到了贵族的殊死抵抗，结果郡县制得以推行，但是那些忠心耿耿的改革家却成了这场斗争的牺牲品，而作为对贵族的妥协，在推行郡县制的同时仍然保持了封君制度。

秦王政用武力征服六国建立了大一统帝国以后把大权集中到了自己一个人手里，于是废除封建制、推行郡县制就成为顺理成章的事情。然而在宗族主义占主导地位的中国，亲情始终是至高无上的，所以刘邦在翦灭异姓王以后马上又把54个郡中的39个分封给了9个同姓王。虽然后来的皇帝越来越加强对藩王的看管与提防，尽量缩小与剥夺他们的权力，但是封建制却始终与郡县制一起并存下来了。实行郡县制的本意是皇帝独掌天下，然而皇帝最终也没能铲除封建制，这是对皇帝对宗族利益的一种妥协。

四　郡县制派生出了选官制度与忠君思想

在实行封建制的商周时代，贵族就是朝廷命官，因为是在本族人中间遴选官员，所以只要世袭制就可以了，世袭制的原则是“亲亲、尊贵”。但是到了春秋战国时期，商周时代的那种小型分散的独立王国通过兼并逐渐发展成为幅员广大的领土国家。国家扩大了、人口增加了，社会结构也变得更加复杂，光靠本族人已经无法管理社会和统治庞大的国家了。如果说春秋时代各国国君还要依靠世卿贵族的话，那么到了战国时代各国朝廷上就已经出现了许多客卿，于是怎样选拔外族人、外姓人来担任官员的问题就被摆上了议事日程，而用人的指导思想也由“亲亲、尊贵”变成了“亲亲、尚贤”。等到普遍实行郡县制以后如何选拔官员就更成为一个至关重要的问题了。

西汉初年的朝廷官员主要是擢用功臣，但是承平日久以后功臣逐渐故去，于是一套以察举为主，征辟、任子为辅的选拔人才的制度就应运而生了。汉代的察举主要依靠乡党评议的方法，黄巾起义以后天下大乱，靠“乡举里选”来选拔人才不可能了，于是曹操“就在本乡之中选择一个适当的人来主持评定的任务”[①]，这个人在本乡负有声望，又熟习、掌握本地方的具体情况，他的报告成为吏部选官的依据，这个人就是中正官的萌芽。曹操死后，曹丕继位，文帝黄初元年（220）：“尚书陈群，以天朝选用不尽人才，乃立九品官人之法；州、郡皆置中正以定其选，择州郡之贤有识鉴者为之，区别人物，第其高下”[②]，分为九等，以备朝廷选用。

曹丕制定的九品中正制在评品士人时“盖以论人才优劣，非谓世族高卑”[③]，这与曹操“唯才是举”的精神是一致的。然而，由于中正官在官吏选拔上占有非常重要的地位，士人品级高低完全掌握在他们的手里，因此西晋统一以后原来由“州郡之贤有识鉴者”担任的中正官就逐渐被名门大族所把持，他们评定等级、推荐人才首先考虑的是家世门第，其次才是道德能力，能够被他们评为上品的一般都是有权有势的世家大族，“以名取人”逐渐演变为“以族取人”，这样就形成了“上品无寒门，下品无士族”[④] 的局面。西晋通过对曹魏时期创立的九品中正制进行改造使世族门阀在政治上获得了特权，又颁布了《户调式》以法律的形式确定了世族门阀在经济方面所享有的特权，这样就孕育出了一批新的贵族。

西汉的察举制和任子制代表着两种不同的倾向：前者是站在皇帝的立场上选拔官吏，后者是站在贵族的立场上荫庇后代；前者当然是对皇帝有利，而后者则维护了贵族的特权，但是这两种方法并不是对立的，而是相辅相成的。九品中正制的推行把任子制推到了极端，但是并未能够因此而取消察举制。

① 唐长儒：《魏晋南北朝史论丛》，生活·读书·新知三联书店1978年版，第106页。

② 《资治通鉴·魏纪》。

③ 《宋书·恩幸传·论》。

④ 《晋书·刘毅传》。

魏晋南北朝时期我国又进入了一个新的贵族时代，门阀士族把持着权力，但是南朝皇帝却都出身寒门，所以在实行重门第的九品中正制的同时，重考试的察举制始终存在，甚至连西汉时无须对策的秀才科也要进行考试了。南北朝时期，察举中士族化倾向逐渐严重，但是同时策试制度也有了进一步的发展。刘宋时，“凡州秀才、郡孝廉，至皆策试，天子或亲临之。”[①] 齐、梁各朝振兴察举的举措之一就是加强考试环节。国子学是为贵胄子弟设立的，但是明经科也须通过经术策试才能入仕。北朝各政权，察举选官大致沿用两晋南朝的考试法，秀才主要考试文学辞采，孝廉主要考试经术章句，魏、齐皇帝还曾多次亲临朝堂策试孝廉、秀才，足见对考试方式的重视。此外，其他选举形式，也逐渐采用考试形式，如北齐有考试计吏之制。考试成分的加重是皇帝与门阀士族争权的结果，也成为隋唐确立的以考试为中心环节的科举制的萌芽。然而即使在实行科举制的时代，荫叙制作为西汉任子制的延续仍然始终贯穿其间、互为补充。

中国先秦时代的旧贵族经过春秋战国的变迁逐渐衰落了，最后一家先秦贵族——嬴姓在实现统一中国的辉煌之后也迅速衰亡了。然而到了魏晋时期又成长出一批新的贵族——门阀士族，中国又进入了一个新的贵族时代。然而门阀士族又迅速腐朽没落，隋唐之后我们从唐太宗修《氏族志》、武则天改《姓氏录》、北宋《百家姓》“尊国姓”以“赵”为先、明代《皇明千家姓》以“朱”居首的做法都可以看到，每一朝的皇帝都想使自己的家族成为“天下第一姓”，然而哪个家族也无法再成为世代富贵的贵族，甚至连汉民族都无法独步天下，契丹、女真、党项、蒙古、满族等各个民族轮流坐庄，中国进入了平民时代，而郡县制是与这个平民时代相适应的一种行政制度，而科举制则是与这个平民时代相适应的选官制度。

在郡县制的框架之下不仅行政制度发生了变化，而且观念意识也发生了相应的变化。因为皇室宗族通过分封藩王都在管理与统治着自己的王国，所以朝廷上和郡县里的官员除了可以信赖的外戚以外就都要选拔与起用外人来担任，于是“忠”——臣下对皇帝的无条件服从——就被提到了至高无上的地位。

先秦时代的人们对“忠”的理解与后世是完全不同的。孔子所说的“忠”

---

① 《通典·选举二》。

是指君子的一种高尚的品德：“子以四教：文，行，忠，信。”[①] “子曰：‘居处恭，执事敬，与人忠。’”[②] “孔子曰：‘君子有九思：视思明，听思聪，色思温，貌思恭，言思忠，事思敬，疑思问，忿思难，见得思义。’”[③] “违命不孝，弃事不忠。”[④] “曾子曰：‘吾日三省吾身：为人谋而不忠乎？与朋友交而不信乎？传不习乎？’”[⑤] “忠”和“信”常常连用：“子曰：‘主忠信，徙义，崇德也。’”[⑥] “子曰：‘言忠信，行笃敬，虽蛮貊之邦行矣；言不忠信，行不笃敬，虽州里行乎哉？’”[⑦] “与众言，言忠信慈祥；与居官者言，言忠信。”[⑧] “先王之立礼也，有本有文。忠信，礼之本也；义理，礼之文也。无本不立，无文不行。”[⑨] “忠信可结於百姓”[⑩]，“所谓道，忠於民而信於神也。上思利民，忠也。祝史正辞，信也。”[⑪] 虽然儒家也讲“忠君”，“忠臣以事其君”[⑫]，但是在他们看来君臣之间应该是对等的：“定公问：‘君使臣，臣事君，如之何？’孔子对曰：‘君使臣以礼，臣事君以忠。’”[⑬] “何谓人义？父慈、子孝，兄良、弟弟，夫义、妇听，长惠、幼顺，君仁、臣忠，十者谓之人义。”[⑭] 思想最激进的要数孟子，他认为人伦道德是指：“父子有亲，君臣有义，夫妇有别，长幼有序，朋友有信。”[⑮] “义”是平等的、相互的，所以他回答齐宣王说：“君之视臣如手足；则臣视君如腹心；君之视臣如犬马，则臣视君如国人；君之视臣如土芥，则臣视君如寇雠。”[⑯] 他把君臣关系演绎得如此平等，因此明朝初年当朱元璋看到这番话后大为震怒，不仅命人将其从经典里删去，而且还把配享孔子的亚圣孟子从孔庙里赶了出去。

---

① 《论语·述而》。

② 《论语·子路》。

③ 《论语·季氏》。

④ 《左传·闵公二年》。

⑤ 《论语·学而》。

⑥ 《论语·颜渊》。

⑦ 《论语·卫灵公》。

⑧ 《仪礼·士相见礼》。

⑨ 《礼记·礼器》。

⑩ 《韩诗外传卷十》。

⑪ 《左传·桓公六年》。

⑫ 《礼记·祭统》。

⑬ 《论语·八佾》。

⑭ 《礼记·礼运》。

⑮ 《孟子·滕文公上》。

⑯ 《孟子·离娄下》。

“忠”在春秋时代的基本含义是指“无私”[①]，为人要尽心尽力，为国要尽职尽责，例如，曾子曰：“为人谋而不忠乎?”[②] 赵武赞扬鲁之叔孙豹曰：“临患不忘国，忠也。”[③] 荀息也说：“公家之事，知无不为，忠也。”[④] 然而到了战国时代“忠”就变成了臣对君的特定规范，例如：“危身奉上曰‘忠’。”[⑤] “竭意不讳，忠也。”[⑥] “竭忠诚以事君兮，反离群而赘肬。”[⑦] 李斯在《谏逐客书》中说：“士不产于秦，而愿忠者众。”[⑧] 荀子说：“请问为人臣？曰：‘以礼待君，忠顺而不懈。’”[⑨] 韩非子是战国诸子中谈论“忠臣”最多的，他说：人臣应该“以忠信事上”，“尽力以致功，竭智以陈忠”[⑩]，“夫介异于人臣，而独忠于主。”[⑪] “忠主忧国以争社稷之利害。”[⑫] “尽力守法，专心于事主者为忠臣。”[⑬] “人臣守所长，尽所能，故忠。”[⑭] 大体经过荀子和韩非子的努力，“忠”就从“利他”、“利公”、“利国”变成了“利君”，这也正是后来“愚忠”的源头。

要求臣下“危身奉上”，这是集权专制的帝王梦寐以求的，汉王朝建立后就更把“忠”提高到了一个前所未有的高度。董仲舒说：“圣人之行，莫贵于忠，土德之谓也。”[⑮] “故下事上，如地事天，可谓‘大忠’。”[⑯] 他说“臣不可以不忠”[⑰]，还说：“心止于一中者，谓之‘忠’；持二中者，谓之‘患’。‘患’，人之中不一者也。不一者，故‘患’之所由生也。是故君子贱二而贵一。”[⑱] 这是董

---

① 《左传·成公九年》：“不忘旧，信也。无私，忠也。”
② 《论语·学而》。
③ 《左传·昭公元年》。
④ 《左传·僖公九年》。
⑤ 《逸周书谥法》。
⑥ 《战国策·赵策二》。
⑦ 《九章·惜诵》。
⑧ 《史记·李斯列传》。
⑨ 《荀子·君道》。
⑩ 《韩非子·奸劫弑臣》。
⑪ 《韩非子·外储说左下》。
⑫ 《韩非子·三守》。
⑬ 《韩非子·忠孝》。
⑭ 《韩非子·功名》。
⑮ 《春秋繁露·王道通》。
⑯ 《春秋繁露·五行对》。
⑰ 《春秋繁露·天地之行》。
⑱ 《春秋繁露·天道无二》。

仲舒用拆字的方法在玩文字游戏，但是却非常形象地强调了“忠”的坚执与专一，连民间都流传着“忠臣不事二君，贞女不更二夫”[①]的谚语。“君要臣死臣不得不死，父要子亡子不得不亡”成为忠臣孝子的格言信条，于是屈原被树立为“忠”的模范，以后历朝历代皇帝又不断地通过树碑立传的方式增添着“忠臣”的榜样，例如苏武、杨继业、岳飞、文天祥、于谦、袁崇焕、史可法等。他们这种绝对的“忠”虽然被后人指责为“愚忠”，但是这种“愚忠”却又被美化为“精忠报国”而一直受到人们的追捧，并成为郡县制的精神支柱。

五　封建制与郡县制都是具有中国特色的专制制度

国家并不是从来就有的，国家是在人类社会发展到一定阶段才产生的，而且在不同的社会里产生国家的途径各不相同。

恩格斯在《家庭、国家与私有制的起源》中论述了雅典、罗马、德意志三种国家起源的形式，它们可以归纳为两种模式[②]：雅典国家是通过氏族社会内部的阶级斗争而产生的；罗马国家是通过外族平民反对罗马贵族的斗争产生出来的。雅典和罗马都是通过阶级斗争产生国家的典型模式。德意志国家产生的途径和雅典、罗马不同，它是蛮族入侵后建立的，通过对外征服是产生国家第二种模式。恩格斯在《反杜林论》中分析过国家产生的两种过程，一种是大家熟知的雅典罗马式国家的形成过程；另一种被大家忽略的是氏族的公职人员由社会公仆直接转变为社会主人、维护氏族共同利益的机关直接转变为统治社会的机关[③]，由氏族直接转变为国家是国家起源的第三种模式。恩格斯在《路德维希·费尔巴哈和德国古典哲学的终结》和《反杜林论》中都提到过同一氏族的各个公社自然形成的集团最初只是为了抵御外敌而发展成

---

① 《史记·田单列传》。

② 恩格斯：《家庭、国家与私有制的起源》，《马克思恩格斯选集》第4卷，人民出版社1995年第2版，第107—128页。

③ 恩格斯：《反杜林论》，《马克思恩格斯选集》第3卷，人民出版社1995年第2版，第522页。

为国家[①]，这是的国家起源的第四种模式。马克思和恩格斯早在青年时代就注意到东方社会的结构与历史都和西方不同，他们从 1853 年开始在书信和著作中讨论和谈到东方社会的特殊性，并提出了亚细亚生产方式的概念。他们认为干旱的气候和环境决定了东方国家的特点，因此，兴修以灌溉为核心的公共水利工程就成为国家最基本的职能[②]。恩格斯甚至认为在东方最初就是为了兴修灌溉工程而导致国家形成的[③]，这是国家起源的第五种模式。

中国国家形成之初虽然也有过大禹治水，但是中国国家并不是简单地遵循上述五种模式中的某一种产生的，而是具有自身的特色。夏商周三代是中国最早形成的国家，它们分别是由夏人、商人、周人通过部族之间的武力征服产生的，而它们的国家机器则都是从宗族的管理机构直接转变而来的。由于中国国家形成的途径和别的国家不同，因此中国早期国家也就具有明显的中国特色：一是因武力征服而造成的极端的专制主义，二是因血缘关系而造成的鲜明的宗族主义。商周时代实行按血缘分封、通过武装殖民建立诸侯国的封建制正是这一特色的最好体现。

商周时代的人口远比秦汉时代要少，虽然已经能够铸造精美的青铜器，但是商王和周天子都没有能力去控制幅员辽阔的领土。正如列宁所说："当时的社会和国家比现在小得多，交通极不发达，没有现代的交通工具。当时山河海洋所造成的障碍比现在大得多，所以国家是在比现在狭小得多的地理范围内形成起来的。技术薄弱的国家机构只能为一个版图较小、活动范围较小的国家服务。"[④] 这也是商周时代只能实行封建制的原因。

春秋时代开始出现郡与县，说明当时的大国国君已经有能力控制较大范围的国土了。经过几百年的发展，秦始皇终于能够把整个中国都装进自己的口袋了，当他召集大臣们讨论要不要遵循古制实行分封的时候，郡县制和封建制看来是互相对立的，实际上这两种制度并不是非此即彼、势不两立的，因为它们

---

① 恩格斯：《路德维希·费尔巴哈和德国古典哲学的终结》，《马克思恩格斯选集》第 4 卷，人民出版社 1995 年第 2 版，第 253 页；恩格斯：《反杜林论》，《马克思恩格斯选集》第 3 卷，人民出版社 1995 年第 2 版，第 522 页。

② 马克思：《不列颠在印度的统治》，《马克思恩格斯选集》第 1 卷，人民出版社 1995 年第 2 版，第 762 页。

③ 恩格斯：《反杜林论》，《马克思恩格斯选集》第 3 卷，人民出版社 1995 年第 2 版，第 523 页。

④ 列宁：《论国家》，《列宁选集》第 4 卷，人民出版社 1972 年第 2 版，第 48 页。

的宗旨都是为了皇帝的利益，只不过郡县制是维护皇帝一个人的私利，而封建制则兼顾了整个皇室宗族的利益。如果说封建制有可能带来尾大不掉、诸侯叛乱的危险，那么郡县制同样会造成藩镇割据、独霸一方的局面。实行郡县制和封建制的对象是不同的，郡县长官都是选拔任命外族与外姓人担任的，而封建的诸侯藩王都是宗族与亲戚，分封外族与外姓人为诸侯或藩王从来都只是一种策略与权宜之计，例如周武王之封商纣子禄父殷之余民、封神农之后于焦、黄帝之后于祝、帝尧之后于蓟、帝舜之后于陈、大禹之后于杞，刘邦之封异姓王和清初之封三藩。实行郡县制是皇帝独裁专制的结果，而保存封建制是为了兼顾皇室宗族的利益，所以从汉到清的两千一百年间封建制与郡县制始终能够兼容共存、并行不悖。

封建制与郡县制都是具有中国特色的专制政治制度，它们的区别只在于封建制把管理与统治地方的权力赋予了各个贵族，而郡县制则把管理与统治地方的权力直接操控在皇帝自己手里。对于人民来说，因为在这两种制度之下都被剥夺了主权，所以国家实行哪一种制度对他们来说都无所谓，但是对于贵族来说显然实行封建制对他们更有利，而对于官僚来说做诸侯藩王的幕僚和做皇帝的大臣其实都是一样的，反正都是在别人的树下乘凉，不过皇帝这棵树比诸侯藩王的树要大得多，所以皇帝比诸侯藩王更容易招揽到人才。

六　为什么要研究封建制与郡县制

从古到今学者们在讨论封建制与郡县制的时候都只关注到两个问题：一是封建制与郡县制孰优孰劣、哪个先进哪个落后？二是郡县制取代封建制是否意味着社会形态的进步？郡县制是不是封建社会的行政制度？

在中国历史上的确是先有封建制、后有郡县制，但它们之所以先后出现是因为分别适应不同时代的社会现实，并不是因为这两种制度存在着好坏优劣，更不是因为社会进步所致。论者们始终避而不谈或视而不见的一个事实是封建制在普遍推行郡县制以后仍然并行不悖。封建制与郡县制实际上是兼容并存的，实行郡县制是皇帝独裁专制的结果，保存封建制是为了兼顾皇室宗族的利益。古往今来的学者们都自觉或不自觉地站在皇帝的立场上反对封建制、赞扬郡县制，而从来也没有人谴责封建制与郡县制都是剥夺了人民主权的专制制度。我们不应该再站在皇帝的立场上去反对封建制、鼓吹郡县制，我们研究封建制与郡县制的目的并不是为了证明推行郡县制是体现了封建社会取代奴隶社会的社会发展规律，更不是为了反对封建割据、维护皇帝集权的专制政治体制，而是为了设计出既维护人民主权与地方利益、又保持国家统一的行政制度，建设现代政治文明。

公私视野下的明末封建、郡县之辨

沈 华

明末清初，以顾炎武、黄宗羲等为代表的一批早期启蒙思想家在反思总结明亡教训时，仍然借用了传统文化中的一些关键性概念，诸如“天下”、“国家”、“井田”、“君权”、“相权”，在传统国家的政治体制方面，则以“封建”与“郡县”之辨为代表，这已经引起学界相当程度的关注①。即使到清末民初，封建与郡县之辨所蕴含的地方自治、地方分权理念仍然引起当时知识分子的诸多兴趣，说明明清之际启蒙思想家在政治思想领域确实有诸多发前人所未发之处。究其原因，既受当时特定的社会政治和经济背景所影响，又以哲学观念领域一定程度的突破为基础。其中，作为“中国历史过程全局性的问题之一”② 公私观念的新进展，对启蒙思想家们的影响尤为显著。故本文将将明清之际的封建、郡县之辨置于公私观念变迁的视野下加以检视，以求教方家。

一 “公天下”理论支持下的郡县制

“封建”一词最早见于《左传》：“昔周公吊二叔之不咸，故封建亲戚，以蕃

---

① 笔者目前所见明末封建与郡县之辨的主要论文如王家范：《重评明末“封建与郡县之辨”》，《华东师范大学学报》2000 年第 4 期；［美］石约翰：《封建、郡县与中国历史传统》，《安徽史学》2002 年第 3 期；叶建：《顾炎武“寓封建之意于郡县之中”思想浅析》，《中州学刊》2007 年第 1 期；著作如冯天瑜：《解构专制：明末清初“新民本”思想研究》，湖北人民出版社 2003 年版；赵园：《制度・言论・心态——〈明清之际士大夫研究〉续编》，北京大学出版社 2006 年版等。

② 刘泽华：《春秋战国的“立公灭私”观念与社会整合》，《南开学报》，2003 年第 4、5 期。

公私视野下的明末封建、郡县之辨

沈　华

明末清初，以顾炎武、黄宗羲等为代表的一批早期启蒙思想家在反思总结明亡教训时，仍然借用了传统文化中的一些关键性概念，诸如“天下”、“国家”、“井田”、“君权”、“相权”，在传统国家的政治体制方面，则以“封建”与“郡县”之辨为代表，这已经引起学界相当程度的关注①。即使到清末民初，封建与郡县之辨所蕴含的地方自治、地方分权理念仍然引起当时知识分子的诸多兴趣，说明明清之际启蒙思想家在政治思想领域确实有诸多发前人所未发之处。究其原因，既受当时特定的社会政治和经济背景所影响，又以哲学观念领域一定程度的突破为基础。其中，作为“中国历史过程全局性的问题之一”② 公私观念的新进展，对启蒙思想家们的影响尤为显著。故本文将将明清之际的封建、郡县之辨置于公私观念变迁的视野下加以检视，以求教方家。

一　“公天下”理论支持下的郡县制

“封建”一词最早见于《左传》：“昔周公吊二叔之不咸，故封建亲戚，以蕃

---

① 笔者目前所见明末封建与郡县之辨的主要论文如王家范：《重评明末“封建与郡县之辨”》，《华东师范大学学报》2000 年第 4 期；[美] 石约翰：《封建、郡县与中国历史传统》，《安徽史学》2002 年第 3 期；叶建：《顾炎武“寓封建之意于郡县之中”思想浅析》，《中州学刊》2007 年第 1 期；著作如冯天瑜：《解构专制：明末清初“新民本”思想研究》，湖北人民出版社 2003 年版；赵园：《制度·言论·心态——〈明清之际士大夫研究〉续编》，北京大学出版社 2006 年版等。

② 刘泽华：《春秋战国的“立公灭私”观念与社会整合》，《南开学报》，2003 年第 4、5 期。

们不应该再站在皇帝的立场上去反对封建制、鼓吹郡县制，我们研究封建制与郡县制的目的并不是为了证明推行郡县制是体现了封建社会取代奴隶社会的社会发展规律，更不是为了反对封建割据、维护皇帝集权的专制政治体制，而是为了设计出既维护人民主权与地方利益、又保持国家统一的行政制度，建设现代政治文明。

建制有利于一姓之国的国祚长存，但不利于人尽其用，故不利于天下之治；郡县制不利于一姓之国，却对天下的长治久安有利，这就可以看成是天下之公。所以王夫之才深有感触地称："秦以私天下之心而罢侯置守，而天假其私以行其大公，存乎神者之不测，有如是夫!"① 秦以郡县制取代分封制，这一做法对秦而言，是出于"私天下"之心；对天下而言，却在无意中开辟了一条"公天下"的途径。至此，郡县制在理论层面获得了"公天下"论的强有力支撑。

需要指出的是，一些支持封建制、反对郡县制的儒者同样以"公天下"论为理论依托。例如赞同三代所行封建制最为典型的宋儒胡宏，他在《知言·中原》中不无激烈地提出："故封建也者，帝王所以顺天理，承天心，公天下之大端大本也；不封建也者，霸世暴主所以纵人欲，悖大道，私一身之大孽大贼也。"显然，"公天下"论是柳宗元和胡宏两人共同的立论基础，但柳宗元的落足点是在郡县制下人才选拔的开放性，而胡宏则以封建制"分天下有德有功者以地，而不敢以天下自私"为理由，这同样体现了天下当为天下人之天下的理念。两相比较，胡宏的论述当然是理想化的，因为"分天下有德有功者以地"的潜在前提是有一位道德高尚的君主，这与下文将叙及的明末郡县、分封之辨以人性自私论为基础的出发点有所不同。

二　人性自私论为基础的郡县、分封之辨

柳宗元等人对郡县制的肯定是从"公天下"的角度出发的，在某种程度上，"公天下"理论的哲学基础仍然是先秦以来的以公灭私观，即公观念等同于善，公是一种正向的、可以完全肯定的价值观念，而私观念则为负向的、应加以否定的价值观念②。而在明清之际，社会上出现了一股前所未有的、肯定私观念的

① 王夫之：《读通鉴论》卷一，中华书局1975年版。

② 日本学者沟口雄三在比较中日两国的公私观念时曾指出，"道义性的有无是突出两者差异的特征之一"。中国的公私概念有两层含义：1.《韩非子》释私为自环，而公为开围，公由此演绎出与众人共同的共、与众人相通的通；2.统一国家成立后，公成为与君主、官府等统治机构有关的概念。在第一种含义中，公和私特别包含着公正对偏邪的所谓正与不正的道义性。而在日本，仅有第二种含义。参见《中国公私概念的发展》，《国外社会科学》1998年第1期。相关论述还可参见王中江《中国哲学中的"公私之辨"》，《中州学刊》1995年第6期；陈弱水《中国历史上"公"的观念及其现代变形》，载《公共意识与中国文化》，新星出版社2006年版。

思潮，有学者形象地称之为"'私'的抬头"[①]。公私观念的这种新变化，使得明清之际的启蒙思想家如顾炎武、黄宗羲等人，获得了思考问题的一种全新方式和角度，当他们从肯定私、试图调和公私关系的高度去看待郡县制和封建制，就为封建、郡县之辨添加了新的内容。

明清之际私观念的张扬和抬头，突出表现在李贽、陈确、顾炎武、黄宗羲等人身上，他们努力为一直受贬低、压抑的私观念寻找理论依据和正当性。李贽首倡"心私"之论，他在《藏书·德业儒臣后论》中痛快淋漓地指出："夫私者人之心也，人必有私而后其心乃见。若无私则无心也。"[②] 从"人必有私"出发，李贽大胆地提出了"千万其心者，各遂千万人之欲"[③]。继李贽之后，陈确提出"私"是君子的特性之一，所谓"有私所以为君子，惟君子而后能有私，彼小人者恶能有私乎哉!"[④] 陈确以孔孟学说中的"推己及人"之说为基点，认为君子之爱因对方与自己的关系远近而有所差异，由此指出不仅君子亦有私，更进一步强调君子之所以为君子的重要前提之一就是有私。黄宗羲是在批判君主专制的过程中总结人性之私的，他认为"有生之初，人各自私也，人各自利也"，可是后世君主出现后，以专制统治使得"天下之人不敢自私，不敢自利"，并感慨地称"向使无君，人各得自私也，人各得自利也"[⑤]。顾炎武对人性之私的看法与李贽、黄宗羲基本一致，他上溯三代，指出当时"天下之人各怀其家，各私其子，其常情也。为天下为百姓之心，必不如其自为，此在三代以上已然矣"[⑥]。他最后的结论是："人之有私，固情之所不能免。"[⑦] 如此在人类社会的实践活动中，私就成了历史的起点，也就从根本上确立了私的合理性和正当性。当然顾炎武并没有就此止步，作为明末清初的知名大儒，他肯定私的最终落足点仍然在于公，即以私为起点，以公为终点，也就是其一再强调的"合天下之私以成天下之公"[⑧]。

以上明末清初启蒙思想家们对私观念的重新清厘和定位，在很大程度上解

① 王中江：《明清之际"私"观念的兴起及其社会史关联》，《湖南社会科学》2003 年第 4 期。

② 李贽：《藏书》卷三二，《李贽文集》（第二卷），社会科学文献出版社 2000 年版。

③ 李贽：《道古录》卷一九，《李氏文集》（第七卷），社会科学文献出版社 2000 年版。

④ 陈确：《私说》，《陈确集》卷一一，中华书局 1979 年版。

⑤ 黄宗羲：《明夷待访录》，《黄宗羲全集》（第一册），古籍出版社 1985 年版，第 2 页。

⑥ 顾炎武：《顾亭林诗文集》，中华书局 1983 年版，第 14 页。

⑦ 顾炎武：《日知录集释》卷三，花山文艺出版社 1990 年版。

⑧ 同上 。

除了自先秦以来一直紧缚在私观念上的种种约束，换言之，公私观念在明清之际，得到了某种程度的调和，公观念不再极端地排斥私观念。相较于传统的“公天下”理论，以及理学的“存天理、灭私欲”之论，其思想层面的创新和突破是不言而喻的。正因为如此，较之于柳宗元等人，以顾炎武、黄宗羲为代表的明清启蒙思想家对封建与郡县之辨又有了新的认识，这体现在以下三个方面：

首先，从人性本私的层面肯定封建制的合理内核。如前所述，宋代学者胡宏肯定封建制的前提其实是难以实现的君主之公，而明清启蒙思想家肯定封建制的基础却是人性自私，即封建制的合理之处，在于其一定程度上是满足、而不是像郡县制那样抹杀人们的自私自利之心。由于启蒙思想家们之前对人性本私进行了充分论证，封建制的合理性也就有了一个相对坚实的理论基础。所以，封建制在启蒙思想家们眼里，非但不是柳宗元所说的“非公之大者也”，而是应试图恢复的三代之良制。顾炎武在《郡县论一》中指出：“古之圣人，以公心待天下之人，胙之土而分之国；今之君人者，尽四海之内为我郡县犹不足也，人人而疑之，事事而制之。”[①] 因为天下之人都有自私自利之心，所以圣人才不以天下为一人之天下，而以封建之法与天下人共享；相形之下，郡县制正说明了君王以四海为一己之天下，不愿与天下之人共享。从这个意义上看，顾炎武显然是不同意柳宗元视封建制为“私其力于己也，私其卫于子孙”之说的。同样，黄宗羲认为中国社会自经历秦、元两次剧变后，“古圣王之所恻隐爱人而经营者荡然无具”，要想从根本上解决社会问题，唯有“远思深览，一一通变”，也即“复井田、封建、学校、卒乘之旧”[②]。

其次，肯定作为一种政治制度的封建制和郡县制一样仍然有着实用价值。黄宗羲、顾炎武均经历了明王朝覆灭的灭国之痛，总结明亡的经验教训是他们一辈子的目标追求，但两人总结明亡经验的侧重点稍稍有所不同。黄宗羲侧重于“夷夏之防”，但却不同意将明王朝覆灭的原因归结于北方兴起的女真族，他指出三代以后的乱天下者并非夷狄，而主要在于“废封建之罪也”[③]。原因即在于，“若封建之时，兵民不分，君之视民犹子弟，民之视君犹父母，无事则耕，有事则战”[④]。黄宗羲进而设想了一种寓封建于方镇之中的政治制度，“今封建之

① 顾炎武：《顾亭林诗文集》，中华书局 1983 年版，第 12 页。

② 黄宗羲：《明夷待访录》，《黄宗羲全集》（第一册），古籍出版社 1985 年版，第 7 页。

③ 同上书，第 418 页。

④ 同上书，第 419 页。

事远矣，因时乘势，则方镇可复也”[①]。而顾炎武认为明亡的教训之一就是过于君主过于集权，这种集权在制度上的主要体现就是郡县制，“科条文簿日多于一日，而又设之监司，设之督抚，以为如此，令不得以残害其民矣”。郡县制下，监司也好，督抚也罢，只俯首听命于上层官僚，以保住官位为目标，根本不会为民众考虑。解决之道就是引入封建之法，寓封建于郡县之中，也就是“然则尊令长之秩，而予以生财治人之权，罢监司之任，设世官之奖，行辟属之法，所谓寓封建之意于郡县之中，而二千年以来之敝可以复振。”[②] 王夫之也认为，“今欲宰制天下，莫若分兵民而专其治，散列藩辅而制其用。”[③]

最后，肯定通过封建制，可以达到“公天下”的最高政治理想。前述柳宗元就以“天下为公”为社会理想状态，达到这种社会理想状态的途径是郡县制，在“天假其私”的过程中“行其大公”，换句话说，在柳宗元那里就已经出现了“公”并不极端地排斥“私”的迹象，也正是这一点令柳宗元的时论高出同侪。而到明清之际，启蒙思想家们更强调只有在承认人性之私的前提下才能达到天下之公。顾炎武在《郡县论五》中，从一县之守的自私自利心出发，一步步地推演出了天下大治的结局：

> 夫使县令得私其百里之地，则县之人民皆其子姓，县之土地皆其土畴，县之城廓皆其藩垣，县之仓廪皆其囷窌。为子姓，则必爱之而勿伤；为田畴，则必治之而勿弃；为藩垣囷窌，则必缮之而勿损。自令言之，私也，自天子言之，所求乎治天下者，如是为止矣。一旦有不虞之变，必不如刘渊、石勒、王仙芝、黄巢之辈，横行千里，如入无人之境也。于是有效死勿去之守，于是有合从缔交之拒，非为天子也，为其私也。为其私，所以为天子也。故天下之私，天子之公也。

如果土地、人民都是县令之私，那么出于本性，县令自然会“爱之”、“治之”、“缮之”，要是遇到入侵之敌，县令更会或作效死之守、或作合从之拒。县令这种全力维护其自身利益的做法，当然是出于人性自私的本能，但这种做法却正是“治天下”为目的的天子所最需要的。所以最后的结局，就顺理成章地由

① 黄宗羲：《明夷待访录》，《黄宗羲全集》（第一册），古籍出版社 1985 年版，第 21 页。

② 顾炎武：《顾亭林诗文集》，中华书局 1983 年版，第 12 页。

③ 王夫之：《读通鉴论》卷一六，中华书局 1975 年版。

"天下之私"转到"天子之公"。这里的"天子",可以理解为道德至善者,也即"天下之公"。顾炎武还在《日知录》卷十二的《馆舍》中举例称,天下之州县凡为唐旧治者,"其城郭必皆宽广,街道必皆正直",而"宋以下所置,时弥近者制弥陋",其原因即"国家取州县之财和,纤毫尽归之于上,而吏与民交困,遂无以为修举之资"[①]。以此实例来证明封建制的"为其私,所以为天子也"。

三 公私观念和明末郡县、封建之辨

如上所论,明末清初学者由于在很大程度上肯定了私观念的合理性,使得公私关系在明末清初呈现出一定程度的和谐性。体现在郡县、封建之辨上,就是指出二者各有利弊,"封建之失,其专在下,郡县之失,其专在上"[②],解决之道就是融二者之于一炉。显然,明清之际的郡县、封建之辨,较之于柳宗元及更早学者的郡县、封建之辨,又达到了一个新的高度。尤其是顾炎武、黄宗羲等人在总结明亡经验教训时,得出专制为明灭亡的一大原因,于是从限制君权、提倡地方分权的角度出发,对封建制加以提倡,这不能不说是得益于明末公私观念的新发展,尤其是私观念的抬头。

然而在某种意义上,明末公私观念的突破毕竟是有限的。这种有限性主要表现在以下两个方面。其一,私观念的"抬头"和张扬是明清之际公私观念的最大亮点,但这种对私观念的肯定能否真正落实到每一个个人身上?即在人性论的层面,启蒙思想家大都承认人人有私,那么在相应的政治制度层面的设计时能否真正体现这一点?就上述的郡县、封建之辨看,恐怕很难说真正体现了"人必有私"之论。其二,在与私观念相对应的公观念领域,启蒙思想家并未取得实质性的突破。自先秦以来,作为一个政治社会概念,公观念的主要内涵包括朝廷、官府或国家,同时,公观念又具有强烈的道德内涵,即以公平、公正为主要内涵的普遍性价值,这使得以专制君王为代表的统治者很容易获得一种道义上的合法性,甚至在宋儒那里就将公观念完全与"理"、"天理"、"义"完全等同。公观念领域的一成不变,使得启蒙思想家"虽反对专制而未能冲破君

---

① 顾炎武:《日知录集释》卷一二,花山文艺出版社 1990 年版。

② 顾炎武:《顾亭林诗文集》,中华书局 1983 年版,第 12 页。

主政体之范围”[1]，最终使得私观念的拓展也受到影响。

例如从人性论层面看，明末启蒙思想家强调人性之私时的落足点是“天下之人”，无论是黄宗羲所谓的“有生之初，人各自私也”，还是顾炎武所称的“人之有私，固情之所不能免”，都卓然裸呈出一种每个人都有私之本质的全新观念。但在相应的政治思想和具体制度层面，封建与郡县之制中并没有体现出这一点。不难看出，即使是在顾炎武所强调的“寓封建于郡县之中”、黄宗羲所赞许的“藩镇”中，能遂其私的也只有县令或藩镇长官一人而已。至于广大民众的“私心”如何得到实现和保证——也即现代政治学理论中的民有、民治、尤其是民治权利——启蒙思想家就无暇也无力顾及了。事实上，顾炎武只能以“县之人民皆其子姓……为子姓，则爱之而勿伤”[2] 一语含糊带过，这样的推测只能是一种想当然，因为传统的儒家民本理论也是基于这样一种假设：天下民众均是帝王子民，故帝王应善待民众。显然，这种理论因为建立在道德预设下，早已被历史证明了是苍白的。

不仅如此，这各有其私的天下之人还不包括作为最高统治者的天子。启蒙思想家们均从分权的角度去看待封建制，但共同的落足点却都在“天子之公”。如顾炎武称：“所谓天子者，执天下之大权者也。其执大权奈何？以天下之权，寄天下之人，而权乃归天子。自公卿大夫至于百里之宰，一命之官，莫不分天子之权，以各治其事，而天子之权乃益尊。”[3] 分权何以能实现“天子之权乃益尊”？顾炎武无法作进一步解释。如此意义上的天子恐怕只能是春秋时代、作为名义上共同领袖却无丝毫实权的周天子，这样的周天子会是后世帝王效仿的对象吗？再如王夫之寄希望于“圣人官府之，公天下而无私存，因天下用而用天下，故曰‘天无私覆，地无私载，王者无私以一人治天下’，此之谓也”[4]。历代诸王推行郡县制的原因，就在于帝王存有以天下为一人之天下的私心，这也是王夫之一再予以严厉批评的，可在这里王夫之又将实行分权的前提归结为“王者无私”。所以顾炎武也好，王夫之也罢，他们在论述封建、郡县之辨时，其隐藏的另一个逻辑前提就是君主有公无私，君王为公之当然代表，这与天下之人各有其私正相矛盾，进一步言，这仍然是儒者圣贤意识的潜在作用。

---

① 萧公权：《中国政治思想史》，新星出版社 2005 年版，第 400 页。

② 顾炎武：《顾亭林诗文集》，中华书局 1983 年版，第 15 页。

③ 顾炎武：《日知录集释》卷九，花山文艺出版社 1990 年版。

④ 王夫之：《读通鉴论》卷一六，中华书局 1975 年版。

循此还可以进一步看出，顾炎武等所谓“合天下之私以成天下之公”的断言，如果单从理论层面看是极其雄辩有力的，甚至和18世纪亚当·斯密所说的“我们每天所需的食料和饮料，不是出自屠户、酿酒师或烙面师的恩惠，而是出于他们自利的打算。我们不说唤起他们利他心的话，而说唤起他们利己心的话”[①]，以及曼德威尔的名言“私恶即公利”，都有着某种相似相通之处，但一落实到具体的政治制度层面如郡县、封建之辨，就不难发现尽管两者都是对人之自私自利之心的鼓励和肯定，但前者只落实到守令等少数人身上。对下，普通民众拥有其私的权利被剥夺；对上，则将天子假设为无私的“大公”形象，也就是说，这“天下之私”并未真正地落实为“天下人之私”。[②] 现代西方的政治制度史表明，只有真正承认社会所有个体的私，唯有将社会所有成员都纳入，承认每个人的自私自利的本能，才有可能出现君主立宪、三权分立式的专门针对人性之恶的现代政治框架制度。从这个角度看，明末清初涌现出来的这股私观念的“抬头”，其积极意义当然是不容否定的，但其不足之处也是不言自明的。

① 亚当·斯密：《国富论》，商务印书馆1972年版，第14页。

② 从这个角度看，沟口雄三先生提出的“富民”论颇有见地，即黄宗羲、顾炎武所谓的自私自利的民，“再准确一点的说，这个民不是所谓的一般民，而是被视为有力量的、包括自耕农在内的地主阶层与它伙伴都市工商业者，亦即富民阶层。”当然，笔者并不认为黄、顾等就代表了“富民”阶层。参见《中国前近代思想的演变》，中华书局1997年版，第244页。

中国封建社会的土地制度与阶级关系

孟祥才

1966年"文化大革命"以前的17年中，中国历史学界曾对中国封建社会的土地制度问题进行过热烈讨论，这个问题也就作为当时的热点，与古代社会分期、农民战争、汉民族形成和资本主义萌芽等议题被誉为史学界的"五朵金花"之一。土地制度问题讨论中的不同意见虽然很多，但归纳起来不外两种基本观点，即以范文澜、翦伯赞等为代表的封建土地私有制或地主土地私有制，以侯外庐等为代表的封建土地国有制。后一种观点尽管在理论上也建立了一套比较完整的体系，但与中国古代社会的实际毕竟有着较大的距离，因而赞同者并不多。这种观点的致命缺失在于，它很难对自秦朝以来大量文献记载的土地买卖现象作出令人信服的解释。而土地买卖恰恰是土地私有的最重要的表征。"文化大革命"结束以后，学术环境逐渐宽松，中国古代土地制度的研究也取得了令人瞩目的成就。赵俪生、林甘泉等学者出版了有分量的中国古代土地制度史的专著，报纸杂志也发表了数量可观的论文。应该说这一问题的研究较前有了明显的进展和深入。

不过，还应该承认，中国古代土地制度的研究还有待进一步深入和开掘，特别应该从过去的理论思维定式下解放出来，真正从中国古代社会的实际出发。我认为，以前此一问题研究中的最大局限在于，几乎所有研究者都是将马克思主义经典作家、尤其是毛主席的结论奉为圭臬，不是将研究的目标定位于揭示真实和追求真理，而是定位于以史例证明已有的结论。例如，中国封建社会的土地占有状况究竟是怎样的呢？毛主席说："封建的统治阶级一地主、贵族和皇帝，拥有最大部分的土地，而农民则很少土地，或者完全没有土地。农民用自己的工具去耕种地主、贵族和皇室的土地，并将收获的四成、五成、六成、七成甚至八成以上，奉献给地主、贵族和皇室享用。这样的农民，实际上还是农奴。"[①] 其实，这个学者们经常引用的著名结论是不符合中国古代社会的实际情况的。事实是，中国自奴隶制的贵族土地多级占有制（通常认为是井田制）瓦解以后，土地的占有状况就是国有、地主私有、自耕农和半自耕农私有长期并存的局面。在长期历史发展过程中，国家所有的土地呈逐渐减少的趋势，明朝的皇庄和官庄仅占全国十分之一的土地，清朝实行"更名田"政策后，国家直接占有的土地就更少了。可以这么说，中国整个封建社会土地的占有状况，除个别时期和个别地区外，基本上是大分散、小集中，或者说是两头小、中间大的格局。即大土地所有者的人数和占有土地的数量都是少数，绝对没有土地的佃农也是少数，自耕农和半自耕农在人数和占有土地的数量上都是多数。当然，地主和自耕农、半自耕农对土地的占有并不是固定不变的，而是处在此消彼长的变动不居的状态中。以一个皇朝为周期，地主对土地的占有与时间的前进成正比，自耕农、半自耕农对土地的占有与时间的前进成反比。不过就总体而言，自耕农和半自耕农不仅占了全国人口的大多数，而且也占有全国土地的大多数，起码也超过一半。认为土地的大部分掌握在皇室和地主手里，农民没有土地或很少有土地的判断是不准确的。史籍上记载的"富者田连阡陌，贫者无立锥之地"[②]、"有田者什一，为人佃作者什九"[③]、"近日田之归于富户者，大约十之五六。旧时有田之人，今俱为佃耕之户"[④]，有的是上书之人的危言耸听，有的讲的是个别地区特殊时期的状况，并非全国所有地区的普遍情形。两汉时期的税收政策"舍地税人"是建立在绝大多数农民都有一块土地的基础之上。唐代"两税法"之后，虽然佃农的数量较前增加，因而税收政策朝"舍人税地"的方向发展，但直到新中国成立前夕，中国土地的占有状况也没有改变大分散、小集中的格局。人们都承认新中国成立前的中国是半殖民地半封建社会，封建剥削依然存在，因而有新中国成立后遍及全国的轰轰烈烈的

① 《毛泽东选集》第1卷，人民出版社1966年版，第618页。

② 《汉书·食货志》。

③ 黄汝成：《日知录集释》，岳麓书社1994年版。

④ 杨锡紱：《陈明米贵之由疏》，《皇朝经世文编》卷三九。

土改运动。土改前夕的土地占有状况或许对我们的研究有一定的启示作用。《中共山东地方史》记载，1946年的山东解放区土改共没收地主、富农土地464万亩，加上学田、庙产、坟田，共占土地总量的24.5%。新编的《泰安市志》统计，该市新中国成立前占人口5.6%的地主占土地总量的27%，但无地农户仅占农户总数的0.2%。《兖州市志》记载，该市土改前地主人均占地9.7亩，富农人均占地7.6亩，二者共占土地总量的39%。《青州市志》记载，该市土改前地主、富农占有土地总量的13.6%，中农占46.3%，贫雇农占40.1%。《湖北通城县志》记载，1950年城关区土改前，地主占地12.67%，富农占地27.84%，中农占地30.65%。《陕西米脂县志》记载，1948年该县8个区土改前的土地人均占有情况是，地主为10.33亩，富农为13.8亩，中农为9.40亩，贫雇农为5.3亩。《江苏丰县志》记载，1950年土改前，该县占人口0.4%的地主占地30%，土改中没收的地主土地占土地总量的15.3%。以上地区的实际表明，就全国的情况而言，土地的大部分并不掌握在地主手里。

显然，在中国封建社会里，由于自耕农和半自耕农不仅占了全国人口的大多数，而且也占有全国土地的大部分，因而他们成为国家赋役的主要承担者。而历史所展示的规律是，几乎每一个封建皇朝建立后，其赋役增长的速度往往超过生产增长的速度和物质财富增长的速度，官僚队伍增长的速度往往超过人口增长的速度，官僚队伍享受欲望增长的速度往往超过社会财富增长的速度，这必然使农民的负担越来越重。每到一个皇朝的中后期，赋役的增加总是超过农民的承受能力。如秦朝末年，"男子力耕不足粮饷，女子纺绩不足衣服，竭天下之财以奉其政，犹未足以澹其欲也"[①]。西汉中期以后，"制度太奢，刑罚太深，赋敛太重"[②]，民"有七亡而无一得"，"有七死而无一生"[③]。唐朝中期实行"两税法"，非但未减轻农民负担，反而使官府生出许多新的征敛名目，"分外征求"。诗人白居易于是写了《重赋》一诗加以揭露："国家定两税……明敕内外臣：税外加一物，皆以枉法论。奈何岁月久，贪吏得因循，浚我以求宠，敛索无冬春。织绢未成匹，缫丝未盈斤，里胥迫我纳，不许暂逡巡。"政府为了维持官僚机构和各方面不断增加的开支，最直接最省事的办

① 《汉书·食货志》。

② 《汉书·龚胜传》。

③ 《汉书·鲍宣传》。

法就是不断加重农民的赋役负担。如万历四十六年（1618），明政府借口对辽东用兵，按亩加派“辽饷”银三厘半。以后两次增额，至万历四十八年，每亩加派增至银九厘。中国的封建皇朝虽然多次打着平均税负的旗号改革赋役制度，结果却是每次改革后农民的负担反而超过改革以前，这就是著名的“黄宗羲定律”。正是由于赋役的不断加重，几乎到每个皇朝的中后期都必然引发农民的起义、暴动，再加上其他因素，这些起义和暴动就会发展成大规模的农民战争。中国古代的农民起义和农民战争几乎无一例外地将斗争的矛头指向封建皇帝和各级官府，表明中国封建社会的主要矛盾是农民同封建国家的矛盾。

在中国封建社会里，地主与农民的阶级矛盾的确存在，特别是佃农、雇农与其主人的矛盾有时甚至十分尖锐。但是，不能将地主阶级与农民阶级的对立和斗争绝对化，只讲对立和斗争，不讲统一和合作。事实是，社会生产只有在生产者和生产资料相结合的条件下才能进行，地主和农民（主要是佃农）谁也离不开谁。因为地主的土地和佃农的劳动力都是生产正常进行的必不可少的“要素”。如果双方都想生存下去，就只能采取双方都能接受的合作方式。应该指出，在长期的中国封建社会里，佃农只占农民的一小部分，他们对地主的人身依附关系也随着历史的发展逐渐松弛，隋唐以后逐步过渡到契约关系，双方的地位至少在法律上是平等的。地主对佃农的剥削也不是无止境的，地租一般是五五分成，所谓将收获的六成、七成甚至八成以上奉献给地主的情况只是个别时候、个别地区才有，绝不是常态。并且，佃农和其他依附劳动者对地主的剥削在绝大多数情况下是可以接受的。有的时候，佃农和其他依附劳动者的日子并不比自耕农和半自耕农更难过。有一个例子颇能发人深省：东汉后期，大地主的田庄经济有了较快的发展，仲长统曾以愤怒的笔触描绘了这些“豪人之室”聚敛的巨量财富和他们不可一世的威势。然而，当黄巾起义爆发，大量自耕农和半自耕农纷纷涌入黄巾起义军同官军进行殊死斗争时，田庄上的依附农民非但不去支持他们的阶级兄弟，反而与田庄主一起依据坞堡与起义军对战。还有一批人跟着主人参加官军，投入扑灭起义军的战斗。地主与佃农和其他依附劳动者多数时间是和平相处的。他们之间只能是既斗争又合作，在大多数时间里是合作多于斗争的关系。历史上，尽管佃农和雇农反对其主人的起事时有发生，但单纯反对地主的起事如果不能发展成反抗官府的起义，就难以发展成大规模的农民战争。而且，由于乡村存在着十分复杂的宗族关系，地主与佃农和雇农往往都身处宗族网络中，而宗族关系时常掩盖、模糊阶级关系。他们之间经常笼罩着一层温情脉脉的纱幕。自耕农和半自耕农与地主特别是乡村的恶霸地主虽然也有矛盾，但这一矛盾的尖锐程度一般超不过他们与封建国家的矛盾。还应该看到，在中国封建社会里，虽然地主与自耕农和半自耕农以及佃农和雇农的阶级矛盾始终存在，但他们之间却并不存在不可逾越的鸿沟。这是因为，自秦朝以后，中国历代皇朝都实行土地买卖和诸子析产的制度，再加上皇朝更替和战争造成周期性的社会动乱，致使地主和农民都处在经常不断变化中。地主因犯罪丢官、经营不善、战争破坏、多子析产而下降为农民，农民因科举得官、精于经营或经商致富而跃升地主，这两种情况经常发生，使两个阶级不断出现人员的交流，由此形成你中有我，我中有你的双向渗透。

由于农民，特别是作为其主体的自耕农和半自耕农本身处于经常的变动中，既有上升为地主的机遇，也有更多的走向破产的机缘。作为经济和社会地位大体相同的一个群体，他们显然属于一个阶级。但是，由于他们各自以家庭为单位从事几乎不相联系的生产活动，“因此，他们不能以自己的名义来保护自己的阶级利益……他们不能代表自己，一定要别人来代表他们”[①]。他们缺乏明晰的阶级观念。一方面，他们勤劳质朴，以最大的忍耐力承担国家的赋役，只要在温饱线上下徘徊，他们就安于现状，屈从命运的安排。另一方面，当生之乐趣尽失，面临死亡威胁时，只要有人振臂一呼，他们也会云集响应，走上反抗之路，将斗争的矛头直指朝廷和官府，掀起震天撼地的风暴。“统治阶级的思想在每一个时代都是占统治地位的思想。这就是说，一个阶级是社会上占统治地位的物质力量，同时也是社会上占统治地位的精神力量。”[②] 在中国封建社会里，地主阶级的代表人物成为封建皇朝的当权派，他们的思想始终是社会的统治思想。农民阶级一般都受制于这种统治思想，他们看不出这种主导的意识形态有什么不合理的地方。所以，他们拥护好皇帝，反对坏皇帝；歌颂清官，贬斥贪官；服膺忠、孝、节、义、仁、礼、智、信等伦理观念。他们也向往读书做官、发财致富，千方百计企图将自己提升到地主的层次。“文化大革命”前夕，戚本禹在《为革命而研究历史》一文中，

---

① 《马克思恩格斯选集》第1卷，人民出版社1972年版，第693页。

② 同上书，第52页。

曾声色俱厉地反诘：农民反对骑在他们头上的老爷，难道他们也希望成为这种老爷？然而大量的历史事实显示，农民向往的目标恰恰就是骑在自己头上的老爷，他们恨不得明天就成为这种老爷。那种视农民为天生的造反派，他们只是永远安于自己阶级地位的观点显然是形而上学的。

地主也是农民

束江涛

一　问题的提出

20世纪中叶国内史学界把农民战争问题誉为"五朵金花"之一，许多学者对其进行了连篇累牍的论述，然而对于农民战争的主体——农民的身份却没有予以很好的解决。

过去我们一直把地主和农民对立起来，认为他们之间的阶级矛盾是战国到清社会的主要矛盾，然而，为什么从陈胜吴广的"诛暴秦"到太平天国的"杀阎罗妖"，虽然起义者提出过"均贫富"的要求，却从来没有听说过哪次起义提出过"打倒地主"的口号？相反，不管他们是反贪官还是反皇帝，他们的斗争矛头都对准了朝廷政府。而且，既然农民起义是反对地主阶级的，那么为什么还有这么多地主加入他们的起义行列？从跟随陈胜起义的六国贵族到资助金田起义的韦昌辉、石达开，难道他们都丧失了阶级立场吗？当农民起义获得成功之后，为什么他们的领袖就立即就称王称帝，这不是与他们先前"苟富贵毋相忘"的誓言相矛盾吗？这一切难道仅仅用一句"农民阶级的局限性"能解决问题吗？既然农民起义是反地主的，那么，为什么在战国、三国、南北朝、五代十国这些分裂时期没有爆发大规模的农民起义呢？要知道在分裂时期地主仍然是遍及各地的，而且乱世皇权虚弱，农民为什么不趁势起义呢？相反，在大统一的时期却屡屡发生全国性的农民起义。要解决这些问题就必须从地主与农民的身份入手。

二 “地主”与“农民”是两个虚拟的概念，也没有形成阶级

马若孟先生说：“地主和佃农这两个词汇是一种误称。”[①] 这一观点很有见地。“地主”一词是近代从西方引进的，当时的学者把“landlord”译成“地主”，把“peasant”译成“农民”，然而，以当时的翻译水平，以及英语和汉语文化之间的天然差别，要准确的把握“landlord”和“peasant”的真正含义是不太可能的。而且，他们在翻译汉语时不可能对文字进行精准的推敲，这样我们就发现“地主”和“农民”这两个词的命名存在着许多问题。

首先从字面的意思来看，“地主”这个词是从所有制的角度来命名的，“地主”就是“土地之主”。既然我们想要找一个与“地主”相对立的词，那么，也应该从所有制的角度来找，因此与“地主”相对立的应该是“无地户”，即没有土地的佃农雇农以及流民。“农民”这个词是从所从事的职业来命名的，即“务农之民”。在一个农业社会，地主其实也是“务农之民”。古人把职业分为“士、农、工、商”四大类，并没有“地主”的说法。因此，与“农民”相对的应该是“非农之民”，即“士、工、商”，而我们所谓的“地主”和“农民”都包括在“农”的范畴之内。

其次从“地主”和“农民”的定义来进行考究。毛泽东曾经指出：“占有土地，自己不劳动，或只有附带的劳动，而靠剥削农民为生的，叫做地主。”[②] 在吕叔湘和丁树声主编的1996年修订版《现代汉语字典》里也引用了这一概念，同时，它对“农民”所作的定义是“在农村从事农业生产的劳动者”。那么地主是否“从事农业生产”呢？虽然地主不直接参加体力劳动，但是他们在经营管理着农业生产，地主作为农业生产的经营者与管理者，当然也是“务农之民”。

对于这一观点，冯尔康先生早在《从农民、地主的构成观察中国古代》一文里就把平民地主和小土地出租者包括到农民的范畴里去了[③]。李文治先生也讲

---

① 马若孟著：《中国农民经济》，史建云译，江苏人民出版社1999年版，第51页。

② 毛泽东：《怎样分析农村阶级》，《毛泽东选集》第1卷，人民出版社1991年版，第127页。

③ 冯尔康：《从农民、地主的构成观察中国古代》，《历史研究》2000年2期。

到：“地主阶级的封建权势和剥削形式不断发展变化，农民的经济状况和社会地位也随之亦步亦趋，只是程度的不同，两类农民都不例外。”[①] 可见，他在这里也把地主看成是农民的一个组成部分。

那么有没有“地主”和“农民”这两个“阶级”呢？所谓“阶级”是指按照财产多寡划分的社会层次，但是，在古代中国从来也没有按照占有财产多寡来划分过社会的层次，正如田昌五先生所说：“古代社会不存在像资本主义社会中那样的阶级划分，阶级是寓于等级之中的。这种层累的等级之别，就构成了古代的社会结构。”[②] 马克思曾经对法国的小农有过一段精彩的论述：“法国国民的广大群众，便是由一些同名数相加形成的，好像一袋马铃薯是由袋中的一个个马铃薯所集成的那样。既然数百万家庭的经济条件使他们的生活方式、利益和教育程度与其他阶级的生活方式、利益和教育程度各不相同并互相敌对，所以他们就形成一个阶级。由于各个小农彼此间只存在有地域的联系，由于他们利益的同一性并不使他们彼此间形成任何的共同关系，形成任何的全国性的联系，形成任何一种政治组织，所以他们就没有形成一个阶级。”[③] 王玉玲先生也指出：“小农经济下的农民呈现个体性和分散性的特征，作为一个阶级，是不充分的，主要原因在于其阶级意识的不成熟。”[④] 其实并不是缺乏阶级意识，而是根本没有组织成为一个阶级，他们只是一盘“同名数相加形成的”散沙。在中国历史上从来也没有形成过符合阶级定义的“农民阶级”，同样，地主也是一盘“同名数相加形成的”散沙，他们也没有形成过符合阶级定义的“地主阶级”。他们都不能代表自己，都需要别人来代表他们，而且“他们的代表一定要同时是他们的主宰，是高高站在他们上面的权威，是不受限制的政府权力，这种权力保护他们不受其他阶级侵犯，并从上面赐给他们雨露和阳光。”[⑤] 这个主宰就是集权专制的皇帝。

① 李文治：《把地主制经济的发展变化作为考察某些历史问题的中心线索》，《中国经济史研究》1996年第2期。

② 田昌五、臧知非：《周秦社会结构研究》田昌五序，西北大学出版社1996年版。

③ 马克思：《路易·波拿巴的雾月十八日》，《马克思恩格斯选集》第1卷，人民出版社1972年版，第693页。

④ 王玉玲：《李约瑟之谜的历史解答》，《社会科学论坛》2005年第3期。

⑤ 马克思：《路易·波拿巴的雾月十八日》，《马克思恩格斯选集》第1卷，人民出版社1972年版，第693页。

三 “封建地主”名不符实，地主与农民相互依存，相互转化

我们常常把地主说成“封建地主”，可是在中国的历史上，只有过“封邦建国”、“封官赐爵”，所封、所建、所赐的对象都不是地主，而是贵族与官僚。地主既不是皇帝“封”的，也不是朝廷“建”的，那么何来“封建地主”呢？美籍华人赵冈先生认为：“所谓地主，即是在土地所有权市场中买进、而又在土地使用权市场（租佃市场）中卖出之人，他们既非他人所‘封’，也非他人所‘建’。”① 那么，把“封建”和“地主”连接成一个词究竟是怎么一回事呢？

赵冈先生也讲道：“欧洲中世纪的领主是封建制下的成员，他们受领了封地或番地，可以支配与使用，成为他们的庄园。他们在庄园上指挥农奴耕作，但是后来各地逐渐出现了有相当规模的市场，领主们领悟到如果将其土地租给农户，收取租金或谷物，然后拿到市场去换取所需要的消费品，净收益更多，交易费用更少，更合乎经济原则，于是封建领主们便改弦更张，改变经营方式，纷纷将封地出租，这就是欧洲早期的地主。因为他们是封建领主改变经营方式而出现的人物，故被经典作家称为‘封建地主’。”② 在中国历史上并没有出现过这样的“封建地主”。

传统观点认为，中国在战国时代出现了地主，并称之为“封建地主”。但是，战国时代各诸侯国对包括宗室贵族在内的所有人都实行计口授田，而且，这些田都是国家所有。正如臧知非先生所说：“战国时代，三百余年，战争既多，天灾人祸并致，农民流亡者不在少数，可是，我们并没有见到农民因无法生活而卖土地的记载（只有卖妻女者），也没有看到豪强地主乘机兼并小农的事。为什么？原因就在于当时土地国有，农民无权出卖，地主也无权购买（买地是战国末期的事，没有普遍意义）。”③ 这个时期的土地，不仅被国家直接占有，而且授田民“在授田制之下，失地之后，还能易地授田，换个地方通名于

① 赵冈：《历史上的土地制度与地权分配》，中国农业出版社 2003 年版，第 11 页。

② 同上。

③ 田昌五、臧知非：《周秦社会结构研究》，西北大学出版社 1996 年版，第 332 页。

官府或者通过军功等途径重新获取土地。”[①] 因此，在战国时代满足授田条件的授田民不会因为失去土地而去种地主的土地，地主也不可能把土地出租给农民。因此，认为“战国是封建领主制过渡到封建地主制”的观点是值得商榷的。再看中国地主出租土地的时间，一般认为要到南宋才出现，而到明清时期才有普遍意义。不过，那时出租土地的人却不是“封建领主”，因此也不存在由封建领主演变为封建地主的事。

无论从字面上看还是从本义去探索“封建地主”一词，“封建地主”在中国都名不符实。不仅“封建地主”这个词名不符实，而且地主与农民也不像西方那样是一种固定不变的身份，而是可以流动、相互转化的。

自从世卿世禄的制度被打破，特别是“令黔首自实田”以后，“田无常主、民无常居”[②]，土地可以买卖，“贫富无定势，田宅无定主，有钱则买，无钱则卖。”[③] 任何社会成员都可以购得土地成为地主，也可以卖掉土地而被排挤出地主的行列。这种富者由富变贫、贫者由贫变富的过程，就是社会学中所说的“社会流动”。具体地说，通过辛勤劳动、刻苦经营、科举考试、勇立军功等途径都可以一跃而成为地主，就像唐安志先生所说：“在唐代自耕农完全可以通过辛勤耕作而成为庶民地主，使自己的经济状况以及家庭生活发生极大的变化。”[④] 其实不仅是唐代，自秦到清都是这样。通过荐举、科举“朝为田舍郎，暮登天子堂”，或者通过投军当兵、杀敌立功都可以跻身于地主的行列。

当然地主也会破产沦落为贫民，有的本人就倾家荡产，有的在后代手里家道中落，而且这种现象似乎有加剧的趋势，先秦时代有言“君子之泽，五世而斩”，而到明清时代就变成“富不过三代”、“六十年风水轮流转”、“三十年河东三十年河西”、“千年田换八百主”了。

地主的分化还和分户析产的继承制度有关。因为古代中国的“地主中存在的多妻制和‘多子多福’的传统观念，地主的儿子较多”[⑤]（见表1），而中国传统的遗产继承制度又是诸子均分，这就加速了地产的分化过程，也使许多地主

① 田昌五、臧知非：《周秦社会结构研究》，西北大学出版社 1996 年版，第 159 页。

② 《后汉书·仲长统》。

③ （南宋）袁采：《袁氏世范·治家》。

④ 唐安志：《唐代庶民地主家庭产生的途径及社会地位》，《烟台师范学院学报》2006 年第 1 期。

⑤ 熊家利：《中西封建地主阶级地位的差异》，《湖南师范大学社会科学学报》1996 年第 5 期。

的子孙被排挤出地主的行列。

表 1 **贫富户生育比较**[1]

户别	户数	平均每户出生子女数（人）	平均死亡子女数（人）	儿童死亡率（%）	平均存活子女数（人）
富户	1885	6.05	1.48	24.5	4.57
贫户	4325	4.1	1.82	44.4	2.29

总之，不断地有人被排挤出地主阶级之外，又不断地有人补充进来。“三十年河东，三十年河西”似乎成了家常便饭。地主与农民相互依存，相互转化，谁也不能保证自己永远处在地主或农民的位子上，今朝富贵了并不能保证明天不贫困，反之亦然。地主与农民并不像印度的种姓制度或魏晋的门阀制度那样是人的一种固定的身份，他们之间并不存在极端对立的阶级隔阂，恰恰相反，地主与农民在大多数情况下是处于同一个阵营的。

四 维持地主与农民密切关系的纽带——宗法制

正如马克斯·韦伯在《中国的宗教：儒教和道教》中所说的那样，宗族实际上是中国最小的行政单位[2]。现在，我们察看中国的农村，就会发现许多村庄还是以姓氏来命名的，如张家村、李家庄等，而且全村人通常只有一个或少数几个姓氏。可见，这些村庄都是聚族而居的产物，若干代下来，他们的子孙繁衍众多就成为一个村落，所以同村人往往存在着血缘关系，他们互称为“自家人”，地主往往兼任族长，自耕农、佃农、雇农等构成族人，家族成员之间具有很强的宗法观念。恰如有些学者所说：“中国农村是一个乡土社会，人与人之间，即使是农民和地主之间也不是单纯的契约关系、主仆关系，而是渗透着血缘宗族关系。”[3]

① 赵冈：《历史上的土地制度与地权分配》，中国农业出版社 2003 年版，第 283 页。

② 马克斯·韦伯：《中国的宗教：儒教和道教》，广西师范大学出版社 2004 年版，第 140 页。

③ 李静、罗秋：《试论近代中国的地租及其影响因素》，《晋阳学刊》2004 年第 6 期。

根据崔寔《四民月令》记载，村庄内部存在着浓厚的宗法关系。每年春耕前后“冬谷或尽，椹麦未熟”之时，庄主就要“报赡穷乏，务施九族，自亲者始。”秋收前后要“问九族孤寡老病不能自存者。”冬月腊日又要“召请宗族、婚姻、宾族，讲好和礼、以笃恩纪。休农息役、惠必下浃。”地主的这些举措显然有利于缓和与自耕农、佃农、雇农的关系，也有利于宗族内部成员的团结。

至于收租，由于地主和农民世代往往都有血缘联系，这样就使地主碍于人情面子，不得不对佃户给予一定程度上的宽容，甚至予以帮助。就如费孝通先生所说：“只要有正当的理由交不起租，村民是不愿意卡同村人的脖子的。在这种情况下，抱着将来收回租子的希望，宽容拖欠是符合地主利益的。”①

即使自愿或被迫出卖土地，土地的主人也总是尽量把土地卖给本族人，使土地保持在族内流动。例如唐元和六年（811）前，朝廷对民间典卖物业就有这样的规定：“应典卖依当物业，先问房亲，房亲不要，次问四邻，四邻不要，他人并得交易。”② 以后各朝各代虽然在法律上这种规定时断时续，不过，那种卖地时的宗族观念仍然很强。而买地的人在选择土地时，除了价钱以外，首先肯定选择离自己家近的，这样有利于收割、耕种，也可以保证即使这个地主衰落了，那个新起的地主也崛起在本家族的范围之内。

在对佃户的选择上，地主也首先选择自己的族人，“及佃户受田之日，宜至其室家，熟其邻里，查其勤惰，计其丁口，慎择其勤而良者，人众而心一者任之。”这样，“庄园主与佃农基本上是同姓”③。地主的用意即使不是让族人能够共同富裕，也应该是让族人能够活下去，这样才能保持宗族的团结与稳定。此外，最起码也得是自己信得过或者认识的人，才能保证把地租给收上来！对雇农的选择也是一样。

综上所述，无论是地主之间的流动，还是对佃农、雇农的选择，都离不开宗族。地主与佃农、雇农往往身处同一张宗族的网络之中，他们之间存在着一条血肉相连的纽带，地主与农民之间的关系并不像小说里写的那样对立，相反常常出现一种想象不到的团结。

---

① 费孝通：《江村经济》，《费孝通全集》第二卷，商务印书馆出版 2001 年版，第 162 页。

② 《宋刑统》卷一三。

③ 李闽东：《试析中国封建地主庄园经济的演变及特点》，《三明师专学报》1997 年第 1 期。

五　从中国古代的社会结构看地主与农民实为一体

正确把握中国古代的社会结构是解开地主与农民关系的钥匙。对于中国的社会结构，究竟是按层次划分为地主阶级和农民阶级呢，还是另有他法？叶文宪先生认为中国社会特别重视血缘群体，个人的权利完全被淹没在家族和宗族的利益之中，个人无法超越自己的社会团体与其他相同层次的个人组织成为阶级，因此，中国社会是先分群再分层、分群重于分层的群体社会，其对社会结构的描述就像如图 1 所示的串珠门帘[①]。

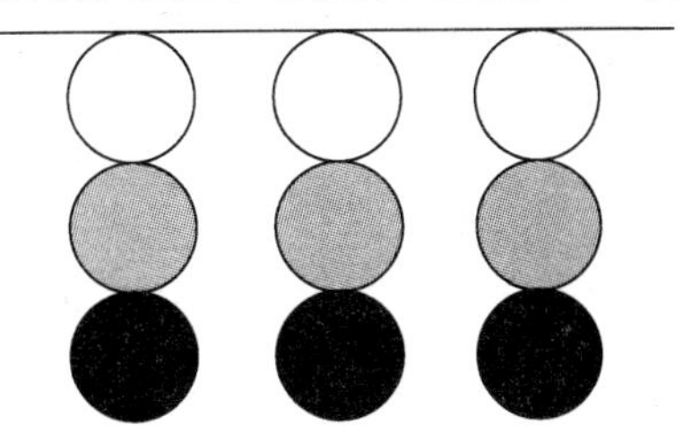

图 1　中国传统社会分层

徐旺生先生则从为什么中国的农民起义频率和烈度多于西方的问题出发，进而得出中国传统社会的重要特征是官民两重结构，其对社会结构的描述如图 2 所示[②]。

对于上述两位学者的分法，笔者认为都是合理的。叶文宪先生关于中国社会分群重于分层的理论，不仅否定了简单划一的阶级划分法，还很好地解释了地主与农民的团结。徐旺生先生提出的官民两重结构理论也明确地说明了皇帝独裁的专制国家既没有把地主看成是政权的支持者，也没有把农民看成就是政权的颠覆者，相反，在皇帝眼里，地主与农民都是一样的黎民百姓。因此，地主与农民才会紧密地联系在一起共同组成一个集团去对抗专制

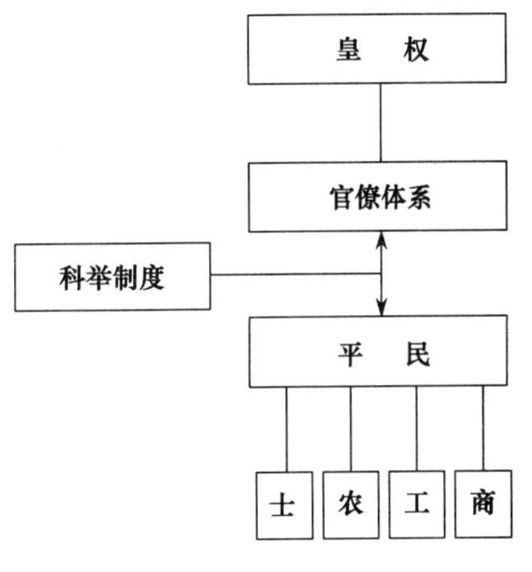

图 2　中国传统社会结构

① 叶文宪：《重新解读中国》，中国文史出版社 2005 年版，第 232 页。

② 徐旺生：《两重结构、两个不计成本、两个变量与古代的农民问题——中国古代国家与农民关系研究之一》，《古今农业》2006 年第 4 期。

国家的超经济强制。

结 语

地主和农民就像同胞兄弟，他们的区别只是社会分工不同，前者是农业的经营者，后者是农业的生产者，不过，他们的实质是相同的：都是以农业为生的人。所以我们的结论是：地主也是农民。

虽然地主中的一些人和农民中的一些人存在着利益的冲突，但是这种冲突只是个别的而不是整体的。此外，由于地主的分散性，以及并不是天下所有的地主都是一般“黑”的，因此农民对地主的反抗也总是零星的、暂时的，他们之中大部分会选择妥协或流亡，而不是暴力反抗。相反，地主与农民却常常会抱成一团去对抗以皇帝为首的官府。

由于专制时代的自耕农和平民地主一直是社会的主体，也是国家赋税和徭役的主要承担者，而专制国家无限制的贪欲才是他们无法忍受的主要原因，因此，官民矛盾才是专制时代主要的社会矛盾。

从经济史角度看中国"封建社会"的历史实质

——以李剑农"封建社会"论为例

余来明

中国的"封建社会"始于何时，近代以来学界存在"西周封建论"、"战国封建论"、"两汉封建论"、"魏晋封建论"等多种不同看法①。近现代著名经济史学家李剑农先生（1880—1963）所持为"西周封建论"，其关于中国"封建社会"的论说，主要见于所著《中国经济史讲稿》②。核心要义是：中国"封建社会"始于西周，至秦而亡，秦以下为"非封建"。以下对其论说予以概述，并将之与马克思、恩格斯的相关论述予以对照，借以探索中西不同历史语境中对"封建社会"经济特征的概括，发掘中国"封建社会"与西方 Feudalism 之间的共通之处。

一

作为经济史学家，李剑农对于西周进入"封建社会"的判断，主要是立足

① 参见冯天瑜《"封建"考论·题记》，武汉大学出版社 2007 年版，第 5—6 页。

② 《中国经济史讲稿》全书分为两册，上册两编，论述殷周之际及周代前期之经济，下册论述两汉时代之经济，由新中国书局于 1943 年出版。后来以《先秦两汉经济史稿》为题将两册合刊，由三联书店于 1957 出版。本文所引李剑农论述，均出自《中国经济史讲稿》（《民国丛书》第 3 编第 30 册新中国书局本影印）一书，下引仅标章节、页码。

于西周时期社会经济关系的下述两个特征：第一，作为经济支配者的领主，享有土地的绝对支配权，土地之属权已由氏族部落时期的氏族共有转化为封建时代的领主私有，“领有此封界以内之领主，非但有政治上的直接统治权，且兼有其土地支配处分权。因是在封建制度之下，公法上之领土主权，与私法上之土地所有权，往往为一物，封建领主即地主，不容别有地主存在。此时土地，虽似为国有或部族之公产，实已无异于领主之私产，以领主本其支配土地之权，可将土地任意割让转移于他人故。”[①] 第二，作为经济上受支配者的农奴，并非独立的经济体，而是作为土地的附属品，与后封建时代个人土地自由制度下的佃民有显著区别，“耕作于此封界以内之农民，皆属领主之臣仆，因是成为土地之附属品，不能离去其所耕作之土地；土地既若领主之私产，农民亦遂若领主的财产构成之一部分；土地易主，农民亦随之易主；故称之曰农奴。”[②] 李剑农关于西周“封建社会”经济特征的认识，是在对大量历史史料进行考辨的基础上概括形成的，其时并未受政治意识形态的影响。

李剑农由西周历史实际出发概括的关于“封建社会”经济关系的两个特征，与马克思总结的西欧封建时代的经济属性是一致的。马克思在《1844 年经济学—哲学手稿》中谈到封建时代的土地关系时说：

> 封建的土地占有已经包含土地作为某种异己力量对人们的统治。农奴是土地的附属物。同样，长子继承权享有者即长子，也属于土地。土地继承了他。私有财产的统治一般是从土地占有开始的；土地占有是私有财产的基础。但是，在封建的土地占有制下，领主至少在表面上看来是领地的君主。同时，在封建领地上，领土和土地之间还存在着比单纯物质财富更为密切的关系的假象。地块随他的主人一起个性化，有他的爵位，即男爵或伯爵的封号；有它的特权、它的审判权、它的政治地位等等。土地仿佛是它的主人的无机的身体。因此俗语说：“没有无主的土地。”这句话表明领主的权势是同领地结合在一起的。[③]

① 李剑农：《中国经济史讲稿》第一编《殷周之际及周代前期》，第三章《社会组织与经济关系之变迁》，第 17 页 a 面。

② 同上书，第 17 页 b 面。

③ 马克思：《1844 年经济学哲学手稿 · 第一手稿 · 地租》，《马克思恩格斯全集》第 42 卷，人民出版社 1965 年版，第 83—84 页。

在西欧封建时代，土地是作为领主的私有财产而存在的，封建领主是土地的直接支配者，其政治地位也与土地密切相关。这一状况，与李剑农论述的西周时期的土地关系并无二致。

而在谈到封建领主与农奴之间的经济关系时，马克思说：

> 正像一个王国给它的国王以称号一样，封建地产也给它的领主以称号。他的家庭史，他的家世史等等—对他来说这一切都使他的地产个性化，使地产名正言顺地变成他的家世，使地产人格化。同样，那些耕种他的土地的人并不属于短工的地位，而是一部分像农奴一样本身就是他的财产，另一部分对他保持着尊敬、忠顺和纳贡的关系。因此，领主对他们的态度是直接政治的，同时又有某种感情的一面。[①]

类似将领主对土地的绝对支配权、农奴作为土地附属品看做封建时代典型特征的论述，在马克思、恩格斯的相关著述中是一以贯之的。如马克思、恩格斯合著的《德意志意识形态》（1845—1846）一书，论及“封建时代的所有制的主要形式”，将“地产和束缚于地产上的农奴劳动”作为其主要方面[②]。马克思在《资本论》（1867）中指出：“在欧洲一切国家中，封建生产的特点是土地分给尽可能多的臣属。同一切君主的权力一样，封建主的权力不是不是由他的地租的多少，而是由他的臣民的人数的决定的，后者又取决于自耕农的人数。”[③]恩格斯在遗稿《论封建制度的瓦解和民族国家的产生》一文中，将“分封土地以取得一定的人身服役和贡赋”作为“整个封建经济的基本关系”[④]。

① 马克思：《1844年经济学哲学手稿·第一手稿·地租》，《马克思恩格斯全集》第42卷，人民出版社1965年版，第84页。

② 马克思、恩格斯：《德意志意识形态》第1卷，《马克思恩格斯全集》第3卷，人民出版社1965年版，第28页。

③ 马克思：《资本论》第1卷《资本的生产过程》，第7篇《资本的积累过程》第24章《所谓原始积累》2《对农村居民土地的剥夺》，《马克思恩格斯全集》第23卷，人民出版社1965年版，第785页。

④ 恩格斯：《论封建制度的瓦解和民族国家的产生》，《马克思恩格斯全集》第21卷，人民出版社1965年版，第453页。

二

李剑农论述中国“封建社会”的经济形态，有意识地将其与氏族部落时代及后封建时代的状况作了明确区分。在具体论述中，李氏十分注重对过渡形态的描述和前后的比较，以此来凸显封建时代的社会经济特性。

李剑农认为，殷周之际是中国上古社会文化进展关键的时期。其社会文化之转型，表现在经济形态上是由共产制向私有制的转变，社会性质上则是氏族部落社会向封建宗法社会的过渡。二者之间虽有联系，却泾渭分明。为了更加直观地展示封建时代的独特个性，李剑农通过具体比较封建农奴与氏族社会之奴隶、个人土地自由制下之佃农的异同，进一步对“封建社会”的经济属性予以说明。农奴与奴隶相比，不同之处在于：

> 农奴制有异于通常奴隶制者，即通常之奴隶，纯粹同于牛马，其劳力与由其劳力所得之生产品完全为主人所有，悉听主人之支配；即其生活所需之资料，亦完全由主人给与，如供牛马之刍秣然。封建制度下之农奴则不然：其劳力与由其劳力所得之生产品，除大部分为领主所搾取外，尚可保留其一部分，由自己支配之；其供献于领主之劳力与物品，名之曰奉公之赋役，其保留之部分，由自己所支配者，则为私有物；即其所耕之土地，亦有区为二部分者，一部分为领主直接所管有，耕作虽由农奴任之，收入则全归领主；（中国名之曰公田）一部分为领主间接所管有，耕作亦由农奴任之，除以收入之一部分供纳于领主外，馀则为私有。（中国名之曰私田）故农奴虽无自由可言，尚不如通常奴隶纯粹等于牛马，此封建农奴与奴隶异点之所在也。①

农奴与奴隶虽然在人身依附关系都属于奴隶主或封建领主所有，但在经济关系上却有着较大的差异：奴隶是作为奴隶主生产资料的一部分，一切劳动所得均

---

①　李剑农：《中国经济史讲稿》第一编，第三章《社会组织与经济关系之变迁》，第 17 页 b 面—18 页 a 面。

归奴隶主所有；农奴除了向封建领主缴纳规定的贡赋之外，可以被允许有留归自己支配的“私有物”，在经济上已经有了部分的独立性。

农奴与佃农相比，不同之处在于：

> 自由制度下之佃民与田主，在法律上，属于私法上的经济契约关系，而非公法上之政治臣属关系；佃民与田主，同属国家所统治之人民，同受国家法律之支配，地主有改招佃民之自由，佃民亦有改佃他人土地之自由，在法律之前，二者处于平等地位。（事实上自然亦有极不平等之处。）农奴之于领主，则绝对的不平等，农奴为被治者，领主即治者；领主对于农奴经济上之榨取，实以统治的地位而榨取之；（即所谓超经济的榨取。）领主失去农奴，非但为财产的丧失，同时即为治权的丧失；农奴失去领主，亦即丧失其法律上身体之保护者。此封建农奴与普通佃民异点之所存也。[①]

佃农与农奴相比，在经济关系和人身依附关系上都有了本质的变化：农奴虽然被允许有自己的“私有物”，但却是作为封建领主财产的一部分而存在的；佃农则不同，从人身依附关系来说，它是自由的，与地主之间并不存在天然的隶属关系，从经济关系来说，他与土地之间也不存在连带关系，可以选择耕种不同的土地，而不是像农奴一样是土地的附属品。

正是上述基于奴隶、农奴和佃农在经济形态上的不同之处，决定了氏族部落社会、封建制度、个人土地自由制度在社会属性上的差异。

与经济形态的差异相联系，氏族部落时代、封建时代和后封建时代，在社会阶层等方面也存在明显区别。如论及殷商之“支配阶级”，李剑农就特别强调商周二代“侯”、“伯”之称的本质区别：

> 惟殷商时之所谓“侯”、“伯”，决非后此封建时代有封土之侯伯，仅属一种官司之称号，与“正”、“卫”等无异。[②]

论及殷商之“被支配阶级”，亦强调“耤臣”与封建农奴社会属性之差异：

---

① 李剑农：《中国经济史讲稿》第一编，第三章《社会组织与经济关系之变迁》，第 18 页 a—b 面。

② 李剑农：《中国经济史讲稿》第一编，第一章《甲骨文时代之经济史影》，第 9 页 b 面。

> 前所述“耤臣”之名，即可视为“隶奴”、“耕奴”之别名。由此“耤臣”之名，可见当时驱使奴隶耕作之事实。惟此种奴隶当为部族所公有，与土地无异。[①]

基于上述认识，李氏概括认为：

> 后此封建时代之农奴，即由此称奴隶转变而来；所谓封建领主，亦即由支配此种奴隶之“王”与“侯”、“伯”、“正”、“卫”等转变而来；其转变但在于由公而变为私耳。[②]

经济形态与社会属性之间，存在对应关系：氏族部落时期，虽然也存在“支配阶级”与“被支配阶级”的差别，但土地、农奴均属公有；封建宗法时期，“王”虽然具有至高无上的地位，然而处于从属支配地位的封建领主，亦具有独立支配的权力。

既是将殷周之际视作中国古代文化的一大转折时期，李氏从经济史角度对其间转变作了深入的分析。而对于封建制度之历史属性，李氏概括说：

> 封建制为立于氏族共产制与个人土地自由制中间的一种制度。[③]

从社会形态的演进上来说，历史发展的序列可以概括为氏族部落时代、封建时代和君主专制时代的递相演化，大体反映了中国古代历史的进程。

李剑农关于中国古代历史演进过程的描述，以及关于“封建社会”为氏族部落社会向个人土地自由制度演变过渡时期的判断，与恩格斯概括西欧“国家”功能变迁所展示的历史发展进程相近：“古代的国家首先是奴隶主用来镇压奴隶的国家，封建国家是贵族用来镇压农奴和依附农的机关，现代的代议制的国家是资本剥削雇佣劳动的工具。但也例外地有这样的时期，那时互相斗争的各阶级达到了这样势均力敌的地步，以致国家权力作为表面上的调停人而暂时得到了对于两个阶级的某种独立性。17 世纪和 18 世纪的专制君主制，就是这样，它

---

① 李剑农：《中国经济史讲稿》第一编，第一章《甲骨文时代之经济史影》，第 10 页 a 面。

② 同上。

③ 李剑农：《中国经济史讲稿》第一编，第三章《社会组织与经济关系之变迁》，第 17 页 a 面。

使贵族和市民等级彼此保持平衡；法兰西第一帝国特别是第二帝国的波拿巴主义，也是这样，它唆使无产阶级去反对资产阶级，又唆使资产阶级来反对无产阶级。"[①] 其间的社会形态演变，依次为奴隶社会、封建社会、资本主义社会。值得注意的是，马克思、恩格斯并没有将君主专制与封建时代完全等同起来，而是将君主制作为封建时代向资本主义过渡的特殊阶段。正因如此，马克思在论及中国和印度的社会经济状况时，采用了"东方专制制度"的说法。

三

在总体把握中国古代尤其是周秦时期的社会经济形态的基础上，李剑农对中国历史上作为"封建社会"的历史命运作了如下概括："封建制度之在中国，昔人习言由秦始皇统一中国时，始行废止。"[②] 而谈及"封建"至秦而亡的缘由，李剑农将其概括为经济和政治两方面的推动作用，并认为二者相互作用，互为因果：

> 腐蚀封建制之势力有二：一为经济方面之原动力，一为政治方面之助动力。所谓经济方面之原动力者，即生产方法之进步是也。盖封建制之基础，立于以农奴为生产手段的农业生产之上；冶金术渐次进步。其影响所及，工具随之改良，生产随之增进，分业随之繁密，金属货币随之成立，商业随之进步，以农奴为生产手段之农业亦不能不随之而起变化；于是封建制度之基础遂以破坏。[③]

与经济形态相对应，周秦之际，封建制的上层结构也发生了重大变化。在相关论述中，李剑农明确将集权国家的形成作为"封建制"灭亡的重要因素：

> 所谓政治方面之助动力者，即集权国家之形成是也。盖封建制之上层

① 恩格斯：《家庭、私有制和国家的起源》九《野蛮时代和文明时代》，《马克思恩格斯全集》第21卷，人民出版社1965年版，第196页。

② 李剑农：《中国经济史讲稿》第二编《周代后期》，《序言》，第30页a面。

③ 同上书，第30页b面。

> 结构，为领主兼有公法上之农民统治权与私法上之土地所有权；生产力增进，领主对于土地的欲望心亦随之增进，领主兼并之事遂益激烈；领土之兼并愈烈甚，则多数小领主，皆丧失其财产——土地与农奴——并丧失其统治农民之权；大领主以领土扩大之故，即政治上统治权所及之范围亦日广，于是渐次形成一种中央集权之国家形式；政权既集于中央政府，昔日受小领主直接统治之农奴，渐次变为受国家的地方官吏统治之佃民；农奴之身分，遂渐次解放而为自由之人民；于是封建制之上层结构，亦全部破毁。[①]

基于上述分析，李剑农总论中国“封建社会”的演进之势，认为：

> 中国封建制度之动摇，从春秋初年起，渐次进展，至战国末年，形式虽尚遗留，实质已不存在；秦始皇不过对于已死之封建制，加以正式的死亡公布而已。[②]

既然将秦朝作为中国“封建社会”的终结者，李剑农为西周以来形成的封建制度找到了一位“掘墓人”，即秦孝公时期积极推行政治变革的商鞅。根据李剑农的概括，商鞅变法在经济方面的举措包括六点，其中对于“封建制”的毁灭主要体现在以下几个方面：一，奖劝小家庭的经济独立；二，削减宗室贵戚无限制之世禄，及任意兼并，榨取农民租税之权；三，推广耕地。这些改革举措，从根本上改变上述“封建社会”的两个经济特性，其指向均为对西周封建社会生产关系的破坏。

作为整体的“封建”至秦既已灭亡，中国的社会经济形态又产生了怎样的变化？李剑农认为：

> 政治上既归统一，经济上亦遂由封建的领域经济，渐进入国民经济时期。[③]

---

① 李剑农：《中国经济史讲稿》第二编《周代后期》，《序言》，第 30 页 b 面。

② 同上书，第 31 页 a 面。

③ 李剑农：《中国经济史讲稿》第三编《两汉》，第十一章《两汉总叙》，第 1 页 a 面。

为了更进一步突出此一“国民经济”的特点，李剑农从经济史角度具体而微地考察了汉初封君与先秦封建领主之间的差异：

> 就上述汉时封君之种类与权利上之等差观之，彻侯与关内侯，固纯素秦制；诸侯王及诸侯，虽含有古封建制之成分；然就经济上之关系言，则亦与先秦之封建领主大异其趣。先秦之封建领主，既为政治上之直接统治者，（公权）又为经济上之土地所有者，（私权）被统治者为无土地所有权之农奴；封主所征收之赋税，亦直接征之于农奴。若汉代之封君，关内侯根本无国邑；彻侯虽有国邑，食公赋税，然无直接统治其国之权；其他之诸侯王及诸侯，在汉代初期，虽为其封土之直接统治者，然在经济上则非全封土之土地所有者，立于其下之被统治者非农奴，而为大小自由地主与大地主所资之自由佃民。诸侯王及诸侯所征收之赋税，皆征之于自由地主，而非征之于农奴。彻侯所食之公赋税亦然。虽封君亦有私置田宅自为地主之事实，然其为地主也，非以封君之资格而得之，实与私人之自由地主无异。[①]

至秦以降，综观中国历代，封建之事实虽历代仍有，如《殿阁词林记》记述明初的状况说：“〔洪武〕三年，封建诸王，以鼎为晋王傅。”[②] 即便是汉初的大封诸王侯，在李剑农看来，也是不完全的“封建制”：“就政治上之权利言，汉初封君中之诸侯王与诸侯，确已恢复封建制之旧观，然就其在经济上之土地关系言之，则封建的领主关系已不存在。”[③] 而对于社会性质的判定，经济关系是基础。此外，如唐代藩镇割据，南北朝、五代政权频替、并立等情形，虽然部分具备封建制的形态，但作为一种社会经济关系，封建制实已不是社会之主流，具有统一政权的中央政府及与之对应的地主经济占据了中国历史发展的大部分段落。而这一点，恰恰是李剑农判断“非封建”的重要依据。当前讨论秦至清中国社会的性质，也应以历史发展的大段落为依据。

李剑农关于中国“封建社会”始于西周、至秦而亡、秦以下为“非封建”的论断，符合中国历史发展的实际情况。就整个中国的历史发展进程而言，自

---

① 李剑农：《中国经济史讲稿》第三编《两汉》，第十一章《两汉总叙》，第3页a面。

② 廖道南：《殿阁词林记》卷八《起居注熊鼎》，湖北先正遗书本。

③ 李剑农：《中国经济史讲稿》第三编《两汉》，第十一章《两汉总叙》，第3页a面。

秦而下，“封建”之事实虽历代多有，然而作为一种社会经济形态，封建制度却至秦已绝，秦以下形成的以君主专制为特征的国家集权，与西周时期的“封建社会”是两种完全不同的社会形式。他的这一看法，与马克思关于西欧封建制度瓦解过程中社会经济变化的论述具有逻辑上的一致性：“现代历史编纂学表明，君主专制发生在一个过渡时期，那时旧封建等级趋于衰亡，中世纪市民等级正在形成现代资产阶级，斗争的任何一方尚未压倒另一方。因此构成君主专制的因素决不能是它的产物；相反，这些因素所构成的倒是它的社会前提。”“君主专制产生于封建等级垮台以后，它积极参加过破坏封建等级的活动，而现在却力图保留哪怕是封建割据的外表。”[①] 集权国家的形成，标志着以农奴劳动为特征的全国性的封建制度的消亡。这一点，在中国和西方莫不如是。

① 马克思：《道德化的批评和批评化的道德》，《马克思恩格斯全集》第4卷，人民出版社1965年版，第340、341页。

试论中国专制时代的阶级矛盾与社会矛盾

束江涛

过去，我们一直想当然地以为，秦到清这个时间段的社会只存在两大阶级——地主阶级和农民阶级，并认为这两大阶级的所产生的矛盾是该时段的主要社会矛盾。其实，这种说法存在三大缺陷。具体如下：

其一，把秦到清这个跨越两千年的复杂社会简单地划分为两大阶级，犯了低俗的一分为二的错误。贾谊曾在《新书·阶级》中首创“阶级”这个词语，他认为当时社会就像台阶一样划分为数个等级，可见，这个阶级数大于或等于二，而不只是等于二，所以古人云：“天有十日，人有十等。”[①] 这就足以说明无论地主还是农民，他们的内部都存在不同程度的分层现象，进而导致矛盾主体的多样化。

其二，把哲学上的矛盾与观念上的矛盾混为一谈。哲学上的矛盾讲究对立统一，它既有斗争性也有统一性，而观念上的矛盾则只表现为斗争性，两者有本质区别。从秦到清的绝大多数统治者都把儒家经典奉为治国基石，他们也强调“和而不同”[②]，致力于我们今天所谓的和谐社会建设。不幸的是，在过去相当长的时间里，我们却把地主与农民的矛盾理解为观念上的矛盾，从而导致阶级矛盾的扩大化。

其三，把地主与农民产生的矛盾理解为当时社会的主要矛盾过于绝对。地

---

① 《左传·昭公七年》。

② 《论语·子路》。

主与农民是否会产生冲突恰如我们把侵犯他人利益的人和受害者是否会产生冲突的理解一样，当所谓的坏人在没有侵犯他人的利益时，谁能识别那个即将侵犯他人利益的人是坏人，即使你再有先见之明，你的推测也只能是不成熟的控告，相反受害者还有可能跟他称兄道弟，那么这种坏人与受害者的冲突又何从谈起呢？即使地主与农民之间发生真的冲突，这种概率只能在零、50％、100％三者之间波动，简单地说，就是三种结果：没有、可能和一定，这种矛盾能否成为主要社会矛盾也处在一个不稳定的波动状态，因此不同时间段的主要社会矛盾是不同的。可是，过去我们却把理论上的可能性强加给现实的复杂性，这只会产生“街亭之耻”。

由上可知，认为秦到清这个时间段的社会只存在地主阶级和农民阶级以及把两者的矛盾定性为该时间段的主要社会矛盾尚需重新考证。那么，秦到清究竟是一个怎样的社会，它主要有哪些阶层，它的主要社会矛盾是什么？这正是下文将谈到的话题。

一　史学界各种地主与农民关系说

长期以来，关于“地主”与“农民”关系的研究一直是史学界不曾冷却的话题，在当今史学界主要存在着三种观点。

第一种观点是传统的阶级斗争说。他们从历史文献中找出大量地主迫害农民以及农民反抗斗争的史料，论证地主与农民的阶级矛盾是不可调和的，地主与农民的阶级矛盾是从秦到清社会的基本矛盾。例如栾成显先生在论述庶民地主与官僚地主之间的关系后指出：“庶民地主与官僚地主在社会经济结构中所处的地位仍是相同的，即同属剥削阶级，他们更多地是联合在一起，残酷地剥削、压迫农民阶级。地主阶级与农民的矛盾，才是中国封建社会的基本矛盾。”[①] 他们力主从秦到清的社会矛盾是阶级矛盾，反对把这一时期的社会主要矛盾归结为皇帝官僚集团与该集团以外的全体社会成员的矛盾，不过有的学者讲得比较含蓄，例如李文治先生虽然承认自耕农与租佃农是不同的，而且租佃农和地主之间的矛盾是直接的阶级矛盾，但是他同时又指出：“自耕农与地主之间的阶级

① 栾成显：《论封建国家、地主、农民三者之间的关系》，《史学理论研究》1997年第4期。

矛盾须通过国家政权，乃是以间接的形式出现的。”①

第二种观点从矛盾对立和统一的哲学思想出发，认为地主与农民之间的关系既斗争又统一。如李殿元先生指出：“长期以来，人们普遍偏重于研究他们之间的斗争关系，甚至认为地主阶级和农民阶级之间只有斗争关系，认为阶级斗争是在阶级社会中推动社会发展的唯一动力。似乎在封建社会里，地主阶级和农民阶级之间就只有斗争，地主阶级和农民阶级之间的斗争性被夸大到了无所不能的地步。这种看法，其实是不符合辩证唯物主义和历史唯物主义基本观点的，也是不符合历史发展客观实际的。封建社会里的地主阶级和农民阶级，正是一对矛盾体。历史上没有由单独的地主阶级或是由单独的农民阶级组成的社会。地主阶级和农民阶级在封建社会里不仅共存，而且始终互相制约。他们之间不仅有斗争性，也有同一性。”② 这种观点不仅讲到了地主与农民的斗争性，还讲到了地主与农民的统一性。不过，他们还是认为地主与农民的阶级矛盾是从秦到清的社会基本矛盾。

第三种观点认为，地主并不是与所有的农民都存在着阶级矛盾，而且地主与农民的阶级矛盾也不是从秦到清的主要社会矛盾。例如，冯尔康先生指出：“在各种农民中，佃农与地主形成租佃的生产关系，处于对立矛盾的统一体中。佣工、农业奴隶与田主也形成东伙、主奴的生产关系。至于自耕农、半自耕农和富裕农民，在生产过程中与地主不产生租佃关系，根本不能形成生产关系的统一体，换句话说，他们之间不存在生产关系的问题。”③ 叶文宪先生也有相似的观点，他指出：“在地主与佃农雇农之间存在着因剥削压迫关系而产生的冲突，这种冲突是阶级矛盾；在地主和自耕农之间存在着因争夺土地资源而产生的冲突，这种冲突其实并不是阶级矛盾；而在以皇帝、王朝政府及其官员与地主、自耕农之间则存在着因征服、统治、奴役而产生的冲突，这一冲突也不是阶级矛盾，然而却是最主要的社会矛盾。”④ 孟祥才先生更进一步强调：“在中国封建社会里，地主与农民的阶级矛盾的确存在，特别是佃农、雇农与其主人的矛盾有时甚至十分尖锐。但是，在一般情况下，这一矛盾的尖锐程度往往超不过农民与国家的矛盾。所以，尽管佃农、雇农反对其主人的起事时有发生，但

---

① 李文治、江太新：《中国地主制经济论》，中国社会科学出版社 2005 年版，第 70 页。

② 李殿元：《试论封建社会两大对立阶级的同一性》，《天府新论》2001 年第 5 期。

③ 冯尔康：《从农民、地主的构成观察中国古代》，《历史研究》2000 年第 2 期。

④ 叶文宪：《重新解读中国》，中国文史出版社 2005 年版，第 243 页。

单纯反对地主的起事如不能发展成反抗官府的起义，就难以发展成大规模的农民战争。而且，由于农村存在着十分复杂的宗族关系，地主与佃农、雇农往往身处宗族网络中，而宗族关系时常掩盖、模糊阶级关系。并且，事实上，大多数地主对佃农、雇农等依附农民的剥削并不像人们想象的那么严重，他们之间经常罩着一层温情脉脉的纱幕。”[①]

二　所谓“地主”与“农民”的阶级矛盾只存在于地主与佃农、雇农之间

毛泽东在《中国革命和中国共产党》中指出中国“封建社会的主要矛盾是农民阶级和地主阶级的矛盾”，但是他在《矛盾论》中又说：“没有地主，就没有佃农。没有佃农，也就没有地主。”这样就出现了一个问题：阶级矛盾究竟存在于整个农民阶级与地主阶级之间呢？还是只存在于地主与佃农之间？如果认为整个农民阶级与地主阶级之间始终存在着矛盾，是不是有把阶级矛盾扩大化之嫌？相反，如果认为地主只是和佃农之间存在着阶级矛盾，那么，这点阶级矛盾能不能成为“封建社会”的主要矛盾？

一部分学者认为阶级矛盾只是存在于地主与佃农雇农之间，而人数众多的自耕农和地主之间并不存在阶级矛盾，自耕农与地主之间的斗争只是为了争夺有限的土地资源。这是一种认识的进步。然而笔者以为，既然我们认为地主并不是和所有的农民、而只是和佃农、雇农存在着阶级矛盾，那么是不是所有地主都和佃农、雇农存在着阶级矛盾呢？

首先，战国时代的韩非在描述地主与雇农关系时说：“夫卖庸而播耕者，主人费家而美食，调布而求易钱者，非爱庸客也，曰：如是，耕者且深，耨者熟耘也。庸客致力而疾耘者……非爱主人也，曰：如是，羹且美，钱布且易云也。”[②] 在《沈氏农书》[③] 中我们也可以看到，雇主要求雇工“三早”（要求雇工早起床上工、早送饭到雇工干活场所、早预备晚上雇工洗脚的热水）是和“三

① 孟祥才：《重新审视中国封建社会的农民、农民起义和农民战争》，《山东大学学报》2003年第6期。

② 《韩非子·外储说上》。

③ （明）浙江归安（今吴兴）逸民沈氏著，（清）张履祥校订：《沈氏农书》。

好”（给雇工的伙食要好、对雇工态度要好、给雇工的工银成色要好）结合在一起的。从上面两个实例可以看出地主与雇农之间仅仅是一种自由的雇佣关系，地主对雇农态度不像我们想象的那么坏。此外，农业雇工绝大多数是短工。“据李文治先生对中国社会科学院经济研究所藏雍正至嘉庆朝刑档抄卡中雇工案件的统计，在总计628件雇工案件中，涉及短工的案件共374件，占59%。”[①] 而雇工（特别是短工）有自己独立的人格地位，他们对地主的依附性并不强，因此，地主对他们的态度不能很粗暴无礼。

其次，在地主与佃农之间，“不是所有的地主都是豪强恶霸式人物，也不是所有的佃农都是永远被无理欺凌的人物。在某些情形下，佃农在市场交易中也能占到上风”[②]。一般来说，在王朝初期地主对佃农的态度比较好些，因为那时候大部分农民是自耕农，他们或多或少拥有一定的土地，所以去租佃地主的土地的人很少，而地主为了把自己的土地出租出去，以及防止佃农逃离和更好地收取地租，地主也得改变自己对佃农的态度。到了王朝中后期，地主和农民的关系也离不开这样一个法则：“佃农自有经济的完备程度同其对地主的依附程度成反比例。佃农自有的生产和生活资料愈完备，对地主的依附程度就愈低，主佃关系就愈松解；反之，依附程度就高，主佃关系就紧密。”[③] 当然，我们也可以从史料中找到一些地主迫害佃农的事例，但是，“中国的小农经济是个汪洋大海，一家一户就是一个生产单位，全国就有几千几万个生产单位。即使我们举出十条、几十条乃至几千条的事例，也不到万分之一。”[④] 况且，中小地主基本上是自己雇工经营而很少将田地出租，这一类地主也不可能与佃农发生经济上的矛盾冲突。

至于那些迫害佃农的地主应该是一些权贵地主。权贵地主与官府有着千丝万缕的联系，甚至享有免役免税的特权，只有他们才可以“视佃户不若草芥”[⑤]，而一般无权无势的平民地主，国家并不会免除他们的赋税徭役，甚至连他们自己也是官僚权贵鱼肉的对象。自耕农破产后沦为佃农，大部分是投靠到权贵地

① 史志宏：《清代前期的小农经济》，中国社会科学出版社1994年版，第248页。

② 赵冈：《历史上的土地制度与地权分配》，中国农业出版社2003年版，第235页。

③ 史志宏：《清代前期的小农经济》，中国社会科学出版社1994年版，第60页。

④ 侯建新：《农民、市场与社会变迁——冀中11村透视并与英国乡村比较》，社会科学文献出版社2002年版，第324页。

⑤ 《元典章》卷四三《元成宗大德记事》。

主门下的，因此，权贵地主与依附于他们的佃农之间发生的矛盾才是最大的阶级矛盾。在清初的史料中经常可以见到“庄仆”、“庄奴”、“佃仆”、“地仆”、“世仆”、“耕种鲜佃民，大户多用价买仆，以事耕种”[①] 之类的记载，可见这些受权贵地主迫害的佃农原来可能还是奴婢。

综上所述，所谓地主与农民的阶级矛盾主要应该存在于权贵地主和佃农之间。然而无论是权贵地主在地主中的比例，还是佃农在农民中的比例，都不占多数。因此，地主与农民的阶级矛盾是封建社会主要矛盾的观点需要重新审视。

三　土地兼并不等于阶级矛盾扩大

当我们一看到“富者田连阡陌，贫者无立锥之地”、“有田者什一，为人佃作者什九”、“近日田之归于富户者，大约十之五六。旧时有田之人，今俱为佃耕之户”这样的记载时，就会觉得土地兼并很严重，阶级矛盾很尖锐。其实这里面存在许多问题，对此，一些学者发表了自己的看法。赵冈先生指出：“中国的历史文献及文人笔记中，用字遣词不求精确，只注重气势。”[②] 孟祥才先生认为：“有的是上书之人的危言耸听，有的讲的是个别地区特殊时期的状况，并非全国所有地区的普遍情形。”[③] 王志润先生也认为这是由于依靠粗浅的观察就得出定性结论，而不是基于扎实细致的抽样调查资料的定量研究得出的结论，因此是可疑的，他指出：“即使我们举出在不同而又连续的时间段中，某县有多位良田万顷的大地主，也还是不能证明该县在这一时期发生了大规模的土地兼并，更不能说明全省的状况为何。因为多位不同姓氏的大地主先后崛起的事实，只能说明土地的流转之快而不能证明发生了大规模土地兼并。”[④] 根据上述三位学者的言论，我们真的要对土地兼并进行好好的研究。特别是，我们不能仅仅认

① 光绪《麻城县志》卷十，《食货志》，风俗引旧志。

② 赵冈：《历史上的土地制度与地权分配》，中国农业出版社 2003 年版，第 9 页。

③ 孟祥才：《重新审视中国封建社会的农民、农民起义和农民战争》，《山东大学学报》2003 年第 6 期。

④ 王志润：《对清代中后期地主大规模兼并土地的质疑——立足于类似普查的实证资料和乡村社会抽样调查资料的深入考察》，《新东方》2005 年第 1 期。

为土地兼并就是指地主兼并农民的土地，其实地主也兼并地主的土地，例如西汉时的田蚡连前丞相窦婴的土地都敢兼并。此外，土地兼并不一定就表示土地的过度集中，它也说明地权转让之快。既然土地兼并的频繁以及土地兼并的内涵都有待重新考虑，那么，认为由于土地兼并导致无地农民、佃农、雇农的增加而使阶级矛盾加剧的传统观点也须重新商定了。

首先，自耕农家庭生育的子女也比较多，其分户析产的程度绝不亚于地主家庭，因此只要经过几代人，如果他们的后代不善于经营生产，就会因为土地减少而沦为佃农和雇农，这完全可以是一种自然发展的结果而并非土地兼并所为。

其次，自耕农破产后未必都变成流民。在中国古代，“用贫求富，农不如工，工不如商，刺绣文不如依市门”[①]，这是众所周知的事实，也是农民弃农经商的内在原因。像晁错那样的政治家也不得不叹息“今法律贱商人，商人已富贵矣；尊农夫，农夫已贫贱矣”[②]。农民既然一年到头勤勉于南亩而仍然不得温饱，而手工业者商人出力少却得利多，为什么还要死守着土地受穷呢？工商业的利润会驱使许多农民背本趋末成为小贩商贾。另外，投靠依附豪门之家、委身遁入空门寺院等等都是破产自耕农的出路。

最后，佃农和雇农的增加，也不见得都是因为自耕农破产，许多自耕农为了增加收入也会去租佃一些地主的土地来种，或者帮助地主干活，作为“一种例外，一种副业，一种救急办法，一种暂时措施”[③]。这些人对地主的依附性不强，有田则种，有活则干，地主并不能强迫他们。而且，许多大地主的佃农，也可以是二地主，他们先把大地主的田地“顶”下来（永租权），再把这些地租给别人，这就产生所有权和占有权分离的现象：“客佃只认招主，并不认地主为谁，地主不能抗争。”[④] 还有那些权贵之家的奴婢，他们也能依靠主人的势力，罗致产业，正所谓“一人得志，鸡犬升天”，像“乾隆年间被革职的总督李侍尧家奴中的裴舒鲁、杜氏、冯柱儿、刘四儿等四户都拥有自己的侍妾、使女、小厮、仆役等”[⑤]。俨然也是一群地主。

① 《史记·货殖列传》。

② 《汉书·食货志》。

③ 恩格斯：《反杜林论》，《马克思恩格斯选集》第3卷，人民出版社1972年版，第311页。

④ 严如煜：《三省边防备览》卷一一。

⑤ 韦庆远等：《清代奴婢制度》，中国人民大学出版社1982年版，第5页。

综上所述，我们把土地兼并想象得太坏，把无地农、雇农、佃农数量的增加理解为阶级矛盾扩大的观点也是需要重新审视的。

四　从秦到清是自耕农为主的社会，社会的主要矛盾不是阶级矛盾

贺昌群先生曾精辟地指出：“秦建立了中国历史上第一个皇朝，这个朝代代表了一场社会革命，他造就了自由的个体小农，而这股新生力量反过来又支持了这一新的政权。”[①] 那么，从秦到清这两千多年社会的主体是不是一直都是自耕农呢？以前许多学者认为从秦到清是地主阶级居主导地位的社会，地主占有绝大部分的土地，而且时代越往后拥有土地的自耕农越少。对于这一传统观点，现在有一些学者提出了质疑。

李根蟠先生认为：“我们不必执拗于地主占有土地百分之六七十、七八十才算是封建地主制经济的老观念，地主的占地比例也可能没有自耕农的占地比例高。”[②] 赵冈先生则进一步提出：“过去一向认为地主有主导力是因为他们占有巨大比例的田地，认为农村中充满了大地主，占田无数，可高达全耕地的百分之七十或八十。然而经过后来的实地调查，地主占地不超过百分之五十，在很多地区，是自耕农的天下，他们占地总量超过一大半。”[③] 乌廷玉先生也得出类似的观点，他明确指出：“占人口6%至10%的地主、富农，据有全国28%到50%的耕地。而占人口84%到90%的农民，据有50%到72%的耕地。”[④] 对于上述三位学者的观点，笔者认为是合理的。

历朝历代的统治者都意识到国家的兴衰与自耕农的多寡有着极其重要的关系，因为他们是国家赋税和徭役的主要承担者，所以统治者们都要采取各种办法来增加自耕农的数量，稳定小农的生产。像西汉和唐是两个自耕农比较

---

① 贺昌群：《秦汉间个体小农的形成与发展》，《贺昌群文集》第1卷，商务出版社2003年版，第93—97页。

② 李根蟠：《中国封建经济史若干理论观点的逻辑关系及得失浅议》，《中国经济史研究》1997年第3期。

③ 赵冈：《试论地主的主导力》，《中国社会经济史研究》2003年第2期。

④ 乌廷玉：《旧中国地主富农占有多少土地》，《史学集刊》1998年第1期。

多的朝代，这是毫无疑问的。比较有争议的是东汉和北宋以后的朝代。先说豪强数量相当多、土地兼并比较严重的东汉，“虽然佃农的数量在东汉两百年间无疑是处于不断增长之中，但当时佃农的比例仍然是相当低的”[①]，因此东汉的自耕农仍然应该是社会上的主体。再谈对地主实行“不抑其兼并”政策的北宋，“自耕农在总民户中占据比重在百分之五十五以上”[②]。至于南宋以后，虽然自耕农受到兼并的威胁越来越严重，但是，这时出现了“一田多主”、“永佃制”的现象，一部分佃农中农化，他们在生产和生活中已与自耕农没有多大的差别，他们已经可以包括到自耕农的行列里了。上述观点与1928年李景汉先生在河北定县做的调查所得出的结论相差不大（见表1、表2）。[③]

表1　　定县515家每户自有田地亩数和户均人数统计

自有田地亩数	户数	%	人口总数	人/户
无	38	7.38	823	4.73
10亩以下	136	26.41		
10—29.9亩	167	32.43	1071	6.41
30—49.9亩	76	14.76	593	7.80
50—69.9亩	43	8.35	453	10.53
70—99.9亩	37	7.18	398	10.76
100亩及以上	18	3.50	233	12.94
总计	515	100	3571	6.93

既然从秦到清自耕农是社会的主体，那么地主所占土地的比例处于怎样的

① 许倬云：《汉代农业——中国农业经济的起源及特性》英文版序，广西师范大学出版社2005年版，第5页。

② 栾成显：《论封建国家、地主、农民三者之间的关系》，《史学理论研究》1997年第4期。

③ 李景汉：《定县社会概况调查》根据该书第141、142、151页编制，上海人民出版社2005年版。

一种状况呢？具体来讲，"地主和自耕农、半自耕农对土地的占有也是此消彼长的关系。以一个皇朝为周期，地主对土地的占有与时间的前进成正比，自耕农与半自耕农对土地的占有与时间的前进成反比。不过就总体而言，自耕农和半自耕农不仅占了全国人口的大多数，而且也占有全国土地的一半以上。认为土地的大部分掌握在地主手里，农民没有土地或很少有土地的判断是不准确的"①。隋唐以降，大部分地主都是中小地主，每户也不过百余亩或更少的土地，一个村子就可能有数十个地主，他们出租的土地也很少，一般只有几亩地，甚至算不上什么真正的地主，只能说是富农。这种现象在江南比较常见，而在北方由于地质、土壤、气候等问题，农民得种上数十亩才能生存下去，就算拥有百把亩土地，也只能算是自耕农。因此简单地以拥有土地的亩数来划分地主的做法显然是过于机械了。

表 2　　定县三种农户数目及其耕种田地亩数统计

农户类别	数目	%	种田亩数计	种田亩数%	种田亩数/户
自耕农	350	70.99	11477.5	80.86	32.8
半自耕农	118	23.94	2537.5	17.88	21.5
佃户	25	5.07	179.0	1.26	7.2
总计	493	100	14194.0	100	28.8

五　专制时代的地主、自耕农、国家三者关系

长期以来史学界一直把专制时代的社会阶级划分为地主与农民两个基本阶级，并且认为皇帝是地主阶级的总代表，而没有把皇帝作为一个独立的政治势力看待。其实，"中国古代社会存在三个大势力：一、国君或皇帝，二、掌握土

① 孟祥才：《重新审视中国封建社会的农民、农民起义和农民战争》，《山东大学学报》2003 年第 6 期。

地和财富的豪富集团，三、农民。”[1] 作为专制国家的最高首脑——皇帝，不仅要维护地主的利益，而且也要维护自耕农的利益，因为地主和自耕农都是赋税和徭役的来源。

既然皇帝要维护地主和自耕农双方的利益，那么，究竟是什么在支配着他的行动呢？“对于皇帝来说，最大的利益在于社会的安定，而不在于地主的富裕，所以我们每每看到皇帝会严厉打击豪强地主，抑制富商大贾和采取种种措施保护自耕农，其本质并不是代表自耕农的利益，而是为了皇帝自己的利益，因为自耕农的破产或造反都会危及国家的安全。”[2] 皇权具有极大的私利性，皇帝只代表自己的利益，不管是谁，无论是自己的父母兄弟，还是劝人为善的宗教，一旦超过必要的限度，皇帝就会毫不留情地将其除掉，就像杨广、李世民、武则天、赵光义和灭佛的三位武帝那样。皇帝对待自己的亲人和对帝位毫无野心的僧侣尚且如此，更不用说那些跟皇帝没有什么密切关系的地主了。

毕竟，“皇帝是最高的土地所有者，是可以任意抄人的家、任意剥夺任何人的生命和财产的；作为各级官僚的土皇帝，也是可以用各种合法或非法的手段来攫取社会财富，甚至草菅人命的，真正法权意义上的土地私有制——‘私有财产神圣不可侵犯’、‘风可以进，雨可以进，皇帝不能进’意义上的私有制——在中国并不存在。”[3] 说到底，皇权就是一种无法限制的野蛮，要不然皇帝也不会用加强中央集权来打击权贵地主的势力了。以皇帝为代表的专制国家虽然容许地主发展，但是对地主容忍也是有限度的，例如汉武帝的算缗告缗和朱元璋打击沈万三那样。

由于“专制主义残酷地打击豪强，豪强想方设法挖专制主义的墙脚”[4]，因此每当农民爆发起义的时候，地主也会毫不犹豫地参加进去和农民一起反抗朝廷政府。在中国历史上几乎没有哪次农民起义是没有地主参加的，地主与农民往往作为一个整体共同反抗政府。然而“小农只是一个分散落后的阶级，他们不能自己保护自己的利益，他们希望圣君和青天的保护，他们需要

① 何兹全：《中国古代社会》，北京师范大学出版社 2001 年版，第 293 页。

② 叶文宪：《重新解读中国》，中国文史出版社 2005 年版，第 242 页。

③ 许苏民：《自秦迄清中国社会性质是“宗法地主专制社会”吗？——与冯天瑜教授商榷》，《学术月刊》2007 年第 2 期。

④ 赵俪生：《中国土地制度史》，齐鲁书社出版 1984 年第 1 版，第 84—85 页。

在一个强有力的政府保护下维持简单再生产"。[1] 他们起义只是由于饥饿所迫，进而铤而走险，目的只在抢劫吃食，并没有攻城略地，夺取天下的大志。就像南朝罗研所说："若令家蓄五母之鸡、一母之豕，床上有百钱布被，甑中有数升麦饭，虽苏（秦）张（仪）巧说于前，韩（信）白（起）按剑于后，将不使一夫为盗"[2]。对于上述两股力量，皇帝不怕人数众多的农民暴动而怕豪族强宗的起兵，因为农民只是乌合之众，流窜求食，成不了大事，而豪族强宗往往有夺取天下的野心。

赵俪生先生指出，地主、自耕农、专制国家三者之间的关系应该如图 1[3] 所示，这是非常精辟的。

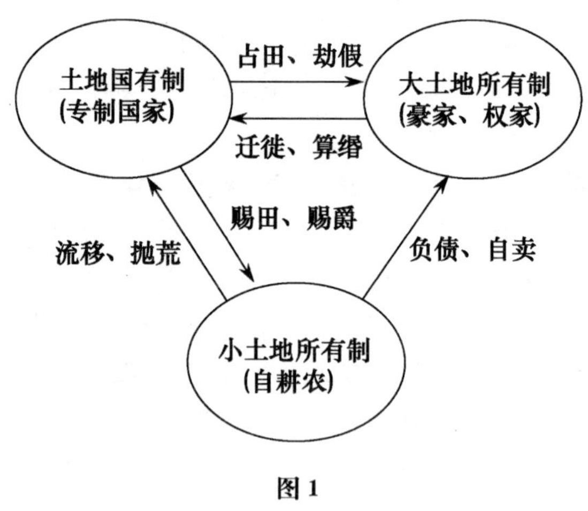

图 1

六　专制时代的社会主要矛盾是官民矛盾

鲍宣曾说："民有七亡：阴阳不和，水旱为灾，一亡也；县官重责更赋租

① 孙洪涛：《专制政治与农民起义——中国古代农民起义原因再探》，《河北大学学报》1993 年增刊。

② 《南史·邓元起传》。

③ 赵俪生：《中国土地制度史》，齐鲁书社出版 1984 年版，第 242 页。

税，二亡也；贪吏并公，受取不已，三亡也；豪强大姓，蚕食亡厌，四亡也；苛吏徭役，失农桑时，五亡也；部落鼓鸣，男女遮泄，六亡也；盗贼劫略，取民财物，七亡也。七亡尚可，又有七死：酷吏殴杀，一死也；治狱深刻，二死也；冤陷亡辜，三死也；盗贼横发，四死也；怨雠相残，五死也；岁恶饥饿，六死也；时气疾疫，七死也。……民有七亡，而无一得；民有七死，而无一生。"[①] 从鲍宣所反映的七亡七死中有三亡三死是跟官吏有直接关系的，我们由此可以看出，官对民的危害是多么严重。对此，王家范先生曾精辟地指出："我们曾经狠斗地主，把旧社会的罪责全赖在他们头上，却把真正的元凶——'国家力量'放生出去。"[②] "官僚是君主统治人民的工具，也是君主和人民之间的中介；对人民来说，官僚即代表君主，对君主来说，官僚转达民情。"[③] 既然官僚代表君主统治人民，就有可能专擅君命，作威作福以自肥；又因为君主通过官僚了解民情，实现统治，就极有可能被欺蒙，使自己的无上权威变成臣下谋私的工具。因此，"从上到下，各种准合法、不合法的私自瓜分与攫夺，不胜繁多，网漏于吞舟之鱼。大皇帝之下，有无数的土皇帝"[④]。

明白了官僚所起的作用，我们就可以知道，农民的实际负担远远超出了法律规定，制度设计上的漏洞赋予了基层官员在征收田税过程中极大的权力，他们往往徇私舞弊，为地主群体转嫁税收负担于广大农民百姓身上，或者增加税收数额中饱私囊。对此，徐浩先生明确指出："乡官是官府之外欺压和剥削农民的准政治势力。他们没有官俸，而且人数较多。他们替县衙办事，县衙默许他们从中渔利，实际同国家和地主一起参与了对农民劳动成果的分配。"[⑤] 此外，他们处于社会底层跟人民的关系太密切，而跟中央相隔太远不容易被抓获，这就造成了农民实际负担相当严重，往往超出规定的好几倍，而且是长期处于这种状态，就像钉子一样难以拔除。即使地主"见税什伍"，编户齐民为了逃避国家租税徭役的重压，也甘愿投靠到世家豪族门下去做依附民。毕竟人民所求的只是生存，只要能活下去，降低身份与否对他们来说并不重要。因此，官民矛

① 《汉书·鲍宣传》。

② 程念祺：《国家力量与中国经济的历史变迁》王家范序，新星出版社 2006 年版。

③ 田昌五、臧知非：《周秦社会结构研究》，西北大学出版社 1996 年版，第 305 页。

④ 程念祺：《国家力量与中国经济的历史变迁》王家范序，新星出版社 2006 年版。

⑤ 徐浩：《农民经济的历史变迁——中英乡村社会区域发展比较》，社会科学文献出版社 2002 年版，第 98—99 页。

盾的根源在于赋税和徭役，“天下太平”和“永不加赋”一直是中国农民的最大心愿。

由于作为专制时代国家财政主要承担者的自耕农和平民地主无时无刻不深受以皇帝为代表的官僚集团的盘剥，因此而产生的官民矛盾也在不断地深化。从战国到唐代，中国的王朝基本上是对全体具有自由身份的人实行计口授田，因此，这一时期的农民就如臧知非先生所说的是国家的“课役农”，课役农与专制国家的矛盾即官民矛盾是这一时期社会的主要矛盾。唐代以后王朝基本上不再给黎民百姓授田，自耕农的土地绝大部分是靠自己努力得来的。这时的专制国家在农民没有土地的时候，不但不给农民分配土地，反而对他们进行严格的控制以防不测，而在农民拥有土地的时候又课以重税。至于地主，汉代国家是轻田租重人口税，这对地主是极为有利的，但是也在唐代以后，国家实行以土地资产征税为主的政策，地主享有的优势也没有了，虽然这体现了社会的公平，但是也引起了许多地主的不满。因此王家范先生说：“财政由税人为主转向税地为主，小农乃至地主的负担有重无轻，产权更趋不稳定。”[①] 所以，从秦到清，国家与人民的主体——自耕农和平民地主之间的官民矛盾是一个不断激化的过程，其表现就是所谓的“农民起义”越来越频繁。

尽管有些帝王实行过轻徭薄赋的政策，但这只是一时无路可走的缓兵之计，明朝的朱元璋曾经有过一个十分露骨的表述：“初飞之鸟，不可拔其羽”[②]。此外，特别需要说明的是，在秦汉以来的两千余年漫长的历史中，国家财政政策的原则是“量出以制入”，以皇帝为代表的专制国家财政支出的随意性使国家的赋税征收毫无底线，就像侯建新先生所说：“最难以估量也最侵害农民利益的就是这些‘无名摊派’”[③]，而赋税制度的改革，名为减税，实际上变来变去实行的不是减法，而是连加法：两税＝租庸调＋横征（法外之征）；一条鞭法＝（租庸调＋横征）＋横征；地丁制＝［（租庸调＋横征）＋横征］＋横征。这就是著名的“黄宗羲定律”。至于一些向商人征税的措施，像“盐铁法，表面上是征商人，实际上是征农”[④]。这一切的一切激化了官民之

① 程念祺：《国家力量与中国经济的历史变迁》，王家范序，新星出版社 2006 年版。

② 《明太祖实录》卷二五。

③ 侯建新：《农民、市场与社会变迁——冀中 11 村透视并与英国乡村比较》，社会科学文献出版社 2002 年版，第 289 页。

④ 程念祺：《国家力量与中国经济的历史变迁》，新星出版社 2006 年版，第 122 页。

间的矛盾。

我们可以得到这样一个认识：官僚本位渗透一切、支配一切成为从秦到清中国社会的根本特点或本质特征，这一时期社会的主要矛盾是人民大众与皇权官僚专制主义之间的矛盾，“乱自下作”、“官逼民反”，乃是导致周期性的社会震荡和王朝更迭的根本原因。

结 语

李金铮先生说：“我们认为，就一般状况而言，中国主佃关系可概括为‘有剥削而无尖锐斗争’。”[①] 这句话确切地指出了专制时代的地主与佃农的关系。

其一，中国古代的主佃关系是存在剥削。不过，古代佃农所进行的生产是小生产，本来就只能维持自给自足的生活状态。况且，佃农的生产状况明显不如自耕农，他们即使不向地主交租，生活也已经很潦倒了，而我们现在却认为地主剥削佃农是佃农贫困的主要原因。其实，试想当今社会，哪一个厂主对工人的剥削不在50%以上呢？况且，古代的佃农还能知道自己被地主剥削了多少，毕竟那时的佃农掌握着对农产品的优先处理权，他们可以谎报收成，以减少交给地主的租。而现在是厂主掌握这种优先权，他们对工人的剥削更隐蔽。可是，现在的中国的工人怎么不进行斗争呢？原因在于生产力水平的提高，他们的劳动能够使他们维持生活的需要，而古代即使地主不剥削，佃农也难以维持最基本的生存需要。因此我们可以看出，佃农的贫困根本在于农业技术的落后。地主的剥削只是加重佃农贫困的原因之一，而这个原因并非是根本原因。

其二，中国古代的主佃之间也并无尖锐斗争，因为中国的地主与西欧的庄园主有个明显的区别，就是大多数不掌握司法权。西欧农村的司法体系存在着“三元模式”，即国王有乡村法庭，教会有宗教法庭，庄园主有庄园法庭，庄园主可以利用庄园法庭对农民进行强制压迫，因此，西欧的庄园主与农民的阶级斗争比较突出。事实也证明，等到庄园主的司法权被国王收回之后，庄园主对待农民也就不那么粗鲁了。而在中国农村，没有地主所掌握的法庭，他们不能为所欲为。处理地主和佃农利益纠纷的是祠堂，而祠堂的那种所谓的“公正性”

① 李金铮：《近代中国乡村经济探微》，人民出版社2004年版，第9页。

抹杀了佃农进行反抗的动力。可见，与西欧那种激化阶级矛盾的庄园法庭相比，祠堂显示的是缓和。即使地主和农民共赴官府衙门，“作为超脱于主佃利益之外的第三方，官府并不总是如人们想象的那样贪赃枉法，徇私舞弊”[①]。包拯、海瑞那样的清官就是活生生的例子。

而以皇帝为代表的官僚集团呢？他们利用自己手中无限制的特权对农民（特别是自耕农）征收无休止的赋税，由于他们“既是赋役征收机关，也是司法审判机关，不受任何机构的监督，中国农民面对层层盘剥的官府，几乎没有任何有效的抵抗手段”[②]。再加上自耕农自身也比较贫困，像李悝早就对百亩之田、五口之家的自耕农的惨淡生活进行了详细的描述，足以证明自耕农也只能维持最基本的生活，因此专制国家的超经济强制对自耕农来说无疑是雪上加霜，正如美国学者斯科特所说的“在农民发现自己已经濒临绝境的时代和地区，任何赋税都被看做是完全不正当的，更不用说重税了”[③]。

综上所论，专制时代的社会主要矛盾是官民矛盾，而非阶级矛盾。

---

① 张弛：《永佃制的法律经济分析》，《江苏社会科学》2005年第3期。

② 李金铮：《近代中国乡村经济探微》，人民出版社2004年版，第79页。

③ 斯科特：《农民的道义经济学：东南亚的反叛与生存》，译林出版社2001年版，第112页。

封疆双剑

——欧陆的封建秩序

刘正中

一 俗世之剑

罗马法制度的形成，在形式上以罗马建城起算，以迄于优帝亡为止。今日罗马法的研究即以罗马建国（公元前 753）以至优帝崩（565）为止，罗马帝国 1300 余年所有的法律制度①。其制度形成的内容主要由宗教礼仪、习惯、正义概念所混合发展而来。

（一）邦国秩序

罗马建国以来于王政时期早已存有习惯法，历经共和时期而于公元前 450

① 有关罗马法发展过程各阶段的时间分期，在中文的诸多罗马法著作中，其引用外国学者之分类方式或有创见，其见解不一，尚有许多分歧，可参见黄右昌《罗马法与现代》，京华印书局，民国十九年（1930 年）6 月 1 日，第 19—24 页；陈允、应时：《罗马法》，上海商务印书馆，民国二十年（1931 年）3 月，第 3—11 页；恒藤恭：《罗马法に于ける惯习法の历史及理论》，京都弘文堂书房，1924 年，第 1 页，转引自吴学义：〈习惯法论〉，载于《国立武汉大学社会科学季刊》第 4 卷，第 4 号，民国二十三年 11 月，其注三，第 776—777 页；丘汉平：《罗马法》上册，上海法学编译社，民国二十四年（1935 年）9 月，第 15—20 页；黄俊：《罗马法》，上海世界书局，民国二十四年 9 月，第 3—13 页；罗仲甫：《罗马法》，日新印刷工业社，民国二十四年，第 4—5 页；陈朝璧：《罗马法原理》上册，上海商务印书馆，民国二十六年 7 月，第 8—24 页。

年前后，将建国以来过去303年间的习惯法陆续汇集颁布了十二表法（*Lex Duo 'Decm Tabula' Rum*; *The Laws of The Twelve Tables*[①]），以迄于帝政时期优士丁尼大帝编纂优帝法典，发展上已粲然大备。

罗马帝国在狄奥多西皇帝（Theodosius I）逝世以后，帝国一分为二，东罗马帝国建都于君士坦丁堡，以希腊拜占庭为基础而建立，称拜占庭帝国；西罗马帝国仍以罗马城为都。罗马帝国分裂后，东西罗马帝国并存时间有224年，西罗马帝国亡国后，欧陆进入了一个混乱的时代。其后，东罗马帝国赓续罗马法的影响力。

罗马法在东罗马帝国消亡后，形式上法律的效力随之缩减，而被教会法[②]所取代。但在中世纪欧洲各国之中，罗马法受到学者的重视，研究罗马法之风仍存在，罗马法影响力量依旧深植人心。虽然在政治方面东罗马帝国衰亡，但是社会上人文主义思想兴盛，文艺复兴（the Renaissance）、宗教改革（the Reformation）在欧洲风起云涌。而继受罗马法（the Reception）也在此时悄悄地上场，学者Maitland称此三者在欧洲史上为三R运动（three R's）[③]。而继受罗马法更是将已有1300年历史的古罗马法赋予了新的生命，展现出罗马法精神的不朽。因此，德国法学家Jhering在其Geist des römischen Rechts一书的卷首中即指出：罗马三度号令世界，三次统一诸民族。第一次，罗马以充实的武力统一世界；第二次，罗马民族衰亡后，以教会统一世界；第三次，中世纪以来继受罗马法，以法律统一世界。最初的武力形式，系外部强制力完成统一，而另外两次则以精神力量完成统一[④]。

其发展可以略分为五个阶段：

---

① 黄右昌：《罗马法与现代》，京华印书局，民国十九年（1930）6月1日，第7页。

② 有关教会法，参见彭小瑜《教会法研究》，商务印书馆2003年版。

③ Maitland, Frederic William, *English law and the renaissance* (*the Rede lecture for* 1901) *with some notes*, Cambridge, University press, 1901. p. 9、46；久保正幡：《西洋法制史研究》，东京岩波书店，昭和四十八年（1973）1月27日，第363—364页。

④ "Dreimal hat Rom der Welt Gesetze diktiert, dreimal die Völker zur Einheit verbunden, das erstemal als das römische Volk noch in der Fülle seiner Kraft stand, zur Einheit des Staates, das zweitemal, nachdem dasselbe bereits untergegangen, zur Einheit der Kirche, das drittemal infolge der Rezeption des römischen Rechts, im Mittelalter zur Einheit des Rechts, das erstemal mit äuβerem Zwang durch die Macht der Waffen, die beiden andern Male durch die Macht der Geistes. …" Rudolph von Jhering, *Geist des römischen Rechts auf den verschiedenen Stufen seiner Entwicklung*, 5. Aufl., Leipzig, Breitkopf und Härtel, 1888. I, S. 1.

第一，初创阶段（历时约 300 年）

自罗马建城前后（公元前 753），到十二表法制定（公元前 450）之后，此为罗马法的初创阶段[①]。十二表法之公布为罗马建城以来 300 年的法律智慧结晶，此时贵族专制，司法权皆受贵族所控制。而且贵族独占隐秘习惯法的知识，使一般平民无从得知。遇有争讼，裁判官往往袒护贵族，压迫平民。平民冤抑难申。在如此法制不完备的情况下，习惯法也不甚明确，平民群起反抗，以争取生活的保障及法律的公平，贵族才不得不改变政策。因此，元老院在 451 年屈从民会议决，选派法典编纂委员会十人赴希腊考察法制，同年归国，制定法律十表。第二年又增订二表，揭示于罗马广场，成为十二表法。罗马法律乃由秘密时代转向走入公开时代，而十二表法的内容，实则为罗马习惯，将原有的习惯编纂公布而为成文法[②]。这个阶段也就是由秘密走向公开[③]，由非制定法走向制定法。

第二，成长阶段（历时约 420 年）

从十二表法制订（公元前 450）到共和时期结束（公元前 27），为罗马法的成长阶段[④]。此一阶段约 420 年，平民在十二表法公开后，取得较之前为平等的地位，促进了罗马的法制得以自由发展。法律适用上的许多基本原则也陆续出现，形成日后罗马法的重要原则基础。在 366 年左右设立具有行使司法与立法创制权的 praetor urbanusu 一人，其专门受理罗马公民之间的诉讼。其后，随着商业活动的发达，罗马产生了许多罗马公民与外族人民的争讼，在第一次潘立克战役（First Punic War）时，讼案大增。246 年左右增设 praetor peregrinus 一人，专门受理罗马公民与外国人之间及外国人相互之间的诉讼。前者称内事裁

---

① Morey, William C., *Outlines of Roman Law*, New York: G. P. Putnam's Sons, 1914, pp. 3-46.

② 苏希洵：《罗马法与中国固有法之比较》，大信图书公司，1953 年 4 月，第 1 页。吴学义：〈习惯法论〉，载于《国立武汉大学社会科学季刊》第 4 卷，第 4 号，民国二十三年（1934）11 月，第 775—777 页。

③ 秘密法时期少数贵族垄断法律知识，贵族成了法律管理人及法律的守藏吏（the depositaries）。由秘密走向公开无疑是人类法制建设的一大进步，保障人民的法律基础可以公开，使法律不在被少数人所操纵。而这种秘密法时期正是控制人民的最佳时期，这种秘密法无疑是一种无形法，实在就是无法亦法，法律完全见诸于潜势，由潜势力来创造潜规则。参见穗积陈重《法律进化论》，上海商务印书馆，民国二十三年（1934）7 月，第 8—9 页；梅因《古代法》第一册，上海商务印书馆，民国十九年（1930）4 月，第 9 页；Maine, *Ancient Law*, Oxford University Press, 1948, p. 9.

④ Morey, William C., *Outlines of Roman Law*, New York: G. P. Putnam's Sons, 1914, pp. 47-90.

判官，后者称外事裁判官（praetor qui inter peregrinos ius dicit; praetor qui inter cives et peregrinos ius dicit）[①]。罗马法在此时成长出来的法律内容形式包括有：习惯、民会及平民会之决议、元老院之决议、法学家之解答、法官之告示等五项[②]。此时，罗马法自由蓬勃的发展促成法学著作的丰富与多样，成为罗马法发展的重要时期。

第三，兴盛阶段（历时约310年）

自帝政时期（公元前27）至Diocletianus皇帝（公元前284），为罗马法的兴盛阶段[③]。这个阶段约有310年，承续了前一时期的发展。主要的法律发展内容有：民会及平民会之决议（leges）、元老院之决议（senatus consulta）、皇帝之敕令（constitutiones principum）、法官之告示（magistratuum edicta）以及法学家之解答（responsa prudentium）。其中皇帝敕令可以区分为敕谕（edicta）、敕裁（decreta）、敕答（rescripta）、敕委（mandata）。而以法学家之解答在此阶段中最为重要[④]。

第四，高原停滞阶段（历时约240年）

---

① 梅因：《古代法》第一册，上海商务印书馆，民国十九年（1930）4月，第49—50页；[意]朱塞佩·格罗素，黄风 译：《罗马法史》，中国政法大学出版社1996年版，第236页；[美]约翰·梅西·赞恩 著，孙运申 译：《法律的故事》，中国盲文出版社2002年版，第160—164页；薛波 主编：《元照英美法词典》，法律出版社2003年版，第1075页；[美]约翰·梅西·赞恩 著，孙运申 译：《法律简史》，中国友谊出版公司2005年版，第109页；Kent, James, *Commentaries on American Law*, vol. I, New York: William Kent, 1848, p. 528; Smith, William, *Dictionary of Greek and Roman Antiquities*, Boston: C. Little, and J. Brown, 1854, pp. 956-957; Morey, William C., *Outlines of Roman Law*, New York: G. P. Putnam's Sons, 1914, pp. 63-65; Clark, Henry C., "Jus Gentium-Its Origin and History," 14 *Ill. L. R.* 243 (1919-1920); Gilbert, R. L., "The Origin and History of the Peregrine Praetorship, 242-166 B.C.," 2 *Res Judicatae* 50 (1939-1941); Maine, *Ancient Law*, Oxford University Press, 1948, p. 63; Daube, David, "The Peregrine Praetor," *The Journal of Roman Studies*, Vol. 41, Parts 1 and 2. (1951), pp. 66-70; 船田享二：《ローマ法》第一卷，东京：岩波书店，昭和四十三年（1968年）九月二十日，第58—59页；McDougal, Luther L., "Private International Law: Ius Gentium Versus Choice of Law Rules or Approaches," 38 *Am. J. Comp. L.* 521 (1990); Berger, Aldof, *Encyclopedic Dictionary of Roman Law*, Diane Publishing Co., 1991, p. 647; Zane, John Maxcy, *The Story of Law*, Kessinger Publishing, 2005, pp. 144-161.

② 陈朝璧：《罗马法原理》，第12页。

③ Morey, William C., *Outlines of Roman Law*, New York: G. P. Putnam's Sons, 1914, pp. 91-134.

④ 陈朝璧：《罗马法原理》，第17—20页；Leage, R. W., *Roman private law: founded on the Institutes of Gaius and Justinian*, London, Macmillan, 1946, p. 7.

自 Diocletianus 皇帝（284）至优士丁尼皇帝即位之前（526），为罗马法的高原停滞阶段[1]。这个阶段约 240 年，罗马法的发展以成长阶段所出现的法学著作为基础，发展出法学著作的摘要与选集等形式的作品。也由于罗马法在历经了前两阶段共约 730 年的发展累积过程，法学著作与法学家的解答已呈现鼎盛之况。许多问题解答皆已汇集成册，且著作摘要或选集亦粲然可观。对新问题解答的创造力已不再丰富多元，法学著作中对学说见解有创新的剖析能力表现也不再多见。在这个阶段中罗马法的研究已出现停滞不前，受到局限而无法进一步的突破。

第五，成熟阶段

优士丁尼皇帝即位（527）以后，为罗马法的成熟阶段[2]。优帝在位 39 年，政事修明，重视法治。着手编纂法律，主要有 4 部：优帝法典（Codex Justinianus）、优帝学说汇纂（Digesta Justiniani；Pandectae）、优帝法学阶梯（Institutiones Justiniani）、优帝新律（Novellae Constitutions Justiniani）。优帝法典的制颁使罗马法律发展到另一个成熟阶段，而制颁的 4 部法律被合称为优帝国法大全（Corpus Juris Civilis）[3]，罗马法便由此迈入一个新的里程碑。

（二）秩序之衰

罗马法在进入优帝国法大全编纂完成之际，法律的发展已达到成熟的高峰。皇帝权力也扩张到极限，而形成专制体制的建立。罗马法蓬勃多元发展的盛况，以前原以法学家之解答作为法律进步的主要动力，经过时间的累积，法学家之解答陆续汇集成册。法律问题解答多已在汇编之内，解答之创造力已无法突破而呈现萎缩。

另一方面出现了引证法（Lex citationis）的颁布，法学家解答效力受到限制，法学家权威地位也已不如往昔。引证法有争议时，以五大法学家 Gaius、

① Schiller, A. Arthur, "Sources and Influences of the Roman Law, III-VI Centuries A. D.," 21 *Geo. L. J.* 147 (1932—1933).

② Morey, William C., *Outlines of Roman Law*, New York: G. P. Putnam's Sons, 1914, pp. 135-166.

③ 苏希洵：《罗马法与中国固有法之比较》，第 2—3 页。陈允、应时：《罗马法》，上海商务印书馆，民国二十年（1931）3 月，第 26—27 页。

Paulus、Ulpianus、Papinionus、Modestinus之解答为依据。五大法学家意见不一时，取决于多数之主张；多数无法产生时，则以Papinionus之学说见解为依据。如果该学说见解有失当之处，其他法学者亦不得对此主张有法律上之效力①。由此可知，研究罗马法之风气由众多法学家解释法律的活动盛行，转而变成五大法学家的统一解释。法律解释虽然由分歧走向统一，但是研究活动受到局限的影响，因此最终导致其研究的停滞与退步。

西罗马帝国亡于日耳曼蛮族，日耳曼蛮族的习惯流传到欧陆各地，形成罗马法被日耳曼法②取代适用。

罗马帝国的势力强大而影响范围遍及整个欧陆，在罗马法尚未衰微的时候，教会的势力已在成长。其后，随着优帝国法大全的主导势力渐渐被教会法大全（Corpus Juris Canonici）所取代。欧陆法律在教会法的势力下，教皇的教令则允许罗马法规则在不违背教义与教皇意见的情况下，如教会法不足时，可以援用罗马法规则。

此时，罗马法虽未完全消失，但已非大统一的罗马法，而且丧失了进步的原动力。与影响力巅峰的盛况相比，随着教会势力的崛起，教会法控制了整个欧陆，罗马法实际上已呈衰微之势。

综上所述，罗马法衰微的原因，可总结出五点：

第一，西罗马亡后至优帝国法大全颁布前之罗马法体系混乱、内容陈旧。

第二，西罗马帝国被日耳曼蛮族所灭，日耳曼法取代了部分地区的罗马法。

第三，东罗马帝国对罗马法研究渐失创造力，研究风气因而衰退。

第四，东罗马帝国将优帝法典翻译成希腊文，已失罗马法原有精神面貌。

第五，教会法大全势力的上升。

二 宗教之剑

公元496年，教皇Gelasius I从罗马帝国皇帝统治的余威声中主张确保教会

---

① 陈朝璧：《罗马法原理》，第21页；五大法学家并非固定局限此五人，参见Buckland, W. W., *A Text-Book of Roman Law from Augustus to Justinian*, Cambridge: The University Press, 1932, pp. 27 - 34.

② 有关日耳曼法，参见李宜琛《日耳曼法概说》，重庆商务印书馆，民国三十三年（1944）4月；李秀清《日耳曼法研究》，华东政法学院博士论文，2004年。

的自由空间，认为维护神的固有使命不受皇帝的侵犯。但是，并不主张教皇成为俗世与教会的统一领导者。[①]

随着教会法大全取代优帝国法大全的地位，也代表着教皇的影响势力取代了罗马帝国的皇帝。

公元 962 年，奥托一世（Otto I）以萨克森公国为基础建立起帝国。1034 年改称罗马帝国，与拜占庭帝国相对。1157 年，又改称神圣帝国。1254 年，再改称为神圣罗马帝国。尽管神圣罗马帝国希望延续罗马帝国的精神与传统，但是在教皇逐渐取得优势的地位下，形成了宗教教皇之权与帝国皇帝之权的相争。

1076 年，教皇 Gregors Ⅶ与神圣罗马帝国皇帝 Heinrich Ⅳ因为主教任命权限发生争执，而展开了教权与帝权长达二百多年的相争。到了 1198 年，教皇 Innocent Ⅲ即位，采取强势的中央集权方式统治教皇国，并声称：罗马帝国起源于教皇统治。

到了 13 世纪，教皇认为上帝在世上留下了两把剑，用来保护基督。

一把是俗世之剑，一把是宗教之剑。上帝将权力交给了教皇，教皇再将俗世权力交给皇帝，皇帝的俗世权力必须保障宗教信仰和保护教会。当宗教法院无法执行法律时，皇帝应以俗世法院来执行俗世法律。因此宗教与俗世有上下隶属的关系。

（一）宗教诫命

欧陆封建社会下的法律秩序，除了罗马法、日耳曼法与采邑法[②]之外，最重要的就属宗教法。宗教法崛起于罗马法衰微之际，借由宗教组织力量而维系欧陆封建社会。

宗教法的秩序规范，其主要源自于宗教诫命。宗教诫命的主要内容则源自下列各项：

第一，圣经

《新约全书》（*New Testament*）与《旧约全书》（*Old Testament*）中的诫命规范。

第二，教令

① ［德］魏德士著，丁晓春、吴越译：《法理学》，法律出版社 2005 年版，第 83 页。

② Schröder，Richard，*Lehrbuch der deutschen Rechtsgeschichte*，Veit & Comp.，1889，S. 8—87.

地方或全国宗教大会中，会议议决后所发布的重要教令。

第三，教律

源于公元3世纪西西里亚（Syria）所刊行的使徒教律。

第四，约章

约章整编教令与教律而成，最早源于公元4世纪西西里亚。

第五，教令集

教令集系宗教大会教令汇编成集，以公元5世纪狄奥尼修斯（Dionysus）所编的教令集为最重要。

第六，伪教令

伪教令其伪造内容主要指的是：公元4世纪罗马皇帝君士坦丁大帝把帝国西部政权赠与教皇。伪造的目的在于使教皇对西欧与意大利有政治上的统治权，此一伪教令被称之为"君士坦丁赠礼"，其后，被广泛运用，也成为宗教诫命的来源之一。"君士坦丁赠礼"直到文艺复兴时代才被史学家 Lorenzo Valla 证实为虚假。[①]

（二）教士阶层

当罗马法在欧洲封建社会中逐渐衰微之际，宗教与俗世出现许多争执，此一时期，只有受洗为修士、教士才能接受教育成为知识分子。法律书籍只有神职人员能够接触，教士阶层成了法律知识分子的主要成员。因此，罗马法在宗教世界中乃借由神职人员得到了保存和传播。神职人员对罗马法的传播系通过经院哲学派（Scholastik）[②] 的研究方法得到进一步的研究与传播。经院哲学的研究主要以文法、修辞、辩证等方式为基础所发展出来的，这种研究方法被普遍运用在神学领域，而延伸至法学领域。

公元7世纪以来，一般人在教育系统中也只能学到少许的法律知识，尽管如此，研究古罗马法的风气自公元7—11世纪以来，在意大利的教育体系中仍

---

① 有关教令伪造的研究，可参见瓦拉的研究。See Valla，Lorenzo，*The treatise of Lorenzo Valla on the Donation of Constantine*，New Haven，Yale University Press，1922.

② 中古哲学的发展中有基督教神学兴起，哲学研究依附在神学研究之后，经院哲学研究方法建立后，也迅速的运用到其他领域，法学领域仅为其中之一。参见梯利著，陈正谟译《西洋哲学史》上册，上海商务印书馆民国二十七年（1938）版，第175—190页。

然一直被传承。从高等预备学校、专门学校、私立学校的发展过程，一直到巴维亚（Pavia）、拉文纳（Ravenna）法律学校，罗马法注释条文与普通罗马法教本皆在这些学校出现，但是它们的研究范围狭窄，研究方法落伍。直到了Bologna大学发展出注释法学的研究方法，进一步促使了注释法学派（Glossatoren）的诞生，法学研究方法得以提升。注释法学派又发展出研究方法不同的疏证法学派（Kommentatoren）[①]。除了Bologna大学之外，其他大学也在其他城市纷纷诞生，研究罗马法的城市也由Bologna扩散到其他大城市。优帝国法大全从529年最初的制颁到12世纪中叶为止，已历经了600年之久。古罗马法的研究就在注释法学派的推动下与研究系统化的逐渐提升过程中，引领着罗马法的研究重新站上了新的顶点[②]。

大学法科教育使平民阶层的法律知识分子在社会中慢慢崛起，与拥护教皇的教士分庭抗礼形成了两股对立的法律群体势力。在教权与皇权仍存在势力的纷争之际，各王国之国家行政职务的任用仍皆由教士所垄断，国王对教士是否能专一效忠仍心存诸多疑虑。平民知识分子接受法律教育之后，其出路可以选择进入学术研究、国家行政职务或是进入司法审判体系之中。平民法律知识分子的崛起，令教士所垄断局面渐被打破。

另一方面宗教法院适用寺院法，一般民事法院适用罗马法，法院管辖时常

---

① Kommentatorn又称后期注释法学派（Post-glossatoren），其前后之区别以Accurisius之标准注释为分界点，后期注释法学派形成以注释“Accurisius之标准注释”为主要研究内容，而Bartolus将“Accurisius之标准注释”作出进一步的分析与注释。其注释方法即是采自宗教法之经院哲学派的研究方法，採文法、修辞的方式而来，以语言构词法来分类法律问题种类，开创出新的研究途径。所以后世研究者即称：不追随Bartolus者，无法成为良好之法学者（Nemo bonus iurista nisi Bartolista），意谓要成为好的法学家需掌握研究方法。亦有称：不追随Bartolus者，无法成为良好之罗马法学者（Nemo Romanista nisi Bartolista）。参见船田享二《罗马法》第一卷，岩波书店，昭和五十二年（1977），第521页，转引自戴东雄《中世纪意大利法学与德国的继受罗马法》，“国立”台湾大学法学丛书编辑委员会，1999年11月，第80页。另参见Fisher，Howard. D.，*The German Legal System and Legal Language*，Routledge Cavendish，2002，p. 410；Seibt，Ferdinand，*Karl IV. Und sein Kreis*，R. Oldenbourg Wissenschaftsverlag，1978，S. 145—158；Pizzorni，Reginaldo M.，*IL Diritto Naturale Dalle Origini a S. Tommaso d'Aquino*，Edizioni Studio Domenicano，1978，p. 327.

② 有学者认为罗马法复兴的原因在于优帝法典原稿的发现，而引起对古罗马法的研究，造成大学法学研究古罗马法的开始与兴盛，也带来了罗马法的复兴。主张此说的有台湾学者戴东雄、陈惠馨。另有学者否认优帝原稿发现的说法，认为纯属传说无足采信，因为欧陆各国寺院藏书皆有优帝法典原本，而中世纪寺院学者早有引用优帝法典，优帝法典之研究当然不可能始于12世纪的Bologna，主张此说的有德国学者Savigny、美国学者Munroe Smith。

有重复的情形，而当时法律的内容尚有封建地方采邑法、习惯法等等混杂其间。司法审判制度存在有各区法院、邦法院、王室法院等等，而未受法学专业训练者充斥在审判体系中。1495 年，帝国法院（Reichskammergericht）设立后，规定只有受过罗马法专业训练的人才能担任审判工作，而未受法律学术训练者始渐渐退出司法审判舞台[①]。而亦规定判决的作成，必须依据帝国的普通法为之。帝国的普通法，即是指罗马法。

结　语

欧洲在封建制度下的秩序，从罗马法走向宗教法。整个欧陆的法律秩序也大抵在罗马法与宗教法的规范下，依赖这两把封疆双剑而得到维系。

罗马法对后世的影响深远，欧陆封建社会在普遍研究古罗马法之基础下，古罗马法体系逐渐成熟完备，呈现出罗马法复兴之势，而发展到 14—16 世纪的三百年间，形成了继受罗马法时代（Rezeptionszeit）。

古罗马法在欧陆各地得到普遍共通的适用，因而成为欧陆的普通法（ius commune）。普通法一词最初意义的来源，即是指欧陆封建社会下，普遍共通适用的法，而谓之普通法，实际上就是罗马法。

古罗马法在成为欧陆普通法的过程中，就是古罗马法的法律原则被转化与重新法典化成现代运用（usus modernus），而在欧陆德国、法国、英国等国展开对罗马法之继受。这种法律原则转化与现代化的运用，使得罗马法的法律生命得到新的延续，也成为近现代欧陆法律制度的重要基础来源之一。

而宗教法对后世的影响，则表现在欧洲严密的宗教组织中。拥有学习知识的教士，也成为封建社会下重要的知识阶层，当这些教士纷纷走向中国之际，带来的宗教观，在初期或许影响有限。但是，这些教士带给中国的知识观，现代化的物理、化学、天文、地理等学科知识领域的开拓，无疑的是为中国封建社会引入了一道启蒙之光。

---

① Franz Wieacker 著，陈爱娥、黄建辉译：《近代私法史》，五南图书出版股份有限公司 2004 年 10 月版，第 153—154 页。

关于“封建”的中日对话

——谷川道雄、冯天瑜讲谈录

聂长顺

谷川道雄先生历任京都大学、龙骨大学、河合学塾教授，乃继内藤湖南、宫崎市定之后“京都学派”第三代领军人物。其主要研究领域为中国魏晋南北朝隋唐史，代表作有《中国中世社会与共同体》、《隋唐帝国形成史论》等。其所创“豪族共同体”论及与“非封建之中国中世”论于国际学术界赢得很高声誉。其以学术名望之隆而连任日本唐代史研究会会长、日本中国社会文化学会会长。

2008年11月17—21日，笔者随冯天瑜先生赴位于京都郊外之国际日本文化研究中心，参加“东亚近代概念及知识之重构”国际学术研讨会。20日下午，如约，随冯先生会谷川道雄先生于其现任河合学塾研究室。华东师大历史系牟发松教授，谷川、冯两先生之故旧，时做访问学者于京都大学，亦得相聚。至晚，蒙谷川先生款待。相会间，谷川先生谈及冯先生《“封建”考论》及相关讨论，遂成二先生关于“封建”之对话。笔者忝充通译，因得记之，以为难得之学术片断。

一　关于《“封建”考论》及其学术争论

谷川：冯先生的《“封建”考论》，我读了。对冯先生的观点，我完全赞成。

冯：多谢谷川先生鼓励！您知道，关于“封建”的问题，我从20世纪80年代就开始思考了，也曾写过小文进行探讨；但《“封建”考论》这本书的正式执笔写作，则是2004—2005年我应聘在“日文研”主持“东亚近代术语生成”研究课题的时候开始的。那一年中，我不止一次地和您会晤，多蒙指教，感怀至今。

谷川：冯先生过谦了，我哪里有什么指教呢。关于“封建”问题，我也一直很感兴趣，也做过一些思考，直到现在垂垂老矣，也没有解决好。中国是什么样的社会？对它如何认识？如何理解？为要达成正确的认识和理解，“封建”这样的概念必须清理。冯先生的《“封建”考论》对“封建”做了前所未有的考察、辨析，既写到了历史实际，又写了关于历史实际的表述方式，是大成功之作，我由衷感佩。

冯：不敢当。拙作有今天这个样子，也是吸纳众多师友的指点、建议和批评的结果。比如，2006年10月，以《“封建”考论》第一版的出版为契机，武汉大学举办了“‘封建’及封建社会再认识”学术研讨会。与会的有来自清华大学、北京师大、中国社科院、南京大学、日本东北大学、德国爱兰根大学等地的众多学友。会上，承蒙诸位抬爱，对拙作给予了充分肯定，但同时也提出了中肯的批评和建议。其中许多观点，我都直接运用到该书的第二版里来了。

谷川：冯先生的学习精神，我是深有体会的，每与人论学，总是手执纸笔，倾听，记录。

中国学界围绕冯先生的《“封建”考论》展开的讨论，我也一直关注着；有关的文章，我都读了。总的感觉：第一点，中国学界比日本学界有活力。日本学界现在已经不再关心这些基本问题了，都在钻研细微的具体问题。钻研具体问题当然很好，很重要，但如果对基本问题长期缺乏关注，史学研究恐怕也会失去方向感。从关于“封建”的讨论，我看到了中国学术研究的希望和前途。

冯：的确，现在中国学术探讨的空间越来越宽松、宽阔了。日本学者的实证精神和工夫，还是值得我们学习的。实证研究和理论探究，应该是相得益彰的。

谷川：对，应该互补，中日两国学者也应该互补。不过，像冯先生这样把实证研究和理论探究结合得这么好的学者，也确实罕见。

第二点，在“封建”问题上，对冯先生观点的批评意见是有问题的，最大的问题就是教条主义。冯先生的《“封建”考论》运用的是一种独创的新方法——“历史文化语义学”的方法，由词义史之“考”导入思想文化史之

“论”。而批评者们却和几十年前比几乎没有任何改变和进步，仍然局限在他们自己所理解（其实是幻想）的教条主义框架内部，做自我陶醉式的概念游戏。其实，这种概念游戏并不能解决实质问题。因为这个问题正如冯先生说的，是一个历史、文化、语义等多层面、多向度的复合问题。

冯：谢谢谷川先生的理解！拙作的确是“历史文化语义学”研究范式的一个初步尝试，即对概念做语义学、文化学、历史学等多维度综合考辨，从概念的历时性演绎及中外对接的过程中窥探“封建”被泛化的社会—文化因缘，并尝试提供一个取代泛化“封建”的改良设想，以供学界取舍。

谷川：既精微，又宏阔，堪称典范。可惜，批评者们似乎没有看到这一点，他们和自己的批评对象其实并不是站在同一学术层面上的，否则此次讨论一定会更有利于问题探究的深入。

冯：有人批评、反对，这一点，我在写作之初就已经想到了，并且做了充分的思想准备。从实际情形来看，批评、反对的激烈程度比我当初预料的还要低些，而且总体说来还都保持在学术范围内。这毕竟还是可喜的。

二 关于“泛化封建”

谷川：在我看来，冯先生著作的学术贡献是多方面的，考察“泛化封建”的来龙去脉，指出其症结所在，提出救正方案，应该是诸多贡献中的重要一项。而批评、反对意见的焦点也集中在“泛化封建”，他们是“泛化封建”的捍卫者。所以，我想首先就“泛化封建”，谈谈自己的看法，向冯先生请教。

就日本学界来说，人们早已不再使用“封建制度”、“封建主义”、“封建社会”之类的说法了。关于中国先秦，人们多采用“国家体制”这一提法——“国家体制”也叫“家国体制”；把秦汉至明清称为“封建”，日本学者会有一种风马牛不相及的感觉。关于这一点，中国情形是怎样的呢？

冯：就中国学界来说，人们对“泛化封建”的认识也有一个转变的过程，甚至有的学者从“泛化封建”传入之初就对它坚持质疑、拒斥立场，如周谷城、钱穆、胡适、费孝通等——拙作专辟第十五章论述了这一点。现在，有的学者也已经不再使用“泛化封建”概念，把秦至清称为“封建社会”了。

就我本人来说，也有一个转变过程。由于自己所处成长环境的影响，在几十年间，对"泛化封建"一直都是"常用而不疑"，说话、写作之时，将秦汉以降称为"封建专制"、"封建王朝"。1987年夏，我参加在美国加州圣迭戈举行的"国际中国哲学会"。会间，美籍华裔学者程先生对我文中涉及的"封建"概念问题提出质疑。我当时依自己记忆所及，就"封建"的古义、西义以及中国内地常用义作了贯通解释。我的应对虽得到赞赏，但我深知，在这个论题上，自己的疑问远多于真知。由此，我也体悟到，概念辨析在学术研究中的重要性，尤其真切发现"封建"在古今转换、中西对接间引发的一系列悬而未决而又切关宏旨的问题，若不得到较为透彻的解决，异文化间的交流对话都会很困难，一切文史研习者对此皆无以回避。

谷川：的确如此。我在我的《中国中世社会与共同体》一书中就曾指出，诸如"封建"之类，实际上是用以剪裁整个历史的大概念，所以不可不加以辨析。

冯：经过多年的考析，我确信，"泛化封建"观是不能成立的。单从概念演绎史的角度说，它至少有"三不合"：（一）不合古义（"封土建国"、"封爵建藩"）；（二）不合西义（feudalism意为采邑，又译封地，意谓采取其地赋税）；（三）不合马克思的本义。当然，中国的"封建"、西方的feudalism，都不是固定不变的，都有其生成、演变的历史。但不管怎么变，都没有逸于其本义提供的引申指向和语义空间。而"泛化封建"，完全偏离了概念古今演绎、中外涵化的正途，把非封建乃至反封建的涵义硬塞进"封建"名目之中，造成名实错位，所谓"语乱天下"。有人坚持把泛化封建观说成是马克思主义史学结论。其实，通览马克思、恩格斯论著，就会发现马、恩一再对泛化封建观明确提出批评。吴大琨先生作为一位兼通中西史学的马克思主义学者，早就认为泛化封建观有悖马克思本义，并指出，如果把这种滥用的"封建"重译成feudalism，"西方和全世界的马克思主义者是很难理解的"。

谷川：马克思在天有灵，恐怕也会感觉迷惑。"原始社会—奴隶社会—封建社会—资本主义社会—共产主义社会"这五种生产方式直线直进的模式，是斯大林规定的，而并非马克思的本义。马克思提出"亚细亚生产方式"，就是不主张把西欧历史模式套用于东方。马克思从来没有说中国、印度等东方国家的前近代社会是"封建的"。

冯：马克思只称中古日本社会类似西欧的feudalism，但遍稽马克思、恩格斯所有关于东方国家中古形态的论述，却无一处以feudalism指称印度、中国等其他东方国家，他们历来把前近代中国、印度称为“东方专制社会”。

谷川：1930 年前后的中国社会史论战，之前苏联有关于亚洲历史性质的大讨论，讨论的焦点问题实际上就是“亚洲有没有独特的生产方式”。马克思认为亚洲有独特的生产方式，而斯大林则认为没有。斯大林扭曲、丢弃了马克思的历史学说，把本来多样的、各地域独有的生产方式说成是一种生产方式，再在“一种生产方式”之下，说欧洲有欧洲式的封建，中国有中国式的封建，日本有日本式的封建。实际上这“一种生产方式”是不存在的，是斯大林生造出来的，因为如果不这样说，斯大林就不能顺理成章地掌握对亚洲革命的指挥权、领导权。输入到中国并发挥决定性影响的，就是这样的斯大林主义，而不是真正的马克思主义。

冯：《中国社会科学》2008 年第一期发表了我的文章《唯物史观在中国的早期传播及其遭遇》，论其遭遇，主要有两点：一是把马克思的唯物史观简单化、公式化，“削足适履”，其实是另一种形式的西欧中心论；一是概念紊乱，尤其是“封建”概念，没有在学理层面加以探究、界定。“泛化封建”的确立，实际上是教条主义的结果。

三　如何对待马克思主义封建观

谷川：现在的“泛化封建”的拥护者们同样也是教条主义的。在马克思时代，关于中国乃至整个亚洲的认知还很不完备，马克思主要是在欧洲语境之内把亚洲的社会形态表述为“亚细亚生产方式”。至于亚洲变化、发展的历史脉络，马克思并没有深入探究。

冯：对马克思主义，一要尊重；二要发展。尊重马克思，恢复马克思学说的本来面目，是正确对待马克思主义的首要前提和基本内容。泛化“封建”曾被称之“马克思主义史学成果”，其实，通览马克思、恩格斯论著即可发现，历史唯物主义创始人明确反对泛化封建观，马克思 1877 年对俄国民粹派米海洛夫斯基的尖锐批评为其代表性论述。马克思晚年的人类学笔记，不赞成柯瓦列夫斯基将 9—15 世纪印度称“封建社会”，并列举两条理由：（一）土地可让渡的非贵族式土地所有制与封建主义不相兼容；（二）中央集权君主专制与封建主义不相兼容。而中国秦至清两千年间，土地自由买卖、君主专制集权，在程度上均超过印度，当然更不是封建社会。马克思、恩格斯从未称之"封建社会"。马克思、恩格斯是从西欧中世纪的社会存在中概括出封建主义特征的，又并未将封建主义视为西欧的专有物。作为严肃的社会科学家，马克思一向注重概念的准确性，坚守"封建"的内涵与外延的精准，拒斥一切滥用"封建"的做法。马克思终其一生坚持历史进步统一性与多样性相结合的学术理路，在更高层次上、更深刻意义上探究历史发展的普遍规律。

谷川：真正的马克思主义是发展的。而发展必须首先探究她的本来面目，找到她的基本理念、逻辑原点和逻辑结构。斯大林把"五种生产方式形态"模式化，是机械的、专断的，并不尊重马克思的本来面目和根本原则，并不是对马克思学说的发展。像冯先生的《"封建"考论》那样，才是发展马克思主义。

四　"非封建的中国中世"

牟发松：谷川先生有"非封建的中国中世"的名论。2007 年他就此在上海做学术报告，引起很大反响。

谷川：对秦汉到明清的中国，究竟如何看待？如何把握？这是学界必须探讨、解决的重要课题，也是我多年来苦心追索的课题。有一点至少在日本学界是早已取得共识了的，那就是：秦汉至明清的中国不同于西欧；帝王和自耕农之间到底是什么样的阶级关系？这是一个问题，需要深入探究。

就我个人来看，它们之间不是封建关系，而是"非封建"关系。这种关系的性质，归根到底还要从土地所有制上去认定。有种说法认为，中国宋以后可以自由拥有土地。然而，那是真正的自由吗？是真正的所有吗？实际情形，非常复杂，不是轻易说得清楚的。我想，还得从土地的所有权和管理权的关系上进行分析。我认为，相对于中世纪西欧而言，国家对土地的管理权是亚洲尤其是中国的特点所在。如果没有国家的管理权，就谈不上农民的所有权。国家的管理权，既有保障权，又有剥夺权。西欧不然，希腊时代以后，自由观念、个人所有观念很强，围绕所有权制定法律，直到中世纪形成了界限非常明晰的、封建性的土地所有制，主要是领主制。在西方人看来，东洋人处在专制之下，无自由可言。对此，从孟德斯鸠、黑格尔到马克思，都有所论说，如孟德斯鸠说中国是"政治奴隶制"，马克思说是"总体奴隶制"。当然，这都是站在欧洲的立场上对中国的看法，虽不无道理，但并不全面。而就中国人自己而言，情况并不完全是这样，突出的可能是另外一个侧面：虽然国家对农民处于统治地位，但同时也提供着保障或保护；如果没有国家提供的保障或保护，农民的生产、生活就没有安定的基盘，因而也就没有真正意义上的土地所有权。总之，中国中世的所有权问题很复杂，很微妙，需要进一步研究。有一点是可以肯定的，那就是：它和西欧不一样，和日本也不一样，是中国独有的，是非封建性的。

总之，中国有独特的历史发展方式或过程。秦汉至明清，历时很长，其间，中国的历史有自己独特的变化、发展的脉络或路径，而且基本是独自变化、发展的。变化的是内容，而不是结构类型。这基本稳定的结构就是：上边是专制皇帝，下边是“编户齐民”，中间是官僚，它们之间是一种“非封建”的关系。在这点上，我和冯先生有相通之处。

冯：关于秦汉至明清的中国社会形态，我从经济、政治、社会三个层面做了分析，（一）经济上，是土地可以自由转让的地主经济；（二）政治上，是专制帝制下的官僚制度；（三）社会构造上，是宗法制。三者“三位一体”，总名之为“宗法专制地主社会”；此一时代则称以“皇权时代”。

谷川：冯先生的分析、判断，可谓高屋建瓴。

冯：只是尝试，仅供参考。我将继续吸纳众位师友的意见，包括批评意见，把问题的探究进一步深入下去。其余非所计也。

拨开近百年“封建”概念的迷雾

——读冯天瑜《“封建”考论》

张绪山

一

在近百年中国社会的语汇中，“封建”一词无疑是其中的关键词之一。但它在各色人等言语中的流行，却是近半个世纪以来的事，也是这一时期引人注目的社会现象之一。在普通民众语言里，“封建”一词及其相关概念，表达的是“愚昧”、“落后”、“反动”、“腐朽”、“顽固”等意义，对立于“文明”、“进步”、“开化”等现代概念；而作为政治和学术术语，与“封建”概念相关的词汇，如“封建制度”、“封建主义”、“封建专制”、“封建意识”等，除了表达民众流行语的基本意义外，更多地是被作为一种标签，标示一种社会形态，具体说，是指自秦代以至晚清中国两千余年的传统社会。

然而，“封建”是中国传统典籍固有的词汇，它的本意是“封邦建国”、“封土建藩”、“封爵建藩”，秦汉以降至晚清的中国传统文献，基本上沿用这个意义。近百年中国社会流行的“封建”概念与中国传统的“封建”概念在意义上发生了根本性的转变，不再延续中国古典文献中的“封建”概念，与之保持贯通；而且，这个被赋予新义的“封建”概念被强行对应于表示欧洲中世纪社会特征的 feudalism，掩盖了中西社会结构间存在的巨大差异。

“封建”概念使用上的这种变化始自 20 世纪初的新文化运动。1915 年陈独秀在《新青年》第一卷第一号《敬告青年》中说：“举凡残民害理之妖言，率能徵之故训，而不可谓诬，谬种流传，岂自今始？固有之伦理、法律、学术、礼俗，无一非封建制度之遗。”他认为两千年来所奉行的儒家思想是“封建时代之道德”、“封建时代之礼教，封建时代之生活状态”、“封建时代之政治”，实际上是将秦汉代以后的中国历史视为封建时代。日本受中国文化的影响，是在中国传统意义上使用“封建”概念；由于日本幕府体制下的“封建制度”与中世纪西欧的 feudalism“酷似”，日本以“封建制度”或“封建主义”对应 feudalism，较成功地实现了东西方现代学术语汇的对接。游学日本的陈独秀将日本人作为“前现代”标签的“封建制度”移来，贴在了秦代以至清末的中国社会之上，形成“封建＝前近代＝落后、反动”的公式。

不过，真正使这种观念广为流传的，是来自苏俄和共产国际理论的影响。列宁对现实中国“半封建国家”认识，斯大林的封建论，《联共（布）党史简明教程》五种社会形态的理论，改变了中国传统“封建”概念的本义。20 世纪 20 年代末 30 年代初的“中国社会性质论战”和“中国社会史论战”，扩展了“封建社会”的内涵，将“封建主义”视为一种社会形态，包括了小农经济、超经济强制和皇权专制主义等一整套概念。后来又经过毛泽东的采纳，一直延续到今天。这种用法改变了传统上一直沿用的秦始皇统一中国实行郡县制以后不存在“封建”制度的观念。因此，以“封建社会”指称秦汉以至明清的中国社会，既不符合中国典籍的古义，也难与西欧 feudalism 对接，也不符合马克思以西方历史归纳出来的“封建主义”概念。这就是冯天瑜新著《“封建”考论》经过细腻、详尽、严密的考论所得出的结论。整个论证过程显示出冯氏扎实的考证、论辩功力和沟通中外学术的宽阔视野，令人佩服。

然而，这只是探究近百年“封建”概念名实错节之历程的本相，属于基本的“解构”过程，在此基础上冯氏所尝试的，是对误用“封建主义”本义的秦汉至清的中国社会进行重新命名。冯氏建议以“宗法地主专制社会”名之，试图从各主要方面（社会组织形态、经济特点、政治制度特征）来概括这个历史阶段，显示了他对历史思考的周密，但这样概括出来的名称所显示的弱点是过于繁复。每个概括性词语对于它所标示的特定社会阶段的主要特征，都有顾此失彼的不周密性，如当今人们所认同的“资本主义”，就没有明确凸显 16—20 世纪西方社会运行的“商品—市场经济”、“民主制度”、“自由主义思想”等典型特征。既然中国古典文献中的“封建”概念凸显的是秦汉以前的商周社会制度的典型特点，而辛亥革命以来的中国社会以“共和”（民主）相标举，那么秦汉至清代的中国社会是否可以名之为“皇权社会”？首先，此称在口语和文字表述上更为简约明快；其次，“皇权社会”这一名称可以显现出这一时期中国社会不同于西欧“封建社会”（feudal society）的突出特点；最后，也至关重要的是，无论商周社会的“封建”，还是辛亥革命以后的“共和”，都是政治制度概念，“皇权社会”正是从政治制度层面上清晰地标示出它与前后两个阶段的区别，以及这个较长阶段上中国社会发展的重要特点。

鸦片战争以后，中国社会进入大转变时期，主要目标有三：由封闭半封闭的小农经济转变为商品经济，即经济的市场化；由皇权专制转变为民主制度，即政治的民主化；由传统文化转变为近代文化，即文化的科学化。在这三个层面中，政治民主化作为经济市场化和文化科学化的枢纽，在近代中国社会变革中具有关键意义。“皇权社会”命名的提出，使人更容易明白近代以来政治制度变革的症结和关键所在，换言之，突出近代以来反皇权专制这个主题，符合近代以来中国“现代性”改造在政治层面的根本要求，较之一个模糊不清的“反封建”命题，更能切中要害，因此这种定名也更具有现实意义。如此说来，以“皇权社会”命名秦至清的中国社会，是否更为妥切呢？

冯氏对于初步拟订的“宗法地主专制社会”表示“不敢自是”，希望“求之高明”、“寄望于来日”，显示出一个史学家谨慎、务实的开放态度。冯氏异日修订大作时是否可以考虑此间的“愚者一得”？

二

考证“封建”概念在中国、日本和欧洲典籍中的本义，是《考论》全书立论的前提，探求泛化封建观在中国生成的来龙去脉，则是其主旨所在。作者指出，“封建”名称在近代中国的使用分为五个阶段，即清末民初、五四新文化运动时期（1915—1922）、大革命前后（1922—1928）、20年代末至30年代初（1929—1933）、1939年以后；泛化封建观发生、确立于最后四个阶段：五四时期出现在陈独秀等个人著作，20世纪20年代中期经共产国际文件的译介被中共所接受，20年代末30年代初由“中国社会性质论战”和“中国社会史论战”获得学术形态的表述，1939年以后经毛泽东《中国革命和中国共产党》等著作在共产党内确立其主导地位，1949年以后由于共产党执掌全国政权和毛泽东在共产党内特殊地位的强化而最终占据支配地位。就其传播进程而言，后两个阶段尤为关键。

对于20世纪20年代末30年代初以郭沫若为代表的泛化封建论者改造"封建"概念的过程，冯氏的观察细致而准确，认为其具体的做法是，"先将本来'依实定名'形成的关键词'封建'的固有概念加以剔除，然后根据所论时段（秦汉至明清）的社会特征概括出若干标准，加以'封建'一名，充作其内涵，再把这种重新制作的'封建'名号，冠于秦汉至明清这段历史之上。"冯氏告诉人们："将'封建'概念泛化的前辈学者，大多饱读诗书，当然明白'封建'的古义是封土建国、封爵建藩；他们又多半熟识西文、西史，对 feudalism 的含义为封土封臣、采邑庄园，并不生疏。'封建'泛化，绝非由于论者不通古义、西义，而是另有原由的。"那么，这种具有明确意向的概念改造何以能够顺利实现？冯氏认为，主要得因于"社会形态"学说在中国史研究的运用，具体地说，是20世纪20—30年代之际，以郭沫若为代表的研究者在风云际会的社会环境中学习并运用唯物史观，"承袭列宁及共产国际的思路，为解决中国历史分期及社会性质问题而构筑理论框架，并在此框架内采用新的术语系统"的结果，是"社会形态"理论作为"科学"被加以推广运用的结果。这一认识符合历史事实，但深层背景似乎还有必要进一步发掘才能看清。

在20世纪20—30年代发生的中国社会史论战中，不管论战各方在具体观点上存在何种分歧，论战者均声称自己的观点符合"科学"。这种现象乃是时代整体思潮的集中表现。清末民初以来，国人逐渐认识到，百年以来西方的强盛，主要受益于科学之赐，中国未来倘无科学"为国人所服习，将社会失其中坚，人心无所附丽"，所以"继兹以往，代兴于神州学术之林，而为芸芸众生所托命者"①，唯有科学。五四运动中，以陈独秀为代表的民族先觉者们认定，只有"德先生"（民主）和"赛先生"（科学）"这两位先生，可以救治中国政治上道德上学术上思想上一切的黑暗"，因此决心为这两位"先生"在中国的落户而赴汤蹈火，甚至"断头流血，都不推辞。"② 到20年代初科玄论战开始时，科学这

① 任鸿隽：《〈科学〉发刊词》第1卷（1915）《科学救国之梦——任鸿隽文存》樊洪业等编，上海科技教育出版社2002年版，第14—18页。

② 陈独秀：《〈新青年〉罪案之答辩》，《新青年》第6卷第1号（1919）《独秀文存》，安徽人民出版社1987年版，第242—243页。

个名词“在国内几乎做到了无上尊严的地位”[①]。在对科学的信仰业已形成气候的社会氛围中，“科学”概念从自然科学扩展到社会科学，如陈独秀认为：“社会科学是拿研究自然科学的方法，用在一切社会人事的学问上，像社会学、伦理学、历史学、法律学、经济学等，凡用自然科学方法来研究、说明的都算是科学”；“马克思就以自然科学的归纳法应用社会科……所以现代的人都称马克思的学说为科学的社会科学”[②]。甚至连丁文江这样的职业科学家也认为，爱因斯坦谈相对论是科学，詹姆士谈心理学是科学，梁任公讲历史研究法，胡适之讲《红楼梦》，都是科学[③]，将严格意义上的“科学”概念做泛化处理。科学派在“科玄论战”中的胜利，以及它所营造的“科学”普适性的观念，使“科学”名义下的“社会形态共性论”很容易被普遍接受。

其次，20世纪初叶，中西冲突和社会危机的空前剧烈，帝制的崩溃，尤其是五四运动以来对传统文化的全面攻击，使服务于旧制度的传统儒学道德信仰已经严重动摇乃至崩坏；传统文化道德信仰的失落，使整个民族失去了预测未来前途的凭借，内心的焦虑和担忧更为强烈，急需一种应时的信仰加以抚慰。在这一点上，以“科学”信仰为基础的具有决定论特点的“社会形态共性论”，恰好适应和满足了国人对民族未来发展趋势预测的愿望和需求，也使得以天下为己任的新式文化人在接受这种理论后有足够的勇气指点民族的未来前途。1929年郭沫若在《中国古代社会研究·自序》中开头便说：“对于未来社会的待望逼迫着我们不能不生出清算过往社会的要求。…… 认清楚过往的来程也正好决定我们未来的去向。只要是一个人体，他的发展，无论是红黄黑白，大抵相同。由人所组织的社会也正是一样。中国人有句口头禅，说是‘我们的国情不同’。这种民族的偏见差不多各个民族都有。然而中国人不是神，也不是猴子，中国人所组成的社会不应有甚么不同。”他明确表示自己所要做的，就是接受科学方法的指导，沿着科学的研究路径，“把中国实际的社会清算出来，把中国的文化，中国的思想，加以严密的批判，让你们（指郭氏所挑战的“国故

① 胡适：《科学与人生观·序》，见张君劢等《科学与人生观》（一），辽宁教育出版社1998年版，第9页。

② 陈独秀：《新文化运动是什么?》，载《新青年》第7卷第5号。

③ 丁文江：《玄学与科学——评张君劢的〈人生观〉》，《科学与人生观》（一），第49页。

家”——引者）看看中国的国情，中国的传统，究竟是否两样！”[①] 很显然，“社会形态共性论”是郭沫若得出“中国人所组成的社会不应有甚么不同”断论的“科学”理论依据，也是他清算历史、待望未来的既定前提。郭氏身上所体现的对待“科学理论”的态度不是特殊个案，而具有代表性和时代特征。这可以解释《考论》指出的一种现象：论战中观点大异、政治立场对立的论战者所表现的异中之同是，“不同程度地信奉来自苏俄及共产国际的‘社会形态共性论’。论战诸方多迷信欧洲模式，以之裁量中国历史”。这个共同特点之所以形成，关键是因为论战者对于“科学”原理的普适性具有共同信仰。冯氏认为“这大约是后五四时期中国社会科学界的一种思潮，某些新锐学者或轻或重地患着‘左派幼稚病’”。可谓切中肯綮的断语。

这种“左派幼稚病”的产生，除了与“科学”信仰的流行有关外，恐怕还在于这样一个事实：苏俄革命的成功向中国展示了革命的前景，中国的革命者从苏俄的榜样中看到了自己的未来，20 世纪 20 年代孙中山倡议“以俄为师”，认为“今日革命非学俄国不可”，明显寄托了对于中国革命前景的期待；俄国革命的成功被认为是列宁理论付诸实践的结果，这一认识似乎已无言地向中国的“取经者们”证明了“科学理论”正确性和巨大威力，因此十月革命一声炮响，将马克思列宁主义送到中国时，自然受到欢迎；而斯大林和苏共以马克思主义继承者自居所做的宣传，也无疑增强了来自当时革命中心的政治理论的“科学”权威性。所有这一切都有助于造就中国文化人接受苏联“科学理论”的精神氛围。

“社会形态共性论”的失误源于对“科学规律”地误解。自然科学中所说的“规律”自然是“不以人的意志为转移”而万载不变的，但人类的活动（个体和族群的活动）则不同，它的演变轨迹处处贯穿着人的主观能动性，这种主观能动性往往随着人活动中的偶然因素和不同的客观环境而使历史演变呈现出丰富多彩的面貌。不承认这一点，教条地断言历史发展的单线性统一模式，实际上等于认定历史运动具有先定论性质。将基于西方历史演变轨迹提炼出来的所谓“科学的”社会形态理论，机械地、削足适履地套在中国历史事实之上，最终必然造成历史诠释中的名实不符。

---

① 郭沫若：《中国古代社会研究》自序，《郭沫若全集》历史编 1，人民出版社 1984 年版，第 6—10 页。

三

泛化封建论的生成，确与国际形势的风云变幻息息相关，但它又确是20世纪上半叶中国社会舞台上政治思想活动的产物。如果说中国社会史论战使泛化封建论经系统的阐释获得了理论上的合理性，那么毛泽东著作的采纳则赋予了它政治上的权威性。它在历史惯性的作用保存和延续下来，并由政治权威扩大了它的影响。

毛泽东于1939年发表的《中国革命和中国共产党》中有一段著名文字：“中国自从脱离奴隶制度进到封建制度以来，就长期的停顿下来。这个封建制度，自周秦以来一直延续了三千多年。……三千年来的中国社会是一个封建社会。”1940年毛泽东发表的《新民主主义论》又重申：“自周秦以来，中国是一个封建社会，其政治是封建的政治，其经济是封建的经济，而为这种政治经济之反映的，则是封建的文化。”实际上，这段文字最初并非出自毛泽东之手，而“是其他几个同志起草，经过毛泽东修改的。”[①] 据冯天瑜推断，这“几个同志”中应包括王学文、何干之、艾思奇、范文澜等人。虽然具体为何人，有待考证，但不是毛泽东初创，则是可以肯定的。毛泽东并非职业历史学家，在革命和战争的残酷环境中，没有可能腾出宝贵的时间从事专门的古史分期问题研究，因此，对于中国何时进入封建社会，只能接受在他看来合理的其他学者的观点。

然而，这段并非毛泽东初创的文字一经与毛氏的名字联在一起，便随着毛的被神化而获得了神奇的魅力，成为可以引据的“经典”，反过来影响中国学术界对古史分期的讨论。1972年7月郭沫若在为《奴隶制时代》所写《中国古代史的分期问题——代序》中，为证明自己的春秋战国之际封建说，便理直气壮地引用了毛氏修改的文字：“毛主席早就明白地说过了：‘自周秦以来，中国是一个封建社会，其政治是封建的政治，其经济是封建的经济，而为这种政治经济之反映的，则是封建的文化。’这儿的‘周秦’一个词，就是指周秦之际，犹如我们把战国时代百家证明称为‘周秦诸子’一样。‘周秦’二字不能分开来讲。‘自周秦以来，中国是一个封建社会’，换一句话说，便是：中国古代奴隶

① 《毛泽东著作选读》上，人民出版社1986年版，注。

社会与封建社会的交替，是在春秋与战国之交。”[①] 然而，郭沫若似乎忘记了，毛泽东并非以研究历史为职业的史学家，更没有在古史分期问题上进行过专门研究，他的断言不能轻易引为依据。更令人玩味的是，郭氏将毛泽东“自周秦以来，中国是一个封建社会”一语中的“周秦”理解为“周秦之际”，又将“周秦之际”演化为“春秋与战国之交”时，却又无视毛泽东所谓“这个封建制度，自周秦以来一直延续了三千多年”的断语所包含的时间意义，因为“三千多年”的封建社会的开端时间断不会是落在“春秋与战国之交”，而只能是西周初期。以郭氏的绝顶聪明，当然不会在这样简单的数字计算上出现问题。这类失误的发生，只能由郭氏本人才子、文人、学者、政治家的复杂角色来解释。

类似过程也发生在“资本主义萌芽说”上。毛泽东在《中国革命和中国共产党》中提到：“中国封建社会内的商品经济的发展，已经孕育着资本主义的萌芽，如果没有外国资本主义的影响，中国也将缓慢地发展到资本主义社会。”《考论》作者指出，这段同样著名的文字其实并非见于1939年12月的原文，而是新中国成立后中共中央成立《毛泽东选集》编委会，修改毛的入选文章时由范文澜等人加进去，后由毛认可的，所以这段文字所表达的“资本主义萌芽说”的真正提倡者是范文澜等人。

以理而论，范氏的见解也只是史家之一说，并非绝对真理，是可以继续讨论的，但一经被认定为毛泽东的观点，性质立刻发生变化，成为了学者们立论的权威依据。这种以政治权威的断论为终极真理，为学术观点依归的现象，乃是政治权威至上，政治干预学术的表现。学术为政治服务，不可避免地将学术推到教条主义的死胡同，沦为领袖断语的诠释工具。

20世纪下半叶的几十年中，史学研究有所谓“五朵金花”之说，古史分期问题和资本主义萌芽问题都位列其中。这“两朵金花”的讨论都因政治权威的介入而偏离了正途，其奇特遭遇令人深思，其深刻教训应该记取。

自汉代“罢黜百家、独尊儒术”以后，儒家就一直汲汲于论证“天不变道亦不变”的道理，以证明现实统治秩序合乎“天道”的普适性，但从鸦片战争以后，面对浩浩荡荡的世界潮流，中国社会的守旧势力却又高弹“中国国情特殊论”的论调，以抗拒世界潮流。近代以前世界各地仍被封闭状态所阻隔，各国各民族发展道路各有不同，是可以理解的。但近代以后资本主义世界市场已

---

① 《郭沫若全集》历史编3，人民出版社1984年版，第13页。

经形成，世界各地已被越来越密切地联系在一起，任何国家和民族要想完全孤立地发展，都是办不到的。对中国而言，如果说鸦片战争发生前还有自己的演变轨道，那么此后已不可能孤立于世界发展的整体趋势。中国近百年来出现的“西化”思潮也好，“全球化”也罢，其实都是对世界整体发展趋势的认识。

《考论》是一部严肃的学术著作，它以翔实和严密的研究证明，无视中国历史的实际特点，将基于西方历史的概述模式泛化为所谓的“普遍规律”，生搬硬套地用以阐释中国历史，必然产生名实不符的问题。但是，我们希望它所显示的中国历史特点，不要被僵化地机械地理解为中国“国情特殊论”，成为抗拒当今世界潮流的根据。在人类各族共识日益增多的当今时代，拒绝接受公认的普适价值，如果不是别有用心，就是自甘简陋。但愿我们的想法只是杞人之忧。

四

《考论》作者对“封建”概念的严谨而大胆探索所展现的治学精神令人称道。据《考论》所附《跋》语，冯氏措意并决心研究“封建”问题始自1987年夏天参加在美国召开的“国际中国哲学会”之时，至2005年始告完成，以近20年的潜心研究而成此作，可谓苦心孤诣、呕心沥血。众所周知，近20年商品经济大潮对一向清高的读书人造成的巨大冲击是前所未有的，对大多数读书人而言，除了最近数年间生活条件稍有改善外，大部分时间是在躁动不安和焦虑中度日。冯氏安贫乐道，心无旁骛，惨淡经营，精进不已，终于有此成绩，让人感奋且感慨。

冯氏追求学问的态度自由而严谨，展现了一个以学问为职志的学者所应有的胸怀。在我国学界，“五种社会形态”理论是作为一种意识形态而被长期遵奉，并非一种简单的理论学说。这种意识形态被国家力量视为“科学规律”，对人们的思想而言，就是一种实在的物质强力支配下不得不奉从的信仰。对这个僵化的信条，怀疑者也许不乏其人，但对它展开系统的研究，需要足够的理论勇气和高度的学术素养。陈寅恪《王观堂先生纪念碑铭》有言：“士之读书治学，盖将以脱心志于俗谛之桎梏，真理因得以发扬。”此诚千载不易之论，然学问上的特立独行、超凡脱俗，终非轻易能够做到。冯氏于“封建”这个与意识形态密切相关的问题产生疑问，并以巨大热情展开研究，其结论不管是否存在可商榷之处，其追求真理的自由精神都是难能可贵的。我们不敢说冯氏此著已臻至善至美、无懈可击之境，但至少可以说，作者所展现的自由精神和坚韧毅力，是弥足珍贵的，值得表示敬意。

《考论》最值得注意的地方，是作者所展现的“小题而大作，眼高而手低”的治学手法。冯氏从“微小”的“封建”概念切入，在材料的搜集上不遗余力，上下求索，追求“竭泽而渔”，关键资料几无遗漏。对庞杂繁复的材料分类归纳，条分缕析，以近四十万言的洋洋文字，以一个“封建”概念的演变为主线，将近百年中国政治和学术密切关联的问题，有条不紊地完整地勾画出来，是名副其实地以“小题目”而成就的大作品。冯氏以“封建”概念为枢纽，目通于古今时代而上下勾连，思接于东西世界而纵横论析，眼界堪称高远、宏阔，然又能处处关注于基本的事实和概念，行文细致入微，论述丝丝入扣，做到了论证和表述上的“小处着手”。反观长期以来学界盛行的“宏大叙事”所造就的“好大”积习，我们不得不佩服冯氏厚积薄发的治史功力、洞察入微的学术识见和有条不紊的叙事才能。

冯氏《“封建”考论》的学术意义，还在于它以具体实践向人们展现了“名辩之学”的重要意义。不可讳言，较之西洋学术传统，我国传统学术逻辑体系甚不发达，概念不清、论证不严、随意比附，是通贯两千余年而未变易的弊端。早在五四运动时期，前辈先贤就痛感此“笼统主义”之害，视之为国人共毒，认为“吾国之学说文章，虽有种种伟大思想，但自其普遍于国民思想者言之，则陋劣极矣。人人讲王道性命仁义礼智，究竟此等为何物事，殆无一书有系统之说明。故中国之学说，无一不含有神秘的作用……无极而太极，太极而无极。此语究作何解，则亦玄而又玄，众妙之门而已。然中国学子，亦亘古以笼统主义为安，委心任运不求甚解之中”[①]。冯氏提出“名辩之学不可轻慢”的学理要求，认为“自汉儒冷落先秦名家以来……这种蔑视名辩的文化氛围，养成以思维模糊性高明的传统观念，关键词内涵游移、外延随意伸缩，并不被认为是讨论问题时在偷换概念，反而美其名曰‘纵横八极’、‘游刃有余’。这种诗化的、不太注重形式逻辑的思维方式，大约是妨碍中国文化近代转型的原因之一”。诚哉此言！可谓英雄同感，所见略同。笔者平日读书无所用心，不求甚解，独于先哲时贤作品中概念的界定、论证的严密及内在逻辑结构的谨严颇多留意，以

① 远生：《国人之共毒》，载《东方杂志》第13卷第1号。

至积习成癖，演为嗜好，故于冯氏《考论》一书严格性印象深刻，暗自称许。

冯氏《考论》启人心智之处尚多。如果以精益求精相勉的话，我们希望作者将来修订是著时，不妨依照现下学术著作的通例，制一索引附于书后，以为方便读者检索之用。如此，则整个著作可无遗憾矣。

近年来，有关“封建主义”的研究，又引起人们的热情和兴趣。如果说2004年法国年鉴学派创始人马克·布洛赫的名作《封建社会》中文版的出版，为中国学界提供了认识西方主流学术有关欧洲“封建主义”观念的一个借鉴，那么，冯氏《“封建”考论》则是在综观东西洋“封建”观念基础上，以中国学者的学问视角，对中国传统“封建”概念近百年演化历程的清理和总结。冯氏此著是我国学术界“封建”概念研究的界碑，它的出版将翻开“封建”概念学术史研究的新一页。

（本文原载《湖北社会科学》2007年第1期）

一个概念一本书

——读冯天瑜先生新作《“封建”考论》

方维规

本人在西洋从事中国文学与思想史的教学和研究多年；如何将有些重要的汉语概念迻译成西洋语言，常常是一个令人困惑的问题，“封建”便是一例。这里说的并不是翻译用词问题，而是“概念”与“指称”的问题，“名”与“实”的问题，也就是接受者是否能够理解的问题。在现当代汉语语境里，诸如“封建意识”、“封建迷信”、“老封建”之类的表达是不难理解的；而将其直译成西洋语言，一向以“封土封臣”、“采邑领主”诠释 feudalism（封建）的西方人，一定会感到摸不着头脑，不明白这些以“封建”为基轴的短语所言“封建”为何义。

“封建”（即“封土建国”、“封爵建藩”）这个汉语古词在 20 世纪发生了指称的变化，获得了“新”的含义和标记，其词义特征与古义“封建”几乎无关。笔者以为，所谓“封建”新义，或曰此概念蜕变后的内涵和外延，至少可以归结为三点：首先，“封建”指称 1911 年之前中国历史上的皇朝时代；而 1949 年前的一百年时间，也常被称为“半封建”时代。其次，“封建”用以状写与所谓封建传统和封建社会相关的意识形态。最后，在人们谈论所谓“封建”残余的时候，或论说保守的、愚昧的、落后的、迷信的行为方式和思维的时候，亦常出现“封建”一词。以上三点，大概可以包括绝大部分中国人的语言实践。即便在学界，似乎大部分人至今还在用“封建制度”描写秦汉以降的各代皇朝。甚至连不少史学家也已经不再考虑“封建”概念的词源和语义，或不再想到，今天的“封建”概念，至多只是“约定俗成”而已，并不能说明“约定”的准确与否。在这种情况下，冯天瑜先生的大作《“封建”考论》（武汉大学出版社2006年版，以下简称《考论》）的发表，无疑具有不同一般的意义。

本文开头所说之翻译的困惑，主要是说，一个误用的概念无法得到正确的翻译。这种概念的误用，正是冯论所说的概念误植所致，或曰“名实错置”。早在《新语探源——中西日文化互动与近代汉字术语生成》（中华书局2004年版）一书及其他一些单篇论文中，冯天瑜已对不少误植概念作了可贵的厘定工作。在研究概念史的时候，指出误植固然重要，更重要的是弄清误植的缘由，这就往往需要长篇大论甚至一本著作论述一个概念，《考论》给我们提供了一个范式。它不但指出今天的“封建”概念既与汉语本义脱钩，又与英语 feudal system或 feudalism 相左，而且还明晰地展示了整个概念的发展和演变过程，及这个多少已经变得不伦不类的泛化概念的来由。使《考论》这部难得之作与其他类研究区分开来的，首先就是它的篇幅。换言之，中国学界明确地在“历史语义学”的层面上，一本书论一个概念，此著当为开山之作。当然，《考论》巨制，非言纸张之重，而是内容丰厚。

与《新语探源》相仿，此作依然围绕中西日互动展开讨论，探索一个概念的古今沿革。中西日交叉关系是目前谈论西学东渐话题的一个常见框架，冯氏研究则在结构上更加突出这一交叉关系。所谓中西日互动，或许最能体现于“封建”一词与 feudalism 交接之初。当美国传教士平文（J. C. Hepburn）编撰的《和英语林集成》（1867）或柴田昌吉、子安峻编撰的《附音插图英和字汇》（1873）起用汉语古词“封建”与英语 feudalism 对应，用“封建的”翻译 feudal，应该说是极为精准的，原因是日本与欧洲封建制的酷似以及日本自古袭用的汉语“封建”之名与西洋概念的匹配。对此，冯文作了极为精当的论述。其实，用“封建”写照欧洲中世纪的一种社会和政治形态，已经见之于魏源的《海国图志》（1843）和徐继畬的《瀛环志略》（1848）。在这两部介绍外国史地、政治习俗等概况的名著中，“封建”一词虽不常见，但却用得恰到好处，例如魏源说欧洲诸国近代“变封建官家之局，而自成世界者”。鉴于魏源等人之著多以一些洋人汉语著述为蓝本，我们多少可以窥见当时中西“封建”概念的对接，窥见 feudalism 概念在中土的“迻译”，尽管论者常常是引用他论，而不是从翻译的角度介绍欧洲的 feudal system。

19世纪下半叶，“封建”概念还未异化。郑观应在《易言·论公法》（1880）中指出：“考诸上古，历数千年以降，积群圣人之经营缔造，而文明以启，封建以成。自唐、虞迄夏、商、周，阅二千年莫之或易。”谭嗣同则在《仁学》(1896/1897）中说“自秦以来，封建久湮”。时至19、20世纪之交，也就是“封建”概念从日本返回中国的时候，梁启超将“封建”与feudal相对应，将中国周代国体与古希腊国体相比（《论中国与欧洲国体异同》，1899)，或论述春秋战国至秦代由地方分权趋于中央集权，“及秦始皇夷六国，置郡县，而封建之迹一扫”(《中国专制政治进化史论》，1902)。此时，梁氏所运用的“封建”一词，既是正宗中国概念，又是接受了西方学术、经日本与西方feudalism相通约的概念；也就是说，在真正的中西日互动之时，“封建”还是一个纯正的概念，而且成功地实现了与feudal的对接。清末民初，基本上还未出现“封建”术语紊乱的现象，误植或对一个纯正概念的歪曲是以后的事。

冯天瑜的《考论》，对这个重要概念进行了全方位的梳理。没有对大量资料的把握及深厚的功底，此工程是无法完成的。尤其令人钦佩的是冯氏对日本材料如数家珍似地陈述与分析。此书日本“封建”概念史部分，汇总东西洋考，兼及中西交汇；分则可视为一部精巧的日本“封建”概念史，将其镶嵌于古今中国“封建”论，合为一部充满动感的概念发展互动史。从方法上看，此作是平行研究与影响研究的成功结合；加之一些范例比较，更有助于辨析。另外，书中除专章阐述欧洲“封建”术语外，不管是在日本部分还是中国部分（不包括中国传统的封建论)，对欧洲“封建”概念的关照总是或明或暗地体现在全篇论述之中，因此，《考论》也是对西方各种封建论的一次大的检阅。这样，我们又看到了概念史跨文化研究的成功尝试。

《考论》一方面系统地再现了中西日众多的“封建”论，另一方面对中国“封建”概念在20世纪的异化作了详尽的论述（这也是认识误植的关键)：从陈独秀的“泛封建”观到苏俄及共产国际的封建中国说，从中国社会史论战时诸说并存到郭沫若封建说的确立，以及此后成为流行说。这一切给我们展示了一个曲折的历史长卷，让我们看到“封建”概念在20世纪之演变的来龙去脉、前因后果。同时，我们又不得不提出一个问题，即诸多名家对泛化封建观的质疑或者坚持精当的“封建”用词，为何无力修正脱钩和误植。在此，我们看到了一个概念的不平常的命运，看到了非学术对学术的干扰；或如著者所指出的那样：“‘封建’泛化，绝非由于论者不通古义、西义，而是另有原由的。因此，‘封建’概念被泛化，不单是一个语义学问题，更是历史学、文化学问题，可以总结为‘历史文化语义学’问题。”

陈寅恪有“凡解释一字，即是作一部文化史”之名论，此说似乎略嫌夸张。不过，不少文史哲核心概念的解释，其非同一般的意义是毋庸置疑的。《考论》的问世，似乎可以让人比较直观地领会陈寅恪解字作史的见解。《考论》无疑是一部精湛的“封建”概念学术史。言其精湛，很大程度在于这部力作的拨乱反正和继往开来。拨乱者，非自冯氏起；而冯氏拨乱，气势过人。《考论》是作者长期关注名辨、对一个概念反复思考的结果，冯氏对泛化“封建”概念的怀疑及其纠正的努力，已见于十五年前的《中华文化史》中对中国“封建制度”的专门辨析，冯氏无疑属于当代最早关注“封建”概念之误用的学者之一。另一方面，《考论》精选各种名家论说，从不同的侧面反映“封建”名辩；只有在这时，我们才会赞叹《考论》为探讨“封建”概念的集大成之作。

当一个学科连最基本的概念还没有弄清的时候，很多学理讨论只能是盲人摸象，或曰公说公有理，婆说婆有理。可悲的也许并不是众说纷纭，而是人云亦云一种仿佛天经地义的东西，其实是以讹传讹的天长日久，“封建”便是一个极其典型的例子。冯天瑜展示的由陈独秀开创的诸多“泛封建短语”，在现代汉语（政治）语汇中多么“理所当然”！然而，当我们看到冯氏揭示的诸如“封建地主阶级”、“封建专制帝王”、“封建专制皇权”、“封建官僚”等套话的自相矛盾之处，我们自会感到误用概念之滑稽。确实，泛化“封建”概念是历史对现代汉语开的一个不小的玩笑。只有在正本清源之后，《考论》作者才可能提出用“宗法地主专制社会”取代“封建社会”指称秦至清之帝国时代。这时，我们便能清晰地看到“正名”的重要意义，看到一个中心概念对一个学科的意义。由“封建”概念引发的论题，不但涉及中国历史的总体框架，亦关乎“封建”自身的定性和定位，是一个无论如何都应厘清的大概念。同样在这时，《考论》已经超出了对一个概念的论述，超出了中西日互动的讨论框架，成了对中国几千年历史的一个总体反思和考察，并给历史重新定性。

应该说，书作者提出用“宗法地主专制社会”总括秦至清之主要时段的见解是很自信的，而且作了必要的论证。但是，作者似乎还是看到了语言实践自有的规律，看到了一个概念约定俗成、难以更改的事实，因此，冯天瑜说其正本清源，也在于让人们在“将错就错”之际，知道“错”在哪里，正解何方。笔者也曾对几个重要术语作过些微梳理，与冯先生的上述看法大约相同，为的是让人知道“原来如此”。不过我现在想，中国“封建”论者逾越千年，“将错就错”不过才大半个世纪而已，人们不见得会一错到底。既然这没有封建的“封建”属于子虚乌有，执迷不悟总有到头的时候。其实，笔者所见的西洋登堂入室之中国史论，秦汉至明清，一般不会以“封建”论之，而是“官僚中央集权制”之类，或者是早已见之于梁启超的“专制政治社会”等。中国当代对以“封建”论秦之后二千余年的考问，也是在对外开放以后的中西交流，促进了对西方 feudalism 以及对本土原本封建词义的再思考以后的事。我相信，通过学人的论说，教材的更正，汉语“封建”概念的普遍正确使用只是时间问题而已。到那时，人们依然会想起 2006 年的一本书所作出的非同一般的贡献。

笔者不是历史学家，不敢冒昧评说《考论》对中国史学研究的意义；但是凭直觉，此书当为史学不同凡响之作。无论如何，有一点是可以肯定的：在汉语历史语义学领域，《考论》的重要性及其典范意义是毫无疑问的。冯天瑜在其《考论》释题时指出，此书“由词义史之‘考’导入思想文化史之‘论’”。我以为，这是一部有分量的历史语义学著作或论文的关键所在。论词溯源只是为了铺陈，释义才是宗旨；而人文社会学科的一些关键词，本身就直逼思想史要害，也只有在思想史的高度才得以廓清。对做概念史的人来说，尤其可以从冯天瑜在此著中对“名辩之学”的阐发得到颇多启示，冯氏力倡名辩之学亦言之有理，而《考论》本身，便是对名辩之学的意义的一个最有说服力的注解。

最后，笔者想就《考论》中提出的“历史文化语义学”概念发表一点看法。此说当为“历史语义学”的延伸或扩展。加入“文化”，自然是为了强调文化在词语和概念发展中的重要作用，或视其为不可或缺的因素。或者，这里只是一种限定，研究一些与文化有关的概念之历史。本人所理解的“历史语义学”，是研究某一个词语或概念的生成、发展和变化及其与一些相关概念的关系，注重一个概念的发展和定型“过程”，或不同时代对一个概念的不同认识。人文社会学科中不少概念的发展，往往与不同的历史、政治、社会、文化、地域有不可分割的关系。假如说“历史文化语义学”中的“文化”是一个广义概念，那么，加入“文化”似嫌累赘，因为“文化”是“历史语义学”研究的应有之义，这或许也是陈寅恪所说“解释一字，即是作一部文化史”之原由。如果“历史文化语义学”取狭义之“文化”，又会给人拘囿之感，因为很多概念本身超出了狭义文化范畴。且以“封建”为例，它与历史和文化有关，同时也是社会学和政治学的议题。同样，“封建”概念的“名实错置”亦即旧名向新名的转换，固然由于“一些史学家那里发生了文化错位”（冯天瑜语）所致，但还有不少学术与非学术的原因。另外，在狭义文化范畴内探讨“科学”、“革命”、“商品”、“市场”、“细胞”等概念的语义发展，也有不够贴切之处。因此，本人还是觉得简用“历史语义学”为妥。

（本文原载“中国图书评论网”）

《“封建”考论》修订版结语

冯天瑜

形以定名，名以定事，事以检名。

——《尹文子·大道上》

围绕“封建”名实问题的隐性分歧和显性论争，自20世纪初叶以来已进行了将近百年，迄今尚无定论。对于这种分歧及论争的原因与性质，似可作如下估量。

（一）这是近代新文化的组成部分——新史学内部的歧见，昭显了新史学诸派对于中西历史统一性与多样性辩证关系的不同认识

在汉语传统语境，“封建”与“井田”、“学校”相并列，是古老而常青的议题，对“封建”的社会功能，历来褒贬扬抑，莫衷一是，然“封建”的含义却从未偏离本义（“封土建国”）指示的方向，故从先秦到清末，只有关于“封建”的价值评判之争，而没有关于“封建”的概念分歧之辩，在传统中国乃至包括日本在内的整个汉字文化圈，“封建”的内蕴虽有引申、变迁，其基旨却是稳定的。这便是本书所论之“封建古义”的基本情状。时至19—20世纪之交以降，情形发生了变化：接受西学东渐洗礼的新史学以汉语古典词“封建”翻译feudalism（表示西欧中世纪制度的术语），“封建”超越以分封为基本内容的政治制度的范域，演变为一个反映世界性历史阶段和社会形态的史学关键词，这是史学现代化、全球化的表现。然而，“封建”概念的拓新也包藏着风险——由于中

国与西欧、日本的历史实态存在重大差异，封建制在上述各地的表现形态、经历时段、上下承接的社会类型皆大相径庭，如果忽略这些区别，将世界各地中古及近古历史一概囊括在“封建”名目之下，势必导致名实错置，引发历史叙事的紊乱，侯外庐以“语乱天下”、钱穆以“削足适履”批评此类现象，语虽严厉，却并不过分。

以郭沫若为代表的活跃于20世纪上中叶的新锐学者，执著于历史普遍道路的探寻，这本是很可宝贵的追求，但他们在强调历史发展的“统一性”之际，排斥历史发展的“多样性”存在（郭氏的《中国古代社会研究·自序》明确宣示此一主旨），为求得“历史共同道路”的表述，不惜改变“封建”的基本内涵，将东西方的中古形态一律纳入“封建社会”，从而把制度主体“去封建远”的秦至清称之“封建时代”，以与西欧中世纪相比配，这样，秦汉以下土地自由买卖的地主—自耕农经济、君主专制下的官僚政治等“非封建”乃至“反封建”的历史要素统统编入“封建”的总名之下。这便是本书所评述的“泛化封建观”的大致路数。

与上述理路另成一格，注意东西方历史差异性，并用心于概念辨析的学人，如清末民初的严复、梁启超、王国维，晚近的钱穆、李剑农、瞿同祖、张荫麟、梁漱溟、费孝通等，致力于“封建”本义与西义的通约，把握封建制的基本属性（领主经济、贵族政治），将中国封建制定位于三代，西周为其典型，而主要实行地主经济、官僚政治的秦至清决非“封建社会”，应当另立名目（如“专制社会”、“大一统皇权社会”等）。

笔者先父冯永轩保存清华国学研究院第一届毕业摄影。前排右起第七梁启超、第六王国维、第五赵元任，站立者为研究院第一届研究生，王国维身后立者是先父冯永轩。

清华国学研究院导师梁启超、王国维、陈寅恪及研究生徐中舒、高亨、刘盼遂等均对中国封建制度研究作出重要贡献。他们多在古义与西义相通约的原则下讨论“封建社会”。

以上述两种封建观为中轴，形成新史学内部旨趣大异的历史叙事系统（比较郭沫若主编的《中国史稿》与钱穆著的《国史大纲》，即可见二者的差别）。本书试图辨析这两种封建观及历史叙事系统的优劣长短，以探求较健全的史学发展路向。

(二) 这是新史学对于唯物史观理解与运用上的差异引发的分歧

五四新文化运动至大革命前后，唯物史观在中国社会科学界传播渐广，后来更成为主流史观。一个有趣的现象是，1929—1933 年中国社会史论战间，国共双方及“第三种人”的参论者，竞相以唯物史观信奉者自命（故论战组织者之一的王礼锡称之是“唯物的内部的争斗”），他们都声称以此一学说诠释中国历史（包括封建社会），但各派论点大相径庭，除各自的政治诉求有别之外，一个重要原因是对唯物史观理解不同。

马克思创立的唯物史观主旨在于，物质生产是人类文明发展的基石，是一切历史活动的基本条件，物质生活的生产方式制约着整个社会生活、政治生活和精神生活的过程。而政治、观念等上层建筑一经形成，又以巨大的反作用力影响经济基础，推动或阻挠文明进程。社会史论战诸派努力运用此一理论与方法解析中国历史，当然又有精粗高下之别，其间的一大分歧是：在近似的生产力水平上，是否一定产生同样的社会形态。斯大林肯认此点，郭沫若一派中国学者服膺其说，认定“自然经济、农业生产方式”既然普遍存在于东西方中古时代，故东西方中古的社会形态必然属于封建制这同一范式。郭沫若将历来确认为非封建的秦至清称封建社会，原因正在于此。而反论者以为，在近似的生产力水平上，由于存在社会、政治、文化等方面的制度性差异，世界各地形成大相异趣的社会形态，如中国的中古社会明显区别于西欧、日本，俄罗斯又自成一格，凡此种种，皆不应归于同一社会形态类别。

泛化封建观成形于唯物史观的语境之中，每每被中外人士认作唯物史观的产物，本书重温唯物史观创始人的相关原论，以为那样的判定十分可疑。

第一，通览马克思、恩格斯全部论著可以发现，他们从来不曾把中国、印度等绝大多数东方国家的前近代社会以“封建”相称，与后来流行的泛化封建观大相径庭。对于经典文本的这一现象，我们应当深长思之。

第二，马克思早年提出“亚细亚生产方式”一说（普列汉诺夫等力加发挥），兼具时间视阈和空间视阈，后之论者诠释此说常常各执一端，然平心而论，此说意在对西欧历史与非欧历史作出区分，以走出僵化的单线直进历史模式，此一精义有助于解构泛化封建观。

第三，马克思1877年拒绝俄国民粹派米海洛夫斯基对《资本论》的谬赞，声明《资本论》从西欧历史概括出的封建社会通往资本主义社会的发展路径，不能套用于俄国等非西欧地区，因为那里的前近代并不“封建”。1881年在致函俄国女革命家查苏利奇时，马克思再次重申此点。可见，马克思晚年更明确地否定滥用西欧模式的作法。半个世纪后，斯大林将从西欧历史概括出的“五种生产方式”单线递进说抬举为放之四海皆准的历史方程式（其实多数西方学者并不认同这一公式），恰恰重新陷入马克思严厉批评过的米海洛夫斯基的泥淖。而泛化封建观正是从“五种生产方式”单线直进说派生出来的。

第四，马克思1879—1883年撰写篇幅浩繁的人类学、社会学笔记，其中对俄国人类学家柯瓦列夫斯基论著的摘要及评论，解剖印度11—17世纪社会，指出此间的印度在穆斯林统治下，土地可以让渡、中央集权的官僚政治确立，故不是封建社会，从而完整、系统地展现了马克思概念明晰的封建观，这对于我们认识前近代中国的社会形态，有着直接的、特别真切的启示：如果说，前近代印度并非封建社会，那么，土地可以让渡、中央集权的官僚政治发展得更加充分的秦至清的中国，就更不能归属封建社会了。

综论之，马克思前期在建立唯物史观基本架构时，主要揭示历史普遍规律，后期注意到人们对唯物史观的简单化处理，于是更用力于掘发世界历史进程的多样性，从而在更高的层级、更深广的背景上展现历史发展的规律。中国新史学的一些学人较为注意马克思的前期论点，而忽略后期论点，这在唯物史观初传中国的20世纪上中叶，是可以理解与谅解的，因为马克思阐发历史多样性的论述有的当时尚未披露（如人类学、社会学笔记），有些零星论述则并未引起重视，故不应苛责前贤。但时至今日，如果我们继续忽略历史的多样性发展，坚持单线直进史观，则实在无法自圆其说了。

（三）这是忽视概念辨析的积习在中国历史阶段命名上的反映

名学在先秦曾一度繁荣，儒、墨、道、法、名诸家都有关于考析名相生成演变的睿哲之论。荀况（约前313—前238）说：

> 名定而实辨，道行而志通。

> 制名以指实，上以明贵贱，下以辨同异。[①]

指出了厘清概念、正定名称的重要性。然而，先秦的名学传统在专制一统时代未能得到承续，秦汉以下，名学渐被视作"无用之辨"，甚至以"屠龙术"相讥，忽视概念辨析渐成习俗，这导致思维欠严密，甚至逻辑混乱。延至近代，虽有章士钊、刘师培等倡导"名学"（逻辑学），翻译家严复为译创汉字新名呕心沥血，"一名之立，旬月踟蹰"[②]，此为夫子自道，然而，在概念古今演绎、中外对接的近现代，名相之辨如果被忽略、被认为"很无意义"，"滥用名词"的现象必然漫延，中国社会史论战诸派随意使用"封建"即为显例。1935年，陶希圣夸奖胡适在新文化运动间的"反封建"勋绩，胡适当即拒斥此种褒扬，声明他不承认当下中国仍然封建，故他所反对的并非"封建"。胡适把陶氏一类的滥用概念评之为"今日思想界的一大弊病"，指出"在思想上，它造成懒惰笼统的思想习惯；在文字上，它造成铿锵空洞的八股文章"[③]。

诸如"封建"这样的新名发生概念误植，均非偶然，有其历史、社会及文化的原因。追究其根源，是一项相当浩繁而又兴味盎然的工作，其价值与意义至少有如下两项：

第一，考究概念误植的原因，相当于发现人体疾患的病灶，有助于救正既成错讹，亡羊补牢；

第二，对概念误植成因的具体考察，有助于发现汉字术语健康的生成机制，从而为今后新语的创制指引正途，以防止新的不确切术语的出现与滥用。这在新名纷至沓来、目不暇接的今天（人称"知识爆炸、信息爆炸、词汇爆炸"时代），尤为重要。

诸如"封建"这样的"关键词"发生概念误植，并非仅仅是汉语语境内的现象，英国经济史家迈克尔·波斯坦1961年在为马克·布洛赫的《封建社会》作序时，曾论及拟定"概括性词语"的危险性：

> 在某些情况下，赋予一些完整的时代以一种概括性名词的做法甚至是危险的。它可能会诱使使用者陷入唯名论的极可怕的泥潭中，而且也许会

① 《荀子·正名》。

② 《天演论译例言》，《严复集》第5册，中华书局1985年版，第1322页。

③ 胡适：《今日思想界的一大弊病》，《独立评论》1935年5月27日，第一五三号。

> 鼓励他们把真实的存在强加于自己的词语之上，从这个用来描述现实的词语的语源中推论出一个时代的特征，或者仅仅以语义上的牵强附会来建立历史论证的大厦。[①]

然而，波斯坦指出这种“概括性词语”虽具“危险性”，却又是十分必要的：

> 所有概括性的词语都存在同样的危险性。如果有人坚持对概括性词语的这种异议，那么就有充分理由反对使用诸如战争、和平、国家、财产、等级、工业、农业这类老生常谈的概念。实际上，没有代表整个一组现象的概括性词语，不仅历史学无从谈起，而且一切知识领域的论说都无法进行。[②]

总之，表述大的历史时段的“概括性词语”的拟定，既富于挑战性和危险性，又必不可少、无法回避。

术语厘定是观念进步的集结点，每一领域内的现代化进程都是用该学科的术语加以界说的。史学术语（尤其是涵盖广大的史学术语）的厘定，直接关系着史学（并旁及诸多学科领域）的现代化进程，我们应当为此尽心用力。诸如“封建”概念被滥用的驳正，首先需要学理层面的论析，揭示不可靠术语构成的旧范式的误处及产生根源，重建新范式，然后通过教科书、工具书等普及读物及其他传媒，使新范式逐步成为大众的语用实践。这里有一个从学术探讨转化为公共知识的过程。

有些朋友认为，泛化“封建”固然不妥，但已经“约定俗成”，难以变更，只能将就用下去。笔者也曾持此种看法[③]，随着研习的深入，进而认识到，惯性力量固然顽强，但约定俗成又并非不可撼动，如果所“定”所“成”偏误严重，已经并继续干扰中国历史述事的古今承袭和中外对接，我们便应当循名责实，花气力将其纠正过来。而且，纵览古今史典即可发现：“封建”的古义（封土建国及各种分权举措）自《左传》等书确立下来，直至清末民初，沿用两千余年，虽然内涵、外延有所引申，但语义方向未变，这应当说是历时更加久远的“约

① ［法］布洛赫：《封建社会》（中文版），商务印书馆2004年版，第23—24页。

② 同上书，第24页。

③ 见拙文《中国前资本主义研究中的三个问题》，《天津社会科学》1990年第4期。

定俗成"，我们应予必要的尊重，不能随意抛弃；而且，自19世纪中叶以降，中日两国学者以"封建"对译feudalism，"封建"在西周、福泽谕吉等日本学者，严复、梁启超、孙中山等中国启蒙思想家那里，兼容古义与西义，其内涵（领主经济、贵族政治）与外延（中国三代、西欧中世纪、日本三个幕府时期）较为准确、合理，这种订定"封建"的努力，时间已逾百余年，也是弥足珍视的"约定俗成"，可以作为前进基点；而"封建"被泛化、滥用，自五四以来不过大半个世纪，成为主流话语则稍逾半个世纪。故从历史长时段观之，对泛化"封建"的"约定俗成"性不必估计过高。以汉字文化的丰富与精密，以今人的智慧和能力，将滥用的"封建"厘正过来，以增进历史叙事的合理性，并不存在无法逾越的难关。

"封建"名实考辨，并非仅仅是名词概念之争，它关涉到历史宏大叙事的准确性，正如一位中年学者在其新作中所说：

> "封建主义"和"中央集权专制主义"作为两种不同的社会政治经济制度，是两种不同的政治权力的配置系统，是不同的社会构成方式，也必将经历不同的社会发展和向现代转型的变迁模式。（荣剑：《中国史学的前提性批判》）

中国社会的现代转型区别于欧美日本，与中国的前现代社会（"中央集权专制主义"）区别于欧美日本的前现代社会（"封建主义"）直接相关。泛化封建观的误处，便在于将"中央集权专制主义"与"封建主义"混为一谈，这当然有碍于我们认识社会现代转型的中国特色。

"封建"的名实之辨，涉及古今中外多层级论题，是一个需要细致用心的学术课目，笔者近二十年来梳理群籍，请益师友，探究不辍，力求获得深解，故不敢止步，所谓"路漫漫其修远兮，吾将上下而求索"。

对于泛化"封建"得到救正、历史发展普遍性与多样性相统一的认识更充分普及的前景，笔者持谨慎乐观态度。

2009年2月19日

春秋读书社第49期讨论

——读冯天瑜《“封建”考论》

时间：2008年11月21日晚19：00

地点：历史文化学院1201教室

讨论书目：冯天瑜著，《“封建”考论》，武汉大学出版社2007年版。

点评老师：刘伟教授

主讲人：邵彦涛 等

主持人：杜银蝶

参加人员：华中师范大学历史文化学院2008级中国近现代史硕士研究生

记录及资料整理：唐婧

春秋读书社是由我院研究生会组织的传统读书会社，该读书会以学生读书讨论为主要形式，自2000年10月开展第一期活动以来，已有八年春秋，共计开展活动48期。“究天人而通古今，共砥砺以同进益”，以此为宗旨，春秋读书社在老师和同学们的关心支持下，为促进同学间的沟通交流，推动师生间学术探讨互动的平台建构，以及良好的学习、研究氛围的营造，都起到了一定作用。

冯天瑜先生为武汉大学历史系资深教授，长期从事中国文化史和湖北地方史研究，著作有《中华文化史》、《中华元典精神》、《张之洞评传》、《“封建”考论》等。冯先生对“封建”的关注已有很长一段时间，2005年11月，冯先生就曾来我校做主题为“对封建概念的再认识”的讲座。本期讨论主要围绕武汉大学冯天瑜教授的著作《“封建”考论》展开，同学们对本书涉及的“封建”的含义，“封建”的泛化，“封建”概念的使用等问题都有一定关注，尤其是该著在研究方法等方面给予同学们的启示，引起大家极高的探讨热情。

一　对该书的总体评价

邵彦涛：《“封建”考论》一书对“封建”概念进行了全面、系统的辨析，通过对其作历时性的动态研究，试图论证为什么秦至清的中国社会不能被称为“封建社会”。冯先生主张用“宗法地主专制社会”概括秦朝至清代的中国历史。该书对“封建”概念的古今沿革、东西对接做了系统梳理。认为在 20 世纪初叶之前中国传统经史语汇中“封建”一词与“郡县”相对，专指封邦建国，语义明确。19 世纪后半叶以降，日本及中国启蒙学者以“封建”对译西语之“feudalism”，基本恰当。20 世纪 30 年代以来，“封建”之义在中国发生了重大变异，日趋泛化。这种“泛化封建观”，与马克思主义的封建社会原论、中国传统文化的经史原义、中日启蒙学者的早期原译“名实错位，形义脱节”。

王静雅：《“封建”考论》用力于“知识考古”，探究“封建”的本义（古义），“西义”（世界通用义），从概念的历史性演绎及中外对接的过程中窥探“封建”被泛化的社会文化因缘。该书的出版引来了学术界的广泛关注。2005 年 10 月 14 日，武汉大学专门召开“封建社会”再认识学术研讨会。与会学者普遍认为冯著将“历史文化语义学”与历史研究有机结合，对传统的学术研究是一次变革，为历史研究提供新范式。

唐婧：我觉得该书最大的价值，在于冯先生基于扎实的史料基础和深厚的学术功力，从我们熟知的“封建”概念考辨入手，对其丰富的历史内容做了系统梳理，给予我们知识上和思想上的冲击。

刘伟：该书追溯了“封建”的衍变，体现了冯天瑜教授的深厚的学术功力。该书对“封建”这个我们习以为常，甚至可以说送上神坛的概念给予详细的学术考辨，是值得我们学习和借鉴的。

二　“封建”的含义及其被泛化过程

杜银蝶：就冯先生一书中对“封建”含义界定和泛化过程做了简单梳理性陈述。

邵彦涛：“封建”概念的泛化源于批判传统中国的需要。“封建”一词的误用是以一种命名的方式产生。在西欧、日本的近代历史上，“反封建”是他们近代化的题中之意。而中国在五四时期掀起的反传统风暴中，基于强烈的自卑心和自尊心驱使，以及近代化的急切愿望促动，国人开始了对传统社会更为激进的“封建”命名，陈独秀、列宁等人皆用“封建”指称中国秦至清之间的社会形态。在命名的过程中，涵义本身的意义在不断变化，而其指向的事物本身不变。用哲学上的概念来说，“封建”这个概念本身的所指在不断演化，而能指不变。冯先生一直强调“封建”一词的本体含义，即“封邦建国”，其实“封建”一词在中国和西方都是不断变迁的。就西方情况来说，封建制度从来就不是一个确定和整齐划一的形式。冯先生虽然也承认这一点，但是在论证过程中，却强调能指与所指的同等性，忽视了能指与所指在变化中的统一。现今对“封建”泛化的反感，可以说与马克思主义思潮在中国被泛化引起的反感直接相关，但作为历史学者，应该是理性对待，而非不加选择地盲目否定。“封建”的被泛化，反映了五四前后的文化和政治激情，附着丰富的历史内涵，若我们一概将其否定，无疑也否定了它所携带的政治文化激情。

王龙飞：历史研究应该侧重于探究事实为何会如此发展。就“封建”在欧洲、中国和日本的差异来说，学界已达成共识，所以我们的讨论不该纠结于“封建”本义，而应该重视“封建”被泛化的背景，重视其历史演变和它的附加意义。“封建”一词已经融入历史，我们不可能否定之。

唐婧：各位同学都注意到了“封建”富含的历史含义。这就要求我们对“封建”概念的考察，一定要进入其历史场景，在细致严谨的基础上发现其承载的动态的历史内容，这才可能丰富我们的认识。

郑建超：“封建”的泛化使用，为政治运动和宣传造势提供了政治资源与合法性支持。

王超：不赞成冯天瑜将西周的分封制和中世界西欧的封君封臣制同时认为

是“正宗的封建制”，封建制并非刻板一块，应该是多样化的。“泛封建论”可以追溯到20世纪初的新文化运动，“封建”成为中国比照于西方的所以落后因素的代名词，被知识分子作为反封建的批判对象，其间不乏激进成分，但是我们也必须以理性的态度，结合其时代背景去回顾那个时代，而非一味批判。可以说，由秦至清这段历史是中国式的“封建”，正如今天世界上的社会主义，各国可独具特点。

刘伟：刚刚有同学谈到“所指”与“能指”的问题，认为从哲学上的概念来说，“封建”这个概念本身的所指在不断演化，而能指不变。这是对的，但是，历史研究需要探讨为什么会起这些变化，以及这些变化说明什么问题，产生怎样的影响。

中国的“封建”最早应是封邦建国，分封制其实体现的是一种贵族制。封土建邦也好，中央集权也好，更多的是从社会结构的角度来谈的。到了近代，我们更多的是从经济角度，即生产关系的角度来谈“封建”，也就是从社会形态发展递进的角度来认识的。社会结构和社会形态是两个不同的层面，我们可以说中国西周的封建制与西欧的封建制相比，有不同的特点，但如果说从秦至清这段历史是中国式“封建”，则是把不同层面的问题混为一谈了。

三　秦—清社会形态建构及该书研究方法上的启示

由迅：基于“封建”附着的政治意义和学术内涵差异性，我们可以提倡分层次的研究方法和解读方式。基于政治制度层面或者社会意识形态等不同角度，“封建”的含义也有所不同。

张勇：我们可以从人身依附关系角度来解读封建关系的产生和变动（其中就张勇同学提到的中国从秦至清是否存在人身依附关系问题，引起郑建超、刘和平等同学的争议）。

唐婧：冯著是基于学术意义上的讨论，但是“封建”的被泛化又附有浓厚的政治情结。“封建”的理解和建构意义的丰富性，体现了历史的复杂多样性。该问题的探讨，也给予我们这样的启示，学术与政治间应该保持适当的张力，有适度的分离，政治意义层面的“封建”的沿用，不应该成为学术上严谨而不懈的探求的壁垒。

王静雅：各位学者对冯著的评论，充分体现了学术争鸣之势，反映了学者们求实的精神和严谨的学术态度。

刘伟：学术讨论和政治视角的探讨是有差异的，冯天瑜先生的书就是学术意义上的探讨。对秦到清这段社会的概括，我们可以从不同的视角层面去认识，无论是政治层面，还是经济视角，都可以反映历史的一个方面，都是一种视角，有其意义。

冯教授一书由我们熟知的概念入手展开分析，给予我们很大的思想冲击。概念承载了相当丰富的历史内涵，其本身就是不断变化不断发展的，所以我们在使用概念时，一定要注意区分概念在不同场景、语境中的不同涵义以及其视角差异。例如“革命”一词，在中国古典文献中指暴力与改朝换代，20世纪初梁启超专门写过一篇文章，根据西文的原义，指出革命实际包含改革、变革之义。但是在很长一段时间里，革命仅仅被理解为“暴力”；在我们今天，经泛化后，又出现了“工业革命”、“绿色革命”等词语。说明对一些关键性词语的解释、理解之中，都包含着历史的丰富多彩的内容，反映人们观念的演变，同时，一定时期人们的认识，又会左右、影响、指导人们的行为方式，这些都是需要我们去揭示的。概念可以用，但是我们要分层次去理解，从不同的角度可以建构不同的历史体系。例如，若从意识形态，从生产力与生产关系角度去看，秦—清可以指为封建社会；若我们承认历史的多样性和非线性发展，我们可以说这段历史为皇权专制社会、或宗法地主制社会。借助概念和历史体系的建构，我们可以在一定程度上弥补单纯的微观细化研究中的碎化现象，以此促进历史研究的发展。概念也是观念的部分体现，会影响人的思想和思维方式。所以探讨核心概念的历史演进，可以一定程度上反映其时代的观念变化，揭示与之密切相关的社会文化。

最后，刘伟老师肯定了此次读书活动的开展，鼓励同学们积极参与此类学习交流活动，多读好书，多思考，以此促进提出问题和分析解决问题的能力。

（执笔人：唐婧）

“封建”问题综述

秦黎　徐娟

“封建”一词原是“封邦建国”的简称，三千年前就已经使用且从未有人搞错过。一百年前，严复将 feudalism 与“封建”对译；80 年前，老一辈马克思主义史学家建立了五种社会形态单线顺序演进的历史观理论。至此，人们多将秦至清的社会泛称为“封建社会”，且在我们的话语体系中形成了一系列以“封建”为前缀的词组和一个“封建族”名词群，如：封建制度、封建专制、封建等级制、封建帝制；封建领主、封建主、封建地主；封建经济、封建领地、封建庄园；封建主义、封建思想、封建道德；封建家庭、封建婚姻、封建习俗，等等。

泛化封建观被普遍接受已成为不争的事实，然而也有不少学者提出了新的见解，对泛化封建观予以了驳斥。

一　提出异议

20 世纪后半期治学于中国港、台地区的钱穆、徐复观先生就不认同泛化封建观。钱穆先生 1939 年著《国史大纲》，从政制、学术等方面论证周秦以降的中国社会“不足以言‘封建’”，并从经济生活、土地制度方面论说了秦汉以降社会的非封建性，且从方法论上揭示泛化封建观的症结在于以欧洲模式套用中国历史。徐复观先生也指出：要揭开秦至清中国社会的真实面貌，不能从外来的历史框架出发，而必须从中国历史实际出发，从周代建立了“中国本土封建社会”及这种社会在春秋战国解体入手。在这一意义上他反对把秦至清中国定性为“封建社会”，认为此种分期带来整个中国历史述事的混乱。[①]

与此同时治学于美国的一些学者也都不认同泛化封建观。如美籍华裔史学家黄仁宇先生在《放宽历史的视界》中指出：中国的封建制度只有古代商周间的一段。一到魏晋南北朝，虽表现若干封建因素，已不成为一种制度。在《中国大历史》第二章“封建与宗法”中他指出：“周朝的制度，向称‘封建’，英文总是译为 feudal，其实封建制度与欧洲的 feudalism（封建制度）只有某些方面相似，而且其相似处在精神方面，而不一定在实质。大致说来两方都是以世袭贵族掌握地方政府。”[②] 另一美籍华裔史学家唐德刚先生指出，“20 世纪二三十年代里，‘封建’一词便逐渐变质了，最后它竟变成了所有古老而落伍的一切坏的风俗习惯的总代名词。时至今日，在中国马克思史学派的词汇中，所谓‘封建’显然既非中古欧洲的 feudalism，也不是中国古代封君建国的‘封建’了，它变成中国马克思主义微受苏联影响而特创的一个新名词”。他认为，中国自战国而后直至“解放前夕”两千数百年所行制度是“中央集权文官制”。[③] 旅美史学家许倬云先生在其《西周史》中，确认周代为“封建社会”，认为西周“委质为臣”的主从关系与西欧封建制有类似处，但也有自己的特点，“一方面有个人的承诺与约定，另一方面又有血族姻亲关系加强其固定性”，肯定中国“封建”与“宗法”的共生关系，揭示其“宗法封建制”特色。在《历史的分光镜》中，探讨“封建”与“宗法”的离合关系。[④]

20 世纪中叶以来，中国内地学者熊十力、侯外庐、顾准、林志纯等都批评“封建”的误译。如熊十力先生的《中国历史纲要》明确指出殷周是“封建社会”，春秋战国离封建渐远，秦以下社会制度“大变”于封建。[⑤] 侯外庐先生 20 世纪 40 年代所著《中国思想通史》中指出以“封建”译 feudalism，二者相混，是“语乱天下”。他于 1956 年撰《论中国封建制的形式及其法典化》一文，再

① 徐复观：《两汉思想史》卷 1，台湾学生书局 1985 年版。

② 黄仁宇：《放宽历史的视界》，台北允晨文化实业股份有限公司 1988 年版，第 180 页；《中国大历史》，生活·读书·新知三联书店 1997 年版，第 9 页。

③ 唐德刚：《史学与红学》，广西师范大学出版社 2006 年版，第 65 页。

④ 许倬云：《西周史》，生活·读书·新知三联书店 1994 年版；《历史的分光镜》，上海文艺出版社 1998 年版。

⑤ 《熊十力全集》第 5 卷，湖北教育出版社 2001 年版，第 302 页。

次论及古汉语词"封建"与今用"封建"的大相径庭。[①] 20 世纪 70 年代初中期，顾准先生将"专制主义"与"封建制度"作为两个全然不同的社会形态，特别加以辨析。他十分明确地区分了"中国式的中央集权的专制主义国家与日本中世及近世的'封建制度'"，还指出，封建制与专制君主制的差异，并不是单由生产力发展水平所决定的，"相同的生产力，因为兵制不同，而有西欧的封建制和中国的专制主义"。他认为，以欧洲模式套用各国颇为不当……中国的中古、近古形态并非"封建"。[②] 1991 年东北师范大学日知（林志纯）教授在《世界历史》第 6 期上发表了一篇名为《"封建主义"问题（论 feudalism 百年来的误译)》的文章，首次论证了将 feudalism 与中国历史上的"封建"对应起来，是一个误译。他说：1903 年 11 月，严复在翻译《社会通诠》（*A History of Politics*）时，用"拂特封建"或"封建"，翻译 feudalism，"自此欧洲中世之 feudalism 始与古典中国之'封建'对译矣"。有鉴于这一对译在国内外流行了近一个世纪，不好改动，今后为解决对译问题可以将"feudalism"译为"中世封建"。

日知先生提出的这一观点极具颠覆性，一石激起千层浪，他的这篇论文在学术界引起了极大的震动，从此关于"封建"与封建社会问题的讨论在学术界深入展开了。

二 各抒己见

1993 年李慎之说："滥用'封建'这个词原来正是政治势力压倒'知识分子的人文精神'的结果。因为时下所说的'封建'以及由此而派生的'封建迷信'、'封建落后'、'封建反动'、'封建顽固'等等并不合乎中国历史上'封建'的本义，不合乎从 feudal，feudalism 这样的西文字翻译过来的'封建主义'的本义，也不合乎马克思、恩格斯所说的'封建主义'的本义，它完全是中国近代政治中为宣传方便而无限扩大使用的一个政治术语。"并提出"循名责实、正

① 侯外庐：《中国思想通史》第 2 卷上册，生活·读书·新知三联书店 1950 年版，第 374 页；《侯外庐史学论文选集》上，人民出版社 1987 年版，第 202—203 页。

② 《顾准文集》，贵州人民出版社 1994 年版，第 306 页。

本清源，是所望于后生”[①]。

马克垚在其《关于封建社会的一点新认识》一文中旗帜鲜明地指出，严复是在接受社会进化论的基础上认为中国固有的封建制度和西方的 feudalism 十分相似的情况下将 feudalism 对译为“封建”的。他对严复评价颇高，认为他开创了中国知识分子讨论“封建”社会与经济内容之先河。[②]

关于是不是严复首先将 feudalism 译为“封建”？王家范与李根蟠都引用了黄仁宇的说法提出首先是日本人将 feudalism 翻译成“封建”[③]。李根蟠在注释中做了进一步解释：“外来词词典记述来自日本的外来词中确实列有‘封建’一词。日本何时以‘封建’对译‘feudalism’，尚待查考，但 1903 年初马君武在《社会主义与进化论比较》一文中即提到‘欧洲封建分立之制’，这里的‘封建’显然是‘feudalism’的对译，可能是沿用了日本的译文。这时《社会通诠》还没有出版。所以不能排除严复采取日本译名的可能性。”[④] 冯天瑜则在两者之间走了一条“中间路线”，他一方面承认严复在翻译过程中的首创性；另一方面又提出当西方史学概念 feudalism 引入后，都以“‘封建’翻译之”。其实这个问题只关系到考证的严谨性，并不是重要的问题，重要的是“封建”能不能与 feudalism 对译[⑤]。

几位中青年学者最近的几篇文章从语义学、解释学的角度分析了“封建”与 feudalism 的对译及其在近代中国的影响。其中有代表性的是薛恒、赵利栋、叶剑锋的三篇文章[⑥]。薛恒在文章中叙述了“封建”话语的兴起以及成为历史主流话语的过程，经过对“封建”话语在中国兴起过程的细密梳理，指出“封建”一词在有效地回应了现实需要的同时，也被现实制约带来了处境化的变异。赵利栋则从分析马克思的一句话入手，在深入探讨了历史事实与概念之间的复杂

---

① 李慎之：《“封建”二字不可滥用》，《中国的道路》，南方日报出版 2000 年版。

② 马克垚：《关于封建社会的一点新认识》，《历史研究》1997 年第 1 期。

③ 王家范：《中国历史通论》，华东师范大学出版社 2000 年版，第 43 页；李根蟠：《中国“封建”概念的演变和“封建地主制”理论的形成》，《历史研究》2004 年第3 期。

④ 李根蟠：《中国“封建”概念的演变和“封建地主制”理论的形成》，《历史研究》2004 年第 3 期，第 150 页注② 。

⑤ 冯天瑜：《史学术语“封建”误植考辨》，《学术月刊》2005 年第 3 期。

⑥ 薛恒：《中国近代“封建”话语的兴起及其指义处境化》，《江海学刊》2003 年第 2 期；赵利栋：《近代中国的封建与封建主义》，《浙江社会科学》2003 年第 3 期；叶剑锋：《“封建”的语义学考析》，《湖北行政学院学报》2004 年第 3 期。

关系之后，指出中国封建社会论的形成其实是中西封建观念融合的结果，亦是中国社会现实发展的结果的观点。叶剑锋则从语境学的角度探讨了“封建”其实包含了不同的语境，在古今中外不同的纬度下，它的含义是不同的。并在文章的最后提出要更新话语系统。

三 深入探讨

最近几年学术界对这个问题不仅从“封建”的语义上而且从“封建社会”的内涵上进行了深入的探讨。

第一种观点认为日知先生抓住了问题的实质，并将其作为进一步研究社会发展理论的基础。此种观点以吴大琨、李慎之、叶文宪、侯建新、黄敏兰等人为代表。吴大琨早在为梅洛蒂的名著《马克思与第三世界》（商务印书馆1981年版）写的前言《关于亚细亚生产方式的研究》中提出，如果把现在意义上的“封建”重译成“feudalism”，那么“西方和全世界的马克思主义者是很难理解的”。叶文宪则在一系列文章中提出从秦到清中国有着与西方社会完全不同的结构与运行方式，强调“封建”不是垃圾筒，将“封建”作为恶谥的行为，不是科学的研究，只是丑陋的权术[①]。侯建新全盘否定严译，视之为在中国宣扬西方中心论的始作俑者。他认为：詹克斯（按即严译的甄克思）将西欧 feudalism 抽象化，将西欧历史发展图式化。严复全盘接受了詹克斯的思想，“在社会进化图式不可颠覆的大背景下，严复将 feudalism 与‘封建’对译，相当于将西欧中世纪与中国传统社会等同划一……并且标榜为人类社会的普遍性”五种生产方式理论亦植根于此。[②] 黄敏兰认为“封建”的概念有四种：西周的、西欧的、五方式理论的及中国的。“近代学者将西欧的 feudalism 译为‘封建’，是名实不符。这种误译不仅妨碍了对西欧封建制的认识，而且在其后的岁月里，因把中国中古社会命名为‘封建社会’而造成更大的误解和混乱。”[③] 王家范认为：“现在教材里中世纪的中国和西欧都是封建社会，殊

---

① 叶文宪：《封建和“封建社会”新论》，《浙江学刊》2000 年第 4 期；《走出封建的误区——重看中国古代社会》，《探索与争鸣》2000 年第 8 期。

② 侯建新：《“封建主义”概念辨析》，《中国社会科学》2005 年第 3 期。

③ 黄敏兰：《从中西“封建”概念的差异看对“封建”的误解》，《探索与争鸣》2007 年第 3 期。

不知彼封建而非此封建。”[①]

第二种观点认为把 feudalism 译为“封建”是可以的。晁福林在《论封建》一文中指出：“愚以为用‘封建’一词进行对译是可行的，并非是一个错误，在严复的时代能够用这个词进行对译，可谓是一个创造。”[②] 李根蟠指出秦以后是封建社会的观点已为越来越多的人所接受。现在的学者否认中国历史上存在过与西欧中世纪封建社会性质相类的封建社会，却没有提出过系统的理论与严谨的论证。[③]

第三种观点力图在一个更高的层次上实现旧结论与新观点的统一。白寿彝担任总主编的《中国通史》把从秦到清这一时期称为“中古时代”。晁福林在肯定日知先生见解深刻的同时又提出“封建”与“feudalism”的对译实在是天才的创造。”[④] 他提出“要在马克思理论的指导下创立有中国特色的关于封建主义的理论。”针对体系的问题，他提出了氏族封建制、宗法封建制和地主封建制[⑤]。田昌五提出要建立中国马克思主义新史学体系，破除长期封建社会说，建立中华帝国史发展体系[⑥]。冯天瑜认为，中国“‘宗法’、‘专制帝制’两项一以贯之。”两者互为表里，可以描述从秦到清的中国社会。但他也提出这一概括还有待完善。[⑦]

实际上关于“封建”的探讨不仅仅在于“封建”这个词能否与 feudalism 对译的问题，更重要的是涉及中国与欧洲的所谓“封建社会”究竟具有哪些内涵的问题。

在传统的理论框架下，封建制度通常是指“以封建地主阶级占有土地，剥削农民（或农奴）剩余劳动为基础的社会制度。”[⑧] 它既是一种经济制度，也是一种社会制度。在前述马克垚的文章中指出：中国和西欧对自己的封建的理解，都有一个把它先当做法律、政治制度，后当做社会经济形态的发展过程。如果认为封建是一种社会形态，那么它的普遍性就是没有疑问的，中国和西欧都存

① 王家范：《阅读历史：前现代、现代与后现代》，《探索与争鸣》2004 年第 9 期。
② 晁福林：《论封建》，《中国经济史论坛》，2003 年。
③ 李根蟠：《中国“封建”概念的演变和“封建地主制”理论的形成》，《历史研究》2004 年第3 期。
④ 晁福林：《论封建》，《社会科学战线》2000 年第 2 期。
⑤ 晁福林：《夏商社会性质论纲》，《光明日报》1998 年 5 月 22 日。
⑥ 田昌五：《破除长期封建社会说建立中华帝国史发展体系》，《史学理论研究》2001 年第 1 期。
⑦ 冯天瑜：《史学术语“封建”误植考辨》，《学术月刊》2005 年第 3 期。
⑧ 《辞海》“封建主义”词条，上海辞书出版社 1999 年版缩印本，第 826 页。

在过封建社会[1]。马氏从综合的角度理解"封建"，代表了部分学者的观点。比如晁福林就将对"封建"的理解扩大到"对劳动力和土地的分配"，认为中国不但存在封建时代，而且应当拉长，夏商以降皆为封建社会[2]。张亚、徐镇南的观点与晁福林有相似之处，如张亚认为分封制既是经济制度，又是政治制度；徐镇南认为封建制的本质是一种经济资源的分配制度，是指国王将土地与臣民一级一级分封给下级享有[3]。另有一部分学者更为强调"封建"与"feudalism"是政治、法律概念，对其是否包含有经济意义持保留意见。20 世纪 80 年代引进的第 15 版《不列颠百科全书》对"封建主义"的解释便如此。[4] 国内持这一观点的学者多从中西对比的角度讨论问题。这与日知先生的观点有相似之处。周东启指出中国的"封建社会"具有中国自身的特色[5]。方兢认为：中国古代不存在与欧洲中世纪相同的封建社会这样一个五种社会形态理论中的历史阶段，秦汉以后中国社会与西欧中世纪完全不同，西周"封建制"与欧洲的封建制（feudalism）形同实异[6]。叶文宪指出，上古时代中国的"封邦建国"在形式上与欧洲中世纪的"feudalism"类似，都是政府无力控制广大区域而建立起来的一种政治制度，但是中国的"封建"是自上而下进行分封，而"feudalism"是自下而上拥戴国王，二者在方向上相反[7]。马克垚在《论封建主义》中提出："西方学者把封建作为一个社会中的政治、法律制度概括时，依据的有限的材料作出的过分简单化的封建主义的理想典型。……后来封建渐被赋于一个社会一个经济形态的意义，这种短期的特征，与广大的西欧地区情况有时也不相适应，更不要说放之四海了。"[8] 黄敏兰指出：将欧洲中世纪看做封建制的一统天下，这种认识主要来源于用唯物史观认识社会历史的角度和方法的局限性。最终她得出结论："就像对'奴隶社会'一样，对'封建社会'也应有观念上的更新。对

---

① 马克垚：《关于封建社会的一点新认识》，《历史研究》1997 年第 1 期。

② 晁福林：《论封建》，《社会科学战线》2000 年第 2 期。

③ 张亚：《为封建社会始于西周辩》，《淮阴师专学报》1990 年第 3 期；徐镇南：《中西"封建"之比较》，《河池师专学报》1994 年第 4 期。

④ 《简明不列颠百科全书·第 3 卷》，中国大百科全书出版社 1985 年版，第 132 页。

⑤ 周东启：《中国有封建社会吗?》，《求是学刊》1993 年第 5 期。

⑥ 方兢：《走出史学研究的樊篱——论中国历史上没有封建社会》，《文化中国》1998 年第 2 期。

⑦ 叶文宪：《封建和"封建社会"新论》，《浙江学刊》2000 年第 4 期。

⑧ 马克垚：《论封建主义》，《中国前近代史理论国际学术研讨会论文集》，湖北人民出版社 1997 年版。

中国古代社会的重新认识将彻底推翻‘封建社会’的理论。”[①] 还有一部分学者不再纠缠于“封建”到底是一种经济、社会制度还是政治、法律制度，而是力图通过分析“封建”的不同内涵，表明上述两种观点都有一定的合理性。比如赵轶峰就从对中国历史文献中的“封建”、“欧洲历史上的 feudalism”及理论上的“封建”三个内涵不同的“封建”概念的分析中，肯定了“封建”与“feudalism”是有政治、法律含义的，而他在文章中提到的“理论上”的“封建”则明显是特指社会形态，具有浓厚的经济、社会意义。[②]

2006 年年初冯天瑜先生的《“封建”考论》出版了，他用一部 40 万字的著作考证论述了古今中外“封建”二字的来龙去脉。他认为“日中两国近代启蒙学者先后以‘封建’译‘feudalism’，本来大体是准确的，因为‘封建’的汉语古义（封土建国）与‘feudalism’的西义（封土封臣）具有通约性。”但是当人们“将秦汉至明清两千余年称之‘封建时代’，使‘封建’发生了‘概念’与‘所指’的错位。于是，因为关键术语失准，一部中国历史的宏大叙事，失却构制网络的坚实纽结。由此出发，史学界长期探讨的‘中国历史分期’、‘中国封建社会内部分期’、‘封建土地所有制形式’、‘中国资本主义萌芽’、‘中国封建社会为何长期延续’诸问题，都缺乏议论得以健康展开所必需的严密的概念坐标系。对于‘封建’概念的误植，钱穆称之‘削足适履’；侯外庐更将‘封建’的误译严厉批评为‘语乱天下’。”

四 会议研讨

冯天瑜先生的著作把这场关于“封建”的讨论推向了高潮。2006 年 10 月在武汉大学召开“‘封建社会’再认识”学术研讨会，来自清华大学、中国社会科学院、湖北省社科院、日本东北大学、德国爱兰根大学等单位的 40 余位专家学者参加了研讨会，会上，学者们集中就“封建”概念的古今演变、中西转换以及中国历史分期、秦至清社会形态命名等问题进行了热烈的讨论。与会者高度赞扬冯天瑜教授“严谨治学、求真求实”、“持之以恒、求深求新”

① 黄敏兰：《论欧洲中世纪的封建制与非封建制度》，《西北大学学报》1999 年第 3 期。

② 赵轶峰：《关于中国“封建社会”的一些看法》，《东北师大学报》2005 年第 3 期。

的治学精神，一致认为《“封建”考论》的出版，为新时期历史和人文社会科学研究确立了新的范式。南京大学许苏民教授肯定了冯著中提出的历史分期命名的四个标准，认为书中提出的涵摄政治、经济、文化诸方面的判定社会形态及性质的标准比较全面，具有很重要的理论意义；但是他对“宗法地主专制社会”的命名提出了不同的见解，他认为用“皇权官僚专制社会”来定性自秦至清的中国社会更合适。另有部分学者提出，以“皇权官僚专制社会”命名秦至清的中国社会略显繁复，不如“皇权时代”来得简练，更容易为学界和社会大众所认同。

2007 年 10 月在北京举行了由中国社会科学院历史研究所主办，经济研究所和《历史研究》编辑部协办的中国社会科学院 2007 年中国古代史论坛。来自清华大学、北京大学、北京师范大学、中国政法大学、首都师范大学、河北大学、天津师范大学、历史研究所、经济研究所、马克思主义研究院、世界史研究所、近代史研究所、《历史研究》和《史学月刊》等多家单位的 40 余位学者参加了这次以“‘封建’名实问题与马列主义封建观”为主题的论坛，大家围绕如何看待“封建”概念的演变、能否用“封建社会”一词来概括自秦至清的中国古代社会、如何认识和评价马列主义的封建观、如何比较中西方封建社会的异同，以及如何理解马克思主义社会形态学说等四个议题展开了深入的探讨。在这次论坛中，除少数几位先生支持冯天瑜的观点外绝大多数学者都对冯天瑜的《“封建”考论》持批评态度，他们认为这场争论中否定论者否定的不是“封建”之“名”，而是“封建”之“实”；社会经济形态有序演进的学说是对人类历史发展规律性的科学表述，应该坚持；封建社会作为人类历史的重要发展阶段不应否定。

2008 年 12 月在苏州召开的“封建”与“封建社会”问题学术研讨会，来自浙江大学、武汉大学、南开大学、山东大学、华中科技大学、《史学月刊》编辑部、中国社科院近代史研究所等多家单位的 40 余名专家学者及相关研究人员出席了大会。会上，冯天瑜教授先就如何厘清“封建”概念与如何定位中国“封建社会”问题作了主题发言。之后，与会者就如何理解五种社会形态学说表达了各自看法，如王和先生认为由于生产力不断发展而导致五种社会形态的依次演进更替的现象在人类历史上是不存在的。叶文宪先生指出：“社会上并不存在外在的，不以人的意志为转移的‘社会发展规律’。”“把这样五个不同的民族在不同的时间与国家内所建立的社会形态连接在一起当做人类社会发展的普遍规律，实在是十分可笑，在逻辑上也无论如何说不过去。”张荣明先生认为“五种社会形态依次递进”理论是没有道理的。朱洪斌先生指出只用一种固定不变的模式只会使中国史学进一步陷入困境。高钟先生认为中国社会实是一个道统、王统、族统三维共构的社会，三维共构是中国社会的构建特性，四期发展则是其基本的分期。杨东晨先生则提出“封建”问题的名、实相符十分重要，在打破“五种社会形态”的同时还必须建立新的社会形态体系。并就如何看待“封建”概念的演变，以及如何认识“封建社会”的普遍性等问题展开了探讨。如葛志毅先生认为周代分封，以赐诸侯分物为重要内容，对于中国的历史，封建一词实不如分封一词更贴切近实。樊良树先生认为对“封建”概念的正名具有“形以定名，名以定事，事以检名”的意义。谈家栋和聂长顺先生先生认为当为“封建”正名。吴宗杰先生从语言学的角度出发，认为用“封建”作为中国历史的断代词语，是没有任何历史和文化根据的。田勤耘先生从文化的角度解读清人封建论，指出清人封建论早已突破了先秦封建论主要着眼于体制之争的框框。叶文宪先生认为“封建”是一种国家结构形式而不是一种政体，从秦到清的国家结构是单一制的帝国，政体是皇帝独裁专制；中国古代的经济结构应该是一个复杂的综合体，并不是所谓的“封建地主经济制”。董楚平先生对叶文宪先生的观点表示赞同，指出所谓的地主就是土地的主人，有土地就是地主，“封建社会”的概念不堪一击。

五　再接再厉

回顾近几十年来知名学者关于“封建”问题的讨论，我们有如下几点思考：

其一，传统观点与新观点的冲突日益激烈，讨论的内容越来越深入。通过讨论，问题一定会越来越清楚，不仅对“封建”这个概念的内涵，而且对所谓“封建社会”的实质的认识都一定会更加深刻。

其二，这场关于“封建”问题的讨论也在考量着史学家们思想解放的程度。关于“封建”问题的讨论究竟是学术问题还是政治问题？即使是政治问题，难道就可以用一面之词来压服人吗？我们应该以怎样的方式与原则来进行政治问题的讨论呢？也许我们可以通过这场讨论树立起一个新的典范。

其三，对于“封建”问题的讨论我们应当持一种怎样的态度？单纯的否定或单纯的肯定都不是正确的倾向。王学典的观点值得我们思考，他提出，在原来的意识形态话语中剥离出学术内核，应该成为当代学术史研究的重要课题之一。虚假的缺乏学术根据的命题，仍能获得丰富、真实的学术内容[①]。也许我们完全没有必要为旧的话语体系被埋葬而感到悲哀，很难说这不会成为我们取得突破的契机。

① 王学典：《"假问题"与"真学术"：中国社会形态问题讨论的一点思考》，《东岳论丛》2000年第4期。